Edition KWV

Die „Edition KWV" beinhaltet hochwertige Werke aus dem Bereich der Wirtschaftswissen-schaften. Alle Werke in der Reihe erschienen ursprünglich im Kölner Wissenschaftsverlag, dessen Programm Springer Gabler 2018 übernommen hat.

Weitere Bände in der Reihe http://www.springer.com/series/16033

Ingrid Kohlmann

Die Ehescheidung in der Republik Mazedonien unter Berücksichtigung international-privatrechtlicher Elemente

 Springer Gabler

Ingrid Kohlmann
Wiesbaden, Deutschland

Bis 2018 erschien der Titel im Kölner Wissenschaftsverlag, Köln
Dissertation Universität zu Köln, 2007

Edition KWV
ISBN 978-3-658-24139-1   ISBN 978-3-658-24140-7   (eBook)
https://doi.org/10.1007/978-3-658-24140-7

Die Deutsche Nationalbibliothek verzeichnet diese Publikation in der Deutschen Nationalbibliografie; detaillierte bibliografische Daten sind im Internet über http://dnb.d-nb.de abrufbar.

Springer Gabler
© Springer Fachmedien Wiesbaden GmbH, ein Teil von Springer Nature 2009, Nachdruck 2019
Ursprünglich erschienen bei Kölner Wissenschaftsverlag, Köln, 2009

Springer Gabler ist ein Imprint der eingetragenen Gesellschaft Springer Fachmedien Wiesbaden GmbH und ist ein Teil von Springer Nature
Die Anschrift der Gesellschaft ist: Abraham-Lincoln-Str. 46, 65189 Wiesbaden, Germany

Inhaltsverzeichnis

1. TEIL: EINLEITUNG

A. Das Ziel der Arbeit

Das Ziel der vorliegenden Arbeit ist, die Regelungen des Scheidungsrechts in Mazedonien unter Berücksichtigung der Gerichtspraxis darzustellen. Es werden die einzelnen Scheidungsvoraussetzungen, insbesondere die speziellen Scheidungsgründe, die Scheidungsfolgen und das Scheidungsverfahren erläutert. Dabei wird die geschichtliche Entwicklung des Scheidungsrechts in Mazedonien berücksichtigt, weil dies für das Verständnis des heutigen Scheidungsrechts erforderlich ist.

Untersucht werden zudem das auf die Scheidung einer Ehe mit Auslandsberührung anwendbare Recht sowie das Problem der Anerkennung ausländischer Ehescheidungsurteile in Mazedonien.

B. Kurzer Überblick über das Land Mazedonien

Die Ehemalige Jugoslawische Republik Mazedonien (amtliche Eigenbezeichnung: Republika Makedonija) liegt auf der Balkanhalbinsel in Südosteuropa. Das Land war ehemals die südlichste Republik der Sozialistischen Föderativen Republik Jugoslawien (SFRJ). Mazedonien grenzt im Osten an Bulgarien und im Süden an Griechenland. Westlich von Mazedonien liegt Albanien, nördlich die Staatengemeinschaft Serbien und Montenegro. Die Hauptstadt von Mazedonien ist Skopje.

Mazedonien umfasst eine Fläche von 25.713 Quadratkilometern und hat etwa 2,05 Millionen Einwohner. Die Bevölkerung ist multiethnisch strukturiert, die Mehrheit stellen mit 67 % die Mazedonier. Bedeutendste Minderheit sind die Albaner mit 23 %. Daneben existieren eine türkische (4 %) und eine serbische (2 %) Bevölkerungsgruppe. Schließlich sind noch Walachen sowie Sinti und Roma zu nennen. Die albanische Minderheit lebt vornehmlich im westlichen Mazedonien.

Die meisten Mazedonier gehören der mazedonisch-orthodoxen Kirche an, wohingegen Albaner und Türken islamischen Glaubens sind.

Die Wurzeln des heutigen Mazedoniens liegen im 2. Weltkrieg, in dem die Achsenmächte das nach dem 1. Weltkrieg gegründete Königreich Jugoslawien überfallen hatten. Zu diesem Königreich Jugoslawien gehörte auch die Region Mazedonien. Nach dem Ende des zweiten Weltkrieges wurde die

© Springer Fachmedien Wiesbaden GmbH, ein Teil von Springer Nature 2009
I. Kohlmann, *Die Ehescheidung in der Republik Mazedonien unter
Berücksichtigung international-privatrechtlicher Elemente*,
Edition KWV, https://doi.org/10.1007/978-3-658-24140-7_1

Sozialistische Föderative Republik Jugoslawien gegründet. Der jugoslawische Teil der Region Mazedonien wurde im Zuge dessen offiziell als eine der sechs Republiken des Landes anerkannt (neben den Sozialistischen Republiken Serbien, Montenegro, Slowenien, Bosnien/Herzegowina und Kroatien).

Mit dem Zerfall des Sozialistischen Jugoslawien erklärte sich die Republik Mazedonien nach einem Referendum im September 1991 für unabhängig und gab sich am 17. November 1991 eine neue Verfassung.

Am 8. April 1993 erhielt die Republik schließlich volle internationale Anerkennung und wurde unter der Bezeichnung „Ehemalige Jugoslawische Republik Mazedonien" (The Former Yugoslav Republic of Mazedonia (F.Y.R.O.M.)) als 181. Staat in die Vereinten Nationen (UN) aufgenommen. Die Republik Mazedonien ist von der Bundesrepublik Deutschland als autonomer Staat völkerrechtlich anerkannt worden. Die Bundesrepublik unterhält offizielle diplomatische Beziehungen mit Skopje.

C. Kurzer Überblick über die Entwicklung des Staates Jugoslawien

Nach dem ersten Weltkrieg vereinigten sich die südslawischen Völker zu einem Staat und gründeten das „Königreich der Serben, Kroaten und Slowenen", welches die sechs Regionen: „Serbien, Montenegro, Slowenien, Bosnien/Herzegowina, Kroatien/Wojwodina und Mazedonien umfasste. Im Jahre 1929 erhielt dieses Königreich den Namen „Königreich Jugoslawien".

Nach dem zweiten Weltkrieg wurde das Sozialistische Jugoslawien gegründet. In der Verfassung von 1946 wurde Jugoslawien zunächst als „Föderative Volksrepublik Jugoslawien" bezeichnet. Hiernach war Jugoslawien ein Bundesstaat mit sechs „Volksrepubliken". Durch die 1963 erlassene Verfassung wurde der Name Jugoslawiens geändert in „Sozialistische Föderative Republik Jugoslawien" (SFRJ). Die sechs Volksrepubliken wurden in „Sozialistische Republiken" umbenannt.

In der 1974 neu erlassenen Verfassung wurde die Sozialistische Föderative Republik Jugoslawien als ein Bundesstaat freiwillig zusammengeschlossener Völker und ihrer Sozialistischen Republiken sowie der autonomen Provinzen Kosovo und Wojwodina definiert.

Die Republik Jugoslawien bildeten nach Art. 2 der Verfassung von 1974 die Sozialistischen Republiken Serbien, Montenegro, Slowenien, Bosnien/ Herzegowina, Kroatien und Mazedonien sowie auch die autonomen Provinzen Kosovo und Wojwodina im Verband der Sozialistischen Republik Serbien.[1]

Im Jahre 1990 begann der Zerfall Jugoslawiens. Die einzelnen jugoslawischen Republiken begannen nach mehr Eigenständigkeit zu streben.

Im Juni 1991 erklärten Kroatien und Slowenien formell ihre Unabhängigkeit von Jugoslawien und erhielten die volle Anerkennung der internationalen Gemeinschaft. Die internationale Anerkennung der Republik Bosnien/ Herzegowina erfolgte 1992.

Auch Mazedonien erklärte sich 1991 für unabhängig und wurde 1993 international anerkannt (s.o.). Serbien und Montenegro, die beiden einzigen im ehemaligen Jugoslawien verbliebenen Republiken, kündigten am 27. April 1992 die Gründung der Föderativen Republik Jugoslawien an, die als Nachfolgestaat der ehemaligen Sozialistischen Föderativen Republik Jugoslawien deklariert wurde. Die Föderative Republik Jugoslawien wurde erstmals von Frankreich 1996 völkerrechtlich anerkannt, unmittelbar danach auch von den anderen westlichen Ländern.

Anfang 2003 löste sich auch die Föderative Republik Jugoslawien auf. Im Januar 2003 leiteten die Parlamente Serbiens und Montenegros mit ihrer Zustimmung zu einer Konföderation Serbien und Montenegro die letzten Schritte zur Auflösung der Bundesrepublik ein. Die Bundesversammlung vollzog die endgültige Auflösung Anfang Februar 2003. „Staatengemeinschaft Serbien und Montenegro" hieß das formal am 4. Februar 2003 entstandene neue Gebilde auf dem Westbalkan.

Im Juni 2006 erfolgte schließlich auch die Trennung Montenegros von Serbien. Am 3. Juni 2006 wurde vom Parlament Montenegros die Unabhängigkeit des Landes erklärt. Gemäß der Verfassungscharta von Serbien-Montenegro ist Serbien alleiniger Rechtsnachfolger der Union, während Montenegro als der Teilstaat, der aus der Union ausgetreten ist, alle international gültigen Verträge selbst neu abschließen muss.

Das serbische Parlament verabschiedete am 5. Juni seinerseits eine Deklaration, in der das Ende der Existenz von Serbien-Montenegro festgestellt und Serbien zum alleinigen Rechtsnachfolger der Union erklärt wurde.

---

[1] Vgl. Cigoj/Firsching, Jugoslawisches Familienrecht, S. 2.

D.   Literatur

Es ist darauf hinzuweisen, dass aufgrund der Tatsache, dass die Republik Mazedonien erst seit 1991 ein unabhängiger Staat ist, nicht ausschließlich auf mazedonische Literatur und Gerichtspraxis Bezug genommen werden konnte. Es musste vielmehr auch Literatur des ehemaligen Jugoslawien herangezogen werden.[2]

---

[2]   Im Rahmen der Literaturangaben wird daher kenntlich gemacht, ob es sich um mazedonische Literatur oder Literatur der einzelnen Sozialistischen Republiken des ehemaligen Jugoslawien bzw. der anderen inzwischen unabhängigen Republiken handelt.

2. TEIL: DIE RECHTSQUELLEN DES FAMILEN-RECHTS IN DER REPUBLIK MAZEDONIEN

A. Einleitung

Am 17. November 1991 erließ das mazedonische Parlament die Verfassung der souveränen Republik Mazedonien[3] (Ustavot na suverena Republika Makedonija), durch die die Grundzüge des rechtlichen Systems vorgeprägt wurden. Am gleichen Tag wurde auch das Verfassungsgesetz über die Umsetzung der Verfassung der Republik Mazedonien[4] (Ustaven zakon za sproveduvanje na Ustavod na Republika Makedonija od 1991) erlassen.

In Art. 5 dieses Gesetzes ist bestimmt, dass die ehemaligen jugoslawischen Bundesvorschriften grundsätzlich übernommen werden und auch weiterhin Anwendung finden sollen.

Bei dieser Verweisungsnorm handelt es sich nicht etwa um eine Form der dynamischen Verweisung, bei der auf die „jeweilige Fassung" des Ver-weisungsobjekts Bezug genommen wird. Es ist darin vielmehr eine statische Verweisung zu sehen. Durch Art. 5 Verfassungsgesetz über die Umsetzung der Verfassung der Republik Mazedonien wird folglich nur auf die zur Zeit des Inkrafttretens dieser Verweisungsnorm geltende Fassung der Vor-schriften des ehemaligen Jugoslawien Bezug genommen.

Mazedonien konnte nach der Unabhängigkeitserklärung im Jahre 1991 nicht in Kürze sämtliche Rechtsmaterien durch eigene vom mazedonischen Parlament erlassene Gesetze regeln. Als junger Staat war Mazedonien vielmehr darauf angewiesen, zumindest für eine Übergangszeit die bisher geltenden Normen des ehemaligen Jugoslawien zu übernehmen, um einem drohenden Rechtsvakuum zu entgehen.

Dass es sich um eine statische Verweisung handelt, ergibt sich bereits aus der Tatsache, dass der mazedonische Gesetzgeber bereits einige Änderungen an den übernommenen Gesetzen des ehemaligen Jugoslawien vorgenommen hat.

---

[3]   Sluzben Vesnik na Republika Makedonia, Nr. 52/91, 1/92, 31/98 = Gesetzesblatt der Republik Mazedonien.

[4]   Sluzben Vesnik na Republika Makedonia, Nr. 52/91.

© Springer Fachmedien Wiesbaden GmbH, ein Teil von Springer Nature 2009
I. Kohlmann, *Die Ehescheidung in der Republik Mazedonien unter Berücksichtigung international-privatrechtlicher Elemente*,
Edition KWV, https://doi.org/10.1007/978-3-658-24140-7_2

Außerdem ist zu beachten, dass zur Zeit der Entstehung der Verweisungs-norm des Art. 5 Verfassungsgesetz über die Umsetzung der Verfassung der Republik Mazedonien überhaupt nicht absehbar war, wie lange die Sozialistische Föderative Republik Jugoslawien noch in dieser Form bestehen würde.

Aus dem Gesagten ergibt sich ein eigentümlicher Dualismus hinsichtlich der Herkunft der in Mazedonien anzuwendenden Normen. In der Republik Mazedonien sind mithin primär die nach der Unabhängigkeit im Jahre 1991 vom mazedonischen Parlament erlassenen Normen anzuwenden; subsidiär hat der Rechtsanwender aber auch Gesetze des ehemaligen Jugoslawien zu beachten, soweit das mazedonische Parlament noch keine Vorschriften erlassen hat, die den gleichen Gegenstand betreffen.

B. Die Stellung des Familienrechts im mazedonischen Rechtssystem

I. Das Bürgerliche Recht der Republik Mazedonien

Das Bürgerliche Recht der Republik Mazedonien beruht auf dem Pandekten-system des 19. Jahrhunderts, wonach das Bürgerliche Recht insgesamt fünf Teile umfasste, nämlich einen Allgemeinen Teil und die vier besonderen Teile Schuldrecht, Sachenrecht, Familienrecht und Erbrecht.[5]

In Mazedonien existiert wie auch vorher im Sozialistischen Jugoslawien kein allgemeines Bürgerliches Gesetz im Sinne einer Kodifikation, wie sie etwa Deutschland mit dem Bürgerlichen Gesetzbuch besitzt.[6] Die bürgerlich-rechtlichen Beziehungen werden vielmehr in einzelnen Gesetzen geregelt, von denen einzelne ausschließlich bürgerlich-rechtliche Beziehungen regeln, andere dagegen neben anderen Vorschriften nur vereinzelt auch bürgerlich-rechtliche Regelungen enthalten. [7]

Einzelne bürgerlich-rechtliche Prinzipien enthält auch die 1991 erlassene Verfassung der Republik Mazedonien. Weitere subsidiäre Quellen des bürgerlichen Rechts stellen das Gewohnheitsrecht und die Gerichtspraxis dar.[8]

---

[5] Vgl. Babić, Porodično pravo, S. 21 (Serbien).
[6] Marjanovski, Gradjansko pravo vo pravniot sistem vo Republika Makedonia, Godišnik na pravniot fakultet vo Skopje 1992/93, S. 116 (Mazedonien).
[7] Marjanovski, Opšt del na gradjansko pravo, S.19 (Mazedonien).
[8] Marjanovski, Opšt del na gradjansko pravo, S.21 (Mazedonien).

II. Das Familienrecht als selbstständiger Rechtszweig

In den sozialistischen Staaten wurde das Familienrecht im Gegensatz zu den kapitalistischen Rechtssystemen von Anfang an aus dem Bürgerlichen Recht ausgesondert und als eigenständiger Rechtszweig des einheitlichen sozialistischen Rechtssystems angesehen.[9]

Schon die erste sozialistische Kodifikation des Bürgerlichen Rechts -das Russische Bürgerliche Gesetzbuch von 1922- und die folgenden unter ihrem Einfluss erlassenen sozialistischen Bürgerlichen Gesetze schlossen nicht mehr das Familienrecht mit ein.[10] Begründet wurde die Sonderbehandlung des Familienrechts damit, dass nach sozialistischer Betrachtung das Familienrecht wegen seiner vorwiegend ideellen Aufgaben, seines Schwerpunktes in personenrechtlichen Fragen und wegen seiner starken Bedeutung für die Festigung der sozialistischen Gesellschaft größere Aufmerksamkeit und Wertschätzung vom Allgemeininteresse aus verdiene als das vorrangig auf Vermögensverhältnisse abstellende vom Äquivalenzprinzip beherrschte Zivilrecht.[11] Es sollte betont werden, dass anders als in den kapitalistischen Ländern die Beziehungen zwischen den Ehegatten und die sonstigen Beziehungen innerhalb der Familie auf persönlichen, soziologischen und emotionalen Gründen beruhen und keine vermögensrechtlichen Verhältnisse darstellen.[12] Aus dem gleichen Grund wurde auch in der Sozialistischen Föderativen Republik Jugoslawien das Familienrecht aus dem Bürgerlichen Recht ausgeklammert.[13]

Diesem System folgt auch das heutige Rechtssystem Mazedoniens. Danach umfasst das Bürgerliche Recht als Rechtsgebiet nur einen Allgemeinen Teil und die drei besonderen Teile: „Schuldrecht, Sachenrecht und Erbrecht". Das

---

[9]   Vgl. Müller-Freienfels, Einordnung des Familienrechts, RabelsZ 37, S. 609 ff..

[10] Stojanović, Uvod u gradjansko pravo, S. 17 (SFRJ, SR Serbien); Gams/ Djurović, Uvod u gradjansko pravo, S. 41 (SFRJ, SR Serbien); Hadživasilev, Semejno pravo, S. 12 (SFRJ, SR Mazedonien); Marjanovski, Gradjansko pravo vo pravniot sistem vo Republika Makedonia, Godišnik na pravniot fakultet vo Skopje 1992/93, S. 112 (Mazedonien); Müller-Freienfels, Einordnung des Familienrechts, Rabels Z 37, S. 609 (620).

[11] Vgl. Müller-Freienfels, Einordnung des Familienrechts, RabelsZ 37, S. 609 ff..

[12] Hadživasilev, Semejno pravo, S. 12 (SFRJ, SR Mazedonien); Mitić, Porodično pravo u SFRJ, S. 27 (SFRJ, SR Serbien).

[13] Vgl. Chloros, Yugoslav Civil Law, S. 46 ff..

Familienrecht wird im mazedonischen Rechtssystem als eigenständiges Rechtsgebiet losgelöst vom Bürgerlichen Recht behandelt.[14]

C. Die Rechtsquellen des mazedonischen Familienrechts unter Berücksichtigung der geschichtlichen Entwicklung

Die geschichtliche Entwicklung des mazedonischen Familienrechts lässt sich grob in drei Perioden gliedern.

I. Das Königreich Jugoslawien (1918-1945)

Die erste Periode umfasst die Zeit von der Erschaffung des Königreichs Jugoslawien im Jahre 1918 bis zum Ende des zweiten Weltkrieges, letztlich bis zur Gründung der Sozialistischen Föderativen Republik Jugoslawien.

Das 1918 nach dem ersten Weltkrieg entstandene Königreich Jugoslawien[15] umfasste sechs Regionen. Dies waren zum einen die damals selbstständigen Staaten Serbien und Montenegro. Zum anderen waren dies Regionen, die bis dahin territorial anderen Staaten zugeordnet waren und mithin deren Gesetzgebung unterfielen. Aus dem Staatsgebiet des kaiserlichen Österreichs stammten Slowenien, Bosnien/Herzegowina und Kroatien/Wojwodina. Mazedonien schließlich gehörte bis zum Ende des ersten Weltkrieges zum Osmanischen Reich.[16]

Aufgrund der unterschiedlichen Herkunft der sechs Regionen des Königreiches bestanden in ihnen verschiedene familienrechtliche Institute und Beziehungen, vor allem aber unterschiedliche Gesetze und damit im Ganzen unterschiedliche familienrechtliche Systeme.[17]

Insbesondere auf dem Gebiet des Eherechts bestand ein sehr verwickelter Rechtszustand. Die einzelnen Eherechte wiesen immense Unterschiede auf.[18]

---

[14]   Marjanovski, Opšt del na gradjansko pravo, S. 15 (Mazedonien).

[15]   In der Verfassung von 1921 fand sich zunächst die Bezeichnung „Königreich der Serben, Kroaten und Slowenen". Durch Gesetz vom 3.10.1929 wurde dann aber die Bezeichnung „Königreich Jugoslawien" eingeführt (vgl. oben.).

[16]   Hadživasilev, Semejno pravo, S. 15 (SFRJ, SR Mazedonien).

[17]   Hadživasilev, Semejno pravo, S. 15 (SRFJ, SR Mazedonien); Mitić, Porodično Pravo u SFRJ, S. 74 (SFRJ, SR Serbien); Chloros, Yugoslav Civil Law, S. 50.

[18]   Eisner, Das Eherecht im jugoslawischen Vorentwurf, S. 3.

So galt in der autonomen Provinz Wojwodina das ungarische Ehegesetz von 1894, das einen völlig akonfessionellen Charakter hatte.

In Slowenien wurde das Eherecht des Österreichischen Allgemeinen Bürgerlichen Gesetzbuchs von 1811 mit den bezüglichen Hofdekreten und den österreichischen Ehegesetzen von 1868 und 1870 angewendet.[19]

In Kroatien galt für die Angehörigen der römisch-katholischen und der serbisch-orthodoxen Kirche konfessionelles Eherecht, und zwar für die Katholiken das im Rahmen des in Durchführung des Konkordats vom Jahre 1855 erlassene Ehegesetz für die Katholiken von 1856, während für die Anhänger der übrigen Konfessionen sowie für die Konfessionslosen das Eherecht des Österreichischen Allgemeinen Bürgerlichen Gesetzbuches von 1811 ohne die oben erwähnten österreichischen Ehegesetze galt.[20]

In Serbien und in Mazedonien wurde das Serbische Bürgerliche Gesetzbuch von 1844 angewendet, welches zum größten Teil das kodifizierte Eherecht der serbisch-orthodoxen Kirche enthielt.[21] In den Gebieten Montenegro und Bosnien/Herzegowina galt ausschließlich konfessionelles Recht.

Erstes Kennzeichen dieser Periode war folglich, dass es mehr oder minder sechs unterschiedliche Rechtsordnungen gab. Hinzuzählen lässt sich noch die Sharia als siebter Rechtskreis, welche ihre Geltung an die Eigenschaft der Glaubenszugehörigkeit knüpfte und damit ihre Befolgung durch alle Angehörigen des islamischen Glaubens beanspruchte, unabhängig davon, wo diese ihren Lebenssitz hatten.[22]

Zweites Kennzeichen dieser Periode war das Nebeneinander von staatlichem und konfessionellem Eherecht.[23]

Die Eingehung der Ehe, die Regeln bezüglich der persönlichen Beziehungen der Ehegatten und der übrigen Mitglieder der Familie, sowie die Ehescheidung, wurden durch Normen geregelt, die von Seiten der Kirchen

---

[19] Bakić, Porodično pravo u SFRJ, S. 74 (SFRJ, SR Serbien).
[20] Eisner, Das Eherecht im jugoslawischen Vorentwurf, S. 3.
[21] Markovica, Porodično pravo, S. 9 (Königreich Jugoslawien, Serbien). Spirović – Trpenovska, Istoriski razvitok na semejnoto zakonodavstvo, Zbornik vo čest na Aleksandar Hristov, S. 301(Mazedonien); Mitić, Porodično pravo u SFRJ, S. 74 (SFRJ, SR Serbien).
[22] Mickovic, Pričini za razvod na brak vo sejmite na EU, Teil IV, S. 1 (Mazedonien).
[23] Spirović-Trpenovska, Istoriski razvitok na semejnoto zakonodavstvo, Zbornik vo čest na Aleksandar Hristov, S. 302 (Mazedonien).

(römisch-katholische Kirche und serbisch-orthodoxe Kirche) erlassen worden waren.[24]

Die güterrechtlichen Beziehungen hingegen waren Gegenstand von Normen, die von den Gesetzgebungsorganen der Staaten erlassen worden waren, deren Staatsgewalt diese Regionen bis dahin unterlagen (vgl. oben).[25]

Das kirchliche Recht hatte ebenso wie die Sharia einen personellen Wirkungskreis und galt für alle Angehörigen im gesamten Königreich. Die bürgerlichen Gesetze hatten demgegenüber einen territorialen Wirkungskreis und galten nur für die jeweilige Region.

Das Nebeneinander von konfessionellen und staatlichen Regelungen löste zahlreiche Konflikte und eine erhebliche Rechtsunsicherheit bei der Beurteilung der Rechtsgültigkeit von Ehen aus.[26] Es bestand eine vollkommene Ungleichbehandlung der Bürger auf dem Gebiet des Eherechts, die aus der unterschiedlichen Religionszugehörigkeit resultierte.[27]

Drittes Kennzeichen dieser Periode war schließlich der patriarchalische Charakter dieser Zeit, welcher sich in der rechtlichen Ungleichbehandlung von Mann und Frau bzw. von Vater und Mutter auf dem Gebiete der persönlichen wie auch der vermögensrechtlichen Beziehungen manifestierte.[28]

II. Die Sozialistische Föderative Republik Jugoslawien (1946-1991)

Die zweite größere Periode umfasst die Zeit von der Errichtung der Sozialistischen Föderativen Republik Jugoslawien[29] nach dem zweiten Welt-

---

[24] Spirović-Trpenovska, Istoriski razvitok na semejnoto zakonodavstvo, Zbornik vo čest na Aleksandar Hristov, S. 302 (Mazedonien).

[25] Hadživasilev, Semejno pravo, S. 16 (SFRJ, SR Mazedonien).

[26] Chloros, Yugoslav Cilvil Law, S. 52.

[27] Leske-Loewenfeld, Rechtsverfolgung im internationalen Verkehr, Bd. I, S. 67.

[28] Spirović-Trpenovska, Istoriski razvitok na semejnoto zakonodavstvo, Zbornik vo čest na Aleksandar Hristov, S. 302 (Mazedonien); Bakić, Porodično pravo u SFRJ, S. 75 (SFRJ, SR Serbien); Pupovci, Razvoj porodičnog zakonodavstva u socijalističkoj Jugoslaviji, Obeležja, Godina VI. Br. 2, Priština 1976, S. 119 (SFRJ, Serbien/AP Kosovo).

[29] In der Verfassung von 1946 wurde Jugoslawien noch als „Föderative Volksrepublik Jugoslawien" bezeichnet. Hiernach war Jugoslawien ein Bundesstaat mit sechs „Volksrepubliken". In der Verfassung von 1963 bekam Jugoslawien den

krieg bis zum Zerfall des ehemaligen Jugoslawien und der darauf unmittelbar folgenden Konstituierung des selbständigen, unabhängigen Staates Mazedonien im Jahre 1991. Dieser zeitliche Rahmen lässt sich nochmals in zwei Phasen untergliedern.

1. Die erste Phase

Die erste Phase (1946-1971) beginnt mit dem im Sozialistischen Jugoslawien vorgenommenen Erlass der Verfassung von 1946.[30] Die Notwendigkeit der gesetzlichen Regulierung dieses Rechtsgebietes ergab sich aus den erzielten Erfolgen des Volksbefreiungskampfes, die sich in der 1946 erlassenen Verfassung niederschlugen. Dies waren z.B.: „Die Gleichberechtigung der Bürger unabhängig vom Geschlecht und von der Nationalität, die Gleichbehandlung ehelicher und außerehelicher Kinder, die Gleichberechtigung der Ehegatten".[31]

In der Verfassung von 1946 waren ebenso wie in der später erlassenen Verfassung von 1963 familienrechtliche Grundlagenregelungen enthalten, die durch die sozialistischen und demokratischen Prinzipien des Sozialistischen Jugoslawiens geprägt waren.[32]

Das Familienrecht wurde zu dieser Zeit erstmals als selbstständiger Rechtszweig aus dem bürgerlichen Recht ausgesondert und regelte die Beziehungen der Familie, also eines bestimmten, durch Ehe und Verwandtschaft miteinander verbundenen Personenkreises.[33] Vom Familienrecht umfasst waren das Eherecht, das Elternrecht, die Vormundschaft und die Adoption.[34]

Durch die Verfassung von 1946 wurde das Prinzip der fakultativen Zivilehe, das schon zu Beginn des Befreiungskampfes 1941 einheitlich für alle Staats-

---

Namen „Sozialistische Föderative Republik Jugoslawien". Fortan hießen die sechs Volksrepubliken „Sozialistische Republiken".

[30] Pupovci, Razvoj porodičnog zakonodavstva u socijalističkoj Jugoslaviji, Obeležja, Godina VI. Br. 2, Priština 1976, S. 119 (SFRJ, Serbien/AP Kosovo).

[31] Vgl. Vardarski, Novini od republičkite zakoni od oblasta na semejnoto pravo, Socijalna politika, Godina I, Br. 1, Skopje 1973, S. 57 (SRFJ, SR Mazedonien).

[32] Spirović-Trpenovska, Semejno pravo, S. 131 (Mazedonien); Spirović-Trpenovska, Istoriski razvitok na semejnoto zakonodavstvo, Zbornik vo čest na Aleksandar Hristov, S. 302 (Mazedonien); Pupovci, Razvoj porodičnog zakonodavstva u socijalističkoj Jugoslaviji, Obeležja, Godina VI. Br. 2, Priština 1976, S. 120 (SFRJ, Serbien/AP Kosovo).

[33] Hadživasilev, Semejno pravo, S. 5 (SFRJ, SR Mazedonien).

[34] Finzgar, Rodbinsko Pravo, S.7 f. (SRFJ, SR Slowenien).

bürger eingeführt worden war, aufgegeben und erstmals das Prinzip der obligatorischen Zivilehe eingeführt.[35]

Zeitgleich mit dem Erlass der Verfassung erließ das jugoslawische Parlament das Grundgesetz über die Ehe von 1946[36] (abgekürzt: EheGG 1946) (Osnovniot zakon za brak od 1946), dessen bereinigter Wortlaut im Jahre 1965[37] mit allen bis dahin durch verschiedene Änderungsgesetze vorgenommenen Änderungen und Ergänzungen erschien.[38]

Auf das Grundgesetz über die Ehe folgten die drei weiteren Bundesgesetze auf dem Gebiet des Familienrechts:

- das Grundgesetz über die Beziehungen zwischen Eltern und Kindern von 1947[39] (Osnovniot zakon za odnosite na roditelite i decata od 1947);

- das Adoptionsgesetz von 1947[40] (Zakonot za posvojuvanjeto od 1947) und

- das Grundgesetz über die Vormundschaft von 1947[41] (Osnovniot zakon za staratelstvo od 1947).

Die genannten Gesetze sowie die Verfassung von 1946 galten für den gesamten Bereich Jugoslawiens.[42] Nach dem ersten Weltkrieg trat somit in Jugoslawien anstelle der sechs verschiedenen rechtlichen Systeme ein einheitliches Rechtssystem im gesamten Staatsgebiet.[43] Es bestand nunmehr erstmals ein staatliches Eherecht, das keine Rücksicht mehr auf die Satzungen der einzelnen Kirchen nahm und damit vollkommen losgelöst war von konfessionellen Grundlagen.[44] Die Trennung zwischen Kirche und Staat bewirkte die Gleichheit der Bürger auf dem Gebiet des Eherechts ohne Rücksicht auf ihre Religionszugehörigkeit.

---

[35] Djurović, Porodično pravo, S. 50 (SRFJ, SR Serbien).
[36] Sluzben List na FNRJ, Nr. 45/49 = Gesetzesblatt der Föderativen Volksrepublik Jugoslawien.
[37] Sluzben List na FNRJ, Nr. 28/65.
[38] Bakić, Porodično pravo u SFRJ, S. 16 (SFRJ, SR Serbien).
[39] Sluzben List na FNRJ, Nr.104/47.
[40] Sluzben List na FNRJ, Nr 10/65.
[41] Sluzben List na FNRJ, Nr. 30/47.
[42] Micković, Pričini za razvod na brak vo sejmite na EU, Teil 4, S. 1 (Mazedonien).
[43] Micković, Pričini za razvod na brak vo sejmite na EU, Teil 4, S. 1 (Mazedonien).
[44] Eisner, Das Eherecht im jugoslawischen Vorentwurf, S. 5.

Außerdem nahm man Abstand vom patriarchalischen System, indem die Geschlechterdiskriminierung vollkommen abgeschafft wurde.[45] Es wurde erstmals gesetzlich vorgeschrieben, dass die Beziehungen zwischen den Ehegatten und innerhalb der Familie auf dem Prinzip der Gleichberechtigung beruhen.

Einige der Bundesgesetze regelten ihren Gegenstand abschließend (so etwa das Adoptionsgesetz von 1947). Bei den meisten anderen aber handelte es sich um Grundgesetze, durch welche den sechs sozialistischen Republiken (Serbien, Montenegro, Slowenien, Bosnien und Herzegowina, Kroatien und Mazedonien) und den autonomen Provinzen (Kosovo und Wojwodina) die Möglichkeit eröffnet wurde, innerhalb des durch Bundesgesetz abgesteckten Rahmens einzelne Fragen eines Rechtsbereichs selbst gesetzlich zu regeln.[46]

So regelte das Grundgesetz über die Ehe von 1946 nur die Rechts-beziehungen aus der Ehe, also die Beziehungen zwischen den Eheleuten, insbesondere die persönlichen Beziehungen, und die Beziehungen zwischen den Eltern und Kindern, soweit diese im notwendigen Zusammenhang mit den Ehebeziehungen standen.[47] Hinsichtlich der Vermögensbeziehungen zwischen den Ehegatten enthielt das Gesetz lediglich Grundrichtlinien. In Art. 14 EheGG 1946 (bzw. Art. 12 in der bereinigten Fassung von 1965) war angeordnet, dass die weiteren Bestimmungen über die Vermögens-beziehungen der Ehegatten durch die Gesetze der Sozialistischen Republiken vorgeschrieben wurden.

In Art. 87 EheGG 1946 (bzw. Art. 84 in der bereinigten Fassung von 1965) war zudem vorgesehen, dass durch die Gesetze der sozialistischen Republi-ken die Voraussetzungen und die Art und Weise der Bestätigung der vor dem 9. Mai 1946 geschlossenen Ehen, denen nach den früheren Bestimmungen die Rechtsgültigkeit versagt war, festgelegt wurden.[48]

Die den einzelnen Republiken belassene gesetzgeberische Kompetenz auf dem Gebiete des Eherechts beschränkte sich also im Wesentlichen auf die

---

[45]   Spirović-Trpenovska, Istoriski razvitok na semejnoto zakonodavstvo, Zbornik vo čest na Aleksandar Hristov, S. 303 (Mazedonien).

[46]   Hadživasilev, Semejno pravo, S. 17 (SFRJ, SR Mazedonien).

[47]   Bakić, Porodično pravo u SFRJ, S. 17 (SFRJ, SR Serbien).

[48]   Bakić, Porodično pravo u SFRJ, S. 17 (SFRJ, SR Serbien).

Regelung der vermögensrechtlichen Beziehungen zwischen den Ehepartnern, während die Materie im Übrigen bundesrechtlich geregelt war.[49]

Neben den bereits genannten bundesstaatlichen Verfassungen von 1946 und 1963 existierten die Verfassungen der einzelnen sozialistischen Republiken und damit auch der Republik Mazedonien aus den gleichen Jahren.

Für diese Periode sind als Quellen des Familienrechts folglich sowohl die Verfassung und die Gesetze der Sozialistischen Föderativen Republik Jugoslawien als auch die Verfassungen und die Gesetze der einzelnen sozialistischen Republiken zu nennen.[50]

Als für diesen Zeitabschnitt wesentliche familienrechtliche Regelungen sind über die bereits oben erwähnten Bundesgesetze nebst einiger Ergänzungsgesetze hinaus folgende von der damaligen sozialistischen Republik Mazedonien erlassenen Gesetze anzuführen:

1.   Das Gesetz aus dem Jahre 1950 über die Anerkennung der Vollgültigkeit von Ehen, die vor dem 9. Mai 1945 geschlossen wurden;[51]

2.   Das Gesetz über die güterrechtlichen Beziehungen zwischen Eheleuten von 1950;[52]

3.   Das Gesetz über die Vormundschaft von 1947.[53]

2.   Die zweite Phase

Das Ende dieser ersten Phase wird durch die Verfassungsreformen von 1971 markiert, die zahlreiche Änderungen und Ergänzungen sowohl der Bundesverfassung als auch der Verfassungen der einzelnen Republiken mit sich brachten[54] (Die Bundesverfassungszusätze XX bis XLI (Sojužnite Ustavni Amandmani XX do XLI), das Bundesverfassungsgesetz über die Umsetzung

---

[49]   Vgl. Leske-Loewenfeld, Rechtsverfolgung im internationalen Verkehr, Bd. I, S. 68.

[50]   Hadživasilev, Semejno pravo, S. 17 (SFRJ, SR Mazedonien).

[51]   Sluzben Vesnik na SRM, Nr. 16/50 = Gesetzesblatt der Sozialistischen Republik Mazedonien.

[52]   Sluzben Vesnik na SRM, Nr. 16/50.

[53]   Sluzben Vesnik na SRM, Nr. 18/50.

[54]   Hadživasilev, Semejno pravo, S. 20 (SFRJ, SR Mazedonien).

der Verfassungszusätze XX bis XLI von 1971[55] (Ustaviot zakon za sproveduvanje na ustavnite amandmani XX do XLI), die Verfassungszusätze XV bis XXXIX der Sozialistischen Republik Mazedonien[56] (Ustavnite amandmani XV do XXXIX na Ustavod na Socialistička Republika Makedonija), sowie das Verfassungsgesetz über die Umsetzung der Verfassungszusätze XV bis XXXIX der Sozialistischen Republik Mazedonien (Ustaviot zakon za sproveduvanje na ustavnite amandmani XV do XXXIX)). Aus der neuen Verfassung von 1974 lässt sich (wie auch schon aus den Verfassungen von 1946 und 1963) ersehen, welch hohen Stellenwert die „Familie" im gesellschaftlich-politischen System des Sozialistischen Jugoslawien hatte.[57]

In Art. 188 der Verfassung von 1974 war geregelt, dass Mutter und Kind sowie Minderjährige ohne Fürsorge der Eltern und andere Personen, die nicht imstande sind, selbst für ihre Interessen und Rechte zu sorgen, unter besonderem gesellschaftlichen Schutz stehen. Art. 190 der Verfassung von 1974 bestimmte zudem, dass die Familie gesellschaftlichen Schutz genießt. Ferner war gemäß Art. 190 der Verfassung von 1974 angeordnet, dass die Ehe und die Rechtsbeziehungen in der Ehe und in der Familie gesetzlich geregelt werden und dass die Ehe vor dem zuständigen Organ durch freie Zustimmung der in den Ehestand tretenden Personen rechtsgültig geschlossen wird. Nach Art. 190 hatten die Eltern das Recht und die Pflicht, ihre Kinder großzuziehen und zu erziehen. Die Kinder waren verpflichtet, im Falle der Hilfsbedürftigkeit für ihre Eltern zu sorgen. Außerehelich geborene Kinder hatten die gleichen Rechte und Pflichten wie die in einer Ehe geborenen Kinder.[58]

Im Zuge der Verfassungsreformen kam es zu einer im vorliegenden Zusammenhang bedeutsamen Neuzuweisung der Gesetzgebungszuständigkeiten.[59] Fielen Gesetze bis dahin noch gewissermaßen in die „Doppelzuständigkeit" der Föderation und der Republiken, waren fortan nur noch die einzelnen Republiken berufen, familienrechtliche Regelungen zu erlassen.[60]

---

[55] Sluzben List na SFRJ, Nr. 29/71 = Gesetzesblatt der Sozialistischen Föderativen Republik Jugoslawien.

[56] Sluzben Vesnik na SRM, Nr. 40/71.

[57] Bakić, Porodično Pravo u SFRJ, S. 4 (SFRJ, SR Serbien).

[58] Vgl. Cigoj/Firsching, Jugoslawisches Familienrecht, S. 4.

[59] Hadživasilev, Semejno pravo, S. 15 (SFRJ, SR Mazedonien).

[60] Spirović-Trpenovska, Semejno pravo, S. 131 (Mazedonien).

Die Gesetzgebungskompetenz auf dem Gebiet des Familienrechts stand damit im Wesentlichen den Republiken und autonomen Provinzen zu. [61]

Im Bundesverfassungsgesetz über die Umsetzung der Verfassungszusätze XX bis XLI[62] war bestimmt, dass die bis dahin geltenden Bundesgesetze auf dem Gebiet des Familienrechts spätestens bis zum 31.12.1971 ihre Geltung verlieren sollten.[63] Da jedoch dieser kurze Zeitraum offensichtlich nicht ausreichend war, um in allen sozialistischen Republiken und autonomen Provinzen neue Gesetze auf dem Gebiet des Familierechts zu erlassen, wurden in allen diesen Republiken und Provinzen zunächst Gesetze erlassen, die die weitere Geltung der bestehenden Bundesgesetze anordneten.[64] So war in dem Verfassungsgesetz über die Umsetzung der Verfassungszusätze XV bis XXXIX der Sozialistischen Republik Mazedonien[65] angeordnet, dass in Mazedonien die Bundesgesetze weiterhin bis zum Erlass eigener familienrechtlicher Gesetze, spätestens aber bis zum 31. Dezember 1973, als Gesetze der Republik Mazedonien angewendet werden sollten.[66]

Die oben genannten Bundesgrundgesetze von 1946/1947 sowie die Bundesergänzungsgesetze verloren damit erst in dem Moment vollkommen ihre Bedeutung, als die sozialistischen Republiken und autonomen Provinzen ihre nunmehr bestehende ausschließliche Gesetzgebungszuständigkeit in Anspruch nahmen und eigene Gesetze auf dem Gebiet des Familienrechts erließen.

Im Falle der sozialistischen Republik Mazedonien geschah dies im Jahre 1973.

Zu dieser Zeit wurden durch die Republik Mazedonien folgende Gesetze erlassen:

---

[61] Cigoj/Firsching, Jugoslawisches Familienrecht, S. 4.
[62] Sluzben list na SFRJ, Nr. 29/71.
[63] Vgl. Vardarski, Novini od republičkite zakoni od oblasta na semejnoto pravo, Socijalna politika, Godina I, Br. 1, Skopje 1973, S. 57 (SFRJ, SR Mazedonien).
[64] Spirović-Trpenovska, Istoriski razvitok na semejnoto zakonodavstvo, Zbornik vo čest na Aleksandar Hristov, S. 306 (Mazedonien).
[65] Sluzben Vesnik na SRM, Nr. 40/71.
[66] Vgl. Vardarski, Novini od republičkite zakoni od oblasta na semejnoto pravo, Socijalna politika, Godina I, Br. 1, Skopje 1973, S. 58 (SFRJ, SR Mazedonien).

1. Das Ehegesetz von 1973[67] (abgekürzt: EheG 1973) (Zakonot za brakot od 1973);

2. Das Gesetz über die Beziehungen zwischen Eltern und Kindern von 1973[68] (Zakonot za odnosite na roditelite i decata od 1973);

3. Das Gesetz über die Adoption von 1973[69] (Zakonot za posvojuvanjeto od 1973);

4. Das Gesetz über die Vormundschaft von 1973[70] (Zakonot za staratelstvoto od 1973).

Daneben bestanden folgende weitere Ergänzungsgesetze:[71]

1. Das Gesetz über die Matrikelbücher von 1973[72];

2. Das Gesetz über das besondere Streitverfahren in Familiensachen von 1978[73];

3. Das Gesetz über den Personennamen von 1972[74];

4. Das Gesetz über die Staatsangehörigkeit von 1977[75];

5. Das Gesetz über den Sozialschutz von 1978[76];

6. Das Gesetz über den allgemeinen Schutz von Kindern von 1981[77].

Die neu erlassenen Gesetze wichen von den bis dahin geltenden allgemeinen Prinzipien der Bundesgesetze teilweise ab und trugen damit der derzeitigen gesellschaftlichen, ökonomischen und politischen Entwicklung, den Ergebnissen der Gerichtspraxis sowie den spezifischen Eigenarten der Republik Mazedonien Rechnung.[78]

---

[67] Sluzben Vesnik na SRM, Nr. 35/73.
[68] Sluzben Vesnik na SRM, Nr. 5/73.
[69] Sluzben Vesnik na SRM, Nr. 5/73.
[70] Sluzben Vesnik na SRM, Nr. 5/73.
[71] Hadživasilev, Semejno pravo, S. 26 (SFRJ, SR Mazedonien).
[72] Sluzben Vesnik na SRM, Nr. 15/73.
[73] Sluzben Vesnik na SRM, Nr. 13/ 78.
[74] Sluzben Vesnik na SRM, Nr. 30/72.
[75] Sluzben Vesnik na SRM, Nr. 19/77.
[76] Sluzben Vesnik na SRM, Nr. 9/78.
[77] Sluzben Vesnik na SRM, Nr. 6/81.
[78] Vardarski, Novini od republičkite zakoni od oblasta na semejnoto pravo, Socijalna politika, Godina I, Br. 1, Skopje 1973, S. 58 (SFRJ, SR Mazedonien).

III. Die Unabhängigkeit Mazedoniens 1991

Mit der Konstituierung des souveränen und demokratischen Staates Mazedonien im Jahre 1991 begann die dritte Phase in der Entwicklung der familienrechtlichen Normen.[79]

1. Verfassung und Gesetze als Quellen des heutigen mazedonischen Familienrechts

Die Grundquellen des Familienrechts in Mazedonien stellen heute die Verfassung von 1991 und das Familiengesetz von 1992 (abgekürzt: FamG 1992) (Zakon za semejstvoto od 1992) der Republik Mazedonien dar.[80]

In Art. 40 der Verfassung der Republik Mazedonien von 1991 ist vergleichbar mit Art. 6 GG vorgesehen, dass die Republik Mazedonien den besonderen Schutz der Familie gewährleistet. Darüber hinaus ergibt sich aus dieser Vorschrift für den mazedonischen Gesetzgeber der Auftrag, die rechtlichen Beziehungen der Ehe und der Familie und die außerehelichen Beziehungen durch Gesetz zu regeln.

Als Resultat intensiver wissenschaftlicher und politischer Diskussion wurde im Dezember 1992 das Vorhaben der Kodifizierung der familienrechtlichen Regelungen mit dem Erlass des Familiengesetzes abgeschlossen, welches am 30. Dezember 1992 in Kraft trat.[81]

Dieses Gesetz stellt eines der ersten komplexen Gesetze dar, die nach der Selbstständigkeit durch die Republik Mazedonien erlassen wurden.[82] Durch sein Inkrafttreten verloren die im ehemaligen Jugoslawien von der Sozialistischen Republik Mazedonien erlassenen Gesetze ihre Geltung.[83] (Dies waren das Ehegesetz von 1973, das Gesetz über die Beziehungen zwischen Eltern und Kindern von 1973, das Gesetz über die Adoption von 1973, das Gesetz über die Vormundschaft von 1973 sowie das Gesetz über

---

[79] Spirović-Trpenovska, Semejno pravo, S. 25 (Mazedonien); Rustova, Semejnoto zakonodavstvo vo noviot praven sistem na RM, Semejno pravo, S. 53 (Mazedonien).

[80] Muratovska-Markovska, Razvod na brak i posledicite od razvod na brakot, Semejno pravo, S. 9 (Mazedonien); Spirović-Trpenovska, Semejno pravo, S. 25 (Mazedonien).

[81] Sluzben Vesnik na Republika Makedonia, Nr. 80/92.

[82] Čavdar, Komentar na zakonot za semejstvoto, S. 3 (Mazedonien).

[83] Taseva/Koštanov, Zakon za semejstvoto, S. 1 (Mazedonien); Micković, Pričini za razvod na brak vo sejmite na EU, Teil IV, S. 1 (Mazedonien).

das besondere Streitverfahren in Familienstreitsachen (vgl. Art 285 FamG 1992)). Das Außerkrafttreten der Vielzahl der genannten Gesetze macht deutlich, dass das Familiengesetz nicht lediglich auf die Regelung besonders dringender Einzelfragen, sondern vielmehr auf eine möglichst erschöpfende Behandlung familienrechtlicher Fragen abzielt.[84]

Das Bemühen um ein Familiengesetz war nicht nur durch den Gesetz-gebungsauftrag aus Art. 40 der Verfassung motiviert, sondern wollte auch dem Wandel gesellschaftlicher Werte Rechnung tragen. Seit dem Erlass der Familiengesetze von 1973 waren zu diesem Zeitpunkt bald zwanzig Jahre vergangen. Dieser zeitliche Abstand brachte ein Auseinanderfallen von gesetzlicher Grundkonzeption und gesellschaftlicher Anschauung mit sich, die sich aufgrund der gesellschaftlich-ökonomischen und politischen Entwicklung geändert hatte.[85] Diese Kluft war nicht mehr allein durch Änderungen und Ergänzungen der bestehenden Gesetze zu überwinden, sondern machte einen einheitlichen Neuentwurf des Familienrechts not-wendig.[86] Zudem beklagte die juristische Praxis, dass sich aus dem Neben-einander der einzelnen alten Gesetze Leerräume und begriffliche Unklar-heiten ergäben.[87]

Bei der Konzeption des Familiengesetzes von 1992 wurde allen angeführten Gesichtspunkten nach Möglichkeit Rechnung getragen, um eine konsistente Regelung der Familienbeziehungen zu erreichen. Es sollte vermieden werden, dass die vorher bestehenden einzelnen Gesetze bloß mechanisch verknüpft würden.[88]

Das neue Familiengesetz von 1992 wurde nach den Prinzipien des Fami-lienrechts, wie sie in Art. 40 der Verfassung der Republik Mazedonien zum

---

[84] Spirović-Trpenovska, Zakon za semejstvoto na RM, S.122 (Mazedonien); Spirović-Trpenovska, Zakon za semejstvoto na RM, Godišnik na pravniot fakultet vo Skopje 1992/1993, S. 122 (Mazedonien).

[85] Hadži-Lega, Zakonot za semejstvoto i negovata praktična primena, Sudiska revija, Skopje 1995, Godina I, Br. 1, S. 44 (Mazedonien); Spirović-Trpenovska, Karakteristiki na semejnoto zakonodavstvo vo RM, Semejnoto zakonodavstvo na Republika Makedonia, S. 7 (Mazedonien).

[86] Čavdar, Komentar na zakonot za semejstvoto, S. 3 (Mazedonien).

[87] Vgl. Hadži-Lega, Zakonot za semejstvoto i negovata praktična primena, Sudiska revija, Skopje 1995, Godina I, Br. 1, S. 44 (Mazedonien).

[88] Čavdar, Komentar na zakonot za semejstvoto, S. 3 (Mazedonien); Spirović-Trpenovska, Karakteristiki na semejnoto zakonodavstvo vo RM, Semejnoto zakonodavstvo na Republika Makedonia, S. 10 (Mazedonien).

Ausdruck kommen, erschaffen.[89] Tragender Grundgedanke des neuen Familiengesetzes ist die herausgehobene gesellschaftliche Bedeutung des Familienverbandes, der gleichzeitig als Grundlage des Staates eines besonderen, aktiven Schutzes durch und vor der Staatsgewalt bedarf. Besondere Fürsorge und Zuwendung muss nach der verfassungsrechtlichen Vorgabe in Art. 40 der Verfassung Kindern und nicht volljährigen Personen, sowie den Müttern zukommen. Als unerlässliche Regelungskomplexe erscheinen vor diesem Hintergrund die Unterhaltspflicht der Eltern gegenüber ihren Kindern, sowie die Ausgestaltung der elterlichen Sorge. Schließlich war gewissermaßen als Gegenstück zur elterlichen Unterhaltsverpflichtung diejenige der Kinder gegenüber ihren bedürftigen Eltern zu regeln.[90]

Eine Besonderheit des Familiengesetzes von 1992 ist, dass es erstmalig den Begriff der Familie legaldefiniert, welcher bisher nur gewohnheitsrechtlich reguliert war.[91] Gemäß Art. 2 Abs. 1 FamG 1992 ist die Familie eine Lebensgemeinschaft von Eltern und Kindern sowie anderen Verwandten, wenn sie in einem gemeinsamen Haushalt leben. Nach Art. 2 Abs. 2 FamG 1992 entsteht die Familie durch die Geburt oder durch die Adoption von Kindern.

Inhaltlich umfasst das Familiengesetz von 1992 den gesamten Bereich des Familienrechts, also das Eherecht (Art. 15-43 FamG 1992), das Elternrecht (Art. 44-94 FamG 1992), die Vormundschaft (Art. 124-177 FamG 1992) und die Adoption (Art. 95-123 FamG 1992).[92]

Eine der bedeutendsten Neuerungen im Vergleich zur bisherigen familienrechtlichen Gesetzgebung ist die Integration der Regelungen über das Güterrecht (Art. 203-221 FamG 1992) sowie über das Unterhaltsrecht (Art. 178-202 FamG 1992) in das Familiengesetz.[93]

---

[89]   Iliev, Sklučuvanje na brak i bračni prečki, Semejnoto zakonodavstvo na Republika Makedonija, S. 36 ff. (Mazedonien); Rustova, Semejnoto zakonodavstvo vo noviot praven sistem na RM, Semejno pravo, S. 53 (Mazedonien); Muratovska-Markovska, Razvod na brak i posledicite od razvod na brakot, Semejno pravo, S. 9 (Mazedonien).

[90]   Vgl. Maksimovski, Semejstvoto kako životna i imotna zaednica, Semejnoto zakonodavstvo na Republika Makedonia, S. 20 (Mazedonien).

[91]   Hadži-Lega, Zakonot za semejstvoto i negovata praktična primena, Sudiska revija, Skopje 1995, Godina I, Br. 1, S. 44 (Mazedonien); Spirović-Trpenovska, Zakon za semejstvoto na RM, S. 120 (Mazedonien).

[92]   Rustova, Semejnoto zakonodavstvo vo noviot praven sistem na RM, Semejno pravo, S. 53 (Mazedonien).

[93]   Spirović-Trpenovska, Zakon za semejstvoto na RM, S. 123 (Mazedonien).

Weitere hervorstechende Neuheit ist darüber hinaus unzweifelhaft die Inkorporierung des formellen Familienrechts, also der Normen über das Gerichtsverfahren (in Ehestreitigkeiten (Art. 228-261 FamG 1992), in Streitigkeiten zur Feststellung und Anfechtung der Vaterschaft und der Mutterschaft (Art. 262-271 FamG 1992), in Streitigkeiten zur Übergabe der Kinder in Obhut und Erziehung (Art. 272-273 FamG 1992), in Streitigkeiten über den Unterhalt (Art. 274-279 FamG 1992)) sowie über das Vollstreckungsverfahren (Art. 280-281 FamG 1992).[94]

Die mazedonische Rechtswissenschaft begrüßt überwiegend die Neuregelung und hält sie im Ergebnis für weitestgehend gelungen. Lediglich in Einzelfragen wurden bisher von Wissenschaft und Praxis Bedenken hinsichtlich der Vollständigkeit und der Widerspruchsfreiheit einzelner Normen geltend gemacht. Schließlich wird auch die Prägnanz und Aussagekraft einzelner Gesetzesbegriffe bestritten.[95] Insgesamt wurde aber wohl die Aufgabe erfüllt, einen modernen Familienkodex zu erschaffen, was das primäre Ziel des Gesetzgebers war.[96]

Zu den ergänzenden Quellen des Familienrechts der heutigen Republik Mazedonien gehören folgende Gesetze:

1. Das Gesetz über das Standesamtregisters von 1995[97];

2. Das Gesetz über den persönlichen Namen von 1995[98];

3. Das Erbrechtsgesetz von 1996[99];

4. Das Gesetz über das Streitverfahren von 1998[100];

5. Das Gesetz über das außergerichtliche Verfahren von 1997[101];

6. Das Gerichtsgesetz von 1995[102].

---

[94] Spirović-Trpenovska, Zakon za semejstvoto na RM, S. 123 (Mazedonien); Hadži-Lega, Zakonot za semejstvoto i negovata praktična primena, Sudiska revija, Skopje 1995, Godina I, Br. 1, S. 44 (Mazedonien).

[95] Čavdar, Komentar na zakonot za semejstvoto, S. 9 ff. (Mazedonien); Hadži-Lega, Zakonot za semejstvoto i negovata praktična primena, Sudiska revija, Skopje 1995, Godina I, Br. 1, S. 46 ff. (Mazedonien).

[96] Spirović-Trpenovska, Semejno pravo, S. 26 (Mazedonien).

[97] Sluzben Vesnik na Republika Makedonia, Nr. 8/95.

[98] Sluzben Vesnik na Republika Makedonia, Nr. 8/95 .

[99] Sluzben Vesnik na Republika Makedonia, Nr. 47/96.

[100] Sluzben Vesnik na Republika Makedonia, Nr. 33/98.

[101] Sluzben Vesnik na Republika Makedonia, Nr. 19/97.

[102] Sluzben Vesnik na Republika Makedonia, Nr. 36/95.

2. Das Gewohnheitsrecht als Quelle des Familienrechts

Das Gewohnheitsrecht stellt eine Quelle des Familienrechts mit subsidiärem Charakter dar. Es wird folglich nur herangezogen, wenn Gesetzeslücken im Bereich des Familienrechts bestehen.[103]

3. Die Gerichtspraxis als Quelle des Familienrechts

Die Gerichtspraxis stellt auch in Mazedonien zweifellos keine formelle Quelle des Familienrechts dar. Ihr kommt aber im Recht allgemein und damit auch im Familienrecht eine faktische Rolle zu. Die Gerichtspraxis kann somit ebenso als eine Erkenntnisquelle subsidiären Charakters qualifiziert werden.[104]

Dies spielt vor allem bei der Ausfüllung der familienrechtlichen Generalklauseln, etwa bei den Scheidungsgründen, eine bedeutende Rolle.

Es ist hierbei zu beachten, dass angesichts der eher kurzen Zeitspanne, die seit der Unabhängigkeitserklärung im Jahre 1992 vergangen ist, die Republik Mazedonien keine allzulange eigenständige Gerichtspraxis aufweist. Hinsichtlich der Auslegung der neuen Regelungen muss daher auch auf die Gerichtspraxis des ehemaligen Jugoslawien zurückgegriffen werden, sofern sich nicht aus den Neuregelungen des Familiengesetze von 1992 etwas anderes ergibt.

---

[103] Spirović-Trpenovska, Semejno pravo, S. 27 (Mazedonien).
[104] Spirović-Trpenovska, Semejno pravo, S. 28 (Mazedonien).

3. TEIL: DAS MATERIELLE SCHEIDUNGSRECHT IN MAZEDONIEN

A. Die Beendigung der Ehe

Die Ehe kann allein unter den Bedingungen beendet werden, die im Gesetz festgelegt sind.

Gemäß Art. 34 Abs. 1 FamG 1992 endet die Ehe mit dem Tod eines Ehegatten, mit der Todeserklärung eines verschollenen Ehegatten und mit der Aufhebung der Ehe.

Schließlich kommt als Beendigungsgrund noch die hier zu behandelnde Ehescheidung in Betracht.

B. Die Beendigung der Ehe durch Scheidung

I. Einleitung

Gemäß der Legaldefinition in Art. 6 Abs. 1 FamG 1992 ist die Ehe eine durch Gesetz geregelte Lebensgemeinschaft eines Mannes und einer Frau, in der sich die Interessen der Ehegatten, der Familie und der Gesellschaft verwirklichen. Die Beziehungen zwischen den Ehegatten beruhen gemäß Art. 6 Abs. 2 FamG 1992 auf der freien Entscheidung des Mannes und der Frau, die Ehe zu schließen, auf ihrer Gleichberechtigung, auf gegenseitiger Achtung und gegenseitiger Unterstützung.

Aus dieser gesetzgeberischen Grundkonzeption folgt gleichzeitig auch die Rechtfertigung für das Institut der Ehescheidung. Entwickeln sich die ehelichen Beziehungen nicht gemäß der oben angeführten Konzeption, also gemäß den Interessen der Gesellschaft oder den individuellen Erwartungen der Ehepartner, ist es einem von ihnen oder beiden erlaubt, die eheliche Beziehung noch zu Lebzeiten der Ehegatten durch Herbeiführung der Scheidung zu beenden.[105]

II. Grundvoraussetzungen

Unter Scheidung der Ehe versteht das mazedonische Recht die rechtliche Auflösung einer wirksamen Ehe zu Lebzeiten der Ehegatten durch gericht-

---

[105]   Muratovska-Markovska, Razvod na brak i posledicite od razvod na brakot, Semejno pravo, S. 9 (Mazedonien).

© Springer Fachmedien Wiesbaden GmbH, ein Teil von Springer Nature 2009
I. Kohlmann, *Die Ehescheidung in der Republik Mazedonien unter Berücksichtigung international-privatrechtlicher Elemente*,
Edition KWV, https://doi.org/10.1007/978-3-658-24140-7_3

liches Urteil mit Wirkung für die Zukunft aufgrund im Gesetz vorgesehener Scheidungsgründe im gesetzlich vorgegebenen Verfahren.[106]

1.   Das Bestehen einer wirksamen Ehe

Die Scheidung stellt einen Beendigungsgrund der vollgültigen Ehe dar.[107] Daraus folgt, dass sich die Gründe für die Scheidung nur aus Umständen ergeben können, die erst nach der Schließung der Ehe eingetreten sind. Mängel, die schon im Zeitpunkt der Eheschließung bestehen, führen nicht zur Scheidung, sondern zur Ungültigerklärung der Ehe, die in Art. 35 FamG 1992 geregelt ist.[108]

Erste Grundvoraussetzung für die Scheidung ist somit zunächst das Bestehen einer wirksamen Ehe. Die Erfordernisse einer wirksamen Eheschließung sind in den Art. 15-30 FamG 1992 geregelt.

In den Art. 16-22 FamG 1992 werden folgende Ehehindernisse angeführt:

-       Minderjährigkeit (Art. 16 FamG 1992),

-       Bereits bestehende Ehe (Art. 17 FamG 1992),

-       Geisteskrankheit bzw. Urteilsunfähigkeit (Art. 18 FamG 1992),

-       Gewalt oder Irrtum (Art. 19 FamG 1992),

-       Blutsverwandtschaft (Art. 20 FamG 1992),

-       Schwägerschaft (Art. 21 FamG 1992),

-       Außereheliche Verhältnisse, die den ehelichen entsprechen (Art. 22 FamG 1992).

Von den genannten Ehehindernissen werden durch das Gesetz zwei Ausnahmen anerkannt.

---

[106]   Nikolovska, Prestanok na brak, Semejnoto zakonodavstvo na Republika Makedonia, S. 76 (Mazedonien); Risteski, Prestanok na brakot, Godišnik na pravniot fakultet vo Skopje 1987, Br. 8 – 9, S. 172 (SFRJ, SR Mazedonien).

[107]   Nikolovska, Prestanok na brak, Semejnoto zakonodavstvo na Republika Makedonia, S. 76 (Mazedonien).

[108]   Spirović-Trpenovska, Semejno pravo, S. 127 (Mazedonien); Čavdar, Komentar na zakonot za semejstvoto, S. 104 (Mazedonien).

- Eine 16 Jahre alte minderjährige Person kann im Falle der körperlichen und geistigen Reife zur Eheschließung die Ehe ohne die Zustimmung der Erziehungsberechtigten eingehen (Art. 16 Abs. 2 FamG 1992)

- Verschwägerte können durch Gerichtsbeschluss bei gerechtfertigten Gründen die Ehe schließen (Art. 21 Abs. 2 FamG 1992).

In den Art. 23-30 FamG 1992 werden die Formerfordernisse und das Verfahren der Eheschließung geregelt.

Die Ehe wird in Anwesenheit beider Ehegatten bzw. wenigstens eines Ehegatten und des Vertreters des anderen Ehegatten (vgl. Art. 28 FamG 1992), des Gemeindeabgeordneten, zweier geschäftsfähiger Zeugen und des Standesbeamten in einem besonders dafür vorgesehenen Dienstzimmer bzw. an einem anderen vereinbarten Ort (vgl. Art. 26 FamG 1992) geschlossen (vgl. Art. 27 FamG 1992).

Die Ehe wird mit der Unterschrift der Ehegatten im Ehematrikelbuch geschlossen (vgl. Art. 29 Abs. 5 FamG 1992). Eine ausschließlich nach religiösem Ritus geschlossene Ehe hat keinerlei Rechtswirkungen.

Das Gericht hat im Rahmen des Scheidungsverfahren von Amts wegen zu prüfen, ob eine wirksame Eheschließung vorliegt.

Der urkundliche Nachweis kann von den Ehegatten durch das Ehematrikelbuch erbracht werden.[109] Liegt kein Eintrag im Ehematrikelbuch vor, weil die Ehe im Ausland geschlossen wurde, so hat das Gericht alle geeigneten Ermittlungen anzustellen. Die Beweislast für den Bestand einer gültigen Ehe trägt dabei der Kläger, da es sich um die erste Voraussetzung einer Scheidung handelt.

2. Klageerfordernis

Als weitere notwendige Voraussetzung der Ehescheidung ist das Klageerfordernis zu nennen.

Das Scheidungsverfahren kann nur auf Initiative zumindest eines Ehegatten geführt werden.

Begehrt nur einer der Ehegatten die Scheidung, so kann das Scheidungsverfahren nur durch Klage eines der Ehegatten eingeleitet werden (vgl.

---

[109] Nikolovska, Prestanok na brak, Semejnoto zakonodavstvo na Republika Makedonia, S. 80 (Mazedonien).

Art. 229 Abs. 1 FamG 1992). Im Falle der Scheidung aufgrund gegenseitigen Einvernehmens wird das Verfahren durch einen Vorschlag zur einverständlichen Scheidung der Ehe eingeleitet (vgl. Art. 229 Abs. 2 FamG 1992) (siehe hierzu im einzelnen beim Scheidungsverfahren).

3. Zu Lebzeiten der Ehegatten

Die Ehe kann nur zu Lebzeiten der Ehegatten geschieden werden. Das Recht der Scheidung der Ehe geht nicht auf die Erben über (Art. 230 Abs. 1 FamG 1992). Die Erben des verstorbenen Ehepartners, der die Scheidungsklage eingereicht hat, können gemäß Art. 230 Abs. 2 FamG 1992 nur die Feststellung begehren, dass die Klage auf Scheidung der Ehe begründet war (vgl. näheres beim Scheidungsverfahren).

4. Gesetzlicher Scheidungsgrund und rechtskräftiges gerichtliches Urteil

Die Ehe kann in Mazedonien zudem nur aufgrund der gesetzlich vorgeschriebenen Scheidungsgründe und durch rechtskräftiges gerichtliches Urteil im gesetzlich vorgegebenen Verfahren mit Wirkung für die Zukunft (vgl. Art. 34 Abs. 3 FamG 1992) geschieden werden.[110]

Die Ehe stellt keinen bürgerlich-rechtlichen Vertrag dar, den die Ehegatten allein durch gegenseitige Willenserklärung beenden können.[111] Die Möglichkeit der sog. Privatscheidung oder der Scheidung durch geistliche Gerichte besteht folglich in Mazedonien nicht (Scheidungsmonopol der Gerichte).[112]

Die Institutionalisierung eines förmlichen Ehescheidungsverfahrens und die Vorgabe spezieller Scheidungsgründe, die dem Freiheitsstreben des trennungswilligen Ehepartners Grenzen setzen, legitimieren sich aus der allgemeinen Bedeutung der Ehe als Institution, an deren Fortbestand der

---

[110] Risteska, Poveduvanje postapka za razvod na brakot, Zbornik na trudovi na dnu, Prilep 1990, S. 115 (SFRJ, SR Mazedonien); Nikolovska, Prestanok na brak, Semejnoto zakonodavstvo na Republika Makedonia, S. 76 (Mazedonien); Spirović-Trpenovska, Semejno pravo, S. 127 (Mazedonien).

[111] Bakić, Porodično pravo u SFRJ, S. 182 (SFRJ, SR Serbien); Spirović-Manevska, Konzeptot na spogodbeniot brakorazvod, Pravna Misla, Skopje 1982, Br. 1 - 2, S. 17 (Mazedonien).

[112] Bakić, Evolucija brakorazvodnog prava u Jugoslaviji, Godišnjak pravnog fakulteta u Sarajevu 1974, S. 42 (SFRJ, SR Bosnien/Herzegowina).

Staat etwa im Hinblick auf Unterhalt und Fürsorge ein Interesse hat.[113] Die gesetzliche Regelung der Ehescheidung muss mithin als Ausgleich zwischen individuellen und staatlichen Interessen gesehen werden.

Die notwendige Mitwirkung des Staates, repräsentiert durch den Richter, an der Ehescheidung stellt also eine Grundvoraussetzung der Scheidung dar, die dem besonderen verfassungsrechtlichen Schutz von Ehe und Familie dient (vgl. Art. 40 der Verfassung der Republik Mazedonien von 1991).[114]

III. Die einzelnen Scheidungsgründe

Die rechtliche Ausgestaltung der Scheidung in der Republik Mazedonien unterlag über die Jahre hinweg grundlegenden Veränderungen. Bezüglich der einzelnen Scheidungsgründe, die die Beendigung der Ehe ermöglichen, ist im Ganzen betrachtet eine Entwicklung festzustellen, die von einer eher rigiden zu einer liberalen Ausgestaltung führt.

Diese Tendenz lässt sich nicht nur hinsichtlich der Scheidungsvoraussetzungen beobachten, sondern kann auch bei der Ausformung der gerichtlichen Prüfungskompetenz verfolgt werden.[115]

1. Die Ehescheidung vor Erlass des Familiengesetzes der Republik Mazedonien von 1992

a. Das System der Scheidungsgründe nach dem Grundgesetz über die Ehe von 1946

Mit den noch im Sozialistischen Jugoslawien (SFRJ) in den Jahren 1946 und 1947 erlassenen Gesetzen auf dem Gebiet des Familienrechts (vgl. oben) wurde ein originäres Privatrechtssystem und in diesem Rahmen auch ein neues Ehescheidungsrecht entworfen, dessen Grundcharakteristikum die Verwirklichung der Gleichberechtigung durch die Abschaffung der Geschlechterdiskriminierung war.[116] Der Komplex der Ehescheidung wurde hier im Grundgesetz über die Ehe von 1946 geregelt.[117]

---

[113] Spirović-Trpenovska, Semejno pravo, S. 127 (Mazedonien).
[114] Spasenovski, Fiktivni osnovi vo procesite za razvod na brak, Semejnoto zakonodavstvo na Republika Makedonia, S. 260 (Mazedonien).
[115] Čavdar, Komentar na zakonot za semejstvoto, S. 103 (Mazedonien).
[116] Spirović-Trpenovska, Semejno pravo, S. 131 (Mazedonien).
[117] Begović, Porodično pravo, S. 13/92 (FVJ, VR Serbien).

Der Aufbau und das Verhältnis der verschiedenen Ehescheidungsgründe zueinander lässt sich als eine Art gemischtes System beschreiben, das sowohl Komponenten des Verschuldensprinzips als auch des Zerrüttungsprinzips aufwies.[118] Nach diesem gemischten System bestand sowohl die Möglichkeit der Scheidung aufgrund schuldhafter Verletzung der ehelichen Pflichten durch einen Ehegatten als auch aufgrund schwerer Zerrüttung der ehelichen Beziehungen.[119]

Neben einer Generalklausel, die einen allgemeinen Scheidungsgrund enthielt, gab es sieben weitere spezielle Scheidungsgründe.[120]

Nach dem allgemeinen Scheidungsgrund des Art. 53 EheGG 1946[121] bestand die Möglichkeit der Scheidung unter der Voraussetzung, dass die ehelichen Beziehungen in einem solchen Maße zerrüttet sind, dass ein weiteres gemeinsames Eheleben unzumutbar ist.

Dieser generalklauselartige Grundtatbestand wurde aus dem zu dieser Zeit geltenden Schweizer Recht entlehnt (Art. 142 Schweizer Bürgerliches Gesetzbuch von 1907).[122]

Art. 53 Abs. 1 EheGG 1946 führte in diesem Zusammenhang folgende, nicht abschließende, als Regelbeispiel dienende Gründe an, aufgrund derer es zu der genannten schweren Zerrüttung der ehelichen Beziehungen kommen konnte: „Die Unverträglichkeit der Charaktere (nesoglasnost na karakterite), ständiges Missverstehen (trajno nedorazbiranje), unüberwindbare Feindschaft (neotstranlivo neprijatelstvo) oder ein ähnlicher Grund".

---

[118]   Mladenović, Porodično pravo u Jugoslaviji, S. 248 (SFRJ, SR Serbien); Risteski, Prestanok na brakot, Godišnik na pravniot fakultet vo Skopje 1987, Br. 8 – 9, S. 179 (SFRJ, SR Mazedonien); Bakić, Evolucija brakorazvodnog prava u Jugoslaviji, Godišnjak pravnog fakulteta u Sarajevu 1974, S. 41 (SFRJ, SR Bosnien/Herzegowina).

[119]   Djurović, Porodično pravo, S. 115 (SRFJ, SR Serbien).

[120]   Pop-Georgiev, O novom porodičnopravnom zakonodavstvu SRM, Anali pravnog fakulteta u Beogradu 1974, Br. 5 – 6, S. 781 (SFRJ, SR Serbien); Begović, Porodično pravo, S. 92 (FVJ, VR Serbien); Hadživasilev, Semejno pravo, S.183 f. (SFRJ, SR Mazedonien).

[121]   Da sich die Formulierungen der einzelnen Scheidungsgründe im bereinigten Text von 1965 nicht verändert hatten, werden hier die Vorschriften des Grundgesetzes über die Ehe von 1946 genannt.

[122]   Finzgar, Konzepcija razvoda braka, Reforma porodičnog zakonodavstvo, S. 308 (SFRJ, SR Serbien); Micković, Pričini za razvod na brak vo sejmite na EU, Teil IV, S. 1 (Mazedonien).

Neben diesem allgemeinen Scheidungsgrund sah das Grundgesetz über die Ehe von 1946 als spezielle Gründe folgende vor: „Ehebruch (neverstvoto, Art. 54 EheGG 1946), Trachten nach dem Leben (poseganjeto vrs životot, Art. 55 EheGG 1946), Misshandlung, schwere Beleidigung oder ehrloses Verhalten (Zlostavuvanjeto, teškite navredi i nečesniot život, Art. 56 EheGG 1946), unheilbare Geisteskrankheit oder Urteilsunfähigkeit (duševnata bolest ili nesposobnost za rasuduvanje, Art. 57 EheGG 1946), böswilliges Verlassen oder Verlassen ohne berechtigten Grund (zlonamerno i neopravdano napuštanje na bračnata zaednica, Art. 58 EheGG 1946), Verschollenheit (isčesnuvanjeto, Art. 59 EheGG 1946) oder Verurteilung wegen einer Straftat (osudata na kazna, Art. 60 EheGG 1946).[123]

Die Rechtswissenschaft unterteilte die aufgeführten Scheidungsgründe in sog. absolute und relative Ehescheidungsgründe.[124]

Der allgemeine Scheidungsgrund (d.h. die Zerrüttung der ehelichen Beziehungen mit der Folge der Unzumutbarkeit des gemeinsamen Ehelebens) hatte keinen absoluten, sondern vielmehr relativen Charakter. Dies äußerte sich in prozessualer Hinsicht dahingehend, dass das Gericht selbst feststellen musste, ob die Zerrüttung der ehelichen Beziehungen ein solches Maß erreicht hat, dass den Eheleuten ein weiteres gemeinsames Eheleben nicht mehr zumutbar ist.[125] Es musste im Einzelfall festgestellt werden, ob einer der im Gesetz umschriebenen Gründe als Ursache unmittelbar zu der Folge der Ehezerrüttung und der Unzumutbarkeit des weiteren gemeinsamen Ehelebens geführt hat. Es bedurfte also einer umfassenden Tatsachenfeststellung und einer darauf beruhenden richterlichen Wertung und Überzeugungsbildung, um zur Annahme des allgemeinen Scheidungsgrundes zu kommen.

Dieser umfangreiche richterliche Erkenntnisakt unterschied die Ehezerrüttung als allgemeinen Scheidungsgrund von den sieben speziellen Scheidungsgründen, die das Gesetz aufzählte.[126] Bei diesen Scheidungsgründen, etwa dem Ehebruch oder dem Trachten nach dem Leben, handelte es sich um absolute Scheidungsgründe. Hier waren die Gerichte allein dazu berufen, festzustellen, ob die im Gesetz beschriebenen Tatbestandsmerkmale vor-

---

[123] Vgl. Bakić, Porodično pravo u SFRJ, S. 191 ff. (SFRJ, SR Serbien).
[124] Bakić, Porodično pravo u SFRJ, S. 190 (SFRJ, SR Serbien); Finzgar, Rodbinsko pravo, S. 88 (SRFJ, SR Slowenien).
[125] Micković, Pričini za razvod na brak vo sejmite na EU, Teil IV, S. 1 (Mazedonien).
[126] Silajdžić, Koncepcija o razvodu braka, Reforma porodičnog zakonodavstva, S. 330 (SFRJ, SR Serbien).

liegen. Erfüllte der vorgetragene Sachverhalt die Voraussetzungen eines absoluten Ehescheidungsgrundes, so war der Klage auf Scheidung stattzugeben, ohne dass es einer weiteren Wertung dahingehend bedurfte, ob die ehelichen Beziehungen derart zerrüttet sind, dass ein weiteres gemeinsames Eheleben unzumutbar ist.[127]

Neben diesen Differenzierungen der Ehescheidungsgründe in allgemeine und spezielle sowie in absolute und relative, nahm man eine weitere Unterteilung danach vor, ob sie ein Verschulden voraussetzten und damit dem Verschuldensprinzip folgten oder aber auf objektive Umstände abstellten, die nicht von der Schuld eines Ehegatten abhingen und damit dem Zerrüttungsprinzip entsprachen.[128]

Das Grundgesetz über die Ehe von 1946 beinhaltete überwiegend Scheidungsgründe, die an das Verschulden eines Ehegatten anknüpften (so der Ehebruch (Art. 54 EheGG 1946), das Trachten nach dem Leben (Art. 55 EheGG 1946), die Misshandlung, schwere Beleidigung oder das ehrlose Verhalten (Art. 56 EheGG 1946), das böswillige oder ungerechtfertigte Verlassen (Art. 58 EheGG 1946) und die Verurteilung wegen einer Straftat (Art. 60 EheGG 1946). In diesen Fällen war eine Scheidung nur dann möglich, wenn auf Seiten eines Ehegatten ein Verschulden vorlag.[129] Nur der unschuldige Ehegatte hatte das Recht, aufgrund dieser Scheidungsgründe eine Scheidung zu begehren.[130]

Neben diesen Ehescheidungsgründen, die rechtsdogmatisch als Sanktion der Nichterfüllung der ehelichen Pflichten verstanden wurden und insgesamt als klassische Ausformung des Verschuldensprinzips anzusehen sind, waren im Grundgesetz über die Ehe von 1946 auch Scheidungsgründe vorgesehen, die sich von der Konzeption der Scheidung als Sanktion (Verschuldensprinzip) entfernten und vielmehr auf das Zerrüttungsprinzip zurückzuführen waren, nämlich die unheilbare Geisteskrankheit oder Urteilsunfähigkeit (Art. 57

---

[127]   Micković, Pričini za razvod na brak vo sejmite na EU, Teil IV, S. 3 (Mazedonien); Bakić, Porodično pravo u SFRJ, S. 191 (SFRJ, SR Serbien); Finzgar, Rodbinsko pravo, S. 88 (SFRJ, SR Slowenien).

[128]   Hadživasilev, Semejno pravo, S. 184 (SFRJ, SR Mazedonien); Bakić, Porodično pravo u SFRJ, S. 191 (SFRJ, SR Serbien); Finzgar, Rodbinsko pravo, S. 88 (SFRJ, SR Slowenien).

[129]   Popović, Porodično pravo, S. 171 (SFRJ, SR Serbien).

[130]   Mitić, Porodično pravo u SFRJ, S. 216 (SFRJ, SR Serbien).

EheGG 1946) und die Verschollenheit (Art. 59 EheGG 1946) eines Ehegatten.[131]

Auf den ersten Blick scheint der allgemeine Ehescheidungsgrund des Art. 53 EheGG 1946 dem System der Scheidung als Sanktion, also dem Verschuldensprinzip zu folgen, weil hiernach die Möglichkeit bestand, die Ehe wegen der Zerrüttung der ehelichen Beziehungen zu scheiden. Die regelbeispielartig aufgeführten Gründe (Unverträglichkeit der Charaktere, ständiges Missverstehen, unüberwindbare Feindschaft) knüpften aber an Umstände an, die nicht immer in zumutbarer Weise veränderlich sind und damit auch nicht zwingend vom Verschulden eines Ehegatten abhängen.[132] Dies spricht gegen die Annahme, dass Art. 53 EheGG 1946 ausschließlich und für jeden Fall als Sanktionierung einer einseitigen Pflichtverletzung verstanden werden kann. Für die Geltendmachung des allgemeinen Scheidungsgrundes des Art. 53 EheGG 1946 war demzufolge nicht die Schuld eines der Ehegatten erforderlich.

Diese der Regelung des Art. 53 Abs. 1 EheGG 1946 zugrunde liegende „Doppelnatur" lässt sich auch im Wege der systematischen Auslegung im Hinblick auf Art. 53 Abs. 2, S. 2 EheGG 1946 stützen. Die ebenfalls dem Schweizer Recht entnommene Vorschrift des Art. 53 Abs. 2, S. 2 EheGG 1946 sah nämlich vor, dass „wenn es zur Zerrüttung der ehelichen Beziehungen ausschließlich durch die Schuld eines der Ehegatten gekommen ist, das Recht, die Scheidung zu beantragen, nur dem anderen Ehegatten zusteht."

Aus dem Vorbehalt, der durch die Verwendung des Wortes „wenn" in die Norm eingeführt wurde, lässt sich folgern, dass der allgemeine Scheidungsgrund des Art. 53 Abs. 1 EheGG 1946 sowohl Fälle der einseitigen schuldhaften Pflichtverletzung als auch Konstellationen erfassen sollte, die nicht mehr auf das Verschuldensprinzip rückführbar waren. Obgleich die Konzeption der Scheidung somit noch teilweise dem Verschuldensprinzip verhaftet blieb, lässt sich gleichzeitig eine partielle Loslösung hiervon feststellen. Eine Scheidung war hiernach nämlich sowohl in Fällen, in denen keinen der Ehegatten die Schuld an der Ehezerrüttung traf, als auch in Fällen,

---

[131]   Risteski, Prestanok na brakot, Godišnik na pravniot fakultet vo Skopje 1987, Br. 8 – 9, S. 179 (SFRJ, SR Mazedonien).

[132]   Risteski, Prestanok na brakot, Godišnik na pravniot fakultet vo Skopje 1987, Br. 8 – 9, S. 181 (SFRJ, SR Mazedonien).

in denen beide Ehegatten für die Ehezerrüttung verantwortlich waren, möglich.[133]

Der allgemeine Scheidungsgrund des Art. 53 Abs. 1 EheGG 1946 beruhte also insgesamt auf dem Zerrüttungsprinzip, auch wenn er noch durch Elemente des Verschuldensprinzips geprägt war.

Vor diesem Hintergrund kann man die Scheidungsregelung im Grundgesetz über die Ehe von 1946 als eine der modernsten und liberalsten ihrer Zeit bezeichnen.[134]

Insgesamt ist somit festzuhalten, dass dem Scheidungssystem des Grundgesetzes über die Ehe von 1946 insgesamt eine Kombination aus Verschuldensprinzip und Zerrüttungsprinzip immanent war, da es zum einen ausschließlich auf dem Verschuldensprinzip beruhende Scheidungsgründe aufwies, wonach eine Scheidung nur bei einer Pflichtverletzung eines Ehegatten möglich war (vgl. oben), und zum anderen auf dem Zerrüttungsprinzip beruhenden Scheidungsgründe beinhaltete, wonach eine Scheidung unabhängig vom Verschulden eines Ehegatten begehrt werden konnte, wenn aufgrund objektiver Umstände eine Ehezerrüttung vorlag.[135]

Besonderheit des dem Grundgesetz über die Ehe von 1946 zugrunde liegenden Kombinationssystem war dabei, dass das bereits zum Teil in den Scheidungsregeln vorhandene Zerrüttungsprinzip nicht in letzter Konsequenz durchgeführt wurde. Die auf dem Zerrüttungsprinzip basierenden Scheidungsregeln beinhalteten nämlich immer noch insofern Elemente des Schuldprinzips, als dass eine Scheidung niemals von dem Ehegatten begehrt werden konnte, den ausschließlich die Schuld an der Ehezerrüttung traf.[136] Es handelte sich insofern um eine Einschränkung des Zerrüttungsprinzips.

---

[133] Finzgar, Koncepcija razvoda braka, Reforma porodičnog zakonodavstvo, S. 314 (SFRJ, SR Serbien); Mladenović, Razvod braka II, S. 358 (SFRJ, SR Serbien).
[134] Micković, Pričini za razvod na brak vo sejmite na EU, Teil IV, S. 3 (Mazedonien).
[135] Popović, Porodično pravo, S. 171 (SFRJ, SR Serbien).
[136] Vgl. Mitić, Porodično pravo u SFRJ, S. 219 (SFRJ, SR Serbien).

b.   *Die Ehescheidungsgründe nach dem Grundgesetz über die Ehe von 1946 im Einzelnen*

aa.   Der allgemeine Scheidungsgrund: Die Ehezerrüttung und die Unzumutbarkeit des gemeinsamen Ehelebens

Gemäß Art. 53 Abs. 1 EheGG 1946 konnte jeder Ehegatte die Scheidung unter der Voraussetzung beantragen, dass infolge Unverträglichkeit der Charaktere, ständigen Missverstehens, unüberwindbarer Feindschaft oder aus anderen Gründen die ehelichen Beziehungen in einem solchen Maße zerrüttet sind, dass ein gemeinsames Eheleben unzumutbar ist.

Voraussetzung war hiernach folglich zum einen die Ehezerrüttung als objektiver Umstand, zum anderen die Unzumutbarkeit des gemeinsamen Ehelebens als subjektiver Umstand.[137]

Zum Merkmal der Unzumutbarkeit des gemeinsamen Ehelebens gab das Grundgesetz über die Ehe von 1946 in Art. 53 Abs. 2, S. 1 eine Ergänzungsregel. Hiernach wurde vermutet, dass das gemeinsame Eheleben insbesondere dann als unzumutbar anzusehen ist, wenn beide Ehegatten unter Berufung auf berechtigte Gründe übereinstimmend die Scheidung beantragen. Bestand dieser einverständliche Antrag, so konnte das Gericht nach Feststellung der im Gesetz genannten Gründe die Scheidung aussprechen. Jedoch war das gleichgerichtete Begehren der Ehegatten für das Gericht nicht absolut maßgeblich, es hatte vielmehr die Bedeutung einer widerlegbaren Vermutung.

Sowohl im Schrifttum als auch in der Rechtsprechung bestanden hinsichtlich des übereinstimmenden Ehescheidungsbegehren in Art. 53 Abs. 2, S. 1 EheGG 1946 verschiedene Auslegungen.[138] Einigkeit bestand aber dahingehend, dass es sich hierbei nicht um eine Form der sog. einverständlichen Scheidung handelte. Allein aufgrund des übereinstimmenden Ehescheidungsbegehrens der Ehegatten durfte also die Scheidung nicht ausgesprochen werden.[139] Es musste vielmehr immer positiv festgestellt werden, dass die Voraussetzungen der Ehezerrüttung und der Unzumutbarkeit des gemein-

---

[137]   Da sich dieser Scheidungsgrund mit geringen Änderungen auch im heutigen Familiengesetz der Republik Mazedonien von 1992 wiederfindet, werden die Einzelheiten bezüglich der Voraussetzungen dieses Scheidungsgrundes später bei der Erörterung der heutigen Scheidungsgründe näher dargestellt.

[138]   Vgl. Mihanović, Razvod braka na osnovi sporazuma supruga, Anali pravnog fakulteta u Beogradu 1970, Br. 5, S. 498 ff. (SFRJ, SR Serbien).

[139]   Bakić, Porodično pravo u SFRJ, S. 193 (SFRJ, SR Serbien).

samen Ehelebens vorliegen.[140] Die Ehegatten waren insoweit verpflichtet, die Gründe für die Ehezerrüttung offen zulegen.[141] In diesem Sinne hat sich auch der Oberste Gerichtshof der Föderativen Volksrepublik Jugoslawien ausgesprochen.[142]

Bei dem Scheidungsgrund des Art. 53 EheGG 1946 handelte es sich um einen Scheidungsgrund, der insgesamt auf das Zerrüttungsprinzip zurückging, teilweise aber auch wegen der Regelung des Art. 53 Abs. 2, S. 2 EheGG 1946 dem Verschuldensprinzip verhaftet war (vgl. oben).

Aus dieser Vorschrift, die für den Fall, dass es zur Zerrüttung der ehelichen Beziehungen ausschließlich durch die Schuld eines Ehegatten gekommen war, vorsah, dass nur dem anderen Ehegatten das Recht zustand, die Scheidung zu beantragen, ergab sich nämlich, dass allein der Ehegatte, den keine Schuld an der Zerrüttung traf, das Recht hatte, die Scheidung zu beantragen. Dies bedeutete aber zugleich, dass in dem Fall, in dem keinen der Ehegatten die Schuld an der Zerrüttung traf, beide dieses Recht hatten. Gleiches galt für den Fall, in dem beide Ehegatten die Zerrüttung verschuldet hatten. Es bestand insoweit keine Deliktskompensation.

bb. Die sieben speziellen Scheidungsgründe

aaa. Der Ehebruch

Gemäß Art. 54 EheGG 1946 konnte ein Ehegatte die Ehescheidung wegen Ehebruchs des anderen Ehegatten begehren. Das Recht, den Scheidungsantrag zu stellen, erlosch gemäß Art. 54 Abs. 2 EheGG 1946 nach einem Jahr seit dem Tage der Kenntnis vom Ehebruch.

In Art. 4 EheGG 1946 war bestimmt, dass die Ehegatten verpflichtet sind, einander treu zu sein und sich gegenseitig zu unterstützen. Der Ehebruch stellte somit eine schwere Verletzung der ehelichen Pflichten dar. Definiert wurde der Ehebruch in der Rechtswissenschaft als freiwillige und bewusste geschlechtliche Beziehung eines der Ehegatten zu einer Person anderen

---

[140] Finzgar, Koncepcija razvoda braka, Reforma porodičnog zakonodavstvo, S. 314 (SFRJ, SR Serbien).

[141] Risteski, Prestanok na brakot, Godišnik na pravniot fakultet vo Skopje 1987, Br. 8 – 9, S. 183 (SFRJ, SR Mazedonien).

[142] Vrhoven sud FNRJ, Gž. 485/47, in: Zbirka sudskih odluka, Kniga I, Br. II und Gž. 43/ 55, in: Zbirka sudskih odluka, Kniga III, Br. 275 = Oberster Gerichtshof der Föderativen Volksrepublik Jugoslawien, Gž. 485/47, in: Urteilssammlung, Buch I, Nr. II und Gž. 43/55, in Urteilssammlung, Buch III, Nr. 275.

Geschlechts, mit der er nicht verheiratet ist.[143] Erforderlich war die Voll-ziehung des Beischlafs. Der bloße Versuch sowie sonstige intime Be-ziehungen waren nicht ausreichend, um den Tatbestand des Ehebruchs zu erfüllen.[144] Der Beischlaf musste bewusst und freiwillig ausgeführt werden. Kein Ehebruch lag somit vor, wenn der Beischlaf unter Zwang (Ver-gewaltigung) oder im Zustand der Unzurechnungsfähigkeit erfolgte.[145] Der Ehebruch musste während des Bestehens der Ehe begangen werden.[146] Dabei konnte aber die Scheidung aufgrund des Tatbestandes des Ehebruchs auch begehrt werden, wenn der Ehebruch in einer Zeit des Getrenntlebens vollzogen wurde, unabhängig davon, wen die Schuld hinsichtlich der Tren-nung traf.[147]

Bei dem Scheidungsgrund des Ehebruchs handelte es sich um einen absoluten Scheidungsgrund (s.o.). Das Gericht hatte folglich im Scheidungs-verfahren nicht zu prüfen, ob der festgestellte Ehebruch auch zur Zerrüttung der ehelichen Beziehungen und zur Unzumutbarkeit des gemeinsamen Ehelebens geführt hat.

Ferner gehörte der Ehebruch zu den Scheidungsgründen, die an das Verschulden eines Ehegatten anknüpfen (s.o.). Die Ehescheidung wegen begangenen Ehebruchs konnte daher nur der Ehegatte verlangen, dessen Anspruch auf eheliche Treue verletzt worden war. Hatten aber beide Ehe-gatten Ehebruch begangen, so stand beiden das Ehescheidungsrecht zu. Es bestand insoweit keine Deliktskompensation.

Nicht einheitlich wurde in diesem Zusammenhang im damaligen Schrifttum die Frage beantwortet, wie es sich auswirkt, wenn der andere Ehegatte dem Ehebruch zustimmt oder seinen Ehegatten sogar zu dem Ehebruch anstiftet.

Nach einer Ansicht stellte der Ehebruch unter diesen Bedingungen keinen Scheidungsgrund dar, da er in diesen Fällen keine Missachtung gegenüber

---

[143] Hadživaislev, Semejno pravo, S. 192 (SFRJ, SR Mazedonien); Bakić, Porodično pravo u SFRJ, S. 194 (SFRJ, SR Serbien).

[144] Finzgar, Rodbinsko pravo, S. 96 (SRFJ, SR Slowenien); Bakić, Porodično pravo u SFRJ, S. 194 (SFRJ, SR Serbien).

[145] Hadživasilev, Semejno pravo, S. 192 (SFRJ, SR Mazedonien); Bakić, Porodično pravo u SFRJ, S. 194 (SFRJ, SR Serbien).

[146] Hadživaslev, Semejno pravo, S. 192 (SFRJ, SR Mazedonien).

[147] Vrhoven sud na Makedonia, in: Zbirka na sudski odluki, Kniga 17, Sveska 3, 1972, Br. 317 = Oberster Gerichtshof der Sozialistischen Republik Mazedonien, in: Urteilssammlung, Buch 17, Kapitel 3, 1972, Nr. 317, vgl. hierzu den Verweis bei Risteski, Komentar na zakonot za brakot na SRM, S. 127 (SFRJ, SR Mazedonien).

dem anderen Ehegatten ausdrücke.[148] Danach hatte der zustimmende Ehegatte kein Ehescheidungsrecht.

Nach anderer Ansicht handelte der Ehegatte, der dem Ehebruch zustimmte, genau so ehewidrig wie der Ehegatte, der den Ehebruch verübte. Da beide Ehegatten die Schuld hinsichtlich des Ehebruchs treffe, hätten beide das Recht, die Scheidung aufgrund dieses Scheidungsgrundes zu beantragen.

Für die erste Ansicht konnte die Vorschrift des Art. 71 EheGG 1946 herangezogen werden. Nach dieser Vorschrift erlosch nämlich das Recht, den Scheidungsantrag zu stellen, wenn der andere Ehegatte den zur Scheidung führenden Grund und damit den Ehebruch seines Ehegatten verziehen hatte. Erst Recht musste dies aber dann für den Fall gelten, dass der Ehegatte dem Ehebruch von Anfang an zugestimmt hatte.

bbb.   Trachten nach dem Leben

Gemäß Art. 55 EheGG 1946 konnte ein Ehegatte die Scheidung beantragen, wenn sein Ehegatte ihm nach dem Leben getrachtet hatte. Gleiches galt gemäß Art. 55 Abs. 2 EheGG 1946, wenn sein Ehegatte Kenntnis davon hatte, dass eine dritte Person nach seinem Leben trachtet, ihn aber nicht davor beschützte oder ihn darüber informierte.

Gemäß Art. 4 EheGG 1946 waren die Ehegatten verpflichtet, sich gegenseitig zu unterstützen. Der Scheidungsgrund gemäß Art. 55 EheGG 1946 stellte die stärkste denkbare Verletzung dieser Pflicht dar.

Unter „Trachten nach dem Leben" verstand man jedes vorsätzliche Verhalten eines Ehegatten, durch welches das Leben und die Gesundheit des anderen Ehegatten gefährdet wird.[149] Erforderlich war somit ein Tötungsversuch. Dieser konnte durch aktives Tun begangen werden. Möglich war aber auch ein Tötungsversuch durch Unterlassen, indem der Ehegatte seinen Ehegatten, der sich in unmittelbarer Lebensgefahr befand, ohne Hilfe zurückließ.[150] Ein Handeln durch Unterlassen kam insbesondere bei der Modalität des Art. 55 Abs. 2 EheGG 1946 in Betracht. Unerheblich war dabei, ob der Ehegatte selbst als Täter oder nur als Teilnehmer handelte.[151] Auch eine Teilnahme am

---

[148]   Finzgar, Rodbinsko pravo, S. 96 (SRFJ, SR Slowenien); Bakić, Porodično pravo u SFRJ, S. 194 (SFRJ, SR Serbien).

[149]   Bakić, Porodično pravo u SFRJ, S. 195 (SFRJ, SR Serbien).

[150]   Finzgar, Rodbinsko pravo, S. 97 (SRFJ, SR Slowenien).

[151]   Begović, Porodično pravo, S. 97 (JVR, VR Serbien).

Selbstmordversuch konnte unter gewissen Umständen ausreichen.[152] Nicht erforderlich war, dass ein Tötungsversuch im strafrechtlichen Sinne vorlag, es reichten auch schon Vorbereitungshandlungen.

Notwendig war ein vorsätzliches Verhalten. Der Tatbestand des Art. 55 EheGG 1946 war nicht erfüllt, wenn der Ehegatte in unzurechnungsfähigem Zustand, unter Zwang oder im Irrtum handelte.[153]

Bei dem Scheidungsgrund des Art. 55 EheGG 1946 handelte es sich um einen absoluten Scheidungsgrund, d.h. das Gericht hatte nicht festzustellen, ob die Ehe zerrüttet und ein gemeinsames Eheleben unzumutbar ist.

Der Scheidungsgrund des Art. 55 EheGG 1946 folgte dem Verschuldensprinzip. Das Recht, die Scheidung augrund dieses Scheidungsgrundes zu beantragen, hatte also nur der Ehegatte, dem nach dem Leben getrachtet worden war. Hatten sich beide Ehegatten gegenseitig nach dem Leben getrachtet, so hatten beide das Recht die Scheidung zu beantragen (Keine Deliktskompensation).[154]

Für die Geltendmachung dieses Scheidungsgrundes war es ohne Belang, ob der Ehegatte wegen seines Verhaltens strafrechtlich verurteilt wurde oder ob gegen ihn noch gar kein Strafverfahren eingeleitet worden war.[155]

Der Scheidungsgrund gemäß Art. 55 EheGG 1946 war an keinerlei Frist gebunden. Das Recht, die Scheidung hiernach zu beantragen erlosch nur, wenn der andere Ehegatte die Tat verziehen hatte (Art. 71 EheGG 1946).

Schon damals kam dieser Scheidungsgrund in der Gerichtspraxis nur sehr selten vor und wurde daher von vielen Stimmen in der Literatur als überflüssig angesehen.

ccc.   Misshandlung, schwere Beleidigung oder ehrloses Verhalten

Gemäß Art. 56 EheGG 1946 konnte ein Ehegatte die Scheidung beantragen, wenn er durch den anderen Ehegatten misshandelt oder schwer beleidigt wurde oder wenn durch ein ehrloses Verhalten des anderen Ehegatten oder auf andere Art und Weise ein gemeinsames Eheleben unzumutbar wurde.

---

[152]   Vgl. Cigoj/ Firsching, Jugoslawisches Familienrecht, S. 35.
[153]   Hadživasilev, Semejno pravo, S. 193 (SFRJ, SR Mazedonien).
[154]   Hadživasilev, Semejno pravo, S. 185 (SFRJ, SR Mazedonien).
[155]   Bakić, Porodično pravo u SFRJ, S. 195 (SFRJ, SR Serbien).

(1)   Unzumutbarkeit des gemeinsamen Ehelebens

Für den Scheidungsgrund gemäß Art. 56 EheGG 1946 war erforderlich, dass die Folge der Unzumutbarkeit des gemeinsamen Ehelebens aufgrund eines der im Gesetz genannten Gründe eintrat.[156] Im Gegensatz zum allgemeinen Scheidungsgrund nach Art. 53 EheGG 1946 war hier nur das Vorliegen der subjektiven Folge vorausgesetzt, nicht dagegen das Bestehen der objektiven Folge der Ehezerrüttung.

(2)   Misshandlung

Misshandlung wurde definiert als üble Behandlung eines Ehegatten durch den anderen Ehegatten. Die Misshandlung konnte dabei sowohl physischer als auch psychischer Natur sein. Erforderlich war, dass die Misshandlungen wiederholt geschahen und dass sie von schwerer Intensität waren.[157] Das Merkmal der Misshandlung war nicht bei Handlungen, die im Zustand völliger Unzurechnungsfähigkeit oder unter Zwang ausgeübt werden, erfüllt.

(3)   Schwere Beleidigung

Eine schwere Beleidigung lag vor, wenn ein Ehegatte seinem Ehegatten gegenüber wiederholt seine Missachtung bzw. Geringschätzung zum Ausdruck brachte, was zum einen durch Gesten und Handlungen, zum anderen mündlich bzw. schriftlich geschehen konnte.[158]

Die Frage, ob es sich um eine schwere Beleidigung handelte, wurde dabei vom Umfeld der Ehegatten, von ihren Gewohnheiten und ihrer sozialen Stellung abhängig gemacht.[159] Auch bei dieser Modalität schloss der Zustand der Unzurechnungsfähigkeit zur Zeit der Handlung den Scheidungsgrund aus.

---

[156]   Einzelheiten zum Merkmal der Unzumutbarkeit des gemeinsamen Ehelebens siehe unten bei der Behandlung der aktuellen Scheidungsgründe nach dem Familiengesetz von 1992.

[157]   Bakić, Porodično pravo u SFRJ, S. 196 (SFRJ, SR Serbien).

[158]   Bakić, Porodično pravo u SFRJ, S. 196 (SFRJ, SR Serbien); Finzgar, Rodbinsko pravo, S. 98 (SRFJ, SR Slowenien).

[159]   Finzgar, Rodbinsko pravo, S. 98 (SRFJ, SR Slowenien).

(4) Ehrloses Verhalten

Unter einem ehrlosen Verhalten verstand man ein Verhalten, dass im Widerspruch zur sozialistischen Moral stand und geeignet war, der Würde und dem Ansehen des Ehepartners bedeutend zu schaden.[160] Erforderlich war hierfür ebenso ein wiederholtes Verhalten.

(5) Auf andere Art und Weise

Unter das Merkmal „auf andere Art und Weise" fiel jedes andere dauerhafte Verhalten, das das gemeinsame Eheleben unzumutbar machte.

Hinsichtlich der Einordnung des Scheidungsgrundes des Art. 56 EheGG 1946 gab es Unstimmigkeiten.

Während es sich nach einer Ansicht bei Art. 56 EheGG 1946 um einen relativen Scheidungsgrund handelte, bei welchem sich das Gericht nicht mit der Feststellung der im Gesetz genannten Modalitäten zufrieden geben könne, sondern zudem prüfen müsse, ob die Folge der Unzumutbarkeit des gemeinsamen Ehelebens bestehe, handelte es sich nach anderer Ansicht hierbei um einen absoluten Scheidungsgrund, bei welchem die Unzumutbarkeit des gemeinsamen Lebens zu unterstellen sei, wenn eine der im Gesetz genannten Modalitäten vorläge.[161]

Im Unterschied zum allgemeinen Scheidungsgrund der Ehezerrüttung in Art. 53 EheGG 1946 wurde der Scheidungsgrund des Art. 56 EheGG 1946 vom Verschuldensprinzip bestimmt, d.h. nur der nicht schuldige Ehegatte konnte sich auf diesen Scheidungsgrund stützen. Traf aber beide Ehegatten eine Schuld hinsichtlich der Unzumutbarkeit des gemeinsamen Ehelebens, so konnten beide die Scheidung beantragen (keine Deliktskompensation). Auch hier war keine Ausschlussfrist vorgesehen.

ddd. Unheilbare Geisteskrankheit oder Urteilsunfähigkeit

Gemäß Art. 57 EheGG 1946 konnte die Ehescheidung begehrt werden wegen einer nach der Eheschließung eingetretenen unheilbaren Geisteskrankheit oder Urteilsunfähigkeit eines der Ehegatten.

---

[160] Vgl. Bakić, Porodično pravo u SFRJ, S. 196 (SFRJ, SR Serbien).
[161] Finžgar, Rodbinsko pravo, S. 97 (SRFJ, SR Slowenien).

(1) Geisteskrankheit

Der Begriff der unheilbaren Geisteskrankheit wurde nicht einheitlich definiert. Mehrheitlich wurde darunter eine geistige Erkrankung verstanden, deren Folge ein krankhafter geistiger oder seelischer Zustand ist, der schon lange andauert, unheilbar und so schwerwiegend ist, dass die Aufrechterhaltung des gemeinsamen Ehelebens unzumutbar wird. [162]

(2) Urteilsunfähigkeit

Urteilsunfähigkeit wurde definiert als leichtere Form der Geisteskrankheit oder als eine geistige Zurückgebliebenheit, die die Unfähigkeit zu einer richtigen Urteilsbildung zur Folge hat.[163]

Meist folgt die Urteilsunfähigkeit aus der Geisteskrankheit, sie kann aber auch allein durch den Konsum von Alkohol und anderen Rauschmitteln oder aufgrund schwerer körperlicher Verletzungen entstehen.[164] Auch die Urteilsunfähigkeit musste dauerhaft und von unheilbarer Natur sein.[165]

Die unheilbare Geisteskrankheit und die Urteilsunfähigkeit konnten nur im Falle des Eintretens nach der Eheschließung einen Scheidungsgrund darstellen. Bestand eines dieser Merkmale bereits vor der Eheschließung, so stellte dies bereits ein Ehehindernis gemäß Art. 17 EheGG 1946 dar, welches zur Ungültigkeitserklärung gemäß den Art. 35, 38 EheGG 1946 führte.[166]

Der Scheidungsgrund gemäß Art. 57 EheGG 1946 zählte zu den absoluten Scheidungsgründen, weshalb bei Vorliegen der Tatbestandsvoraussetzungen nicht mehr das Bestehen einer Ehezerrüttung und die daraus folgende Unzumutbarkeit des gemeinsamen Ehelebens zu prüfen war.[167]

Bei diesem Scheidungsgrund handelte es sich um einen verschuldensunabhängigen Grund. Das Recht, die Scheidung wegen dieses Grundes zu beantragen, hatte nur der gesunde Ehegatte, nicht dagegen der geisteskranke oder urteilsunfähige Ehegatte selbst. Der Scheidungsgrund war an keinerlei Frist gebunden.

---

[162] Hadživasilev, Semejno pravo, S. 196 (SFRJ, SR Mazedonien); Bakić, Porodično pravo u SFRJ, S. 197 (SFRJ, SR Serbien); Finzgar, Rodbinsko pravo, S. 102 (SRFJ, SR Slowenien).

[163] Bakić, Porodično pravo u SFRJ, S. 197 (SFRJ, SR Serbien).

[164] Hadživasilev, Semejno pravo, S. 195 (SFRJ, SR Mazedonien).

[165] Bakić, Porodično pravo u SFRJ, S. 197 (SFRJ, SR Serbien).

[166] Begović, Porodično pravo, S. 99 (FVJ, VR Serbien).

[167] Finzgar, Rodbinsko pravo, S. 103 (SRFJ, SR Slowenien).

eee.   Böswilliges Verlassen oder Verlassen ohne berechtigten Grund

Gemäß Art. 58 EheGG 1946 konnte der Ehegatte, der von seinem Ehegatten böswillig oder ohne berechtigten Grund verlassen wurde, nach Ablauf von sechs Monaten, vom Tage des Verlassens an gerechnet, die Scheidung beantragen.

Da die Ehe gemäß Art. 1 EheGG 1946 als Lebensgemeinschaft zwischen Mann und Frau definiert wurde, bildete das Zusammenleben der Ehegatten eines der Hauptmotive für die Eingehung der Ehe. Das Verlassen seines Ehegatten stellte daher einen Scheidungsgrund dar.

Verlassen im Sinne dieser Vorschrift bedeutete die einseitige Aufhebung der Ehegemeinschaft gegen den Willen des anderen Ehegatten.[168]

Ein Verlassen ohne berechtigten Grund lag vor, wenn kein objektiver Grund die Handlung des Verlassens rechtfertigte und der verlassene Ehegatte auch keinerlei Anlass hierzu gegeben hatte.[169]

Umstritten war, wie die Alternative des böswilligen Verlassens zu definieren war und welches Verhältnis zwischen beiden Alternativen bestand.

Nach einer Literaturansicht lag in einem böswilligen Verlassen immer zugleich ein Verlassen ohne berechtigten Grund. Die Alternative des böswilligen Verlassens wurde von dieser Ansicht nur bejaht, wenn eine Form gesteigerter Schuld beim verlassenden Ehegatten zu erkennen war, die zum Ausdruck komme, wenn der Ehegatte seinen Ehegatten in einer besonders schweren Lebenssituation verlasse.[170] Das böswillige Verlassen war hiernach lex specialis.

Nach anderer Ansicht im Schrifttum standen die beiden Alternativen dagegen selbständig nebeneinander. Ein böswilliges Verlassen lag nach dieser Ansicht nur in Fällen vor, in denen der Ehegatte absichtlich die Ehegemeinschaft zerstört und sich seiner ehelichen Pflichten entledigt hatte.[171]

Der Scheidungsgrund des Art. 58 EheGG 1946 gehörte zu der Gruppe der absoluten Scheidungsgründe. Das Gericht musste also keine Ehezerrüttung feststellen.

---

[168]   Bakić, Porodično pravo u SFRJ, S. 198 (SFRJ, SR Serbien); Finžgar, Rodbinsko pravo, S. 99 (SRFJ, SR Slowenien).
[169]   Hadživasilev, Semejno pravo, S. 197 (SFRJ, SR Mazedonien).
[170]   Mladenović, Razvod braka, S. 240 (SFRJ, SR Serbien).
[171]   Bakić, Porodično pravo u SFRJ, S. 198 (SFRJ, SR Serbien).

Es handelte sich um einen verschuldensabhängigen Scheidungsgrund. Zur Scheidung war nur der verlassene Ehegatte berechtigt. Der verlassene Ehegatte brauchte seinen Ehegatten nicht zur Rückkehr aufgefordert zu haben.[172]

Der Antrag auf Scheidung konnte erst sechs Monate nach dem Tag des Verlassens gestellt werden. Eine Ausschlussfrist bestand dagegen nicht.

Das Recht, die Scheidung aufgrund dieses Scheidungsgrundes zu beantragen, erlosch nur, wenn der andere Ehegatte seinem Ehegatten verzieh (Art. 71 EheGG 1946).

fff.   Verschollenheit

Gemäß Art. 59 Abs. 1 EheGG 1946 konnte ein Ehegatte die Scheidung beantragen, wenn der andere verschollen war und er von ihm im Zeitraum von zwei Jahren keinerlei Nachricht erhalten hatte.

Nach Art. 59 Abs. 2 EheGG 1946 konnte, wenn der Ehegatte während des Krieges verschollen war, die Scheidung nur beantragt werden, wenn außerdem ein Jahr seit der Einstellung der Kriegshandlungen vergangen war.

Die Verschollenheit eines Ehegatten stellte einen Scheidungsgrund dar, weil sie zur faktischen Unterbrechung der Lebensgemeinschaft führte, die gemäß Art. 1 EheGG 1946 den wesentlichsten Bestandteil der Ehe ausmachte.[173]

Voraussetzung für diesen Scheidungsgrund war, dass über einen Zeitraum von zwei Jahren der Aufenthaltsort des Verschollenen völlig unbekannt war und dass vom Tage seines Verschwindens an keinerlei Nachricht über seinen Verbleib existierte und damit die Frage, ob er noch lebt oder bereits verstorben ist, ungewiss war.[174] Die Rückkehr des verschollenen Ehegatten nach der bereits vollzogenen Scheidung, hatte keinerlei Auswirkungen auf die bereits geschiedene Ehe.[175]

Bei dem Scheidungsgrund des Art. 59 EheGG 1946 handelte es sich um einen absoluten Scheidungsgrund. Das Gericht stellte also nicht fest, ob die Ehe zerrüttet ist.[176]

---

[172]   Bakić, Porodično pravo u SFRJ, S. 199 (SFRJ, SR Serbien).
[173]   Hadživasilev, Semejno pravo, S. 197 (SFRJ, SR Mazedonien).
[174]   Hadživasilev, Semejno pravo, S. 197 (SFRJ, SR Mazedonien).
[175]   Bakić, Porodično pravo u SFRJ, S. 199 (SFRJ, SR Serbien).
[176]   Finzgar, Rodbinsko pravo, S. 101 (SRFJ, SR Slowenien).

Es handelte sich um einen verschuldensunabhängigen Scheidungsgrund.[177] Der hinterbliebene Ehegatte konnte die Scheidung beantragen.

Der Scheidungsgrund des Art. 59 EheGG 1946 war an keine Verjährungsfrist gebunden.

ggg. Verurteilung wegen einer Straftat

Gemäß Art. 60 EheGG 1946 konnte ein Ehegatte die Scheidung beantragen, wenn der andere wegen einer gegen die Interessen des Volkes oder des Staates gerichteten Straftat oder wegen einer anderen ehrlosen Tat oder aber zu einer Freiheitsstrafe von mehr als drei Jahren verurteilt wurde.

Im Falle der Verurteilung wegen einer Straftat kam es zu einer faktischen Unterbrechung der Ehegemeinschaft für eine längere Zeit. Ferner konnte der unschuldige Ehegatte aufgrund der Verurteilung seines Ehegatten schweren Beleidigungen ausgesetzt sein und an Ansehen und Würde verlieren. Deshalb hatte der nicht verurteilte Ehegatte das Recht, die Scheidung zu begehren.

Voraussetzung für den Scheidungsgrund gemäß Art. 60 EheGG 1946 war die rechtskräftige Verurteilung wegen einer Straftat. Nicht jede rechtskräftige Verurteilung wegen einer Straftat erfüllte aber den Tatbestand des Art. 60 EheGG 1946. Es musste sich entweder um eine spezielle Straftat handeln oder die Freiheitsstrafe musste mehr als drei Jahre betragen.

(1) Eine gegen die Interessen des Volkes oder des Staates gerichtete Straftat

Diese Straftaten waren in Teil XV (Art. 100-123) des Strafgesetzbuches der Sozialistischen Föderativen Republik Jugoslawien geregelt. Dies waren z.B. die Gefährdung der territorialen Integrität und Unabhängigkeit des Staates, Spionage, Sabotage usw.

(2) Ehrlose Tat

Als ehrlose Taten wurden die Straftaten angesehen, die das Strafgesetzbuch der Sozialistischen Föderativen Republik Jugoslawien selbst als „ehrlose Taten" bezeichnete.

---

[177] Bakić, Porodično pravo u SFRJ, S. 199 (SFRJ, SR Serbien).

(3)   Freiheitsstrafe von mehr als drei Jahren

Betrug die Freiheitsstrafe mehr als drei Jahre, so war unerheblich, um welche Art von Straftat es sich handelte.

Der Scheidungsgrund gemäß Art. 60 EheGG 1946 stellte einen absoluten Scheidungsgrund dar. Das Gericht machte also keine Feststellungen hinsichtlich des Vorliegens einer Ehezerrüttung.

Es handelte sich hierbei um einen Scheidungsgrund, der dem Verschuldensprinzip Rechnung trug. Die Scheidung aufgrund dieses Scheidungsgrundes konnte nur der nicht verurteilte Ehegatte beantragen.

Es bestand insoweit keine Verjährungsfrist. Ein Erlöschen des Scheidungsgrundes kam nur in Betracht, wenn der andere Ehegatte dem verurteilten Ehegatten verzieh (Art. 71 EheGG 1946).

c.   Das System der Scheidungsgründe nach dem Ehegesetz der Sozialistischen Republik Mazedonien von 1973

Mit dem im Zuge der Verfassungsreformen von 1971 erfolgten Übergang der Gesetzgebungskompetenz im Bereich des Familienrechts auf die sozialistischen Republiken und die autonomen Provinzen kam es zu gewissen Veränderungen im Vergleich zum bis dahin geltenden System der Scheidung, wie es im Grundgesetz über die Ehe von 1946 enthalten war.[178]

Die Gerichtspraxis hatte im Rahmen der Scheidungsgründe gezeigt, dass das Grundgesetz über die Ehe von 1946 zuletzt nicht mehr den gesellschaftlichen Anforderungen entsprochen hatte.[179] Die Gerichte begannen in einzelnen Fällen Gerichtsurteile contra legem auszusprechen, um den gesellschaftlichen Bedingungen Rechnung tragen zu können (vgl. unten bei den einzelnen Scheidungsgründen).[180]

Bereits vor den Verfassungsreformen begannen daher Bestrebungen, einen neuen Familienkodex zu erschaffen, der das bis dahin geltende Ehegrund-

---

[178]   Hadživasilev, Semejno pravo, S. 185 (SFRJ, SR Mazedonien).
[179]   Stevanov, Novine u bračnom pravu republika i pokrajina, Zbornik Radova, X, Novi Sad 1976, S. 47 (SFRJ, SR Serbien/Wojwodina).
[180]   Vgl. Finzgar, Koncepcija razvoda braka, Reforma porodičnog zakonodavstvo, S. 317 (SFRJ, SR Serbien); Bakić, Evolucija brakorazvodnog prava u Jugoslaviji, Godišnjak pravnog fakulteta u Sarajevu 1974, S. 42 (SFRJ, SR Bosnien/Herzegowina).

gesetz von 1946 ersetzen sollte.[181] Zur Erreichung dieses Ziels wurde 1966 eine Kommission gebildet.[182] Die einberufene Versammlung bildete 1967 ein allgemein-jugoslawisches Enquete, um einige wichtige Fragen hinsichtlich des neuen Familienkodexes zu klären.[183] Es wurde die Frage diskutiert, ob das bis dahin geltende gemischte System des Ehegrundgesetzes von 1946 mit einigen Änderungen beibehalten oder ob das von jeglichen Schuldelementen losgelöste Zerrüttungsprinzip vollständig eingeführt werden sollte.[184]

Die einberufene Versammlung der Kommission zur Kodifizierung des Familienrechts unterbreitete 1969 einen Vorschlag zum Erlass eines neuen Familiengesetzes, welches auf dem Zerrüttungsprinzip beruhen sollte und die Möglichkeit der einverständlichen Scheidung unter gesetzlich vorgeschriebenen Bedingungen sowie der Scheidung wegen faktischer Beendigung der ehelichen Gemeinschaft vorsah.[185]

Wegen der dazwischentretenden Verfassungsreformen im Jahre 1971, mit denen der Wechsel der Gesetzeskompetenzen auf die einzelnen Republiken und autonomen Provinzen einherging, wurde der genannte Gesetzesvorschlag jedoch nie umgesetzt.[186] Stattdessen erließen nun die einzelnen sozialistischen Republiken und autonomen Provinzen ihre eigenen Familiengesetze, die sich erheblich voneinander unterschieden.

In einigen Gesetzgebungswerken der Republiken und autonomen Provinzen wurde die vollständige Abkehr vom Verschuldensprinzip vollzogen. Es wurde das Zerrüttungsprinzip als sog. System der Scheidung als „rechtliche Rettung" eingeführt, das von jeglichen Schuldelementen vollkommen losgelöst war.[187] Bei Unterschieden im Detail sahen die Scheidungsregeln nunmehr als einzigen Grund für die Scheidung der Ehe die ernsthafte und dauerhafte Zerrüttung der ehelichen Beziehungen und die hieraus folgende Unzumutbarkeit des weiteren gemeinsamen Ehelebens vor.[188] Daneben bestand die Möglichkeit der Scheidung allein aufgrund gegenseitigen Einvernehmens der Ehegatten.

---

[181] Ponjavić, Sporazumni razvod braka, S. 103 (SFRJ, SR Serbien).
[182] Spirović-Trpenovska, Zakon za semejstvoto na RM, S.120 (Mazedonien).
[183] Mladenović, Razvod braka II, S. 418 (SFRJ, SR Serbien) .
[184] Vgl. Anhang in: Reforma Porodičnog zakonodavstva, S. 409 (SFRJ, SR Serbien).
[185] Vgl. Ponjavić, Sporazumni razvod braka, S. 105 (SFRJ, SR Serbien); Mladenović, Razvod braka II, S. 421 f. (SFRJ, SR Serbien).
[186] Vgl. Ponjavić, Sporazumni razvod braka, S. 105 (SFRJ, SR Serbien).
[187] Vgl. Mitić, Porodično pravo u SFRJ, S. 219 (SFRJ, SR Serbien).
[188] Pop-Georgiev, O novom porodicnopravnom zakonodavstvu SRM, Anali pravnog fakulteta u Beogradu 1974, Br. 5 – 6, S. 786 (SFRJ, SR Serbien).

In diesen Republiken und Provinzen galt folglich das Zerrüttungsprinzip in seiner reinen Form. Maßgeblich für die Möglichkeit der Scheidung war hiernach allein der Zustand der Ehezerrüttung. Unerheblich war, welchen der Ehegatten eine Schuld an der Ehezerrüttung traf. Nach diesen Regelungen konnte folglich auch derjenige Ehegatte eine Scheidung begehren, der die Ehezerrüttung und die daraus folgende Unzumutbarkeit des gemeinsamen Ehelebens ausschließlich verschuldet hatte.

Die Neuregelungen der anderen Gruppe der Republiken, zu der auch die Sozialistische Republik Mazedonien gehörte, basierten dagegen weiterhin nur auf einem modifizierten Zerrüttungsprinzip, das noch Elemente des Verschuldensprinzips aufwies. Diese Republiken übernahmen aus dem bis dahin geltenden Recht die Grundunterscheidung zwischen einem allgemeinen relativen Scheidungsgrund und weiteren speziellen absoluten Scheidungsgründen.

Das Ehegesetz der Sozialistischen Republik Mazedonien von 1973 (abgekürzt: EheG 1973) reduzierte allerdings die Anzahl der Ehescheidungsgründe deutlich.[189] Das Gesetz legte, die vom Grundgesetz über die Ehe von 1946 acht aufgestellten Ehescheidungsgründe ersetzend, fest, dass die Ehe allein aufgrund der folgenden drei Tatbestände geschieden werden konnte:[190]

1. die Scheidung wegen Ehezerrüttung und Unzumutbarkeit des gemeinsamen Ehelebens (Art. 52 EheG 1973);

2. die Scheidung aufgrund gegenseitigen Einvernehmens (Art. 51 EheG 1973);

3. die Scheidung wegen faktischer Beendigung der ehelichen Gemeinschaft (Art. 53 EheG 1973).

Anders als noch nach dem Grundgesetz über die Ehe von 1946 wurden die ausschließlich auf dem Verschuldensprinzip basierenden speziellen Ehescheidungsgründe, nach denen eine Scheidung nur aufgrund einer Pflichtverletzung eines Ehegatten möglich war (vgl. oben), im Ehegesetz der Sozialistischen Republik Mazedonien von 1973 nicht mehr als Scheidungsgründe genannt.

---

[189] Spirović-Trpenovska, Semejno pravo, S. 131(Mazedonien).
[190] Da sich die drei Scheidungsgründe des Ehegesetzes von 1973 mit nur leichten Veränderungen auch im heutigen Familiengesetz von 1992 wiederfinden, werden die einzelnen Voraussetzungen später bei den aktuellen Scheidungsgründen genauer behandelt.

Grund hierfür war, dass die vorher nach dem EheGG 1946 bestehenden speziellen absoluten Scheidungsgründe, die ausschließlich dem Verschuldensprinzip angehörten, nicht mehr zeitgemäß waren. Die Auffassung der Scheidung als Sanktion für eine Verletzung der ehelichen Pflichten stimmte nicht mehr mit der gesellschaftlichen Haltung überein.

Weiterer Grund für die Abschaffung der absoluten Scheidungsgründe des Grundgesetzes über die Ehe war zudem, dass sowohl in der Theorie als auch in der Gerichtspraxis in einigen Fällen trotz Vorliegens eines absoluten Scheidungsgrundes die Möglichkeit der Scheidung nicht mehr automatisch angenommen wurde, sondern im Einzelfall geprüft wurde, ob die Ehe sich in einem Zustand befand, der eine Scheidung rechtfertigte.[191] In einigen Fällen wurden also die absoluten Scheidungsgründe im Ergebnis wie relative Scheidungsgründe behandelt.

So wurde beispielsweise bei dem Scheidungsgrund der Verurteilung wegen einer Straftat (Art. 60 EheGG 1946) die Möglichkeit der Scheidung verneint, wenn der andere Ehegatte selbst wegen einer Mitwirkung an der Tat als Mittäter oder Teilnehmer verurteilt wurde.[192]

Ebenso existierte im Schrifttum die Auffassung, dass eine Scheidung aufgrund des Scheidungsgrundes des Ehebruchs (Art. 54 EheG 1946) nicht möglich sei, wenn der andere Ehegatte dem Ehebruch zugestimmt oder seinen Ehegatten sogar zum Ehebruch angestiftet hatte, weil in diesen Fällen der Ehebruch keine Missachtung gegenüber dem anderen Ehegatten ausdrücke (vgl. oben).[193]

Ferner war bei dem Scheidungsgrund der Misshandlung, schweren Beleidigung oder ehrlosem Verhalten (Art. 56 EheG 1946) umstritten, ob es sich hierbei überhaupt um einen absoluten oder nicht vielmehr um einen relativen Scheidungsgrund handelte, d.h. ob das Gericht sich damit begnügen konnte, die genannten Modalitäten festzustellen, um eine Scheidung aussprechen zu können, oder ob es darüber hinaus die Folge der Unzumutbarkeit des gemeinsamen Lebens feststellen musste (vgl. oben).

---

[191] Finzgar, Koncepcija razvoda braka, Reforma porodičnog zakonodavstvo, S. 315 (SFRJ, SR Serbien).

[192] Vgl. Vrhoven sud FNRJ, Rev. 153/62, in: Zbirka sudskih odluka, Kniga VII/1, Br. 7 = Oberster Gerichtshof der Föderativen Volksrepublik Jugoslawien, Rev. 153/62, in: Urteilssammlung, Buch VII/1, Nr. 7.

[193] Finzgar, Rodbinsko pravo, S. 96 (SRFJ, SR Slowenien); Bakić, Porodično pravo u SFRJ, S. 194 (SFRJ, SR Serbien).

Die genannten Einschränkungen zeigen, dass in Theorie und Praxis der Charakter der absoluten Scheidungsgründe nicht immer beachtet wurde. Es wurde erkannt, dass es Fälle gab, in denen trotz Vorliegens eines absoluten Scheidungsgrundes eine Scheidung nicht gerechtfertigt war. Oft wurde bei Vorliegen eines absoluten Scheidungsgrundes erst noch eine Wertung dahingehend vorgenommen, ob das Vorliegen des einzelnen absoluten Scheidungsgrundes auf den Zustand einer Ehezerrüttung schließen ließ.

Durch die Aufgabe der ausschließlich auf das Verschuldensprinzip zurückgehenden speziellen absoluten Scheidungsgründe fand zunächst eine weitere Abkehr vom Verschuldensprinzip statt.

Das Scheidungssystem der Sozialistischen Republik Mazedonien basierte jedoch trotzdem nicht auf einem reinen Zerrüttungsprinzip, sondern auf einem Zerrüttungsprinzip in modifizierter Form.[194]

Der grundsätzlich dem Zerrüttungsprinzip Rechnung tragende allgemeine relative Scheidungsgrund der Ehezerrüttung und Unzumutbarkeit des gemeinsamen Ehelebens (Art. 52 EheG 1973) enthielt nämlich ebenso wie seine Vorgängervorschrift (Art. 53 EheGG 1946) einen ergänzenden Absatz, wonach der Ehegatte, den ausschließlich die Schuld an der Ehezerrüttung traf, die Scheidung aufgrund dieses Scheidungsgrundes nicht begehren durfte. Insoweit blieben damit im Gegensatz zu der oben genannten ersten Gruppe der Republiken und autonomen Provinzen Elemente des Verschuldensprinzips in der mazedonischen Regelung von Bedeutung, weshalb auch hier noch von einem kombinierten System gesprochen werden kann. Es fand somit in der Sozialistischen Republik Mazedonien zu diesem Zeitpunkt noch keine eindeutige Aufgabe des Verschuldensprinzips statt.[195]

Als weitere Ausprägung des Zerrüttungsprinzips wurden aber die beiden absoluten Scheidungsgründe der Scheidung aufgrund gegenseitigen Einvernehmens (Art. 51 EheG 1973) und der Scheidung aufgrund faktischer Beendigung der Lebensgemeinschaft (Art. 53 EheG 1973) eingeführt.

Es ist somit festzuhalten, dass auch das Gesetz über die Ehe von 1973 noch einem kombinierten System folgte, welches das Verschuldensprinzip, das Prinzip der Konventionalscheidung und das Zerrüttungsprinzip verband.

---

[194] Djurović, Porodično pravo, S. 119 (SRFJ, SR Serbien).
[195] Hadživasilev, Semejno pravo, S. 186 (SFRJ, SR Mazedonien).

d. *Die Ehescheidungsgründe nach dem Ehegesetz der Sozialistischen Republik Mazedonien von 1973 im Einzelnen.*

aa.   Die Scheidung wegen Ehezerrüttung und Unzumutbarkeit des gemeinsamen Ehelebens

In Art. 52 Abs. 1 EheG 1973 war vorgesehen, dass die Ehe auf Antrag eines Ehegatten geschieden wird, wenn die ehelichen Beziehungen in einem solchen Maße zerrüttet sind, dass ein weiteres gemeinsames Eheleben unzumutbar geworden ist.

Das Ehegesetz der Sozialistischen Republik Mazedonien von 1973 hatte folglich den grundsätzlich auf dem Zerrüttungsprinzip beruhenden allgemeinen Ehescheidungsgrund des Grundgesetzes über die Ehe von 1946 übernommen.

Im Unterschied zum Grundgesetz über die Ehe von 1946 enthielt die Vorschrift des Art. 52 EheG 1973 aber keine regelbeispielartig aufgezählten Gründe mehr, sondern nannte nur die beiden Folgen der Zerrüttung der Ehe und der Unzumutbarkeit des gemeinsamen Ehelebens.

Wie schon das Grundgesetz über die Ehe von 1946 sah auch die mazedonische Neuregelung einen ergänzenden Absatz vor, in dem bestimmt war, dass „wenn die Zerrüttung der Ehebeziehungen ausschließlich auf der Schuld eines Ehegatten beruht, das Recht, die Scheidung zu beantragen, nur dem anderen Ehegatten zusteht" (Art. 52 Abs. 2 EheG 1973). Durch diese Regelung blieb das Verschuldensprinzip in der mazedonischen Regelung von Bedeutung (siehe oben).

bb.   Die Scheidung aufgrund gegenseitigen Einvernehmens

Gemäß Art. 51 Abs. 1 EheG 1973 war die Voraussetzung für eine Scheidung auch dann erfüllt, wenn beide Ehegatten die Scheidung einvernehmlich beantragten (sog. Konventionalscheidung).

Die Möglichkeit der Scheidung aufgrund gegenseitigen Einvernehmens wurde 1973 erstmals als Scheidungsgrund in das Gesetz aufgenommen. Dabei handelte es sich um eine bedeutende Liberalisierung des Scheidungsrechts, da es fortan für die Scheidung genügte, wenn die Ehegatten einen übereinstimmenden ernsthaften und autonomen Willen äußerten.[196]

Der Scheidungsgrund des Art. 51 EheG 1973 hat seinen Ursprung ebenfalls im Zerrüttungsprinzip.[197] Begehren beide Ehegatten einvernehmlich die Scheidung, so ist davon auszugehen, dass die Ehe einen solch zerrütteten Zustand erreicht hat, dass die Ehegatten das gemeinsame Eheleben nicht fortführen können. Auf ein verschuldetes Fehlverhalten kommt es hier folglich nicht an. Der Scheidungsgrund konnte demnach unabhängig von der Schuld eines Ehegatten geltend gemacht werden.

Grund für die Einführung dieses neuen Scheidungsgrundes war die bestehende Praxis der Gerichte in Fällen, in denen beide Ehegatten einverständlich die Scheidung begehrten. Nach der oben erwähnten Ergänzungsregelung des Art. 53 Abs. 2, S. 1 EheGG 1946 bestand die Möglichkeit, dass beide Ehegatten unter Berufung auf berechtigte Gründe übereinstimmend die Scheidung verlangten. Hierbei handelte es sich jedoch nur um eine Vermutungsregel hinsichtlich der in Art. 53 Abs. 1 EheGG 1946 vorausgesetzten Ehezerrüttung und nicht um eine Form der einverständlichen Scheidung, da die Gerichte in diesen Fällen trotzdem gesetzlich verpflichtet waren, eine Ehezerrüttung und eine Unzumutbarkeit des gemeinsamen Ehelebens positiv festzustellen. Das gleichgerichtete Begehren stellte nur eine Tatsache dar, deren Vorliegen eine Ehezerrüttung indizierte (vgl. oben). Aufgrund des Umstandes jedoch, dass in vielen Fällen die Ehegatten vor Gericht nicht die wirklichen Gründe für die Ehezerrüttung vorbringen wollten, um nicht Einzelheiten ihres Intimlebens zu offenbaren, begannen die Gerichte sich den Intentionen des Gesetzes zu widersetzen und diese Fälle, in denen beide Ehegatten die Scheidung einvernehmlich begehrten, als Form der einverständlichen Scheidung zu behandeln.[198] So prüften sie oftmals trotz der entgegenstehenden Urteile des Obersten Gerichtshofes[199] (siehe oben) in

---

[196]   Spirović-Trpenovska, Semejno pravo, S. 131(Mazedonien).
[197]   Spirović-Manevska, Konzeptot na spogodbeniot brakorazvod, Pravna Misla, Skopje 1982, Br. 1 – 2, S. 21 (Mazedonien); Popović, Porodično pravo, S. 177 (SFRJ, SR Serbien).

[198]   Spirović-Manevska, Konzeptot na spogodbeniot brakorazvod, Pravna Misla, Skopje 1982, Br. 1 – 2, S. 15 f. (Mazedonien).
[199]   Vrhoven sud FNRJ, Gž. 485/47, in: Zbirka sudskih odluka, Kniga I, Br. II und Gž. 43/ 55, in: Zbirka sudskih odluka, Kniga III, Br. 275 = Oberster Gerichtshof der Föderativen Volksrepublik Jugoslawien, Gž. 485/47, in: Urteilssammlung, Buch I, Nr. II und Gž. 43/55, in Urteilssammlung, Buch III, Nr. 275.

der Praxis nicht mehr das Vorliegen einer Ehezerrüttung, sondern sprachen contra legem eine Scheidung allein aufgrund des übereinstimmenden Scheidungsbegehrens der Ehegatten aus.[200] Dabei wurden mangels gesetzlicher Vorgaben Ehen aufgrund gegenseitigen Einvernehmens geschieden, ohne dass die Interessen der Kinder ausreichend gewahrt wurden.[201]

Diese Vorgehensweise der Gerichte veranlasste den mazedonischen Gesetzgeber, den neuen Scheidungsgrund der einverständlichen Scheidung einzuführen.[202]

Die Einführung dieses absoluten Scheidungsgrundes führte zu einer erheblichen Veränderung der Gerichtspraxis. Der zur Entscheidung berufene Richter musste nunmehr in den Fällen des Art. 51 EheG 1973 nicht mehr eine umfassende Feststellung hinsichtlich der Zerrüttung der Ehebeziehungen und der Unzumutbarkeit des gemeinsamen Ehelebens treffen. Das Vorliegen eines gegenseitigen Einvernehmens hinsichtlich der Scheidung ließ vielmehr den sicheren Schluss auf das Bestehen einer Ehezerrüttung zu.[203] Hinsichtlich des Zustandes der Ehe war damit allein die Beurteilung der Ehegatten maßgeblich.

Der Richter konnte sich in den Fällen des Art. 51 EheG 1973 damit begnügen, die Voraussetzungen des Einvernehmens im Sinne des Art. 51 EheG 1973 zu prüfen.[204] Die Prüfung blieb damit auf die Frage beschränkt, ob das Einvernehmen frei, ernsthaft und unerschütterlich zustande gekommen ist.

Einzige Hürde, die der Gesetzgeber der Verwirklichung der Individualinteressen entgegenstellte, war die Rücksicht auf die Belange schutzbedürf-

---

[200] Bakić, Evolucija brakorazvodnog prava u Jugoslaviji, Godišnjak pravnog fakulteta u Sarajevu 1974, S. 41 und 47 (SFRJ, SR Bosnien/Herzegowina); Spirović-Manevska, Konzeptot na spogodbeniot brakorazvod, Pravna Misla, Skopje 1982, Br. 1 – 2, S. 16 (Mazedonien); Traljić, Tardicionalno i novo u brakorazvodum pravu, Godišnjak pravnog fakulteta u Sarajevu 1977, S. 184 (SFRJ, SR Bosnien/Herzegowina); Ponjavić, Brak i razvod, S. 96 (SFRJ, SR Serbien).

[201] Vgl. Finzgar, Koncepcija razvoda braka, Reforma porodičnog zakonodavstvo, S. 317 (SFRJ, SR Serbien).

[202] Spirović-Manevska, Konzeptot na spogodbeniot brakorazvod, Pravna Misla, Skopje1982, Br. 1 – 2, S. 16 (Mazedonien).

[203] Risteski, Komentar na zakonot za brakot na SRM, S. 122 (SFRJ, SR Mazedonien); Bakić, Novo bračno pravo SR Makedonije, Anali pravnog fakulteta u Beogradu 1974, Br. 4, S. 454 (SFRJ, SR Srbien); Risteska, Poveduvanje postapka za razvod na brakot, Zbornik na trudovi na dnu, Prilep 1990, S. 120 (SFRJ, SR Mazedonien).

[204] Micković, Pričini za razvod na brak vo sejmite na EU, Teil IV, S. 4 (Mazedonien).

tiger Kinder. In Art. 51 Abs. 2 EheG 1973 war bestimmt, dass vor der Ehescheidung eine Einigung darüber erzielt werden musste, wie die Unterhaltspflicht und das Erziehungsrecht für etwaig vorhandene Kinder nach der Scheidung gehandhabt werden sollte.

Die Vorschrift des Art. 51 EheG 1973 stellte eine von der Praxis einhellig begrüßte Neuerung dar, da sie zu einer erheblichen Entlastung des Scheidungsverfahrens führte. Sie brachte den erheblichen Vorteil für die beteiligten Ehegatten mit sich, im Prozess nicht die einzelnen Gründe für die Scheidung und damit die Einzelheiten ihres Intimlebens offen legen zu müssen und sich so ihre Privatsphäre zu bewahren.[205]

cc.   Die Scheidung aufgrund faktischer Beendigung der ehelichen Gemeinschaft

Neben den bereits genannten Scheidungsgründen beinhaltete das Ehegesetz der Republik Mazedonien von 1973 schließlich auch die Möglichkeit, die Ehe zu scheiden, wenn die Ehegemeinschaft länger als drei Jahren faktisch beendet war (Art. 53 Abs. 1 EheG 1973).

Die faktische Beendigung der ehelichen Gemeinschaft stellte ebenso wie die Konventionalscheidung einen völlig neuen Grund der Scheidung im damaligen Rechtssystem Mazedoniens dar, der aufgrund der Erfahrungen in der Gerichtspraxis eingeführt worden war und der als vollständige Ausprägung des Zerrüttungsprinzip anzusehen ist.[206]

Wie oben beschrieben, konnte nach der teilweise noch dem Verschuldensprinzip verhafteten Regelung des Art. 53 Abs. 2 EheGG 1946 derjenige Ehegatte eine Scheidung aufgrund des Tatbestandes der Ehezerrüttung und Unzumutbarkeit des gemeinsamen Ehelebens nicht begehren, den die ausschließliche Schuld an dem Zustand der Ehezerrüttung traf (vgl. oben).

Die Gerichte konnten daher in den Fällen des einseitigen böswilligen oder ungerechtfertigten Verlassens eines Ehegatten keine Scheidung aussprechen, wenn nur der Ehegatte, der seinen Ehepartner verlassen hatte, die Scheidung begehrte. Dieser ausschließlich für die Trennung und die damit einhergehende Ehezerrüttung verantwortliche Ehegatte hatte nach der damals

---

[205]   Risteska, Poveduvanje postapka za razvod na brakot, Zbornik na trudovi na dnu, Prilep 1990, S. 120 (SFRJ, SR Mazedonien).
[206]   Hadživasilev, Semejno pravo, S. 199 (SFRJ, SR Mazedonien).

bestehenden gesetzlichen Regelung keinerlei Möglichkeit, das Scheidungsverfahren einzuleiten. Erforderlich war vielmehr, dass der unschuldige bzw.
verlassene Ehegatte die Scheidung begehrte (vgl. oben). Diese Regelung
stand jedoch nicht in Einklang mit den Bedürfnissen der Gesellschaft.[207] Auf
diese Weise wurde nämlich in Fällen, in denen sich der unschuldige Ehegatte
der Scheidung widersetzte, eine Ehe trotz jahrlangen Getrenntlebens
aufrechterhalten, was sowohl negative Auswirkungen auf das Leben der
Ehegatten als auch auf das Leben der Kinder einer solchen Beziehung hatte.
In der Rechtswissenschaft wurden diese Ehen als „tote Ehen" bezeichnet, die
ausschließlich in rechtlicher Weise existierten, in der Wirklichkeit jedoch
jeglichen konkreten Inhalts entbehrten.[208] In der Gerichtspraxis herrschte
daher, um solche Zustände zu vermeiden, zuletzt die Tendenz vor, das
Verschuldensprinzip zu ignorieren und Scheidungen in diesen Fällen auch
auf Antrag des schuldigen Ehegatten hin contra legem auszusprechen, wenn
das Vorliegen einer langjährigen Trennung der Ehegatten festgestellt
wurde.[209] Die Gerichte behalfen sich dabei, indem sie das Merkmal der
„ausschließlichen Schuld" enger auslegten. Eine ausschließliche Schuld war
danach dann nicht anzunehmen, wenn zugleich auch ein objektiver Grund
bestand, der zum Zustand der Ehezerrüttung führte. Das langjährige
Getrenntleben wurde als ein solcher objektiver Grund angesehen, der die
ausschließliche Schuld des verlassenden Ehegatten überlagerte.[210]

---

[207] Vgl. Finzgar, Koncepcija razvoda braka, Reforma porodičnog zakonodavstvo,
S. 313 (SFRJ, SR Serbien).

[208] Risteski, Prestanok na brakot, Godišnik na pravniot fakultet vo Skopje 1987,
Br. 8 – 9, S. 182 (SFRJ, SR Mazedonien); Traljić, Tardicionalno i novo u
brakorazvodum pravu, Godišnjak pravnog fakulteta u Sarajevu 1977, S. 182
(SFRJ, SR Bosnien/ Herzegowina).

[209] Bakić, Evolucija brakozazvodnog prava u Jugoslaviji, Godišnjak pravnog fakulteta
u Sarajevu 1974, S. 41 (SFRJ, SR Bosnien/Herzegowina); Begović, Koncepcija o
razvodu braka, Reforma porodičnog zakonodavstva, S. 303 (SFRJ, SR Serbien).

[210] Vgl. Finzgar, Koncepcija razvoda braka, Reforma porodičnog zakonodavstvo,
S. 313 u. 317 (SFRJ, SR Serbien); vgl. z.B. Vrhoven sud NR Srbije, Gž. 2277/53,
in: Zbirka sudskih odluka, Br. 279 = Oberster Gerichtshof der Volksrepublik
Serbien, Gž. 2277/53, in: Urteilssammlung, Nr. 279; Vrhoven sud NR Bosna i
Herzegovina, Gž. 604/55, in: Zbirka sudskih odluka, Kniga I, Sveska I, 1956 =
Oberster Gerichtshof der Volksrepublik Bosnien – Herzigovina, Gž. 604/55 in:
Urteilssammlung, Buch I, Kapitel I, 1956; Vrhoven sud SFRJ Rev. 2496/64 =
Oberster Gerichtshof der Sozialistischen Föderativen Republik Jugoslawien, vgl.
hierzu den Nachweis bei Mitić, Porodično pravo u SFRJ, S. 255 (SFRJ, SR
Serbien).

In der Absicht, diesen in der Gerichtspraxis aufgrund der teilweisen Beibehaltung des Verschuldensprinzips entstandenen Schwierigkeiten zu entgehen, führte der mazedonische Gesetzgeber, der in der derzeitigen Regelung des allgemeinen Scheidungsgrundes das Verschuldensprinzip noch zum Teil aufrechterhalten hatte (vgl. oben), die faktische Beendigung der ehelichen Gemeinschaft als neuen Scheidungsgrund ein.[211] Die dem Gesetz widersprechende Gerichtspraxis wurde so legalisiert.[212]

Der Scheidungsgrund der faktischen Beendigung der ehelichen Gemeinschaft ist folglich als Ausgleich dafür anzusehen, dass der mazedonische Gesetzgeber auch in dem Gesetz über die Ehe von 1973 nicht dem reinen Zerrüttungsprinzip gefolgt ist, sondern das Verschuldensprinzip bei dem allgemeinen Scheidungsgrund der Ehezerrüttung aufrecht erhalten hatte (siehe oben).[213]

Bei dem Scheidungsgrund des Art. 53 Abs. 1 EheG 1973 handelte es sich um einen absoluten Scheidungsgrund. Das Gericht konnte danach auf Antrag eines Ehegatten hin schon dann die Ehe scheiden, wenn nachgewiesen wurde, dass die Ehe für eine Zeitraum von länger als drei Jahren tatsächlich aufgehört hatte zu bestehen.[214] Neben der Feststellung dieser faktischen Unterbrechung bedurfte es keiner darüber hinausgehenden Beweiserhebung mehr. Es mussten keine positiven Feststellungen mehr hinsichtlich des Vorliegens einer Ehezerrüttung getroffen werden.[215] Das Vorliegen einer

---

[211] Risteski, Komentar na zakonot za brakot na SRM, S. 128 (SFRJ, SR Mazedonien); vgl. Begović, Koncepcija o razvodu braka, Reforma porodičnog zakonodavstva, S. 303 (SFRJ, SR Serbien).

[212] Traljić, Tardicionalno i novo u brakorazvodum pravu, Godišnjak pravnog fakulteta u Sarajevu 1977, S. 182 (SFRJ, SR Bosnien/ Herzegowina).

[213] Vgl. Djurović, Porodično pravo, S. 126 (SRFJ, SR Serbien); Popović, Porodično pravo, S. 174 (SFRJ, SR Serbien); Mladenović, Porodično pravo u Jugoslaviji, S. 263 (SFRJ, SR Serbien).

[214] Da sich der Begriff der faktischen Unterbrechung auch im heute geltenden Gesetzestext widerfindet, finden sich nähere Ausführungen zu diesem Tatbestandsmerkmal unten bei der Behandlung der heute geltenden Scheidungs- gründe.

[215] Risteski, Komentar na zakonot za brakot na SRM, S. 129 (SFRJ, SR Mazedonien); Vrhoven sud na Makedonia, Gž. 578/75, in: Zbirka na sudski odluki, Kniga II, Br. 4 = Oberster Gerichtshof der Sozialistischen Republik Mazedonien, Gž. 578/75 in: Urteilssammlung, Buch II, Nr. 4.

Ehezerrüttung wurde vielmehr nach einer dreijährigen Trennung unwiderleglich vermutet.[216]

Außerdem handelte es sich hierbei um einen verschuldensunabhängigen Scheidungsgrund, d.h. ebenso wie bei der Scheidung aufgrund gegenseitigen Einvernehmens gemäß Art. 51 EheG 1973 war hier keine Feststellung eines etwaigen Verschuldens mehr notwendig.[217] Danach konnte folglich auch der Ehegatte, den die ausschließliche Schuld an der faktischen Trennung und damit an der Ehezerrüttung traf, die Scheidung begehren.

Das Gericht musste bei diesem Scheidungsgrund nur dann noch ausnahmsweise Feststellungen hinsichtlich der Schuld treffen, wenn der Kläger ausdrücklich begehrte, dass die Scheidung aufgrund der Schuld des Beklagten ausgesprochen wurde.[218]

Insgesamt ist damit festzuhalten, dass der Scheidungsgrund der faktischen Beendigung der ehelichen Gemeinschaft eine Korrektur der Ausformung des noch teilweise dem Verschuldensprinzip verhafteten allgemeinen Scheidungsgrundes der Ehezerrüttung darstellte.[219]

Mit der Vorschrift des Art. 53 EheG 1973 trat somit neben das Verschuldensprinzip, das noch in Art. 52 EheG 1973 Anklang fand, und der Möglichkeit der Konventionalscheidung, die in Art. 51 EheG 1973 geregelt war, auch eine vollständige Hinwendung zum Zerrüttungsprinzip (vgl. oben).

Die Gesetzeslage, wie sie bis zur heute geltenden Neufassung aus dem Jahre 1992 bestand, kann daher als Kombination aus den drei wichtigsten Scheidungssystemen verstanden werden.

Charakteristikum der neu gestalteten Gesetzeslage war dabei auf der einen Seite die Vereinfachung der rechtlichen Beendigung der Ehe, auf der anderen

---

[216]   Traljić, Tardicionalno i novo u brakorazvodum pravu, Godišnjak pravnog fakulteta u Sarajevu 1977, S. 183 (SFRJ, SR Bosnien/ Herzegowina).

[217]   Risteski, Komentar na zakonot za brakot na SRM, S. 129 (SFRJ, SR Mazedonien); Vrhoven sud na Makedonia, Gž. 578/75, in: Zbirka na sudski odluki, Kniga II, Br. 4 = Oberster Gerichtshof der Sozialistischen Republik Mazedonien, Gž. 578/75 in: Urteilssammlung, Buch II, Nr. 4.

[218]   Vrhoven sud na Makedonia, Rev. 510/85, in: Zbirka na sudski odluki, Kniga IV, Br. 6 = Oberster Gerichtshof der Sozialistischen Republik Mazedonien, Rev. 510/85, in: Urteilssammlung, Buch IV, Nr. 6.

[219]   Vgl. Popović, Porodično pravo, S. 174 (SFRJ, SR Serbien).

Seite aber auch das Bestreben, den Schutz der Interessen der aus der Ehe hervorgegangenen Kinder zu gewährleisten.[220]

2. Die Ehescheidung nach Erlass des Familiengesetzes der Republik Mazedonien von 1992

a. *Das System der Scheidungsgründe nach dem Familiengesetz der Republik Mazedonien von 1992*

Mit der Konstituierung der Selbstständigkeit des Staates Mazedonien kam es auch zu einem grundlegenden Einschnitt hinsichtlich der rechtlichen Regulierung des Familienrechts.[221] In dem 1992 erlassenen Familiengesetz wurden die vorher geltenden Gesetze auf dem Gebiet des Familienrechts zusammengefasst (vgl. oben).

Die Ehescheidungsgründe, wie sie im Familiengesetz von 1992 enthalten sind, wurden grundsätzlich aus dem Ehegesetz der Sozialistischen Republik Mazedonien von 1973 übernommen.[222] So sieht das heute geltende Familiengesetz, ebenso wie das Ehegesetz von 1973, drei unterschiedliche Gründe für die Scheidung vor, nämlich:

1. die Scheidung aufgrund gegenseitigen Einvernehmens (Art. 39 FamG 1992);

2. die Scheidung aufgrund der Zerrüttung der ehelichen Beziehungen, die ein weiteres gemeinsames Eheleben unzumutbar macht (Art. 40 FamG 1992) sowie;

3. die Scheidung wegen faktischer Beendigung der ehelichen Gemeinschaft (Art 41 FamG 1992). [223]

Es kann daher für die Anwendung und Auslegung der heutigen Scheidungsgründe auch heute noch auf die Gerichtsurteile des ehemaligen Jugoslawien, die zu den damaligen Scheidungsgründen ergangen sind,

---

[220] Pop-Georgiev, O novom porodicnopravnom zakonodavstvu, Anali pravnog fakulteta u Beogradu 1974, Br. 5 – 6, S. 782 (SFRJ, SR Serbien); Bakić, Evolucija brakorazvodnog prava u Jugoslaviji, Godišnjak pravnog fakulteta u Sarajevu 1974, S. 50 (SFRJ, SR Bosnien/Herzegowina).

[221] Rustova, Semejnoto zakonodavstvo vo noviot praven sistem na RM, Semejno pravo, S. 53 (Mazedonien).

[222] Spirović-Trpenovska, Semejno pravo, S. 132 (Mazedonien).

[223] Nikolovska, Prestanok na brak, Semejnoto zakonodavstvo na Republika Makedonia, S. 76 (Mazedonien).

zurückgegriffen werden, soweit sich nicht aus den einzelnen Änderungen des heutigen Gesetzestextes etwas anderes ergibt.[224]

Es ist aber schon vorab festzuhalten, dass die aus dem alten Recht bekannten Scheidungsgründe nicht bloß fortgeschrieben, sondern im Einzelnen recht deutlich fortentwickelt wurden.[225]

Allen drei Scheidungsregeln des Familiengesetzes von 1992 liegt heute ausschließlich das Zerrüttungsprinzip zugrunde.[226] Das Verschuldensprinzip wurde in der heutigen Regelung vollkommen aufgegeben, indem bei dem allgemeinen Scheidungsgrund der Ehezerrüttung der vorher bestehende ergänzende Absatz abgeschafft wurde, der den Ausschluss der Klageberechtigung desjenigen Ehegatten enthielt, der die Ehezerrüttung ausschließlich schuldhaft herbeigeführt hatte.

Nach der heutigen Regelung kann somit auch der Ehegatte eine Scheidung aufgrund des allgemeinen Scheidungsgrundes der Ehezerrüttung begehren, den eine ausschließliche Schuld an der Zerrüttung trifft. Er muss dabei nicht mehr wie noch nach der Regelung des Gesetzes über die Ehe von 1973 eine gesetzlich vorgeschriebene Frist (früher drei Jahre, heute ein Jahr) beachten, wenn bereits vorher festgestellt werden kann, dass eine zerrüttete Ehe vorliegt.

Bei allen drei Scheidungsgründen handelt es sich damit um unterschiedliche Ausprägungen des Zerrüttungsprinzips.

Der Grund für die Aufgabe des Verschuldensprinzips und die Einführung des Zerrüttungsprinzips in seiner reinen Form liegt in der heutigen Auffassung bezüglich der Ehe, wonach das Bestehen einer Ehe nur dann gerechtfertigt ist, wenn diese eine von harmonischen Beziehungen geprägte Gemeinschaft darstellt, in der sich ein Zusammenleben verwirklichen kann, das die Erfüllung der gesellschaftlichen und persönlichen Funktion einer gesunden Familie ermöglicht.[227]

---

[224] Vgl. Taseva/Koštanov, Zakon za semejstvoto, S. 1 (Mazedonien); Čavdar, Zakon za semejstvoto, S. 14 (Mazedonien); Hadživasilev-Vardarski, Zbirka na propisi od semejnoto pravo, S. 3 (SFRJ, SR Mazedonien).

[225] Spirović-Trpenovska, Semejno pravo, S. 132 (Mazedonien); vgl. zu den einzelnen Prinzipien auch: Micković, Brakorazvodni sistemi vo zejmite na EU, Evrodialog 2, S. 123 ff. (Mazedonien).

[226] Čavdar, Komentar na zakonot za semejstvoto, S. 104 (Mazedonien).

[227] Stojčevski, Postapka na bračnite sporovi, Semejnoto zakonodavstvo na Republika Makedonia, S. 237 (Mazedonien); Spasenovski, Fiktivni osnovi vo procesite za

b. *Die Scheidungsgründe nach dem Familiengesetz der Republik Mazedonien von 1992 im Einzelnen*

aa. Die Scheidung aufgrund gegenseitigen Einvernehmens

Die Möglichkeit der Scheidung aufgrund gegenseitigen Einvernehmens der Ehegatten, die erstmalig durch Art. 51 EheG 1973 eingeführt wurde, besteht wie erwähnt auch nach dem Familiengesetz von 1992.

Art. 39 Abs. 1 FamG 1992 bestimmt: „Eine Ehe kann geschieden werden aufgrund gegenseitigen Einvernehmens (zaemna soglasnost) der Ehegatten".

Das Verfahren wird in diesem Falle durch einen Vorschlag zur einvernehmlichen Scheidung der Ehe eingeleitet (Art. 229 Abs. 2 FamG 1992). Hintergrund dieses Scheidungsgrundes ist die heutige Ehekonzeption. Gemäß Art. 6 Abs. 2 FamG 1992 beruhen die Beziehungen zwischen den Ehepartnern auf dem freien Entschluss des Mannes und der Frau, die Ehe zu schließen. Genau wie die Ehegatten sich frei dazu entschließen können, die Ehe einzugehen, soll es ebenfalls ihrem freien Entschluss überlassen sein, sich wieder scheiden zu lassen.[228]

Der Scheidungsgrund des Art. 39 FamG 1992 basiert damit auf dem Zerrüttungsprinzip. Der bei beiden Ehegatten vorliegende Wille, sich scheiden zu lassen, deutet unzweifelhaft darauf hin, dass die Ehe gescheitert ist und dass keine Aussicht mehr besteht, dass die Ehegatten ihre ehelichen Pflichten in der Zukunft noch erfüllen werden.[229]

Da sich der Wortlaut des Scheidungsgrundes des Art. 39 FamG 1992 im Vergleich zu der Vorschrift des Art. 51 EheG 1973 nicht bedeutend verändert hat, sind auch heute noch Gerichtsurteile von Bedeutung, die vor dem Erlass des neuen Familiengesetzes von 1992 erlassen worden sind. Die mazedonische Literatur verweist insoweit noch größtenteils auf diese Urteile.

Ebenso wie nach der bis dahin bestehenden Rechtslage ist die gerichtliche Kontrolle kraft Gesetzes darauf beschränkt, den einvernehmlich erklärten, auf Scheidung der Ehe abzielenden Willen der Ehegatten festzustellen.[230] Es

---

razvod na brak, Semejnoto zakonodavstvo na Republika Makedonia, S. 260 (Mazedonien).

[228] Vgl. Bakić, Evolucija brakorazvodnog prava u Jugoslaviji, Godišnjak pravnog fakulteta u Sarajevu 1974, S. 48 (SFRJ, SR Bosnien/Herzegowina).

[229] Vgl. Janković, Komentar zakona o braku, S. 77 (SFRJ, SR Serbien).

[230] Muratovska-Markovska, Razvod na brak i posledicite od razvod na brakot, Semejno pravo , S. 9 (10) (Mazedonien).

bedarf gerade nicht der Feststellung einer Ehezerrüttung und einer Unzumutbarkeit des gemeinsamen Ehelebens, da das Bestehen des gegenseitigen Einvernehmens zur Scheidung ein unwiderlegliches Indiz für eine Ehezerrüttung darstellt.

So bestimmt Art. 39 Abs. 3 FamG 1992, dass „das Gericht das Scheidungsurteil aufgrund gegenseitigen Einvernehmens der Ehegatten erlässt, wenn feststeht, dass diese ihr Einverständnis frei, ernsthaft und unerschütterlich abgegeben haben".

Trifft das Gericht diese Feststellung, so ist es verpflichtet, das Scheidungsurteil zu erlassen.[231] Dem Gericht ist es nicht erlaubt, die Gründe, die zu dem gegenseitigen Einvernehmen geführt haben, zu überprüfen. Diese Gründe dürfen auch nicht im Urteil ausgesprochen werden (Art. 258 FamG 1992). Damit ist die richterliche Prüfung auf Mängel in der Willensbildung beschränkt.

Es ist aber zu beachten, dass ein Scheidungsantrag aufgrund gegenseitigen Einvernehmens begrifflich streng zu unterscheiden ist von einem Antrag beider Ehegatten auf Scheidung etwa wegen einer Ehezerrüttung gemäß Art. 40 FamG 1992. In letzterem Falle besteht zwar auch eine Willensübereinstimmung, diese hat aber nicht eine Beschränkung der richterlichen Prüfungskompetenz zur Folge. Das Gericht muss vielmehr trotz des gleichgerichteten Antrags das Vorliegen der Voraussetzungen des Art. 40 FamG 1992 prüfen.[232]

Hat aber einer der Ehegatten eine Klage auf Scheidung der Ehe wegen einer der unten zu behandelnden Gründe aus den Art. 40, 41 FamG 1992 gestellt, so hindert dies die Ehegatten während des Prozesses nicht daran, die erhobene Klage in einen Vorschlag zur einvernehmlichen Scheidung umzuwandeln.[233] Liegt eine solche Klageänderung vor, so hat das Gericht das Verfahren fortan so durchzuführen, als wäre von Anfang an ein Vorschlag zur einverständlichen Scheidung nach Art. 39 FamG 1992 gestellt

---

[231]   Vgl. Bakić, Novo bračno pravo SR Makedonije, Anali pravnog fakulteta u Beogradu 1974, Br. 4, S. 453 (SFRJ, SR Serbien).

[232]   Micković, Pričini za razvod na brak vo sejmite na EU, Teil IV, S. 4 (Mazedonien).

[233]   Vgl. Risteski, Prestanok na brakot, Godišnik na pravniot fakultet vo Skopje 1987, Br. 8 – 9, S. 184 (SFRJ, SR Mazedonien); so auch: Osnoven sud vo Skopje, III P. Br. 685/02 = Ordentliches Gericht Skopje, III P. Nr. 685/02, (unveröffentlicht).

worden.[234] Über die ursprünglich geltend gemachten Scheidungsgründe ist dann nicht mehr zu entscheiden.

aaa. Das gegenseitige Einvernehmen der Ehegatten

Wie bereits erwähnt, hat das Gericht bei der Prüfung dieses Scheidungs-grundes festzustellen, ob das Einverständnis der Ehegatten frei, ernsthaft und unerschütterlich abgegeben wurde. Das Gericht muss hierzu die ihm zur Verfügung stehenden Beweismittel würdigen. In der Praxis bedient sich dabei der Richter ausschließlich der Vernehmung der Ehegatten und fällt daraufhin nach freier richterlicher Überzeugung ein Urteil darüber, ob das Einverständnis in der gesetzlich umschriebenen Form besteht.[235]

(1) Das Merkmal des freien Einverständnisses

Das Merkmal des freien Einverständnisses ist wie in Art. 19 FamG 1992 zu verstehen.[236] Nach der Legaldefinition in Art. 19 FamG 1992 liegt ein freies Einverständnis vor, wenn es nicht unter Zwang oder im Irrtum erteilt wurde.

(a) Zwang

Das Familiengesetz von 1992 nennt nicht die einzelnen Bedingungen, unter denen ein solcher Zwang angenommen werden kann. Als Auslegungshilfe kann hier Art. 60 des Gesetzes über Schuldverhältnisse herangezogen werden.[237]

Art. 60 des Gesetzes über Schuldverhältnisse lautet wie folgt:

„Wenn ein Vertragspartner oder ein Dritter mit einer unerlaubten Drohung eine begründete Angst beim anderen Vertragspartner in einer Weise hervor-ruft, dass dieser aufgrund seiner Angst den Vertrag abschließt, so kann dieser Vertragspartner verlangen, dass der Vertrag für nichtig erklärt wird".

Die Angst ist begründet, wenn aus den Umständen hervorgeht, dass das Leben, die körperliche Unversehrtheit oder das Wohl des Vertragspartners

---

[234] Vgl. Risteski, Komentar na zakonot za brakot na SRM, S. 124 (SFRJ, SR Mazedonien); Čavdar, Komentar na zakonot za semejstvoto, S. 108 (Mazedonien).

[235] Bakić, Evolucija brakorazvodnog prava u Jugoslaviji, Godišnjak pravnog fakulteta u Sarajevu 1974, S. 48 (SFRJ, SR Bosnien/Herzegowina).

[236] Čavdar, Komentar na zakonot za semejstvoto, S. 107 (Mazedonien).

[237] Čavdar, Komentar na zakonot za semejstvoto, S. 60 (Mazedonien).

durch seinen Vertragspartner oder einen Dritten ernsthaft gefährdet ist. Von einem Zwang kann also immer nur die Rede sein, wenn die bestehende Angst durch eine ernsthafte Bedrohung hervorgerufen worden ist.

Problematisch ist das Kriterium der freien Willensentscheidung im Sinne des Art. 39 Abs. 3 FamG 1992 in dem Fall, in dem zunächst ein Ehegatte seine Klage auf Ehescheidung damit begründet, der andere habe durch sein Verhalten eine schwere Zerrüttung der ehelichen Beziehungen herbeigeführt (Scheidungsgrund des Art. 40 FamG 1992). Stimmt nun der andere Ehegatte der Scheidung zu, um eine gerichtliche Feststellung seines Fehlverhaltens zu verhindern, und wird daraufhin die zunächst eingelegte Klage in einen Vorschlag zur einvernehmlichen Scheidung umgewandelt (vgl. oben), so ist fraglich, ob noch von einer freien Entscheidung gesprochen werden kann.

Nach in der Gerichtspraxis vorherrschender Auffassung ist auch hierin noch ein unbeeinflusstes Einvernehmen im Sinne des Art. 39 Abs. 1 FamG 1992 zu sehen. Es bestehe in einem solchen Fall keine ernsthafte Gefahr für Leben, Körper oder Wohl des nachträglich zustimmenden Ehegatten. Vielmehr seien nur seine Ehre und sein Ansehen gefährdet.[238] Dieses Ergebnis lässt sich vor allem auch auf prozessökonomische Erwägungen stützen.

(b) Irrtum

Auch den Begriff des Irrtums definiert das Familiengesetz von 1992 nicht.

Ein Irrtum liegt nach allgemeiner Ansicht vor, wenn aufgrund der Nicht-kenntnis oder einer Fehlvorstellung hinsichtlich bestimmter Tatsachen der Wille einer Person hervorgerufen wird, der nicht hervorgerufen worden wäre, wenn die Person Kenntnis oder eine richtige Vorstellung hinsichtlich dieser Tatsachen gehabt hätte. Beim Irrtum decken sich Erklärung und Wille nicht, es besteht eine unbewusste Nichtübereinstimmung zwischen der abgege-benen Erklärung und dem wirklichen Willen.

(2) Ernsthaftigkeit und Unerschütterlichkeit

Ein ernsthaft und unerschütterlich erteiltes Einverständnis ist dadurch gekennzeichnet, dass die Ehegatten es erst nach reiflicher Überlegung

---

[238] Čavdar, Komentar na zakonot za semejstvoto, S. 107 (Mazedonien).

erteilen, mithin nach einer genauen Überprüfung des Zustandes ihrer Ehe.[239] Die Ehegatten müssen sich sicher sein, dass sie die Ehe nicht weiterführen können. Das Einverständnis eines geisteskranken oder urteilsunfähigen Ehegatten ist dabei rechtlich unwirksam.[240]

bbb. Einschränkung der Scheidung aufgrund gegenseitigen Einvernehmens

Die Möglichkeit der Scheidung aufgrund gegenseitigen Einvernehmens ist bei Ehegatten, die Kinder haben, eingeschränkt.[241] Bedingung für die Scheidung ist in diesem Fall das Erzielen einer Einigung zwischen den Eltern hinsichtlich ihrer gemeinsamen Kinder. So sieht Art. 39 Abs. 2 FamG 1992 wie schon die Vorgängervorschrift des Art. 51 EheG 1973 vor, dass „wenn die Ehegatten minderjährige Kinder oder volljährige Kinder, für die das elterliche Recht verlängert worden ist, haben, es notwendig ist, eine Vereinbarung über die Art und Weise der Ausübung der elterlichen Rechte und Pflichten und über den Unterhalt und die Erziehung der Kinder zu treffen".

Der weitgehenden Liberalisierung der Konventionalscheidung wird im Hinblick auf das von dem Gesetzgeber zu schützende Kindeswohl somit durch die Regelung des Art. 39 Abs. 2 FamG 1992 eine Grenze gesetzt. Dies rechtfertigt sich aus der Vorschrift des Art. 40 der Verfassung der Republik Mazedonien von 1991, aus der für den Gesetzgeber ein Schutzauftrag für die Belange der Kinder erwächst, die unter den Folgen einer Scheidung am meisten zu leiden haben.[242] Diese verfassungsrechtliche Konzeption hat auch Eingang in das einfache Gesetzesrecht gefunden. In der programmatischen Vorschrift des Art. 3 FamG 1992 ist festgelegt, „dass die Beziehungen in der Familie auf Gleichberechtigung, gegenseitiger Achtung, gegenseitiger Hilfe und gegenseitigem Unterhalt sowie auf dem Schutz der Interessen minderjähriger Kinder beruhen".

Aus Art. 95 FamG 1992 ergibt sich, dass die Regelung des Art. 39 Abs. 2 FamG 1992 ebenso für den Fall gilt, dass die Ehegatten ein gemeinsam adoptiertes Kind haben.

---

[239] Čavdar, Komentar na zakonot za semejstvoto, S. 107 (Mazedonien).
[240] Vgl. Bakić, Evolucija brakorazvodnog prava u Jugoslaviji, Godišnjak pravnog fakulteta u Sarajevu 1974 , S. 48 (SFRJ, SR Bosnien/Herzegowina).
[241] Nikolovska, Prestanok na brak, Semejnoto zakonodavstvo na Republika Makedonia, S. 77 (Mazedonien).
[242] Micković, Pričini za razvod na brak vo sejmite na EU, Teil IV, S. 7 (Mazedonien).

Nach Art. 10 FamG 1992 sind Kinder minderjährig, die noch nicht das 18. Lebensjahr erreicht haben.

Gemäß Art. 94 FamG 1992 kann das Gericht auf Vorschlag der Eltern oder des Zentrums für Sozialarbeit im Verfahren der freiwilligen Gerichtsbarkeit entscheiden, dass die Eltern weiterhin das elterliche Recht ausüben, wenn das Kind auch nach Erreichung der Volljährigkeit wegen einer Behinderung in seiner psychischen Entwicklung nicht fähig ist, selbst für seine Persönlichkeit, seine Rechte und Pflichten Sorge zu tragen.

Die Einigung über die Art der Ausübung der elterlichen Rechte und Pflichten sowie über die Übergabe der Kinder zur Obhut und zur Erziehung wird schriftlich gefasst oder mündlich beim zuständigen Gericht erster Instanz zu Protokoll gegeben (vgl. Art. 253 Abs. 1 FamG 1992). Im Fall der schriftlichen Vereinbarung ist dabei eine Unterschrift beider Ehegatten erforderlich.[243]

Auffällig ist, dass Art. 39 Abs. 2 FamG 1992 und Art. 253 Abs. 1 FamG 1992 unterschiedliche Formulierungen enthalten. In Art. 253 Abs. 1 FamG 1992 wird im Unterschied zu Art. 39 Abs. 2 FamG 1992 nicht der Unterhalt der Kinder genannt. In Art. 39 Abs. 2 FamG 1992 wird dagegen nicht die Obhut der Kinder genannt.

Da sich aber in beiden Vorschriften die Formulierung „die Art und Weise der elterlichen Rechte (in Art. 39 Abs. 2 FamG 1992 zusätzlich „und Pflichten") wiederfindet und der Unterhalt sowie die Obhut der Kinder von den elterlichen Rechten (und Pflichten) umfasst werden, kann darauf geschlossen werden, dass der Gesetzgeber sowohl die Obhut als auch den Unterhalt von beiden Vorschriften umfasst haben wollte.[244]

In der Gerichtspraxis stellen sich hinsichtlich der Einigung im Sinne des Art. 39 Abs. 2 FamG 1992 zwei Fragen und zwar zum einen, welche Rechtsfolge das völlige Fehlen einer solche Einigung mit sich bringt, und zum andern, welchen konkreten Inhalt sie haben muss.[245]

Ist dem Vorschlag auf Ehescheidung im gegenseitigen Einvernehmen keine Vereinbarung hinsichtlich der Pflichten gegenüber den Kindern beigefügt, so

---

[243] Nikolovska, Prestanok na brak, Semejnoto zakonodavstvo na Republika Makedonia, S. 77 (Mazedonien).

[244] Vgl. Nikolovska, Prestanok na brak, Semejnoto zakonodavstvo na Republika Makedonia, S. 77 (Mazedonien).

[245] Vgl. Bakić, Evolucija brakorazvodnog prava u Jugoslaviji, Godišnjak pravnog fakulteta u Sarajevu 1974, S. 48 (SFRJ, SR Bosnien/Herzegowina).

sieht das Gesetz die Möglichkeit vor, dass dies später übereinstimmend mit den Bestimmungen des Gesetzes über das Streitverfahren für außerordentliche Anträge nachgeholt werden kann (vgl. Art. 253 Abs. 2 FamG 1992). Wird der Vorschlag aber nicht in einer bestimmten Frist dahingehend geändert, so wird er vom Gericht verworfen. Das Gericht lehnt in diesem Fall den Vorschlag auf Scheidung ab.[246]

Welchen konkreten Inhalt die Vereinbarung haben muss, geht aus dem Gesetz nicht eindeutig hervor. In der Gerichtspraxis werden insoweit hinsichtlich der Einzelheiten der zu regelnden Fragen auch heute noch die umfangreichen Richtlinien angewandt, die von der Bürgerlichen Abteilung und der Verwaltungsabteilung des Obersten Gerichtshofes der Republik Mazedonien[247] in ihrer gemeinsamen Sitzung am 7. April 1979 in diesem Zusammenhang erlassen worden sind, um die einheitliche Anwendung und Auslegung des Gesetzes zu erleichtern.[248]

Nach diesen Richtlinien muss die Vereinbarung nur die wesentlichen Regelungen hinsichtlich der Umstände, die die Art und Weise der Erfüllung der elterlichen Rechte und Pflichten betreffen, enthalten. Nicht erforderlich ist eine ausführliche, ins Detail gehende Regelung, die alle Einzelheiten umfasst.[249]

Was zu diesen wesentlichen Umständen gehört, ist eine Frage, die von Fall zu Fall entschieden werden muss. Nach den Richtlinien wird gefordert, dass in der Vereinbarung zumindest präzise bestimmt ist, bei welchem Elternteil die Kinder zukünftig zur Obhut und Erziehung verbleiben und in welcher

---

[246] Vgl. Risteski, Komentar na zakonot za brakot na SRM, S. 123 (SFRJ, SR Mazedonien); vgl. auch: Vrhoven sud na Makedonia, in: Zbirka na sudski odluki, Kniga II, Sveska 2, 1977, Br. 138 = Oberster Gerichtshof der Sozialistischen Republik Mazedonien, in: Urteilssammlung, Buch II, Kapitel 2, 1977, Nr. 138, vgl. hierzu den Nachweis bei Risteski, Komentar na zakonot za brakot na SRM, S. 124.

[247] Veröffentlicht in: Zbirka na sudski odluki na Vrhoven sud na Makedonia, Kniga II, Br. 8 = Urteilssammlung des Oberstern Gerichtshofs der Sozialistischen Republik Mazedonien, Buch II, Nr. 8.

[248] Vgl. Taseva/Koštanov, Zakon za semejstvoto, S. 1 (Mazedonien); Čavdar, Komentar na zakonot za semejstvoto, S. 106 (Mazedonien); Risteski, Komentar na zakonot za brakot na SRM, S. 124 f. (SFRJ, SR Mazedonien).

[249] So die Richtlinien, Zbirka na sudski odluki na Vrhoven sud na Makedonia, Kniga II, Nr. 8 = Urteilssammlung des Oberstern Gerichtshofs der Sozialistischen Republik Mazedonien, Buch II, Nr. 8.

Weise wer für ihren Unterhalt aufkommt.[250] Dabei ist erforderlich, dass hinsichtlich dieser Fragen eine verständliche und vor allem vollständige Regelung getroffen wird. Die Regelung darf keine Alternativen hinsichtlich der Lösung dieser Fragen aufweisen.[251]

Enthält die Vereinbarung nicht die genannten wesentlichen Bestimmungen, sondern nur vereinzelte unvollständige Regelungen hinsichtlich der elterlichen Pflichten, so trifft das Gericht eine Entscheidung über die wesentlichen Umstände in dem Urteil, in dem es die Scheidung ausspricht.[252]

Über die Einzelheiten, d.h. die unwesentlichen Umstände, die die Ausübung der elterlichen Rechte und Pflichten betreffen, entscheidet, wenn zwischen den Ehegatten eine Übereinstimmung nicht erzielt werden kann, das Zentrum für Sozialarbeit i.S.d. Vorschrift des Art. 76 Abs. 2 FamG 1992.[253]

Solche unwesentlichen Umstände stellen beispielsweise die Regelungen hinsichtlich des Umgangsrechtes des nicht sorgeberechtigten Elternteils mit seinen Kindern, d.h. die Festlegung der genauen Zeiten und der Art und Weise der Verwirklichung dieses Rechtes, dar. Diese Regelungen müssen weder in der Vereinbarung enthalten sein, noch in dem Gerichtsurteil, in welchem die Scheidung ausgesprochen wird.[254] Besteht Uneinigkeit hinsichtlich des Umgangsrechts, entscheidet diesbezüglich folglich das Zentrum für Sozialarbeit (Art. 76 Abs. 2 FamG 1992).

Das Gericht, das im Falle einer Scheidung aufgrund gegenseitigen Einverständnisses in seinem Scheidungsurteil auch über die Art und Weise der Ausübung der elterlichen Rechte und Pflichten entscheiden muss, ist bei der Bewertung der Vereinbarung der Ehegatten verpflichtet, ein Gutachten des

---

[250] So die Richtlinien, Zbirka na sudski odluki na Vrhoven sud na Makedonia, Kniga II, Nr. 8. = Urteilssammlung des Oberstern Gerichtshofs der Sozialistischen Republik Mazedonien, Buch II, Nr. 8; vgl. auch Nikolovska, Prestanok na brak, Semejnoto zakonodavstvo na Republika Makedonia, S. 77 (Mazedonien).

[251] Stojčevski, Postapka vo bračnite sporovi, Semejnoto zakonodavstvo na Republika Makedonia, S. 234 (Mazedonien).

[252] So die Richtlinien, Zbirka na sudski odluki na Vrhoven sud na Makedonia, Kniga II, Nr. 8 = Urteilssammlung des Oberstern Gerichtshofs der Sozialistischen Republik Mazedonien, Buch II, Nr. 8.

[253] In diesem Sinne die Richtlinien, Zbirka na sudski odluki na Vrhoven sud na Makedonia, Kniga II, Nr. 8 = Urteilssammlung des Oberstern Gerichtshofs der Sozialistischen Republik Mazedonien, Buch II, Nr. 8.

[254] Vrhoven sud na Makedonia, Rev. 70/79, in: Zbirka na sudski odluki, Kniga II, Br. 9 = Oberster Gerichtshof der Sozialistischen Republik Mazedonien, Rev. 70/79, in: Urteilssammlung, Buch II, Nr. 9.

Zentrums für Sozialarbeit einzuholen (Art. 256 Abs. 1 FamG 1992).[255] Das Zentrum für Sozialarbeit ist dabei gemäß Art. 256 Abs. 2 FamG 1992 verpflichtet, innerhalb einer Frist von fünfzehn Tagen nach Erhalt des Ersuchens des Gerichts ein solches Gutachten zu erstellen.

Gewinnt das Gericht den Eindruck, dass die Eltern eine Vereinbarung hinsichtlich der Obhut, der Erziehung und des Unterhalts der gemeinsamen Kinder getroffen haben, welche nicht den Interessen der Kinder entspricht, so trifft es, nachdem es das Gutachten des Zentrums für Sozialarbeit eingeholt und alle Umstände geprüft hat, selbst eine Entscheidung hinsichtlich dieser Fragen (vgl. Art. 80, 253 FamG 1992). Das Gericht hat insoweit eine erhebliche Einwirkungsmöglichkeit.

Aus der Betrachtung dieser Regelungen ergibt sich zugleich, dass das die Belange der Kinder betreffende Einigungserfordernis des Art. 39 Abs. 2 FamG 1992 nicht als Scheidungshindernis angesehen werden kann, weil in jedem Falle der einvernehmliche Scheidungswille der Ehegatten zum Tragen kommt.

ccc.   Keine sonstigen Bedingungen

Man kann feststellen, dass die Scheidung aufgrund gegenseitigen Einvernehmens in der Ausgestaltung des Art. 39 FamG 1992 eine auch im Vergleich zu anderen Rechtsordnungen äußerst liberale Regelung der Scheidungsvoraussetzungen darstellt.

Es bestehen nämlich keinerlei Hindernisse in Gestalt von zu beachtenden Fristen oder zu erfüllenden echten Bedingungen, wie sie in vielen anderen Staaten Europas zu finden sind.

Für die Scheidung aufgrund gegenseitigen Einvernehmens ist in Mazedonien, anders als in einigen anderen europäischen Ländern, nicht erforderlich, dass die Ehegatten eine gewisse Zeit voneinander getrennt gelebt haben.

Ferner ist diese Möglichkeit der Scheidung nicht von einem bestimmten Alter der Ehegatten abhängig, wie dies etwa in Belgien oder Luxemburg der Fall ist, wo die Ehe nicht aufgrund gegenseitigen Einvernehmens geschieden

---

[255]   Risteski, Prestanok na brakot, Godišnik na pravniot fakultet vo Skopje 1987, Br. 8 – 9, S. 184 (SFRJ, SR Mazedonien); Nikolovska, Prestanok na brak, Semejnoto zakonodavstvo na Republika Makedonia, S. 77 f. (Mazedonien)

werden kann, bevor die Ehegatten nicht das 23. Lebensjahr vollendet haben.[256]

Es besteht in Mazedonien auch keine Regelung dahingehend, dass die Ehe erst eine gewisse Zeit bestanden haben muss, bevor die Scheidung aufgrund gegenseitigen Einvernehmens möglich ist. Im französischen Recht kann die Scheidung aufgrund gegenseitigen Einvernehmens nicht innerhalb der ersten sechs Monate der Ehe beantragt werden, in England beträgt die zu beachtende Frist ein Jahr und in Portugal sogar drei Jahre.[257] In Mazedonien kann dagegen schon unmittelbar nach der Eheschließung ein Vorschlag der Scheidung aufgrund gegenseitigen Einvernehmens gestellt werden.

In einigen Ländern (z.B. Serbien) ist eine einverständliche Scheidung sogar überhaupt nicht möglich, wenn die Ehegatten gemeinsame Kinder haben.

Ferner ist in Mazedonien nicht erforderlich, dass die Ehegatten bei der Scheidung aufgrund gegenseitigen Einvernehmens eine Regelung hinsichtlich der Fragen des gegenseitigen Unterhalts, des gemeinsamen Vermögens, der gemeinsamen Wohnung usw. treffen müssen.[258]

ddd. Das gegenseitige Einvernehmen als selbstständiger Scheidungsgrund

Der Scheidungsgrund des gegenseitigen Einvernehmens stellt in Mazedonien einen selbstständigen Scheidungsgrund dar. Es handelt sich dabei also nicht wie in einigen anderen Ländern (z.B. Deutschland) nur um eine objektive Tatsache, deren Vorliegen eine Ehezerrüttung indiziert (sog. Zerrüttungsvermutung).

Der Scheidungsgrund des gegenseitigen Einvernehmens in der großzügigen Ausgestaltung, die er durch das Familiengesetz von 1992 erfahren hat, ist in Mazedonien in rechtspolitischer Hinsicht teilweise nachdrücklicher Kritik ausgesetzt. Es wird der Einwand erhoben, die Scheidungsvoraussetzung des Art. 39 FamG 1992 trage in zu großem Umfange den persönlichen Interessen der Ehegatten Rechnung, ohne die Interessen der Allgemeinheit an der gesellschaftlich wichtigen Institution der Ehe und auch die Belange der Kinder ausreichend zu berücksichtigen. Die fehlende Fristenbindung befördere die vorschnelle Auflösung der konkreten Ehe, die bei einer Wartefrist

---

[256] Micković, Pričini za razvod na brak vo sejmite na EU, Teil IV, S. 7 (Mazedonien).
[257] Micković, Pričini za razvod na brak vo sejmite na EU, Teil IV, S. 7 (Mazedonien).
[258] Popović, Porodično pravo, S. 176 (SFRJ, SR Serbien).

womöglich Bestand haben könnte.[259] Die Befürworter der aktuellen Rechtslage führen jedoch an, dass gerade dieser Scheidungsgrund eine Scheidung ohne Konflikte zwischen den Ehegatten ermögliche. Gerade im Fall der einverständlichen Scheidung bestünde eine viel größere Bereitschaft, sich über die zukünftige Erziehung der gemeinsamen Kinder und deren Unterhalt zu einigen. Zudem biete dieser Scheidungsgrund den Vorzug größerer Prozessökonomie. Die Ehegatten lösten im Falle der einverständlichen Scheidung gerade kein besonders starkes Engagement staatlicher Stellen aus, weil sich die richterliche Prüfung bei diesem Scheidungsgrund auf Mängel in der Willensbildung beschränke (vgl. oben).[260]

bb.   Die Scheidung wegen Ehezerrüttung und Unzumutbarkeit des gemeinsamen Ehelebens

Die Vorschrift des Art. 40 FamG 1992 enthält den heutigen allgemeinen Scheidungsgrund der Ehezerrüttung. Nach Art. 40 FamG 1992 kann die Ehe auf Klage eines Ehegatten hin geschieden werden, wenn die ehelichen Beziehungen in einem solchen Maße zerrüttet sind, dass ein weiteres gemeinsames Eheleben unzumutbar geworden ist" (bračnite odnosi se do taa mera narušeni sto zaedničkiot život stanal nepodnosliv).

Erforderlich ist hiernach somit die endgültige Zerrüttung der Ehe (Zerrüttungsprinzip).

Zunächst ist für die Auslegung dieses Scheidungsgrundes festzuhalten, dass in sprachlicher Hinsicht, ausgehend von Art. 53 EheGG 1946 über Art. 52 EheG 1973 bis zum heutigen Art. 40 FamG 1992, eine erkennbare Kontinuität besteht.[261] Allerdings ist für die Anwendung des Art. 40 FamG 1992 die moderne Ehekonzeption, wie sie dem Familiengesetz von 1992 zugrunde liegt, maßgeblich.[262]

---

[259]   vgl. Čavdar, Komentar na zakonot za semejstvoto, S. 105 (Mazedonien).

[260]   vgl. Čavdar, Komentar na zakonot za semejstvoto, S. 105 f. (Mazedonien).

[261]   Da sich der Wortlaut des allgemeinen Scheidungsgrundes gemäß Art. 40 FamG 1992 im Vergleich zu den Regelungen des Art. 53 EheGG 1946 und Art. 52 EheG 1973 nicht bedeutend verändert hat, sind auch heute noch Gerichtsurteile von Bedeutung, die vor dem Erlass des neuen Familiengesetzes von 1992 erlassen worden sind. Die mazedonische Literatur verweist daher noch größtenteils auf diese Urteile.

[262]   Micković, Pričini za razvod na brak vo sejmite na EU, Teil IV, S. 8 (Mazedonien).

Gemäß der Legaldefinition in Art. 6 Abs. 1 FamG 1992 ist nämlich die Ehe eine gesetzlich geregelte Lebensgemeinschaft eines Mannes und einer Frau, in der sich die Interessen der Ehepartner, der Familie und der Gesellschaft verwirklichen. Die Rechtfertigung der Scheidung aufgrund der dem Zerrüt- tungsprinzip angehörenden Regelung des Art. 40 FamG 1992 ergibt sich damit ausschließlich aus der heutigen Konzeption der Ehe, an deren Aufrechterhaltung die Gesellschaft nur interessiert ist, solange in ihr die Interessen der Ehegatten, der Familie und der Gesellschaft verwirklicht werden können.[263]

In Art. 6 Abs. 2 FamG 1992 ist zudem ausdrücklich vorgesehen, „dass die Beziehungen zwischen den Ehegatten auf dem „freien Entschluss" des Mannes und der Frau, die Ehe zu schließen, auf ihrer Gleichberechtigung, auf gegenseitiger Achtung und gegenseitiger Hilfe beruhen". Das Gesetz geht mithin eindeutig vom Leitbild einer auf der Willensautonomie beider Ehegatten beruhenden Personenverbindung aus (siehe oben). Die Eingehung der Ehe und die Formulierung der damit verfolgten Ziele ist den Ehegatten überlassen.[264] Vor diesem Hintergrund kann es für die Auslegung des Begriffes der Zerrüttung der ehelichen Beziehungen überhaupt nicht mehr auf ein zu vertretenes Fehlverhalten eines Ehegatten ankommen. Vielmehr ist der Begriff der Zerrüttung im Sinne einer Zerrüttung der individuell definierten Eheziele zu verstehen.

Dieses Verständnis des Scheidungsgrundes in Art. 40 FamG 1992 ist auch darauf zu stützen, dass eine dem Art. 52 Abs. 2 EheG 1973 vergleichbare Vorschrift fehlt, nach der das Recht die Scheidung zu begehren nur demjenigen Ehegatten zusteht, den keine Schuld an der Zerrüttung der Ehebeziehung trifft. War nach alter Rechtslage also zumindest in einigen Fällen das Verschulden eines Ehegatten noch zu berücksichtigen, spielt dieses heute, zumindest was die Voraussetzungen der Scheidung betrifft, keine Rolle mehr.[265] Nach der heutigen Regelung in Art. 40 FamG 1992 hat somit auch derjenige Ehegatte das Recht die Scheidung aus diesem Scheidungsgrund zu begehren, den die ausschließliche Schuld an der

---

[263] Čavdar, Zakon za semejstvoto, S. 49 (Mazedonien); Muratovska-Markovska, Razvod na brakot, Pravnik, Godina VI, Br. 66, Skopje 1997, S.12 (Mazedonien).

[264] Muratovska-Markovska, Razvod na brak i posledicite od razvod na brakot, Semejno pravo , S. 9 (Mazedonien).

[265] Nikolovska, Prestanok na brak, Semejnoto zakonodavstvo na Republika Make- donia, S. 78 (Mazedonien).

Zerrüttung der ehelichen Beziehungen trifft.[266] Das Verschulden eines Ehegatten ist heute nur noch bei bestimmten Scheidungsfolgen, so etwa bei Unterhaltsfragen, von Bedeutung (vgl. näheres im Rahmen der Scheidungsfolgen).[267]

Auf der Seite der Scheidungsvoraussetzungen ist durch die Neuregelung aus dem Jahre 1992 somit eine vollständige Abkehr vom Verschuldensprinzip und damit eine Hinwendung zum Zerrüttungsprinzip vollzogen worden.[268]

Auch bei einer Scheidung nach Art. 40 FamG 1992 entscheidet das Gericht mit dem Urteil, mit dem die Ehe geschieden wird, über die Obhut, die Erziehung und den Unterhalt der gemeinsamen Kinder (vgl. Art. 80 Abs. 1 FamG 1992).

Was unter den Voraussetzungen des Art. 40 FamG 1992 genau zu verstehen ist, wird im Gesetz nicht ausdrücklich geregelt. Es lassen sich aber im Anschluss an die Vorgängerregelungen die Zerrüttung der ehelichen Beziehungen als objektives Merkmal und die Unzumutbarkeit des gemeinsamen Ehelebens als subjektiver Umstand begreifen.

aaa.   Das objektive Merkmal: Zerrüttung der ehelichen Beziehungen

Das objektive Merkmal der Zerrüttung der ehelichen Beziehungen liegt vor, wenn zwischen den Ehegatten keinerlei geistige oder moralische Beziehung mehr besteht, die notwendig ist, um das Ziel der Ehe zu verwirklichen.[269] Es darf kein Interesse mehr an der Aufrechterhaltung der Ehe und an der Erfüllung der ehelichen Pflichten bestehen.[270]

Erforderlich ist, dass es zu einer völligen inneren Entfremdung zwischen den Ehegatten gekommen ist, die eine völlige Gleichgültigkeit hinsichtlich der Person des Partners mit sich bringt.[271] Die Ehe muss sich in einem Zustand

---

[266]   Čavdar, Komentar na zakonot za semejstvoto, S. 110 (Mazedonien).
[267]   Spirović-Trpenovska, Semejno pravo, S. 133 (Mazedonien); Muratovska-Markovska, Razvod na brak i posledicite od razvod na brakot, Semejno pravo, S. 11 (Mazedonien).
[268]   Spirović-Trpenovska, Semejno pravo, S. 132 (Mazedonien).
[269]   Vgl. Eisner, Porodično pravo, S. 93 (FVJ, VR Kroatien).
[270]   Osnoven sud vo Skopje, Urteil vom 15.05.2000 = Ordentliches Gericht Skopje, veröffentlicht in: Janevski, Primeneta (klinička) programa po gradjansko pravo, Bilten Br. 4, Nr. 6 (Urteilssammlung) (Mazedonien).
[271]   Prokop, Komentar osnovnom zakonu o braku, S. 203 (SFRJ, SR Kroatien).

befinden, in dem der mit der Ehe verfolgte Zweck nicht mehr zu verwirklichen ist.[272]

Diese subjektiven ehelichen Beziehungen müssen sich in objektiven Tatsachen manifestieren.[273] Die Ehe muss also aus der Sicht eines objektiven Betrachters ihren gesellschaftlichen wie auch individuellen Sinn verloren haben.[274] Ehezerrüttung bedeutet damit eine objektive Unhaltbarkeit der Ehe.

Für die Annahme der Ehezerrüttung ist nicht erforderlich, dass die Ehegatten getrennt leben.[275] Eine Ehezerrüttung kann auch vorliegen, wenn die Ehegatten ihre ehelichen Pflichten nicht mehr wahrnehmen, keinerlei Kontakte mehr aufrechterhalten, welche mit dem täglichen ehelichen Leben verbunden sind, keinen gemeinsamen Haushalt führen, keine geschlechtlichen Beziehungen mehr unterhalten usw. [276]

Das objektive Merkmal der Ehezerrüttung ist vorrangig zu bestimmen anhand grundlegender Verhaltensstandards, nach denen sich zwischenmenschliche Beziehungen im Allgemeinen und eheliche Beziehungen im Besonderen richten.[277] Ferner ist auch die konkrete Lebenssituation und das Umfeld der Ehegatten zu berücksichtigen.[278] Es bedarf mithin einer umfassenden Prüfung aller im Einzelfall maßgeblichen Umstände, um die Zerrüttung der ehelichen Beziehungen festzustellen. Dabei kann nicht nur auf Tatsachen Bezug genommen werden, die die Ehegatten selbst vortragen. Es sind vielmehr auch Fakten einzubeziehen, die außenstehende Personen bekunden. Berücksichtigungsfähig ist beispielsweise, dass sich die Ehegatten ständig streiten, dass sie nicht mehr zusammen ausgehen, kein gemeinsames Sozialleben mehr pflegen, nicht mehr miteinander sprechen, nicht mehr zusammen wohnen usw.[279]

---

[272] Risteski, Komentar na zakonot za brakot na SRM, S. 126 (SFRJ, SR Mazedonien); Ponjavić, Brak i razvod, S. 109 (SFRJ, SR Serbien).

[273] Ponjavić, Brak i razvod, S. 110 (SFRJ, SR Serbien).

[274] Mladenović, Porodično pravo u Jugoslaviji, S. 261 (SFRJ, SR Serbien).

[275] Čavdar, Komentar na zakonot za semejstvoto, S. 112 (Mazedonien).

[276] Mitić, Porodično pravo u SFRJ, S. 232 (SFRJ, SR Serbien); Ponjavić, Brak i razvod, S. 110 (SFRJ, SR Serbien).

[277] Čavdar, Zakon za semejstvoto, S. 49 (Mazedonien); Stojčevski, Postapka vo bračnite sporovi, Semejnoto zakonodavstvo na Republika Makedonia, S. 237 (Mazedonien).

[278] Micković, Pričini za razvod na brak vo sejmite na EU, Teil IV, S. 8 (Mazedonien).

[279] Čavdar, Komentar na zakonot za semejstvoto, S. 111 (Mazedonien).

Von einer Ehezerrüttung kann zudem nur dann die Rede sein, wenn diese dauerhaft und von intensiver Natur ist.[280] Eine nur vorübergehende Ehezerrüttung kann, auch wenn sie von schwerer Natur ist, keine Scheidung gemäß Art. 40 FamG 1992 rechtfertigen.[281] Das bedeutet für die von den Gerichten vorzunehmende Prüfung, dass neben die Diagnose, dass die Ehe zerrüttet ist, auch die Prognose hinzutreten muss, dass der Zustand der Zerrüttung der Ehe nicht überwindbar ist, also eine Wiederherstellung des gemeinsamen Ehelebens in der Zukunft unter keinen Umständen erwartet werden kann.[282]

(1)   Meinungsstreit: Gerichtliche Feststellung der Ursache für die Ehezerrüttung

Ihm Rahmen der objektiven Folge der Ehezerrüttung stellt sich in der Rechtstheorie und in der Gerichtspraxis die Frage, ob das Gericht im Einzelnen zu prüfen hat, auf welcher konkreten Ursache die Ehezerrüttung beruht, oder ob es ausschließlich die Aufgabe hat, festzustellen, dass im Ergebnis eine Ehezerrüttung vorliegt.[283]

Fraglich ist also, ob es ausreicht, dass bloß die Folge der Ehezerrüttung nachgewiesen wird, oder ob der genaue Grund, der für diese Folge ursächlich war, festgestellt werden muss.

Diese Frage war bereits bei der Auslegung der Vorschrift des Art. 53 EheGG 1946 umstritten, in der noch regelbeispielartig aufgezählt wurde, wann die ehelichen Beziehungen als derart zerrüttet gelten, dass ein weiteres gemeinsames Eheleben unzumutbar ist, nämlich bei völliger Unverträglichkeit der Charaktere, ständigem Missverstehen, unüberwindbarer

---

[280]   Vrhoven sud vo Hrvatska, Gž. 1933/78, in: Pregled sudske prakse, Nasa zakonitost 14, Br. 68, S. 22 = Oberster Gerichtshof Kroatien, Gž. 1933/78, in: Übersicht über die Gerichtspraxis, Unsere Gesetzgebung 14, Nr. 68, S.22; Eisner, Porodično pravo, S. 94 (FVJ, VR Kroatien).

[281]   Vgl. Mladenović, Razvod braka, S. 260 (SFRJ, SR Serbien).

[282]   Okruzniot sud vo Zagreb, Gž. 417/84 = Kreisgericht Zagreb, Gž. 417/84, vgl. hierzu den Nachweis bei Risteski, Komentar za zakonot za brakot na SRM, S. 127 (SFRJ, SR Mazedonien); vgl. auch: Vrhoven sud na Makedonia, Gž. 643/63, in: Zbirka na sudski odluki, Kniga I, Br. 1 = Oberster Gerichtshof der Sozialistischen Republik Mazedonien, Gž. 643/63, in: Urteilssammlung, Buch I, Nr. 1.

[283]   Vgl. Mladenović, Porodično pravo u Jugoslaviji, S. 257 (SFRJ, SR Serbien).

Feindschaft oder einem ähnlichen Grund (vgl. oben). Auch heute wird diese Frage noch unterschiedlich beantwortet.[284]

(a)   Keine Feststellung hinsichtlich der Ursachen notwendig

Nach einer Ansicht bedarf es keiner gerichtlichen Feststellung der einzelnen der Ehezerrüttung zugrunde liegenden Gründe.[285] Es reiche aus, wenn die im Gesetz vorgesehene objektive Folge der Ehezerrüttung vom Gericht festgestellt werde. Die Tatsache, dass der Gesetzgeber es unterlassen habe, die Gründe für die Ehezerrüttung im Gesetz abschließend aufzuzählen, mache deutlich, dass eine Unzahl verschiedenster Gründe als Ursache für eine Ehezerrüttung in Betracht komme. Da diese einzelnen Gründe im Gesetz nicht genannt würden, könnten diese auch nicht im Einzelnen überprüft werden.[286]

Für diese Ansicht wird zudem hervorgebracht, dass es Gründe gäbe, die tief versteckt in der menschlichen Natur begründet seien. Es handele sich dabei um Gründe, die auf den unterschiedlichen Charakteren der Ehegatten, ihrer unterschiedlichen Erziehung, ihrer unterschiedlichen sozialen Umgebung, ihrer unterschiedlichen Bildung, ihrem unterschiedlichen Alter und ähnlichem beruhten. Diese Gründe seien so sehr von subjektiven Umständen, Erfahrungen und Eigenschaften der Ehegatten geprägt, dass sie nach außen hin gar nicht erkennbar und damit einer objektiven Überprüfung überhaupt nicht zugänglich seien.[287]

Nach dieser Ansicht reicht es folglich aus, dass das Gericht das Vorliegen einer Ehezerrüttung anhand von Indizien ermittelt, indem es etwa feststellt, dass sich die Ehegatten z.B. ständig streiten, nicht mehr zusammen ausgehen, kein gemeinsames Sozialleben mehr pflegen, nicht mehr miteinander sprechen, nicht mehr zusammen wohnen usw. Nicht erforderlich ist eine Ergründung, aufgrund welcher Ursache eine solche Situation innerhalb der Ehe entstanden ist.

---

[284]   Vgl. Micković, Pričini za razvod na brak vo sejmite na EU, Teil I, S. 15 (Mazedonien).

[285]   Konstantinović, Razvod braka, Narodni pravnik, Beograd 1949, Br. 2–3, S. 61 ff. (FVJ, VR Serbien); Bakić, Porodično pravo u SFRJ, S. 192 (SFRJ, SR Serbien); Bakić, Novo bračno pravo SR Makedonije, Anali pravnog fakulteta u Beogradu 1974, Br. 4, S. 459 (SFRJ, SR Serbien); Mladenović, Razvod braka II, S. 346 (SFRJ, SR Serbien); so heute: Čavdar, Komentar na zakonot za semejstvoto, S. 110 (Mazedonien).

[286]   Bakić, Evololucija brakorazvodnog prava u Jugoslaviji, Godišnjak pravnog fakulteta u Sarajevu 1974, S. 49 (SFRJ, SR Bosnien/Herzegowina).

[287]   Vgl. Mladenović, Razvod braka, S. 253 (SFRJ, SR Serbien).

(b)   Eine Feststellung hinsichtlich der Ursachen ist notwendig

Demgegenüber vertritt die Gegenansicht den Standpunkt, dass die Gründe, die zur Ehezerrüttung geführt haben, vom Gericht genau geprüft werden müssen.[288] Die Folge der Ehezerrüttung könne nur mittelbar durch die Ursache nachgewiesen werden. Ohne die Feststellung eines konkreten Grundes sei gar kein Schluss auf die Folge der Ehezerrüttung möglich.[289]

Gerade die Tatsache, dass das Gesetz nicht alle Gründe aufzählen könne, weil die verschiedensten Situationen als Ursache in Betracht kämen, spreche dafür, dass erst in jedem Einzelfall geprüft werden müsse, ob konkrete Umstände vorliegen, die die Annahme einer Ehezerrüttung rechtfertigen.[290] In jedem konkreten Einzelfall sei eine in Betracht kommende Ursache daraufhin zu untersuchen, ob sie allein den Zustand der Ehezerrüttung herbeigeführt habe. In vielen Fällen sei nämlich nicht nur ein einzelner Grund ursächlich für die Ehezerrüttung. Oft löse erst das Zusammenspiel verschiedener Gründe die Folge der Ehezerrüttung aus. Um eine Bewertung dahingehend vornehmen zu können, dass die Ehe zerrüttet ist, müssten diese verschiedenen Ursachen zum einen im Einzelnen, zum anderen in ihrem Zusammenwirken geprüft werden. Nur nach einer solchen Prüfung könne das Gericht zu einem Ergebnis hinsichtlich der Frage gelangen, ob die Ehe zerrüttet ist oder nicht.

Die Autoren des ehemaligen Jugoslawien führten als weiteres Argument für diese Ansicht die Vorschrift des Art. 53 Abs. 2, S. 2 EheGG 1946 an, wonach der Ehegatte, den ein ausschließliches Verschulden an der Zerrüttung der ehelichen Beziehungen traf, nicht das Recht hatte, die Scheidung aufgrund des allgemeinen Scheidungsgrundes zu begehren. Um ergründen zu können, wen die Schuld an der Zerrüttung treffe, bedürfe es notwen-

---

[288]   Begović, Porodično pravo, S. 93 (FVJ, VR Serbien); Risteski, Prestanok na brakot, Godišnik na pravniot fakultet vo Skopje 1987, Br. 8 – 9, S. 181 (SFRJ, SR Mazedonien); so heute: Nikolovska, Prestanok na brak, Semejnoto zakonodavstvo na Republika Makedonia, S. 78 (Mazedonien); Muratovska-Markovska, Razvod na brakot, Pravnik, Godina VI, Br. 66, Skopje 1997, S. 12 (Mazedonien).

[289]   Zador, Neka pitanja u vezi sa cl. 56 OZB, Glasnik advokatske komore APV, Novi Sad 1956, Nr. 9, S. 1 ff. (FVJ, VR Serbien/Wojwodina); Putnik, O brakorazvodnim uzrocima iz cl. 56 i 59, Glasnik advokatske komore APV 1956, Br. 8, S. 1 ff. (FVJ, VR Serbien/Wojwodina).

[290]   Prokop, Komentar osnovnom zakonu o braku, S. 189 (SFRJ, SR Kroatien).

digerweise auch der Feststellung des konkreten Grundes für die Ehezerrüttung.[291]

Nach dieser Ansicht reicht es folglich nicht aus, dass das Gericht eine Ehezerrüttung anhand der oben beschriebenen Indizien feststellt. Erforderlich ist hiernach vielmehr die Prüfung, welche Ursache die in der Ehe bestehende Lage hervorgerufen hat.

(c) Vermittelnde Ansicht

Eine vermittelnde Ansicht betont dagegen, dass eigentlich kein wirklicher Unterschied zwischen den beiden vorgenannten Positionen existiere, da Einigkeit dahingehend bestehe, dass die im Gesetz genannte Folge der Ehezerrüttung festgestellt werden müsse. Nach dieser Ansicht liegt die Kernaussage des Art. 53 EheGG 1946 (übertragbar auf Art. 40 FamG 1992) darin, dass sich aus irgendeinem Grund die Folge der Zerrüttung der ehelichen Beziehungen und die sich daraus ergebende Unzumutbarkeit des weiteren gemeinsamen Ehelebens ergeben muss. Schwerpunkt der gerichtlichen Prüfung sei die Folge der Ehezerrüttung.[292] Da aber Grund und Folge nicht strikt voneinander getrennt werden könnten, werde der Grund immer gleichzeitig auch mit festgestellt.[293]

(2) Stellungnahme

Die aus Art. 6 FamG 1992 hervorgehende weitgehend liberale Ehekonzeption hat zur Folge, dass in Mazedonien eine Scheidung unter erleichterten Voraussetzungen möglich ist. Die Ehescheidung ist nach dieser Ehekonzeption gerechtfertigt, wenn die Ehe den Sinn und Zweck ihres Bestehens verloren hat (vgl. oben).

Die vom Gesetzgeber beabsichtigten Scheidungserleichterungen, die schon durch die Scheidungsmöglichkeiten nach Art. 39 und Art. 41 FamG 1992 zum Ausdruck kommen, könnten dafür sprechen, bei Art. 40 FamG 1992 den Gegenstand der gerichtlichen Prüfung nur in der im Gesetz genannten Folge

---

[291] Križanić, O uzrocima za razvod braka, Naša zakonitost, Zagreb 1951, Br. 1, S. 68 ff. (FVJ, VR Kroatien).

[292] Mladenović, Porodično pravo u Jugoslaviji, S. 258 (SFRJ, SR Serbien).

[293] Mladenović, Razvod braka, S. 254 (SFRJ, SR Serbien).

der Ehezerrüttung zu sehen, da auch dies eine Vereinfachung des Scheidungsverfahrens mit sich bringen würde.[294]

Ferner kann das Argument der Gegenansicht, das sich auf die Ergänzungsregel des Art. 53 Abs. 2 EheGG 1946 stützte, heute nicht mehr herangezogen werden, da eine entsprechende Vorschrift heute bei Art. 40 FamG 1992 nicht mehr existiert (siehe oben). Die Notwendigkeit der Prüfung des genauen Grundes für die Ehezerrüttung lässt sich somit nicht mehr damit begründen, dass dies erforderlich sei, um die Schuldfrage zu klären.

Der Gesetzeswortlaut des Art. 40 FamG 1992 gibt hinsichtlich der hier zu behandelnden Frage keine eindeutige Antwort. Die Tatsache, dass der heutige Gesetzgeber es unterlassen hat, im Gegensatz zur Regelung des Art. 53 EheGG 1946 in Art. 40 FamG 1992 einzelne Gründe regelbeispielartig aufzuzählen, spricht nicht eindeutig dafür, dass sich die gerichtliche Prüfung auf das Bestehen der Folge der Ehezerrüttung beschränken soll. Der Gesetzgeber hat hierdurch vielmehr nur zum Ausdruck gebracht, dass die Prüfung der objektiven Folge der Ehezerrüttung den Schwerpunkt der gerichtlichen Prüfung innerhalb des Art. 40 FamG 1992 bilden soll. Das Gesetz gibt hierdurch den Ehegatten nur die Möglichkeit, selbst die verschiedensten Gründe, die ihrer Meinung nach zur Ehezerrüttung geführt haben, vorzutragen.[295]

Es ist aber der vermittelnden Ansicht insoweit Recht zu geben, dass die Folge der Ehezerrüttung sich nicht ohne weiteres ohne eine Prüfung der Ursache feststellen lässt. Der relative Scheidungsgrund des Art. 40 FamG 1992 (früher Art. 53 EheGG 1946) unterscheidet sich zwar von den absoluten Scheidungsgründen dadurch, dass hier die Feststellung der Folge der Ehezerrüttung im Mittelpunkt steht.[296] Dies bedeutet aber nicht, dass das Gericht vollständig von der Prüfung der Gründe, die zu dieser Folge führen, absehen kann. Ursache und Folge stellen voneinander abhängige Elemente im Sinne des Kausalitätsgesetzes dar, die nicht strikt voneinander getrennt werden können.[297] Die Folge der Ehezerrüttung ist folglich gar nicht völlig isoliert feststellbar.

---

[294]   Vgl. Čavdar, Komentar na zakonot za semejstvoto, S. 110 (Mazedonien).

[295]   Vgl. Risteski, Prestanok na brakot, Godišnik na pravniot fakultet vo Skopje 1987, Br. 8 – 9, S. 181 (SFRJ, SR Mazedonien).

[296]   Vgl. Risteski, Prestanok na brakot, Godišnik na pravniot fakultet vo Skopje 1987, Br. 8 – 9, S. 179 (SFRJ, SR Mazedonien).

[297]   Vgl. Mladenović, Razvod braka, S. 254 (SFRJ, SR Serbien).

Für eine Auslegung dahingehend, dass auch die Ursachen festzustellen sind, sprechen ferner auch systematische Erwägungen. Die das vor der Scheidung durchzuführende Schlichtungsverfahren betreffende Vorschrift des Art. 242 S. 1 FamG 1992 lautet: „Beim Schlichtungsverfahren wird darauf bestanden, die Gründe zu untersuchen, die zur Einleitung des Verfahrens der Ehescheidung führten" (vgl. näheres im Rahmen des Scheidungsverfahrens). Da das Gericht in vielen Fälle das Schlichtungsverfahren selbst durchführt (vgl. Art. 237 Abs. 4 FamG 1992) und in diesen Fällen gesetzlich dazu verpflichtet ist, die zur Ehezerrüttung führenden Gründe zu untersuchen, ist anzunehmen, dass insoweit eine generelle Prüfungspflicht besteht.

Als weiteres systematisches Argument für eine Überprüfung der der Ehezerrüttung zugrunde liegenden Ursachen kann die Tatsache herangezogen werden, dass der Gesetzgeber die Möglichkeit der Scheidung aufgrund gegenseitigen Einvernehmens (Art. 51 EheG 1973 und Art 39 FamG 1992) gerade deshalb einführte, um den Ehegatten, die einverständlich eine Scheidung begehren, eine Offenlegung ihres Privatlebens und ihrer intimen Beziehungen zu ersparen (vgl. oben). Die dem Scheidungsgrund der einverständlichen Scheidung zugrunde liegende Motivation des Gesetzgebers spricht somit auch dafür, dass beim allgemeinen Scheidungsgrund der Ehezerrüttung die einzelnen Ursachen vom Gericht zu prüfen sind.

Ferner lässt auch die Abschaffung der damals im Grundgesetz über die Ehe von 1946 enthaltenen speziellen absoluten Gründe, durch welche der Gesetzgeber zu erkennen gegeben hat, dass er gerade keine Gründe mehr für einen zerrütteten Ehezustand vorgeben wollte, den Schluss zu, dass das Gericht in jedem Einzelfall prüfen muss, ob Gründe vorliegen, die eine Ehezerrüttung hervorgerufen haben.[298]

Betrachtet man zudem die zu dem allgemeinen Scheidungsgrund (früher: Art. 53 EheGG 1946, Art. 52 EheG 1973, heute: Art. 40 FamG 1992) ergangenen Gerichtsurteile, so ist zu erkennen, dass die Gerichte in der Praxis die einzelnen Ursachen feststellen.[299]

Im Ergebnis müssen daher die Gerichte, auch wenn der Schwerpunkt der gerichtlichen Prüfung in der im Gesetz genannten Folge der Ehezerrüttung zu sehen ist, die konkreten Umstände zumindest am Rande mitprüfen.

---

[298] Vgl. Bakić, Evolucija brakorazvodnog prava u Jugoslaviji, Godišnjak pravnog fakulteta u Sarajevu 1974, S. 44 (SFRJ, SR Bosnien/Herzegowina).

[299] Vgl. Mladenović, Porodično pravo u Jugoslaviji, S. 257 (SFRJ, SR Serbien).

Dies gilt zumindest uneingeschränkt für solche Ursachen, die nach außen erkennbar und damit einer objektiven Überprüfung zugänglich sind. Wird von den Parteien ein nach außen erkennbar schwerer Grund vorgetragen, so schließt das Gericht in der Praxis sogar bereits von dem Vorliegen dieses Grundes auf das Vorliegen der Folge der schweren Ehezerrüttung.[300]

Hinsichtlich solcher Gründe, die in der menschlichen Natur versteckt und damit dem Beweise nur schwer zugänglich sind, ist der Gegenansicht aber insoweit zuzustimmen, dass sich hier die Feststellung der Gerichte nur auf die Frage beschränken kann, ob sich diese Gründe in irgendeiner Form objektiv manifestieren. Die richterliche Feststellung der Ehezerrüttung muss hier im Wesentlichen auf Indizien beruhen. In diesen Fällen können die Gerichte nur umgekehrt von der festgestellten Folge der Ehezerrüttung auf das Vorliegen einer Ursache schließen.[301]

Ferner wird in der Gerichtspraxis danach unterschieden, ob beide Ehegatten der Scheidung während des Prozesses zustimmen (ohne die erhobene Klage in einen Vorschlag zur einvernehmlichen Scheidung umzuwandeln) oder ob sich ein Ehegatte der Scheidung konsequent widersetzt. Im ersteren Falle vereinfachen die Gerichte in der Praxis die Prüfung und verlassen sich auf das Urteil der Ehegatten hinsichtlich der Ehezerrüttung, ohne eine ausführliche Nachforschung hinsichtlich der einzelnen Ursachen vorzunehmen. Im zweiten Falle ist dagegen eine detaillierte Prüfung der Ursachen notwendig, da hier beide Ehegatten eine unterschiedliche Sicht hinsichtlich ihres Ehezustandes haben.[302]

bbb.   Das subjektive Merkmal: Unzumutbarkeit des gemeinsamen Ehelebens

Weiterhin setzt Art. 40 FamG 1992 mit der Unzumutbarkeit des gemeinsamen Ehelebens eine subjektive Folge voraus. Die Unzumutbarkeit des gemeinsamen Ehelebens stellt eine Empfindung dar, die sich langsam zwischen den Ehegatten entwickelt und die als Reaktion auf das Verhalten des anderen Ehegatten hin entsteht. Zunächst entsteht ein Gefühl des Unbehagens, das zunehmend an Intensität gewinnt, zur Unzufriedenheit führt und schließlich ein Gefühl von Hass entstehen lässt. Die Intensität dieses

---

[300]   Vgl. Janković, Komentar zakona o braku, S. 71 (SFRJ, SR Serbien).
[301]   Vgl. Mladenović, Porodično pravo u Jugoslaviji, S. 258 (SFRJ, SR Serbien).
[302]   Vgl, Janković, Komentar zakona o braku, S. 71 (SFRJ, SR Serbien).

Gefühls muss am Ende so schwer sein, dass ein Ehegatte keine weiteren sexuellen, psychischen oder sonstigen Beziehungen zu seinem Ehegatten aufrecht erhalten kann.[303]

Es handelt sich hierbei um einen Umstand, der von der subjektiven Wertung der Ehegatten hinsichtlich des Zustandes ihrer Ehe abhängt.[304] Ausreichend ist dabei, dass allein ein Ehegatte das weitere Zusammenleben für unzumutbar hält.[305]

Das Vorliegen der subjektiven Folge wird maßgeblich von den Beziehungen zwischen den Ehegatten, von ihren Charakteren und von ihren Einstellungen zur Ehe und zu den Ehebeziehungen beeinflusst.[306]

Aufgrund dieser Einzelfallprägung, die Art. 40 FamG 1992 durch diese Subjektivierung erfährt, hat der Gesetzgeber davon abgesehen, einzelne Konstellationen aufzuzählen. Jedem Ehegatten steht folglich das Recht zu, die Scheidung zu begehren, wenn aus seiner persönlichen Sicht feststeht, dass die ehelichen Beziehungen derart zerrüttet sind, dass die Fortführung der ehelichen Gemeinschaft nicht mehr seinen individuellen Erwartungen und Zielen entsprechen kann.[307] Jeder Ehegatte beschließt somit für sich selbst, ob die faktische Situation in der Ehe die Grenze der Unzumutbarkeit überschritten hat.

Eine Vermutungsregel, wie sie noch in Art. 53 Abs. 2 EheGG 1946 vorzufinden war, wonach das gemeinsame Eheleben insbesondere dann als unzumutbar anzusehen ist, wenn beide Ehegatten unter Berufung auf berechtigte Gründe übereinstimmend die Ehescheidung beantragen, besteht nicht mehr. Dies erklärt sich aus dem Umstand, dass in dem Falle, in dem beide Ehegatten die Scheidung begehren, nach dem heutigen Gesetz eine Scheidung gemäß Art. 39 FamG 1992 möglich ist, ohne dass Feststellungen hinsichtlich einer Ehezerrüttung getroffen werden.

---

[303] Prokop, Komentar osnovnom zakonu o braku, S. 203 (SFRJ, SR Kroatien).

[304] Spirović-Trpenovska, Semejno pravo, S. 133 (Mazedonien); Stojčevski, Postapka vo bračnite sporovi, Semejnoto zakonodavstvo na Republika Makedonia, S. 237 (Mazedonien).

[305] Vrhoven sud NR Hrvatska, Gž. 883/ 52 = Oberster Gerichtshof der Volksrepublik Kroatien; Vrhoven sud NR Srbija, Gž. 688/52 = Oberster Gerichtshof der Volksrepublik Serbien, vgl. hierzu die Nachweise bei Mladenović, Razvod braka II, S. 350 (SFRJ, SR Serbien).

[306] Micković, Pričini za razvod na brak vo sejmite na EU, Teil I, S. 8 (Mazedonien).

[307] Spirović - Trpenovska, Semejno pravo, S. 133 (Mazedonien).

Hinsichtlich der Frage der Prüfungskompetenz der Gerichte ist fraglich, welche Bedeutung dem Umstand der Unzumutbarkeit des gemeinsamen Ehelebens zukommt.[308]

(1)   Meinungsstreit

Schon in der jugoslawischen Lehre bestanden verschiedene Auffassungen hinsichtlich des Verhältnisses zwischen der objektiven Folge der Ehezerrüttung und der subjektiven Folge der Unzumutbarkeit des gemeinsamen Ehelebens. Da der mazedonische Gesetzgeber auch im Familiengesetz von 1992 die subjektive Folge der Unzumutbarkeit nennt, ist das Verhältnis der beiden Folgen auch heute noch problematisch.[309]

(a)   Beide Folgen haben eine eigenständige Bedeutung

Nach einer Meinung im Schrifttum haben beide Folgen eine eigenständige Bedeutung und stehen gleichwertig nebeneinander.[310] Lägen nicht beide Folgen kumulativ vor, so könne die Scheidung vom Gericht nicht ausgesprochen werden. Es sei nicht ausreichend, wenn einer der Ehegatten subjektiv ein weiteres gemeinsames Eheleben für unzumutbar halte. Hinzukommen müsse das tatsächliche Vorliegen einer schweren Zerrüttung der ehelichen Beziehungen. Umgekehrt reiche es für eine Scheidung nicht aus, wenn die Ehe objektiv zerrüttet sei, keiner der Ehegatten aber das gemeinsame Eheleben für unzumutbar halte, weil die Gesellschaft nicht das Recht habe, eine solche Ehe gegen den Willen der Ehegatten zu scheiden.

---

[308]   Vgl. Micković, Pričini za razvod na brak vo sejmite na EU, Teil I, S. 16 (Mazedonien).

[309]   Vgl. Micković, Pričini za razvod na brak vo sejmite na EU, Teil I, S. 16 (Mazedonien).

[310]   Konstantinović, Razvod braka, Narodni pravnik, Beograd 1949, Br. 2 – 3, S. 64 (FVJ, VR Serbien); Begović, Porodično pravo, S. 93 f. (FVJ, VR Serbien); Eisner, Prorodično pravo, S. 93 (FVJ, VR Kroatien); Prokop, Komentar osnovnom zakona o braku, S. 203 f. (SFRJ, SR Kroatien); Bakić, Porodično pravo u SFRJ, S. 193 (SFRJ, SR Serbien); Hadživasilev, Semejno pravo, S. 191 (SFRJ, SR Mazedonien); so heute: Nikolovska, Prestanok na brak, Semejnoto zakonodavstvo na Republika Makedonia, S. 78 (Mazedonien).

Diese Ansicht hat zur Folge, dass die Gerichte detailliert und unabhängig voneinander sowohl das Bestehen der objektiven als auch der subjektiven Folge feststellen müssen.[311]

(b)   Die subjektive Folge als qualifizierte Form der objektiven Folge

Nach anderer Ansicht stellt die subjektive Folge nur eine qualifizierte Form der objektiven Folge dar.[312] Die subjektive Folge der Unzumutbarkeit des gemeinsamen Ehelebens beschreibe nur einen bestimmten Grad der Zerrüttung.

Dies sei der gesetzlichen Formulierung zu entnehmen: „wenn die ehelichen Beziehungen in einem solchen Maße zerrüttet sind, dass ein gemeinsames Eheleben unzumutbar ist." Es bestehe eigentlich insgesamt nur eine Folge, die als qualifizierte objektive Ehezerrüttung zu bezeichnen sei.[313] Es könne nicht die qualifizierte objektive Folge der Ehezerrüttung vorliegen, ohne dass gleichzeitig die subjektive Folge der Unzumutbarkeit des gemeinsamen Ehelebens bestehe. Umgekehrt wäre bei Vorliegen der subjektiven Folge der Unzumutbarkeit des gemeinsamen Ehelebens immer auch die objektive Folge der Ehezerrüttung in ihrer qualifizierten Form gegeben. Nach dieser Auffassung kann das Vorliegen der objektiven Folge vorausgesetzt werden, wenn das Vorliegen der subjektiven Folge auch nur bei einem der Ehegatten unzweifelhaft bewiesen wird.

Das Resultat dieser Ansicht stellt jedoch nicht eine, eigentlich von den Vertretern dieser Meinung beabsichtigte Beweiserleichterung für die Gerichte dar. Hiernach soll es zwar ausreichen, dass insgesamt nur das Bestehen einer qualifizierten Folge, nämlich die qualifizierte objektive Ehezerrüttung, geprüft werden muss. Da aber gerade die subjektive Folge die Tatsache darstellt, die die objektive Folge zu einer qualifizierten objektiven Folge macht, weil von ihr der Grad der Ehezerrüttung abhängt, kann auf ihre Prüfung gerade nicht verzichtet werden. In der Prüfung der subjektiven Folge liegt aber gerade die Schwierigkeit, weil die subjektiven Einstellungen der

---

[311]   Hadživasilev, Semejno pravo, S. 191 (SFRJ, SR Mazedonien).
[312]   Križanić, O uzrocima za razvod braka, Naša zakonitost, Zagreb 1951, Br. 1, S. 67 (FVJ, VR Kroatien); Zador, Neka pitanja u vezi sa cl. 56 OZB, Glasnik advokatske komore APV, Novi Sad 1956, Nr. 9, S. 7 ff. (FVJ, VR Serbien/ Wojwodina); Putnik, O brakorazvodnim uzrocima iz cl. 56 i 59, Glasnik advokatske komore APV 1956, Br. 8, S. 3 f. (FVJ, VR Serbien/Wojwodina).
[313]   Vgl. Mladenović, Razvod braka, S. 259 (SFRJ, SR Serbien).

Ehegatten hinsichtlich des Zustandes ihrer Ehe sehr schwer zu bestimmen sind und daher vom Gericht nur schwer festgestellt werden können.

Die beiden erstgenannten Meinungen unterscheiden sich daher im Ergebnis nicht. Nach diesen beiden Meinungen muss somit sowohl das Vorliegen der objektiven als auch der subjektiven Folge vom Gericht festgestellt werden.

(c)   Keine Feststellung des Gerichts hinsichtlich der subjektiven Folge erforderlich

Eine dritte Ansicht möchte dieser Schwierigkeit entgehen. Nach dieser Ansicht muss das Vorliegen der subjektiven Folge der Unzumutbarkeit des gemeinsamen Ehelebens vom Gericht überhaupt nicht festgestellt werden. Die Aufnahme der subjektive Folge der Unzumutbarkeit in Art. 40 FamG 1992 sei vollkommen verfehlt, da mit ihr unsichere Elemente in die Wertung hinsichtlich der Möglichkeit der Scheidung einflößen.[314]

Das Vorliegen der subjektiven Folge sei von den Empfindungen eines oder beider Ehegatten hinsichtlich des Zustandes der Ehe abhängig. Diese subjektiven Empfindungen hingen von den verschiedensten Faktoren ab, in erster Linie von dem gewöhnlichen Zustand der Ehebeziehungen, vom Grad der Bildung, von der Persönlichkeit der Ehegatten sowie von wirtschaftlichen Faktoren. Zumeist seien aber tiefe Einblicke in das eheliche Leben, in die Intimsphäre der Ehegatten und in deren Psyche gar nicht möglich.

Außerdem stelle sich die Frage, welches Kriterium bei einer Bewertung des Ehezustandes Vorrang haben solle. Zwischen den einzelnen Ehen bestünden nämlich immense Unterschiede. So stellten in einigen Ehen ständige Streitigkeiten einen Normalzustand dar, während in anderen Ehen solche Streitigkeiten Ausdruck einer ernsten Zerrüttung der Ehe seien.[315] Die Tatsache, dass in vielen Fällen schon zwischen den Ehegatten unterschiedliche Auffassungen darüber bestünden, ob das weitere Zusammenleben unzumutbar ist, zeige deutlich, dass in diesem Zusammenhang keine objektive Bewertung des Ehezustandes durch das Gericht möglich sei. Dieses könne gerade überhaupt nicht in die subjektiven Motive der Ehegatten Einblick nehmen.[316]

---

[314]   Mladenović, Razvod braka, S. 260 (SFRJ, SR Serbien); Traljić, Tardicionalno i novo u brakorazvodum pravu, Godišnjak pravnog fakulteta u Sarajevu 1977, S. 181 (SFRJ, SR Bosnien/ Herzegowina).

[315]   Micković, Pričini za razvod na brak vo sejmite na EU, Teil I, S. 17 (Mazedonien).

[316]   Micković, Pričini za razvod na brak vo sejmite na EU, Teil I, S. 17 (Mazedonien).

Begehre bei einem Scheidungsantrag nach Art. 40 FamG 1992 (53 EheGG 1946) ein Ehegatte die Scheidung, widersetze sich aber der andere Ehegatte, so komme deutlich zum Ausdruck, dass eine unterschiedliche Wertung betreffend die Unzumutbarkeit des gemeinsamen Lebens bestehe. Bei dem Ehegatten, der die Scheidung beantrage, könne unterstellt werden, dass für ihn die Ehegemeinschaft unzumutbar geworden ist. Demgegenüber werde für den sich der Scheidung widersetzenden Ehegatten die Ehegemeinschaft gerade nicht unzumutbar geworden sein.

Das Gericht könne sich bei der Bewertung der Frage der Unzumutbarkeit des gemeinsamen Ehelebens nur auf das objektive Merkmal der Ehezerrüttung stützen. Weise das Gericht den Antrag auf Scheidung ab, so könne es seine Entscheidung nicht mit der fehlenden Unzumutbarkeit des gemeinsamen Ehelebens, sondern nur damit begründen, dass keine objektive schwere Zerrüttung vorliege. Gebe das Gericht dagegen dem Antrag auf Scheidung statt, obwohl der Beklagte behauptet, das gemeinsame Eheleben sei für ihn nicht unzumutbar, so begründe das Gericht seine Entscheidung nicht mit dem Vorliegen der Unzumutbarkeit des gemeinsamen Ehelebens, sondern damit, dass objektiv eine schwere Ehezerrüttung vorliege. Sei das Gericht zur Feststellung der subjektiven Folge verpflichtet, so müsste es den Scheidungs-antrag immer abweisen, wenn sich der Beklagte diesem widersetze.[317]

Dies alles deute auf die Überflüssigkeit der im Gesetz genannten subjektiven Folge hin. Die Vertreter dieser Ansicht fordern daher, dass der Gesetzestext in Zukunft auf das subjektive Kriterium verzichten soll. Die Ehe solle vielmehr dann geschieden werden können, wenn die ehelichen Beziehungen in einem solchen Maß zerrüttet sind, dass eine Scheidung aus gesell-schaftlicher Sicht gerechtfertigt ist.[318]

Nach dieser Ansicht reicht es folglich aus, dass das Gericht das Bestehen des objektiven Merkmals der Ehezerrüttung feststellt.

(2)   Stellungnahme

Das Argument der letztgenannten Ansicht, dass eine Feststellung der subjektiven Folge nicht erforderlich sei, weil das Vorliegen der subjektiven

---

[317]   Mladenović, Razvod braka, S. 261 (SFRJ, SR Serbien).
[318]   Mladenović, Razvod braka, S. 262 (SFRJ, SR Serbien).

Folge ausschließlich von den persönlichen Einstellungen der Ehegatten abhänge, kann nicht überzeugen.

Es wird zwar oft für die Gerichte unmöglich sein, Einblicke in die versteckten Motive, die Intimsphäre und die Psyche der Ehegatten zu nehmen. Dies kann jedoch kein Argument dafür sein, auf eine Prüfung der subjektiven Folge vollkommen zu verzichten.

In der Gerichtspraxis muss sich die Prüfung subjektiver Tatbestandsmerkmale immer auf die Prüfung von Indizien beschränken. So stellt beispielsweise der im Strafrecht zu prüfende Vorsatz des Täters ebenfalls einen subjektiven Umstand dar, der nur anhand von Indizien bewiesen werden kann.

Für die beiden erstgenannten Ansichten, nach denen das Gericht das Bestehen der subjektiven Folge eigenständig neben dem Bestehen der objektiven Folge feststellen muss, sprechen die besseren Gründe.

Zunächst kann als Argument der eindeutige Wortlaut des Art. 40 FamG 1992 herangezogen werden. Hätte der Gesetzgeber eine Prüfung der subjektiven Folge für nicht notwendig erachtet, so hätte er inzwischen eine andere Formulierung gewählt und die subjektive Folge nicht wieder im Gesetz genannt.

Außerdem muss die Vorschrift des Art. 40 FamG 1992 im systematischen Zusammenhang mit der Vorschrift des Art. 41 FamG 1992 gesehen werden. Nach Art. 41 FamG 1992 ist eine Scheidung möglich, wenn die Ehegemeinschaft länger als ein Jahr faktisch beendet ist. Das Gericht muss in diesem Fall nicht feststellen, ob eine Ehezerrüttung vorliegt und das gemeinsame Eheleben unzumutbar geworden ist. Die Regelung des Art. 41 FamG 1992 zeigt, dass der Gesetzgeber erst nach einem einjährigen Getrenntleben das Bestehen einer Ehezerrüttung vermutet.

Die Tatsache, dass eine Scheidung gemäß Art. 40 FamG 1992 im Gegensatz zu Art. 41 FamG 1992 aber unmittelbar nach der Eheschließung möglich ist, lässt darauf schließen, dass der Gesetzgeber im Rahmen des Art. 40 FamG 1992 eine gesteigerte Form der Ehezerrüttung fordert, deren Bestand es rechtfertigt, die Ehe schon vor Ablauf der einjährigen faktischen Unterbrechung der Ehegemeinschaft zu scheiden.

Bei der Unzumutbarkeit des gemeinsamen Ehelebens handelt es sich aber gerade um den Umstand, der diese die Scheidung rechtfertigende gesteigerte Form der Ehezerrüttung ausmacht.

Das genannte Ergebnis lässt sich ferner auch durch teleologische Gesichtspunkte untermauern. Die Feststellung der Unzumutbarkeit des gemeinsamen Ehelebens vor der einjährigen faktischen Beendigung der Ehegemeinschaft hat nämlich auch den Sinn, einem möglichen Rechtsmissbrauch entgegenzuwirken. Zu einem solchen könnte es nämlich dadurch kommen, dass ein Ehegatte durch sein Verhalten die Ehe einseitig zerstört und daraus sogleich, indem er auf den von ihm selbst geschaffenen Zerrüttungstatbestand einen Scheidungsantrag stützt, für sich günstigere Rechtsfolgen abzuleiten versucht.

Daneben ist zu beachten, dass die Feststellung der Unzumutbarkeit des gemeinsamen Ehelebens auch den Sinn hat, voreiligen Scheidungsentschlüssen entgegenzuwirken.

Ferner spricht auch das vor der Scheidung durchzuführende Schlichtungsverfahren (vgl. Art. 237 ff. FamG 1992) für eine notwendige Feststellung der subjektiven Folge. Sinn des Schlichtungsverfahrens, das vom Gericht oder dem Zentrum für Sozialarbeit durchgeführt wird, ist, dass geprüft wird, ob sich der Zustand der Ehe nicht wieder bessern kann. Im Schlichtungsverfahren wird also gerade geprüft, ob die Aussicht besteht, dass es zu einer Schlichtung zwischen den Ehegatten kommt oder ob ein gemeinsames Eheleben aufgrund des zerrütteten Zustandes der Ehe völlig unzumutbar und damit auch eine Schlichtung zwischen den Ehegatten völlig aussichtslos ist.[319]

Betrachtet man die Gerichtsurteile, so ist zu erkennen, dass die Gerichte das Bestehen der subjektive Folge des Art. 40 FamG 1992 anhand von objektiven Indizien überprüfen. Erforderlich ist, dass sich die subjektive Folge der Unzumutbarkeit in objektiven Tatsachen manifestiert, so dass sie nach außen erkennbar ist und vom Gericht festgestellt werden kann.[320] Die subjektive Folge der Unzumutbarkeit wird danach vom Gericht bejaht, wenn sie aus der Sicht eines objektiven Dritten zu bejahen ist (Verobjektivierter Maßstab).[321]

Auch hier wird in der Gerichtspraxis ebenso wie im Rahmen der Prüfung der objektiven Folge danach unterschieden, ob beide Ehegatten während des Scheidungsprozesses der Scheidung zustimmen oder ob sich ein Ehegatte der Scheidung bis zum Ende hin konsequent widersetzt. Sind beide Ehegatten

---

[319]   Čavdar, Komentar na zakonot za semejstvoto, S. 111 (Mazedonien).
[320]   Bakić, Porodično pravo u SFRJ, S. 193 (SFRJ, SR Serbien).
[321]   Vgl. Mladenović, Porodično pravo u Jugoslaviji, S. 259 (SFRJ, SR Serbien).

mit der Scheidung einverstanden, so verlässt sich das Gericht hinsichtlich des Kriteriums der Unzumutbarkeit des gemeinsamen Ehelebens auf das Urteil der Ehegatten und unterlässt eine ins Detail gehende Prüfung der intimen Beziehungen zwischen den Ehegatten. In diesem Fall beruht das Scheidungsurteil faktisch auf der subjektiven Wertung der beiden Ehegatten hinsichtlich der Unzumutbarkeit.[322]

Problematischer ist dagegen der Fall, wenn sich ein Ehegatte der Scheidung widersetzt. Da hier die Ehegatten den Zustand ihrer Ehe unterschiedlich erleben, müssen die Gerichte Indizien feststellen, die einen Schluss auf das Vorliegen der Unzumutbarkeit des gemeinsamen Ehelebens zulassen.[323]

ccc. Die Ursachen bzw. Indizien für die Folgen der Ehezerrüttung und der Unzumutbarkeit des gemeinsamen Ehelebens

Die Gründe, die die Folge der Ehezerrüttung und der Unzumutbarkeit des gemeinsamen Ehelebens nach sich ziehen können, sind einer abschließenden Aufzählung nicht zugänglich, weil sie sich aus den unterschiedlichsten subjektiven oder objektiven Umständen ergeben können (vgl. oben).[324]

Das Gesetz nimmt deshalb im Vorhinein keine Bewertung gewisser Tatsachen und Lebenslagen vor, indem es einzelne Ursachen aufzählt. Es überlässt es vielmehr dem Gericht, von Fall zu Fall zu entscheiden, ob die Voraussetzungen des Art. 40 FamG 1992 vorliegen, so dass es nach seinem Ermessen ein Ehescheidungsurteil auf Grund der ermittelten Tatsachen erlassen kann.[325]

Aufgrund der Strukturgleichheit des Art. 40 FamG 1992 mit seinen Vorgängervorschriften (Art. 53 EheGG 1946, Art. 52 EheG 1973) wird hinsichtlich der Auslegung des Art. 40 FamG 1992 in der mazedonischen Literatur auf Richtlinien aus der Gerichtspraxis des ehemaligen Jugoslawien verwiesen, die der leichteren Anwendung der Norm dienen sollen.[326]

---

[322] Janković, Komentar zakona o braku, S. 71 (SFRJ, SR Serbien).
[323] Janković, Komentar zakona o braku, S. 71 (SFRJ, SR Serbien).
[324] Risteski, Komentar na zakonot na brakot na SRM, S. 126 f. (SFRJ, SR Mazedonien); Djurović, Porodično pravo, S. 121 (SRFJ, SR Serbien).
[325] Risteski, Prestanok na brakot, Godišnik na pravniot fakultet vo Skopje 1987, Br. 8 – 9, S. 181 (SFRJ, SR Mazedonien).
[326] Čavdar, Komentar na zakonot za semejstvoto, S. 111 (Mazedonien).

Die vor der Zeit des Erlasses des Familiengesetzes von 1992 ergangenen Gerichtsurteile sind folglich für die Auslegung und Anwendung des Art. 40 FamG 1992 noch maßgeblich, soweit sich nicht aus den einzelnen Änderungen des heutigen Gesetzestextes etwas anderes ergibt.[327]

In der Lehre und Rechtsprechung sind über die Jahre hinweg bestimmte Kategorien von typischen Gründen entwickelt worden, welche eine Ehezerrüttung indizieren.[328]

(1)   Die damals in Art. 53 EheG 1946 regelbeispielartig aufgezählten Gründe

Der mazedonische Gesetzgeber hat davon abgesehen, in Art. 40 FamG 1992 die noch in Art. 53 EheGG 1946 regelbeispielartig aufgezählten Gründe für die Ehezerrüttung: „Unverträglichkeit der Charaktere, ständiges Missverstehen und unüberwindbare Feindschaft" zu nennen.

Bei diesen Gründen handelte es sich aber um Umstände, deren Bestehen typischerweise den Zustand einer schweren Ehezerrüttung hervorrief.[329] Es waren die in der Rechtsprechung am häufigsten vorkommenden Beispiele.[330]

Auch wenn diese Gründe heute nicht mehr explizit im Gesetz genannt werden, so stellen sie nach der Gerichtspraxis doch immer noch Gründe dar, die typischerweise eine Ehezerrüttung als Folge nach sich ziehen.

(a)   Unverträglichkeit der Charaktere

Die Unverträglichkeit der Charaktere kann als ein dauernder Zustand der Nichtübereinstimmung von Gedanken, Ideen und Handlungen der Ehegatten definiert werden.[331] Das Merkmal ist dadurch geprägt, dass die Ehegatten erheblich unterschiedliche Charaktereigenschaften, Interessen und Lebenseinstellungen haben.

---

[327]   Vgl. Taseva/Koštanov, Zakon za semejstvoto, S. 1 (Mazedonien).
[328]   Vgl. Mladenović, Razvod braka II, S. 349 (SFRJ, SR Serbien) .
[329]   Traljić, Tardicionalno i novo u brakorazvodum pravu, Godišnjak pravnog fakulteta u Sarajevu 1977, S. 180 (SFRJ, SR Bosnien/ Herzegowina); Janković, Komentar zakona o braku, S. 71 (SFRJ, SR Serbien); Mladenović, Razvod braka II, S. 348 (SFRJ, SR Serbien).
[330]   Jankovič, Komentar zakona o braku, S. 71 (SFRJ, SR Serbien).
[331]   Mladenović, Razvod braka II, S. 352 (SFRJ, SR Serbien).

Auch heute noch kann die Hauptursache für eine Ehezerrüttung in der Unvereinbarkeit der Charaktere liegen, die Resultat unterschiedlicher ethischer, moralischer, kultureller, religiöser, nationaler und anderer Auffassungen ist, wenn die Charaktere so unterschiedlich sind, dass ein gemeinsames Eheleben unzumutbar ist.

Bei Betrachtung neuerer Gerichtsurteile fällt auf, dass die Feststellung der Ehezerrüttung oft mit der Unverträglichkeit der Charaktere begründet wird.[332]

Insbesondere eine unterschiedliche Religionszugehörigkeit, mit der völlig verschiedene Lebensweisen einhergehen, wird als ausreichender Grund angesehen.[333] Allein die Tatsache, dass ein Ehegatte seine Religion nach der Eheschließung ändert, bedeutet jedoch nicht, dass zwingend eine Ehezerrüttung vorliegt, weil in Mazedonien die Glaubensfreiheit verfassungsrechtlich garantiert ist. Hier müssen weitere Umstände hinzutreten, um zur Annahme einer Ehezerrüttung zu gelangen.[334] Auch eine völlig unterschiedliche Erziehung kann zu solch widerstreitenden Charaktereigenschaften führen, die ein gemeinsames Eheleben unzumutbar machen.[335] Als Charaktereigenschaften, deren Vorliegen eine Ehezerrüttung mit sich bringen kann, kommen nach der Gerichtspraxis insbesondere solche wie Egoismus, Kleinlichkeit, Introvertiertheit, Ungeduld, Jähzorn usw. in Betracht.[336] Auch ein erheblicher Altersunterschied und die daraus folgenden unterschiedlichen Lebenseinstellungen werden als Ursache für eine Ehezerrüttung angesehen.[337]

---

[332] So z.B.: Osnovniot sud vo Skopje, III P. Br. 1801/02 = Ordentliches Gericht Skopje, III P. Nr. 1801/02 (unveröffentlicht).

[333] Vrhoven sud NR Srbija, Gž. 932/52 = Oberster Gerichtshof der Volksrepublik Serbien, Gž. 932/52, vgl. hierzu den Nachweis bei Mladenović, Razvod braka II, S. 350 (SFRJ, SR Serbien) und Vrhoven sud Hrvatska, Gž. 1362/76 = Oberster Gerichtshof der Sozialistischen Republik Kroatien, vgl. hierzu den Nachweis bei Jankovič, Komentar zakona o braku, S. 76 (SFRJ, SR Serbien).

[334] Vgl. auch: Vrhoven sud Srbija, Gž. 902/65 = Oberster Gerichtshof der Sozialistischen Republik Serbien, Gž. 902/65, vgl. hierzu den Nachweis bei Jankovič, Komentar zakona u braku, S. 76 (SFRJ, SR Serbien).

[335] Vgl. Gerichtsurteilsbeispiel in: Taseva/Koštanov, Zakon za semejstvoto, S. 100 (Mazedonien).

[336] Vrhoven sud Bosna i Herzegovina, Žv. 276/47 = Oberster Gerichtshof Bosnien/Herzegowina, Žv. 276/47, vgl. hierzu den Nachweis bei Mladenović, Razvod braka II, S. 351 (SFRJ, SR Serbien).

[337] Vgl. Bakić, Porodično pravo u SFRJ, S. 193 (SFRJ, SR Serbien); Vrhoven sud NR Srbija, Gž. 914/49, in: Zbirka sudskih odluka, 1945 - 1992, Nr. 190 = Oberster

(b)   Ständiges Missverstehen

Besteht ein ständiges Missverstehen bezüglich relevanter Fragen der Lebensplanung zwischen den Ehegatten, so kann dies nach ständiger Gerichtspraxis eine Ursache für die Ehezerrüttung darstellen.[338] Dies gilt insbesondere, wenn es sich um Angelegenheiten handelt, über die die Ehegatten nach den familienrechtlichen Vorschriften einvernehmlich entscheiden sollen.[339]

Nach dem Familiengesetz von 1992 entscheiden die Ehegatten einvernehmlich über den gemeinsamen Wohnort (Art. 32 Abs. 2, 1. Alt. FamG 1992). Können sich die Ehegatten also dauerhaft nicht über den Ort ihrer gemeinsamen Wohnung einigen und führt dies zu Konflikten innerhalb der Ehe, so kann dies einen Scheidungsgrund darstellen.[340]

In der mazedonischen Gesellschaft besteht aufgrund finanzieller Gründe oft das Problem, dass sich ein Ehegatte nicht von seinen Eltern trennen und mit ihnen auch nach der Eheschließung gegen den Willen seines Ehegatten weiterhin zusammen wohnen möchte. Viele Gerichtsurteile sehen daher als Ursache für eine Ehezerrüttung den Umstand an, dass sich die Ehegatten hinsichtlich der Frage des Zusammenlebens mit den Eltern eines Ehegatten nicht einigen können.[341]

Gemäß Art 32. Abs. 2, 2. Alt. FamG 1992 entscheiden die Ehegatten ferner einvernehmlich über die gemeinsame Haushaltsführung. Es kann daher ebenso ein Scheidungsgrund vorliegen, wenn dauerhaft keine Einigung bezüglich der Führung des gemeinsamen Haushaltes erzielt wird.

Gerichtshof der Volksrepublik Serbien, Gž. 914/49, in: Urteilssammlung, 1945 – 1992, Nr. 190.

[338]   Vgl. Ponjavić, Brak i razvod, S. 109 (SFRJ, SR Serbien); vgl. insoweit auch das Urteil des OLG Hamm, Urteil v. 20.02.1985 – 5 UF 457/81, in: IPRspr 1985, Nr. 72, das zur kroatischen Regelung ergangen ist, die insoweit mit der mazedonischen Regelung vergleichbar ist.

[339]   Vgl. Prokop, Komentar osnovom zakonu o braku, S. 191 (SFRJ, SR Kroatien).

[340]   Vrhoven sud na Makedonia, Gž. 663/77, in: Zbirka na sudski odluki, Kniga II, Br. 1 = Oberster Gerichtshof der Sozialistischen Republik Mazedonien, Gž. 663/77, in: Urteilssammlung, Buch II, Nr. 1.

[341]   Vgl z.B.: Vrhoven sud na Makedonia, Gž. 663/77 in: Zbirka na sudski odluki, Kniga II, Br. 1 = Oberster Gerichtshof der Sozialistischen Republik Mazedonien, Gž. 663/77 in: Urteilssammlung, Buch II, Nr. 1 und Vrhoven sud Hrvatska, Gž. 2872/75 = Oberster Gerichtshof der Sozialistischen Republik Kroatien, Gž. 2872/75, vgl. hierzu den Nachweis bei Janković, Komentar zakona o braku, S. 75 (SFRJ, SR Serbien).

Gleiches gilt, wenn bezüglich der Obhut, der Erziehung, der Bildung und des Unterhalts der Kinder (vgl. Art. 8, 44, 46, 76, 179 FamG 1992) oder bezüglich der Verwaltung des gemeinsamen Vermögens dauerhaft keine Einigung erzielt werden kann (vgl. Art. 207 FamG 1992).[342]

Aber auch hinsichtlich anderer Angelegenheiten, über die die Ehegatten nach dem Familiengesetz von 1992 nicht zwingend einvernehmlich entscheiden, kann ein dauerhaftes Missverstehen einen Scheidungsgrund darstellen. So ist gemäß Art. 32 Abs. 1 FamG 1992 jeder Ehepartner in der Wahl seines Berufes und seiner Beschäftigung unabhängig. Es kann aber kein harmonischer Zustand in der Ehe bestehen, wenn ein Ehegatte dauerhaft einen Beruf oder eine Beschäftigung gegen den Willen des anderen Ehegatten ausführt. Führt daher die Berufswahl zu schweren Konflikten, so kommt dies als Ursache für eine Ehezerrüttung in Betracht.[343]

In vielen Gerichtsurteilen wird eine Ehezerrüttung auch nur allgemein auf die Tatsache gestützt, dass es immer wieder zu erheblichen Streitereien zwischen den Ehegatten kommt.[344]

(c)   Unüberwindbare Feindschaft

Die unüberwindbare Feindschaft stellt das vollkommene Gegenteil der gegenseitigen Liebe, Zuneigung oder Freundschaft dar, die Grundvoraussetzungen für das Bestehen einer Ehe sind. Eine unüberwindbare Feindschaft liegt vor, wenn zwischen den Ehegatten tiefste feindliche Gefühle bestehen, also ein andauernder Hass, der auf den verschiedensten Gründen beruhen kann. Ist diese feindselige Grundhaltung nicht mehr zu überwinden, so sind die ehelichen Beziehungen derart zerrüttet, dass ein weiteres gemeinsames Eheleben unzumutbar ist.

---

[342]   Vrhoven sud vo Makedonia, Rev. 480/84 in: Sudskoj praksi 12/84 = Oberster Gerichtshof der Sozialistischen Republik Mazedonien, Rev. 480/84 in: Gerichtspraxis 12/84, vgl. hierzu den Nachweis bei Ponjavić, Brak i razvod, S. 109 (SFRJ, SR Serbien).

[343]   Vgl. Prokop, Komentar osnovnom zakonu o braku, S. 191 (SFRJ, SR Kroatien).

[344]   Vgl. z.B: Vrhoven sud na Bosna i Herzegovina, Gž. 659/55, in: Zbirka sudskih odluka, Kniga I, Sveska 1, Nr. 80 = Oberster Gerichtshof Bosnien/Herzegowina, Gž. 659/55, in: Urteilssammlung, Buch I, Kapitel 1, Nr. 80.

(2) Die im Grundgesetz über die Ehe von 1946 enthaltenen speziellen absoluten Scheidungsgründe

Der mazedonische Gesetzgeber hat ebenfalls davon abgesehen, die speziellen Scheidungsgründe, die im Grundgesetz über die Ehe von 1946 vorzufinden waren, aufzuzählen, weil in jedem konkreten Einzelfall ein anderer Grund für eine Ehezerrüttung ursächlich sein kann und es den Ehegatten überlassen bleiben soll, zu beurteilen, welcher Grund den Zustand der Ehezerrüttung herbeigeführt hat.[345] Es ist aber zu bedenken, dass es sich bei diesen speziellen Scheidungsgründen um absolute Scheidungsgründe handelte. Das Vorliegen dieser Tatbestände rechtfertigte eine Scheidung, ohne dass im Einzelnen eine Ehezerrüttung nachgewiesen werden musste. Aufgrund der Intensität der dort umschriebenen Merkmale konnte vielmehr die Folge der Ehezerrüttung unterstellt werden.[346]

Bei den absoluten Scheidungsgründen des Grundgesetzes über die Ehe von 1946 handelte es sich folglich um Gründe, deren Bestehen eine Ehezerrüttung indizierte.

Die damals aufgezählten speziellen Scheidungsgründe haben daher auch heute noch eine Bedeutung bei der Zerrüttungsprüfung. Sie können teilweise ein sehr starkes Indiz für eine Ehezerrüttung und eine Unzumutbarkeit des gemeinsamen Lebens sein. Zu beachten sind dabei jedoch die Veränderungen in der heutigen Gesellschaft, die diesbezüglich zu anderen Ergebnissen führen können.

(a) Ehebruch

Ein einmalig begangener Ehebruch stellt nach den gesellschaftspolitischen Entwicklungen und den Tendenzen in der Gerichtspraxis in Mazedonien heute wohl keinen alleinigen Grund im Sinne eines absoluten Scheidungsgrundes, wie er es nach dem Grundgesetz über die Ehe von 1946 war, für eine Scheidung dar. [347]

Heute existiert keine dem Art. 4 EheGG 1946 vergleichbare Vorschrift mehr, wonach die Ehegatten ausdrücklich zur gegenseitigen Treue verpflichtet sind.

---

[345] Risteski, Prestanok na brakot, Godišnik na pravniot fakultet vo Skopje 1987, Br. 8 – 9, S. 181 (SFRJ, SR Mazedonien).

[346] Vgl. Mladenović, Razvod braka II, S. 346 (SFRJ, SR Serbien).

[347] Vgl. Micković, Brakot i neverstvoto, Godišnik na pravniot fakultet vo Skopje 1996/98, S. 294. ff. (Mazedonien).

In Art. 6 Abs. 2 FamG 1992 findet sich nur noch die Formulierung wieder, dass die Beziehungen zwischen den Ehegatten auf ihrer Gleichberechtigung, auf gegenseitiger Achtung und gegenseitiger Hilfe beruhen. Die alleinige Tatsache, dass ein Ehegatte freiwillig und bewusst in geschlechtliche Beziehungen zu einer Person tritt, die nicht sein Ehepartner ist, kann daher heute nicht mehr per se eine Scheidung rechtfertigen.

Unter ganz besonderen Umständen wird aber auch heute noch ein durch einen Ehegatten begangener Ehebruch von den Gerichten als Ursache anerkannt, die die Folge der Ehezerrüttung und der Unzumutbarkeit des gemeinsamen Ehelebens nach sich ziehen kann.[348] Dies wird insbesondere bei länger anhaltenden ehewidrigen oder ehebrecherischen Beziehungen angenommen, da in diesen Fällen die ehelichen Beziehungen so sehr unter dem Ehebruch leiden, dass die Aufrechterhaltung der ehelichen Lebensgemeinschaft unzumutbar ist.

(b)   Trachten nach dem Leben

Der Scheidungsgrund des Trachtens nach dem Leben kam schon früher in der Gerichtspraxis beinahe nie vor und wurde daher zum Teil für überflüssig gehalten.

In Art. 6 Familiengesetz 1992 ist auch heute noch, vergleichbar mit Art. 5 EheGG 1946, bestimmt, dass sich die Ehegatten gegenseitige Achtung schulden. Ein Tötungsversuch, der durch aktives Tun begangen wird oder durch Unterlassen, indem der Ehegatte seinen Ehegatten, der sich in unmittelbarer Lebensgefahr befindet, ohne Hilfe zurücklässt bzw. indem der Ehegatte trotz Kenntnis, dass eine dritte Person nach dem Leben seines Ehegatten trachtet, seinen Ehegatten nicht davor beschützt oder ihn zumindest informiert, stellt eine der stärksten Verletzungen dieser Pflicht dar. Durch keine andere Handlungsweise kommt so sehr zum Ausdruck, dass es zu einer vollkommenen inneren Entfremdung zwischen den Ehegatten gekommen ist, die eine tiefe Gleichgültigkeit hinsichtlich des Schicksals des Partners mit sich bringt.

---

[348]   Hadživasilev-Vardarski, Bračnoto i semejnoto običajno pravo, Prilozi za običajnoto pravo na makedonskiot narod, Tom 1, S. 187 (Mazedonien); Risteski, Komentar na zakonot za brakot na SRM, S. 126 (SFRJ, SR Mazedonien); Mladenović, Porodično pravo u Jugoslaviji, S. 258 (SFRJ, SR Serbien); Ponjavić, Brak i razvod, S. 109 (SFRJ, SR Serbien).

Das Trachten nach dem Leben stellt daher auch heute noch eines der stärksten Indizien für das Vorliegen einer schweren Ehezerrüttung dar, aufgrund der ein weiteres Eheleben völlig unzumutbar ist.

(c)   Misshandlung, schwere Beleidigung, ehrloses Verhalten

Auch eine Misshandlung und eine schwere Beleidigung stellen nach Maßgabe des geltenden Rechts sehr starke Indizien für eine Ehezerrüttung dar. Sowohl tätliche Angriffe, die körperliche Verletzungen nach sich ziehen, als auch psychische Quälerei durch Drohungen, Erpressungen und ähnliche Handlungen können ausreichen, um einen Zustand der Ehezerrüttung anzunehmen, der ein weiteres Zusammenleben völlig unzumutbar macht.[349]

Auch eine schwere Beleidigung im Sinne einer ständigen Geringschätzung bzw. Herabwürdigung des Ehepartners kann zu einem solchen Zustand führen.[350] Dies gilt insbesondere, wenn die Herabwürdigung in der Öffentlichkeit vor dritten Personen geschieht.

Fraglich ist, ob eine Beleidigung im strafrechtlichen Sinne erforderlich ist, oder ob andere Handlungen ausreichen, die die Ehre und Würde des Ehepartners verletzen.

Die Rechtssprechung stellt hier keine allzu hohen Anforderungen. Als schwere Beleidigung wurden von der Rechtssprechung Fälle öffentlicher Bloßstellung, übermäßiger, völlig ungerechtfertigter Eifersucht und versuchten Ehebruchs angesehen.[351]

Nach der heutigen gesetzlichen Regelung muss im Einzelfall geprüft werden, ob die Misshandlung oder die Beleidigung eine solch hohe Intensität aufweisen, dass eine Scheidung gerechtfertigt ist. Die Beurteilung dieser Frage hängt von der Umgebung, in der die Ehegatten leben, von ihren Gewohnheiten, von ihrer Lebensweise, von ihrer sozialen Stellung und ihren persönlichen Einstellungen ab.

---

[349]   Osnoven sud vo Skopje, Urteil vom 24.04.2000 = Ordentliches Gericht Skopje, veröffentlicht in: Janevski, Primeneta (klinička) programa po gradjansko pravo, Bilten Br. 4, Nr. 9 (Urteilssammlung) (Mazedonien).

[350]   Osnoven sud vo Skopje, Urteil vom 24.04.2000 = Ordentliches Gericht Skopje, veröffentlicht in: Janevski, Primeneta (klinička) programa po gradjansko pravo, Bilten Br. 4, Nr. 9 (Urteilssammlung) (Mazedonien).

[351]   Vgl. Hadživasilev, Semejno pravo, S. 195 (SFRJ, SR Mazedonien).

Eine Misshandlung stellt beispielsweise in Fällen einen Grund für eine Ehezerrüttung dar, in denen ein Ehegatte seinen Ehepartner ständig schlägt und bei diesem dadurch sowohl physische als auch psychische Schäden verursacht.[352]

Auch ein ehrloses Verhalten eines Ehegatten, durch welches die Würde und das Ansehen des anderen Ehegatten in der Öffentlichkeit dauerhaft gefährdet ist, kann Ursache für eine Ehezerrüttung sein.

(d)   Unheilbare Geisteskrankheit oder Urteilsunfähigkeit

Da die Ehe vom Prinzip der gegenseitigen Unterstützung getragen wird (Art. 6 FamG 1992) und ein Ehegatte gerade bei nach Eheschließung eingetretener unheilbarer Geisteskrankheit oder Urteilsunfähigkeit der Hilfe seines Ehegatten bedarf, können diese Merkmale unter normalen Umständen eine Scheidung nicht rechtfertigen.

Schon damals bestand Kritik hinsichtlich dieses Scheidungsgrundes. Die Möglichkeit, dass ein gesunder Ehegatte seinen Ehegatten in dem Moment verlässt, in dem er aufgrund seiner Krankheit dringend auf Hilfe und Unterstützung angewiesen ist, wurde als unmenschlich empfunden.[353] Es wurde vertreten, dass dieser Scheidungsgrund gegen die ethischen Grundsätze der Ehe verstoße.

Eine unheilbare Geisteskrankheit oder Urteilsunfähigkeit kann daher nur in ganz bestimmten Ausnahmefällen die Scheidung rechtfertigen, wenn die Geisteskrankheit so schwerwiegend und für den anderen Ehepartner belastend ist, dass die Aufrechterhaltung des gemeinsamen Ehelebens unzumutbar wird.

(e)   Böswilliges oder ungerechtfertigtes Verlassen

Auch der damalige Scheidungsgrund des böswilligen und ungerechtfertigten Verlassens, der ein Verschulden voraussetzte, stellt heute keinen absoluten Scheidungsgrund mehr dar. Durch die Regelung des Art. 41 FamG 1992,

---

[352]   Osnoven sud vo Skopje, Urteil vom 21.12.2000 = Ordentliches Gericht Skopje, veröffentlicht in: Janevski, Primeneta (klinička) programa po gradjansko pravo, Bilten Br. 4, Nr. 2 (Urteilssammlung) (Mazedonien).

[353]   Vgl. Hadživasilev, Semejno pravo, S. 196 (SFRJ, SR Mazedonien); Bakić, Porodično pravo u SFRJ, S. 197 (SFRJ, SR Serbien).

wonach ein Scheidungsantrag seitens eines Ehegatten gestellt werden kann, wenn die Ehegemeinschaft über ein Jahr faktisch beendet ist, wird deutlich, dass der Gesetzgeber das Getrenntleben als einen Scheidungsgrund ansieht, der völlig verschuldensunabhängig ist.

Im Einzelfall kann jedoch das böswillige oder ungerechtfertigte Verlassen auch vor Ablauf der einjährigen Trennungsfrist eine Ehezerrüttung bedeuten und damit einen Scheidungsgrund nach Art. 40 FamG 1992 darstellen. Dies ist dann der Fall, wenn durch das Verlassen das völlige Desinteresse eines Ehegatten hinsichtlich seines Ehegatten und die völlige Anteilnahmslosigkeit an seinem Geschick bekundet werden. So wird von der Rechtssprechung eine Ehezerrüttung bejaht, wenn ein Ehegatte über einen längeren Zeitraum ohne die Absicht, das Eheleben jemals fortzuführen, aus der gemeinsamen Wohnung auszieht und seinen Ehegatten ohne die elementarsten existentiellen Mittel zurücklässt.[354]

(f)   Verurteilung wegen einer Straftat

Auch die Verurteilung eines Ehegatten wegen einer Straftat, die zum einen zu einer faktischen Unterbrechung der Lebensgemeinschaft führen und zum anderen der Ehre und dem Ansehen des anderen Ehegatten bedeutend schaden kann, kann zu einem Zustand in der Ehe führen, der so zerrüttet ist, dass ein weiteres Eheleben unzumutbar wird. Dies wird aber nur dann der Fall sein, wenn es sich entweder um eine schwere Tat handelt oder um eine lange Freiheitsstrafe.

(3)   Sonstige Gründe

Neben den oben genannten Umständen kommen nach der Rechtsprechung folgende Umstände als Ursachen für eine Ehezerrüttung in Betracht.

(a)   Gründe, die in der Verletzung der ehelichen Rechte und Pflichten begründet sind

Die Eheschließung bringt eine Reihe von ehelichen Rechten und Pflichten mit sich, deren Verletzung zu einer Ehezerrüttung führen kann.

---

[354]   Osnoven sud vo Skopje, Urteil vom 15.05. 2000 = Ordentliches Gericht Skopje, veröffentlicht in: Janevski, Primeneta (klinička) programa po gradjansko pravo, Bilten Br. 4, Nr. 6 (Urteilssammlung) (Mazedonien).

Da die Beziehung der Ehegatten gemäß Art. 6 Abs. 2 FamG 1992 auf Gleichberechtigung beruht, kommt als Verletzung der ehelichen Pflicht die Verletzung des Prinzips der Gleichberechtigung in Betracht. Wenn ein Ehegatte dieses Prinzip ständig verletzt, indem er sich als Oberhaupt der Familie aufführt, ständig gegen den Willen des anderen Ehegatten handelt und in Fragen hinsichtlich der Wohnung, der Haushaltsführung, der Verwaltung des Vermögens usw. ausschließlich in seinem Interesse und seinem Vorteil entscheidet, kann von einem zerrütteten Ehezustand gesprochen werden.[355] Der Grundsatz der Gleichberechtigung kann zudem verletzt sein, wenn ein Ehegatte die Freiheiten des anderen Ehegatten vollkommen einschränkt, indem er seinen Ehegatten zuhause einsperrt oder ihm zumindest nicht erlaubt, sich frei zu bewegen.

Ferner kommt eine Verletzung des Gleichbehandlungsgrundsatzes im Rahmen der oben genannten Angelegenheiten in Betracht, über die die Ehegatten nach dem Familiengesetz von 1992 einvernehmlich entscheiden. Räumt hier ein Ehegatte seinem Ehepartner keinerlei Möglichkeit der Mitentscheidung ein, so ist der Gleichberechtigungsgrundsatz nicht gewahrt.

Aus Art. 6 FamG 1992 geht ebenfalls hervor, dass sich die Ehegatten gegenseitig helfen müssen und gegenseitig für ihren Unterhalt aufzukommen haben. Zudem ergibt sich aus der Vorschrift des Art. 33 FamG 1992 die Pflicht jedes Ehegatten, nach seinen Fähigkeiten für die Befriedigung der Bedürfnisse der Familie zu sorgen. Kommt ein Ehegatte diesen Pflichten dauerhaft nicht nach, so ist vom Zustand der Ehezerrüttung auszugehen.[356] In Betracht kommt hier z.B. die Vernachlässigung hinsichtlich der Haushaltsführung, hinsichtlich des Unterhalts der Familie, hinsichtlich der Sorge um die Kinder, hinsichtlich der Verwaltung des Vermögens und ähnlichem.[357]

Aus der in Art. 6 FamG 1992 enthaltenen Legaldefinition der Ehe, wonach die Ehe eine gesetzlich geregelte Lebensgemeinschaft eines Mannes und einer Frau ist, in der sich die Interessen der Ehepartner, der Familie und der Gesellschaft verwirklichen, folgt, dass Inhalt der Ehe auch das gemeinsame Zusammenleben der Ehegatten ist.

Das Getrenntleben, also das Nichtbestehen der häuslichen Gemeinschaft, ist daher ein bedeutendes Indiz für eine Ehezerrüttung.

---

[355] Vgl. Prokop, Komentar osnovnom zakonu o braku, S. 192 (SFRJ, SR Kroatien).
[356] So z.B.: Osnoven sud vo Skopje, VII P, Br. 361/02 = Ordentliches Gericht Skopje, VII P, Nr. 361/02 (unveröffentlicht).
[357] Vgl. Prokop, Komentar osnovnom zakonu o braku, S. 192 (SFRJ, SR Kroatien).

Es bildet aber kein eindeutiges, d.h. unwiderlegliches Indiz für den Zustand einer zerrütteten Ehe. Zwar betrachten die Gerichte in vielen Fällen ein längerzeitiges Getrenntleben als Hauptindiz für eine Ehezerrüttung.[358] Die Rechtsprechung verneint aber in bestimmten Fällen des Getrenntlebens das Vorliegen eines Scheidungsgrundes gemäß Art. 40 FamG 1992.

Kein Scheidungsgrund stellt danach das Getrenntleben der Ehegatten dar, wenn einer der Ehegatten mit Einverständnis des anderen Ehegatten wegen besserer Arbeitsmöglichkeiten aus der gemeinsamen Wohnung auszieht oder sogar über mehrere Jahre ins Ausland geht.[359]

Gleiches gilt für den Fall der Inhaftierung eines Ehegatten oder bei Erkrankung eines Ehegatten mit der Notwendigkeit dauernder stationärer Unterbringung.[360]

Auch in sonstigen Fällen kann sich während des Getrenntlebens zwar eine vorher bestehende Zerrüttung weiter vertiefen, es kann aber auch genau das Gegenteil eintreten, dass die Trennung gerade eine Verbesserung des Ehezustandes bewirkt.

Die Gerichte sehen daher das Getrenntleben nur dann als Indiz für eine Ehezerrüttung an, wenn das Verhalten der Ehegatten erkennen lässt, dass keinerlei Wille dahingehend besteht, die Trennung wieder aufzuheben.[361]

Umgekehrt kann eine Ehe auch dann schon schwer zerrüttet sein, wenn die Ehegatten noch nicht getrennt leben. Der Entfremdungsprozess muss in diesem Fall soweit fortgeschritten sein, dass die häusliche Gemeinschaft nicht mehr auf wechselseitiger innerer Bindung beruht. So kann bei einem verfeindeten Ehepaar, bei dem sich ein Ehegatte strikt weigert, die Wohnung zu verlassen, die Ehe bereits zerrüttet sein.

(b)   Gründe geschlechtlicher Natur

Als Gründe geschlechtlicher Natur, die zu einer Ehezerrüttung führen können, kommen nach der Rechtsprechung folgende in Betracht: „Beziehungen

---

[358]   So z.B.: Osnoven sud vo Skopje, III P, Br. 1801/02 = Ordentliches Gericht Skopje, VII P, Nr. 1801/02 (unveröffentlicht).

[359]   Okruziniot sud vo Skopje, Gž. 1981/95 = Kreisgericht Skopje, Gž 1981/95 (unveröffentlicht).

[360]   Vgl. Čavdar, Komentar na zakonot za semejstvoto, S. 112 (Mazedonien).

[361]   Vgl. z.B.: Osnoven sud vo Skopje, III P, Br. 1801/02 = Ordentliches Gericht Skopje, III P, Nr. 1801/02 (unveröffentlicht).

zu einer Person gleichen Geschlechts; Unmöglichkeit des Geschlechts-verkehrs wegen Krankheit; sexuelles Nichtverstehen; sexuelle Teilnahms-losigkeit[362]; übersteigerte, krankhafte Eifersucht usw.".[363]

In der Judikatur ist als Scheidungsgrund auch die Unfähigkeit, ein Kind zu empfangen, angesehen worden (Unfruchtbarkeit, Impotenz).[364]

Des Weiteren ist eine absichtlich herbeigeführte Fehlgeburt nach der Recht-sprechung ein Grund, der zu der Folge der Ehezerrüttung führen kann.[365] Auch das Verschweigen der Existenz von außerehelichen Kindern kann eine Ursache in diesem Sinne darstellen.[366]

Die Fortsetzung des Sexualverkehrs schließt umgekehrt jedoch nicht zwin-gend die Annahme der Ehezerrüttung aus. Dies gilt jedoch nur für den Fall gelegentlichen Geschlechtsverkehrs. Nach der Rechtsprechung spricht es dagegen stark gegen eine Ehezerrüttung, wenn die Ehegatten weiterhin regelmäßig intime Beziehungen unterhalten.[367]

(c)   Gründe, die auf dem Gesundheitszustand beruhen

Da die Ehegatten gemäß Art. 6 FamG 1992 verpflichtet sind, sich gegenseitig zu unterstützen, und diese Unterstützung am dringendsten während einer Krankheit benötigt wird, kann eine Krankheit unter normalen Umständen keine Ursache für eine Ehezerrüttung darstellen.[368] Es wäre ethisch unverant-

---

362   Vrhoven sud NR Bosna i Herzegovina, Žv. 186/47 u. 142/53, vgl. hierzu die Nachweise bei Mladenović, Razvod braka, S. 351 (SFRJ, SR Serbien).

363   Vgl. Mladenović, Razvod braka, S. 256 (SFRJ, SR Serbien); Bakić, Porodično pravo u SFRJ, S. 192 (SFRJ, SR Serbien).

364   Vrhoven sud vo Srbije, Gž. 1671/75, in: Pravni život 1977, I, S. 76 = Oberster Gerichtshof der Sozialistischen Republik Serbien, Gž. 1671/75, in: Rechtspraxis 1977, I, S. 76.

365   Vrhoven sud NR Bosna i Herzegovina, Gž. 403/47 = Oberster Gerichtshof der Volksrepublik Bosnien/Herzegowina, Gž. 403/47, vgl. hierzu den Nachweis bei Mladenović, Razvod braka, S. 350 (SFRJ, SR Serbien).

366   Vrhoven sud Srbija, Gž. 4983/70, in: Zbornik sudske prakse 2 - 3/71, S. 133 = Oberster Gerichtshof der Sozialistischen Republik Serbien, Gž. 4983/70, in: Sammlung der Gerichtspraxis 2 – 3/71, S. 133.

367   Vrhoven sud na SFRJ, Rev. 2262/61, in: Pravni zivot, 1962, Nr. 1, S. 80 = Oberster Gerichtshof der Sozialistischen Föderativen Republik Jugoslawien, Rev. 2262/61, in: Rechtspraxis, 1962, Nr. 1, S. 80.

368   Vgl. Vrhoven sud Bosna i Herzegovina, Gž. 811/71 = Oberster Gerichtshof der Sozialistischen Republik Bosnien/Herzegowina, Gž. 811/71, vgl. hierzu den Nachweis bei Jankovič, Komentar zakona o braku, S. 75 (SFRJ, SR Serbien).

wortbar und mit den ehelichen Pflichten nicht zu vereinbaren, seinen Ehegatten gerade in einer solchen Situation zu verlassen, in der er am meisten auf die Hilfe seines Ehegatten angewiesen ist.[369] Nur in Ausnahmefällen kann daher eine Zerrüttung der Ehe bejaht werden, die eine Scheidung rechtfertigt. Angenommen wurde dies von der Rechtsprechung im Falle einer unheilbar ansteckenden Krankheit, die eine Gefahr für den Ehegatten und die Kinder darstellt, bei einem unheilbaren körperlichen Leiden, das eine normale Ehebeziehung unmöglich macht, weil der betroffene Ehegatte keinerlei eheliche Pflichten mehr erfüllen kann[370], bei selbstverschuldeter Krankheit durch gewissenlose oder unbedachte Handlungen, bei einer schweren psychischen Krankheit, bei schwerem Alkoholismus[371], bei ständigem Drogenkonsum usw.[372]

Zu beachten ist jedoch, dass eine Krankheit oder ein körperliches Leiden nur dann die Voraussetzungen des Art. 40 FamG 1992 erfüllen kann, wenn diese nach der Eheschließung eingetreten sind. Es ist folglich nicht möglich, die Scheidungsklage auf eine Krankheit oder ein körperliches Leiden zu stützen, die bereits zum Zeitpunkt der Eheschließung vorlagen, es sei denn, der Ehegatte hatte keinerlei Kenntnis hinsichtlich des Krankheitszustandes seines Ehegatten.[373]

(d)   Gründe wirtschaftlichen Natur

Als Gründe wirtschaftlicher Natur, die zu einer Ehezerrüttung führen können, kommen z.B. das Verschwenden des Vermögens oder die Vernachlässigung der Unterhaltszahlung in Betracht.[374]

---

[369]   Vgl. Vrhoven sud NR Bosna i Herzegovina, Gž. 444/57 = Oberster Gerichtshof der Volksrepublik Bosnien/Herzegowina, (unveröffentlicht).

[370]   Vgl. Vrhoven sud Bosna i Herzegovina, Gž. 811/71 = Oberster Gerichtshof der Sozialistischen Republik Bosnien/Herzegowina, Gž. 811/71, vgl. hierzu den Nachweis bei Janković, Komentar zakona o braku, S. 75 (SFRJ, SR Serbien).

[371]   Vrhoven sud NR Srbija, Gž. 201/ 53 = Oberster Gerichtshof der Volksrepublik Serbien, Gž. 201/53, vgl. hierzu den Nachweis bei Mladenović, Razvod braka II, S. 351 (SFRJ, SR Serbien).

[372]   Vgl. Mladenović, Razvod braka, S. 256 (SFRJ, SR Serbien); Bakić, Porodično pravo u SFRJ, S. 193 (SFRJ, SR Serbien).

[373]   Vrhoven sud NR Hrvatske, Gž. 600/ 48 und Gž. 651/48 = Oberster Gerichtshof der Volksrepublik Kroatien, vgl. hierzu die Nachweise bei Mladenović, Razvod braka II, S. 351 (SFRJ, SR Serbien).

[374]   Vgl. Mladenović, Razvod braka, S. 257 (SFRJ, SR Serbien).

(e)   Verhältnis zu den Schwiegereltern

Eine in der mazedonischen Gesellschaft besonders wichtige Frage ist, inwiefern das Verhältnis eines Ehegatten zu seinen Schwiegereltern von Bedeutung ist. Aufgrund des verbreitet geringen Einkommens ist es üblich, dass junge Eheleute zunächst für eine geraume Zeit mit den Eltern eines Ehepartners in häuslicher Gemeinschaft zusammenleben. Vor diesem Hintergrund stellt sich die Frage, ob ein gestörtes Verhältnis zu den Schwiegereltern automatisch eine Ehezerrüttung begründet. Es ist jedoch ganz herrschende Auffassung, dass ein gestörtes Verhältnis zu den Schwiegereltern nicht allein die objektiven Voraussetzungen des Art. 40 FamG 1992 erfüllt.[375] Vielmehr muss sich das Spannungsverhältnis zu den Schwiegereltern auch negativ im Verhältnis der Ehegatten zueinander niederschlagen.[376] Bestehen dauerhafte Streitigkeiten zwischen einem Ehegatten und seinen Schwiegereltern, die von solcher Intensität sind, dass die Ehegatten keinerlei Lösung für eine Schlichtung erreichen können, so können die Auswirkungen auf die Ehebeziehung so negativ sein, dass eine Ehezerrüttung anzunehmen ist.[377]

ddd.   Kein Getrenntleben erforderlich

Der Scheidungsgrund der Ehezerrüttung setzt in den meisten Ländern zusätzlich voraus, dass die Ehegatten eine bestimmte Zeit voneinander getrennt gelebt haben. Diese Frist ist wiederum davon abhängig, ob die Ehegatten beide die Scheidung begehren (dann ist die Frist meist kürzer) oder ob sich ein Ehegatte der Scheidung widersetzt (dann ist die Frist zumeist verhältnismäßig länger).[378] In Mazedonien ist dagegen für die Scheidung wegen Ehezerrüttung nicht erforderlich, dass die Ehegatten eine gewisse Zeit voneinander getrennt gelebt haben.

---

[375]   Vgl. Vrhoven sud Kosovo, Gž. 349/74 = Oberster Gerichtshof der autonomen Provinz Kosovo, vgl. hierzu den Nachweis bei Janković, Komentar zakona o braku, S. 75 (SFRJ, SR Serbien).

[376]   Čavdar, Komentar na zakonot za semejstvoto, S. 111 (Mazedonien).

[377]   Vrhoven sud na Makedonia, Rev. 480/84, in: Sudska praksa, 12/84 = Oberster Gerichtshof der Sozialistischen Republik Mazedonien, Rev. 480/84, in: Gerichtspraxis, 12/84.

[378]   Vgl. Micković, Pričini za razvod na brak vo sejmite na EU, Teil I, S. 18 (Mazedonien).

eee.　Keine Härteklauseln

Steht die Zerrüttung der Ehe und die Unzumutbarkeit des gemeinsamen Ehelebens fest, so wird in Mazedonien die Ehe geschieden. Das mazedonische Familiengesetz von 1992 enthält insoweit keine Härteklauseln.

Von dem Grundsatz, dass eine zerrüttete Ehe geschieden werden kann, bestehen in Mazedonien demzufolge keine Ausnahmen.[379] Das Gericht hat bei Vorliegen der Voraussetzungen des Art. 40 FamG 1992 selbst dann nicht die Möglichkeit, die Klage auf Scheidung abzuweisen, wenn die Aufrechterhaltung der Ehe im Interesse der aus der Ehe hervorgegangenen minderjährigen Kinder aus besonderen Gründen ausnahmsweise notwendig ist (Kindesinteresse) oder wenn die Scheidung für den Klagegegner, der sie ablehnt, auf Grund außergewöhnlicher Umstände eine so schwere Härte darstellen würde, dass die Aufrechterhaltung der Ehe ausnahmsweise geboten erscheint.

cc.　Die Scheidung wegen faktischer Beendigung der ehelichen Gemeinschaft

Der dritte Scheidungsgrund des Familiengesetzes von 1992, der erstmalig durch Art. 53 EheG 1973 eingeführt wurde, ist in der Vorschrift des Art. 41 FamG 1992 geregelt. Diese Vorschrift bestimmt, dass ein Ehegatte die Scheidung begehren kann, wenn die Ehegemeinschaft länger als ein Jahr faktisch beendet ist (...ako bračnata zaednica faktički pretstanala podolgo od edna godina).

Die Trennungsfrist des Art. 41 FamG 1992 wurde im Vergleich zu der im Ehegesetz von 1973 vorausgesetzten Frist von drei Jahren erheblich verkürzt. Diese Kürzung ist maßgeblich auf Erfahrungswerte und darauf gestützte Forderungen aus der Rechtspraxis zurückzuführen.[380] Der mazedonische Gesetzgeber ist zu der Auffassung gelangt, dass es keiner faktischen Beendigung von mehr als drei Jahren bedarf, um das Nichtfunktionieren der Ehe mit ausreichender Sicherheit festzustellen. Bereits nach einem Jahr kann nach der Neufassung mit Gewissheit auf die endgültige Zerrüttung der Ehe geschlossen werden.[381] Die Fälle der Gerichtspraxis hatten gezeigt, dass die bis dahin bestehende längere Frist von drei Jahren keinerlei positive

---

[379]　Vgl. Ponjavić, Brak i razvod, S. 115 (SFRJ, SR Serbien).
[380]　Spirović-Trpenovska, Semejno pravo, S. 133 (Mazedonien).
[381]　Spirović-Trpenovska, Semejno pravo, S. 133 (Mazedonien).

Auswirkung auf den Bestand der Ehe hatte. Diese längere Frist zwang im Gegenteil die Ehegatten vielmehr dazu, in außerehelichen Gemeinschaften zu leben.[382]

Der Scheidungsgrund gemäß Art. 41 FamG 1992 stellt einen absoluten Scheidungsgrund dar. Das Gericht darf auch bei diesem Scheidungsgrund nur Feststellungen hinsichtlich der Frage tätigen, ob das eheliche Zusammenleben für den zur Entscheidung gestellten Zeitraum als beendet angesehen werden muss. Hinsichtlich der Gründe, die ursächlich für das Getrenntleben sind, sind Nachforschungen weder erforderlich noch zulässig (Art. 257 Abs. 2 FamG 1992).

Es müssen zudem keinerlei positive Feststellungen dahingehend gemacht werden, ob eine Ehezerrüttung und eine Unzumutbarkeit des gemeinsamen Lebens vorliegt.[383] Vielmehr wird nach einer einjährigen faktischen Trennung der Tatbestand der Ehezerrüttung unwiderleglich vermutet. Das Gericht prüft daher auch nicht, ob die Möglichkeit besteht, dass die Ehegatten die Ehegemeinschaft wiederherstellen.[384]

Wurde der Antrag auf Scheidung noch vor Ablauf der einjährigen Trennungsfrist wegen des Scheidungsgrundes aus Art. 40 FamG 1992 gestellt, so sind die Bedingungen des Art. 41 FamG 1992 erfüllt, wenn vor Rechtskraft des erstinstanzlichen Urteils die Trennungsfrist von einem Jahr abgelaufen ist.[385] Der gestellte Antrag nach Art. 40 FamG 1992 kann in diesem Falle in einen Antrag nach Art. 41 FamG 1992 umgewandelt werden.

Der Regelung des Art. 41 FamG 1992 liegt erkennbar das Zerrüttungsprinzip zugrunde, so dass auch bei diesem Scheidungsgrund das etwaige Verschulden eines Ehegatten keinerlei Bedeutung besitzt.[386]

Folglich kann auch derjenige Ehegatte, der durch sein Verhalten die faktische Beendigung der ehelichen Lebensgemeinschaft verantwortlich herbeigeführt hat, nach Ablauf dieser Jahresfrist, die Scheidungsklage erheben.[387]

---

[382] Stojčevski, Postapka vo bračnite sporovi, Semejnoto zakonodavstvo na Republika Makedonia, S. 239 (Mazedonien).

[383] Risteski, Komentar na zakonot za brakot na SRM, S. 129 (SFRJ, SR Mazedonien).

[384] Hadživasilev, Semejno pravo, S. 200 (SFRJ, SR Mazedonien).

[385] Apelazioniot sud na Makedonija vo Skopje, Gž. Nr. 697/96.

[386] Nikolovska, Prestanok na brak, Semejnoto zakonodavstvo na Republika Makedonia, S. 79 (Mazedonien); Vrhoven sud na Makedonia, Gž. 578/75, in: Zbirka na sudski odluki, Kniga II, Br. 4 = Oberster Gerichtshof der Sozialistischen Republik Mazedonien, Gž. 578/75, in: Urteilssammlung, Buch II, Nr. 4.

Auch bei einer Scheidung aufgrund dieses Scheidungsgrundes entscheidet das Gericht mit dem Urteil, mit dem die Ehe geschieden wird, über die Obhut, die Erziehung und den Unterhalt der gemeinsamen Kinder (vgl. Art. 80 Abs. 1 FamG 1992).

aaa. Das Merkmal der faktischen Beendigung

Auch der Begriff der faktischen Beendigung der ehelichen Gemeinschaft hat im Gesetz keine nähere Definition erfahren. Das Vorliegen dieses Tatbestandsmerkmals muss das Gericht unter Würdigung der gesamten Umstände im konkreten Einzelfall feststellen.[388]

Der Inhalt einer ehelichen Gemeinschaft ist geprägt durch materielle und willensgetragene Merkmale. Die materiellen Elemente liegen vor, wenn zwischen den Ehegatten körperliche und räumliche Beziehungen bestehen, wie z.B. das Wohnen in der gleichen Wohnung, gemeinsame Haushaltsführung, Pflege persönlicher Beziehungen und Ähnliches.[389] Das willensgetragene Element ist erfüllt, wenn zwischen den Ehegatten auch der Wille besteht, eine eheliche Gemeinschaft zu führen.

Die einjährige Frist des Art. 41 FamG 1992 beginnt mit der Beendigung dieser ehelichen Gemeinschaft zu laufen. Das gemeinsame Eheleben ist von dem Tag an beendet, an dem definitiv keine wesentlichen persönlichen Beziehungen mehr zwischen den Ehegatten bestehen.[390]

Allein die räumliche Trennung der Ehegatten durch Auflösung der häuslichen Gemeinschaft kann die Voraussetzung des Art. 41 FamG 1992 nicht erfüllen. Andernfalls wäre z.B. auch in den Fällen eine faktische Beendigung zu bejahen und damit die Scheidungsvoraussetzung des Art. 41 FamG 1992 erfüllt, in denen sich ein Ehegatte mit Einverständnis des anderen für die Dauer von mehr als einem Jahr zu einer beruflich notwendigen Fortbildungsmaßname von dem anderen Ehegatten trennt. Dieser Fall wird aber von der Gerichtspraxis nicht als faktische Beendigung der Ehegemeinschaft angesehen.[391] Gleiches gilt für die Fälle, in denen ein Ehegatte aufgrund eines

---

[387] Spirović-Trpenovska, Semejno pravo, S. 133 (Mazedonien).

[388] Risteski, Komentar za zakonot za brakotna SRM, S. 129 (SFRJ, SR Mazedonien).

[389] Čavdar, Komentar na zakonot za semejstvoto, S. 32 f. (Mazedonien).

[390] Risteski, Prestanok na brakot, Godišnik na pravniot fakultet vo Skopje 1987, Br. 8 – 9, S. 182 (SFRJ, SR Mazedonien); vgl. auch Osnoven sud Skopje, VII P, Br. 361/02 = Ordentliches Gericht Skopje, VII P, Br. 361/02 (unveröffentlicht).

[391] Okruzniot sud Gž. Nr. 953/96.

krankheitsbedingten Zustandes länger als ein Jahr in stationärer Behandlung oder inhaftiert ist.

Vor dem Hintergrund des Zerrüttungsprinzips kann die faktische Beendigung der Ehegemeinschaft nur als Ausdruck für das endgültige Nichtgelingen der Ehe anzusehen sein. Mithin bedarf es über die Feststellung der räumlichen Trennung hinaus der Prüfung, ob mit dieser eine bewusste Nichterfüllung der ehelichen Pflichten einhergeht. Es muss stets als subjektives Element noch der eindeutig erkennbare Wille eines Ehegatten hinzukommen. Die Trennung muss den Willen eines Ehegatten dokumentieren, an der bisherigen Lebensgemeinschaft nicht mehr festzuhalten.

Damit kann eine faktische Beendigung der ehelichen Lebensgemeinschaft nicht nur durch das Verlassen des gemeinsamen Lebensortes seitens eines Ehegatten herbeigeführt werden. Denkbar ist eine faktische Beendigung auch dann, wenn beide Ehegatten in der gemeinsamen Wohnung bleiben, dort aber nicht mehr miteinander kommunizieren und nicht mehr ihre gegenseitigen ehelichen Pflichten wahrnehmen.[392] In diesem Fall müssen die Ehegatten in der Wohnung ein Höchstmaß an tatsächlicher Trennung herbeigeführt haben, das nach den Gegebenheiten des Einzelfalles überhaupt zu erreichen ist. Es dürfen keine wesentlichen persönlichen Beziehungen mehr zwischen den Ehegatten bestehen und es darf kein gemeinsamer Haushalt geführt werden. Die Ehegatten müssen die Wohnungsräume zum getrennten Wohnen und Schlafen aufgeteilt haben.

Da sich der Inhalt einer Ehe nicht allein in der Aufrechterhaltung der intimen Beziehungen erschöpft, stellt allein die Tatsache, dass die Ehegatten für längere Zeit keine intimen Beziehungen unterhalten, nicht automatisch ein Indiz dafür dar, das die eheliche Beziehung gescheitert ist und eine faktische Trennung vorliegt.[393] Ebenso führt eine außereheliche Beziehung eines sich aus beruflichen Gründen im Ausland aufhaltenden Ehegatten nicht zu einer faktischen Beendigung der ehelichen Gemeinschaft, wenn dieser während seines Urlaubs regelmäßig zurückkehrt und seine ehelichen Pflichten wahrnehmend das Leben in der ehelichen Gemeinschaft mit seinem Ehegatten

---

[392] Čavdar, Komentar na zakonot za semejstvoto, S. 113 (Mazedonien).

[393] Vrhoven sud na Makedonia, in: Zbirka na sudski odluki, Kniga 16, Sveska 1, 1971, Nr. 25 = Oberster Gerichtshof der Sozialistischen Republik Mazedonien, in: Urteilssammlung, Buch 16, Kapitel 1, 1971, Nr. 25, vgl. hierzu den Nachweis bei Risteski, Komentar na zakonot za brakot na SRM, S. 129 (SFRJ, SR Mazedonien).

und den Kindern fortführt, auch wenn keinerlei intime Beziehungen zwischen den Ehegatten bestehen.[394]

Gemeinsamkeiten und die Aufrechterhaltung der Kommunikation zwischen den Ehegatten, die nur die Erziehung und Betreuung der gemeinsamen Kinder betreffen, schließen die Annahme einer faktischen Beendigung der ehelichen Gemeinschaft dagegen nicht aus. Gleiches gilt hinsichtlich der Verwaltung des gemeinsamen Vermögens.[395]

Ebenso unterbricht die Wiederherstellung des gemeinsamen Zusammenlebens über kürzere Zeit, mit dem Zweck des Versuchs, die Versöhnung der Ehegatten herbeizuführen, den Fristablauf für das Getrenntleben nicht. Die vorherige Trennung wird nur dann bedeutungslos, wenn eine echte Aussöhnung stattgefunden hat.[396]

bbb. Der ehemalige Scheidungsgrund des böswilligen oder ungerechtfertigten Verlassens

Da der Scheidungsgrund der faktischen Beendigung der Ehegemeinschaft, der sich schon im Ehegesetz von 1973 befand, nicht mehr von der Schuld eines Ehegatten abhängt, stellt er folglich eine Korrektur bzw. Vervollständigung des im Grundgesetz über die Ehe von 1946 enthaltenen Scheidungsgrundes des böswilligen oder ungerechtfertigten Verlassens dar (vgl. oben).[397] Nach der Neuregelung gilt nicht mehr der Grundsatz, dass nur der böswillig oder ungerechtfertigt verlassene Ehegatte das Recht hat, die Scheidung zu beantragen, da der Scheidungsgrund des Art. 41 FamG 1992 völlig unabhängig von der Schuld eines Ehegatten geltend gemacht werden kann.[398] Die damals bestehende sechsmonatige Trennungsfrist hat sich jedoch in der heutigen Regelung des Art. 41 FamG 1992 auf ein Jahr verlängert. Im Falle des böswilligen oder ungerechtfertigten Verlassens vor Ablauf der einjährigen Trennungsfrist können aber unter gewissen Um-

---

[394] Okruzniot sud vo Bitola, Gž. 1761/88, in: Zbirka na sudski odluki 14/88, Br. 269 = Kreisgericht Bitola, Gž. 1761/88, in: Urteilssammlung 14/88, Br. 269.

[395] Vgl. Micković, Pričini za razvod na brak vo sejmite na EU, Teil I, S. 22 (Mazedonien).

[396] Vgl. Micković, Pričini za razvod na brak vo sejmite na EU, Teil I, S. 22 (Mazedonien).

[397] Hadživasilev, Semejno pravo, S. 199 (SFRJ, SR Mazedonien).

[398] Risteski, Komentar na zakonot za brakot na SRM, S. 129 (SFRJ, SR Mazedonien).

ständen die Scheidungsvoraussetzungen des Art. 40 FamG 1992 erfüllt sein (vgl. oben).

ccc.   Der ehemalige Scheidungsgrund der Verschollenheit

Unter den Scheidungsgrund des Art. 41 FamG 1992 ist heute erst recht der Fall der Verschollenheit eines Ehegatten über einen Zeitraum von mehr als einem Jahr zu fassen, der im Grundgesetz über die Ehe von 1946 noch einen eigenen absoluten Scheidungsgrund darstellte (vgl. oben).[399]

Voraussetzung ist, dass ein Ehegatte dem anderen über ein Jahr lang keinerlei Nachricht über seinen Verbleib zukommen lässt. Die Frist hat sich damit im Vergleich zur Regelung des Art. 59 EheGG 1946 erheblich verkürzt.

Der Tatbestand des Verschollenseins ist erfüllt, wenn der verlassene Ehegatte keinerlei Kenntnis bezüglich des Wohnortes bzw. Aufenthaltsortes seines Ehegatten hat und keinerlei Nachrichten darüber vorliegen, ob er noch lebt oder bereits verstorben ist. Es darf keinerlei Zeichen der Existenz des anderen Ehegatten bestehen.[400]

Zu dieser Situation kommt es hauptsächlich in Kriegszeiten. Nach der heutigen Regelung bedarf es in diesen Fällen dabei nicht wie damals des Ablaufs einer zusätzlichen Frist von insgesamt drei Jahren.

Aber auch in Zeiten des Friedens kann dieser Tatbestand vorliegen, bedenkt man die verbreitete Emigration der Bevölkerung in Mazedonien heutzutage.

Zu beachten ist, dass im Falle des Verschollenseins auch die Möglichkeit besteht, dass die Ehe durch eine Todeserklärung hinsichtlich des verschollenen Ehegatten beendet wird (Art. 34 FamG 1992). Diese Möglichkeit hat aber gegenüber einer Scheidung nach Art. 41 FamG 1992 den Nachteil, dass eine Todeserklärung erst nach erheblich längerer Zeit als einem Jahr vom Gericht ausgesprochen werden kann (vgl. Art. 81 Gesetz über das außergerichtlichen Verfahren).[401]

Die Rückkehr des verschollenen Ehegatten nach der Scheidung der Ehe gemäß Art. 41 FamG 1992 hat keinerlei Auswirkungen auf die bereits vollzogene Scheidung.

---

[399]   Čavdar, Komentar na zakonot za semejstvoto, S. 113 (Mazedonien).
[400]   Hadživasilev, Semejno pravo, S. 197 (SFRJ, SR Mazedonien).
[401]   Sluzben Vesnik na Republika Makedonia, Nr.19/97.

ddd. Die faktische Beendigung als selbstständiger Scheidungsgrund

In Mazedonien stellt die einjährige faktische Beendigung der ehelichen Lebensgemeinschaft nicht wie in einigen anderen Ländern (z.B. Deutschland) nur eine objektive Tatsache dar, deren Vorliegen eine Ehezerrüttung indiziert (sog. unwiderlegliche Zerrüttungsvermutung), sondern einen selbstständigen Scheidungsgrund.[402]

eee. Keine Beachtung der Einstellung des beklagten Ehegatten

Beachtenswert ist, dass die Einstellung des beklagten Ehegatten zur Scheidung der Ehe nicht den geringsten Einfluss auf die Dauer der im Gesetz vorgesehenen Frist hat. Das Gericht spricht die Scheidung auch gegen den Willen des sich der Scheidung widersetzenden Ehepartners aus, wenn es feststellt, dass die Ehe mehr als ein Jahr faktisch beendet ist.[403]

Der Ehegatte, der die Scheidung nicht begehrt, hat in Mazedonien somit nach einer einjährigen Trennung keinerlei Möglichkeit, die Scheidung zu verhindern.[404]

Vergleicht man diese Regelung mit entsprechenden Regelungen anderer Staaten, die den Ablauf längerer Fristen verlangen, solange ein Ehegatte sich der Scheidung der Ehe widersetzt (z.B. Frankreich 6, England 5 Jahre, Deutschland 3 Jahre), kann man auch diese Vorschrift nur als großzügig bezeichnen.[405]

IV. Zusammenfassung

Betrachtet man die Entwicklung des Scheidungsrechts ausgehend vom 2. Weltkrieg bis zum heutigen Tage, so ist festzustellen, dass sich aus Sicht der scheidungswilligen Ehegatten die Auflösung der Ehe durch Scheidung immer einfacher darstellte.

Dem Grundgesetz über die Ehe von 1946, das noch acht unterschiedliche Scheidungsgründe vorsah, lag ein kombiniertes Scheidungssystem zugrunde.

---

[402] Micković, Pričini za razvod na brak vo sejmite na EU, Teil I, S. 22 (Mazedonien).

[403] Vgl. Vrhoven sud na Makedonia, Gž. 578/75, in: Zbirka na sudski odluki, Kniga II, Br. 4 = Oberster Gerichtshof der Sozialistischen Republik Mazedonien, Gž. 578/75, in: Urteilssammlung, Buch II, Nr. 4.

[404] Micković, Pričini za razvod na brak vo sejmite na EU, Teil IV, S. 9 (Mazedonien).

[405] Micković, Pričini za razvod na brak vo sejmite na EU, Teil IV, S. 9 (Mazedonien).

Auch wenn dieses Scheidungssystem mit dem allgemeinen relativen Scheidungsgrund der Ehezerrüttung und Unzumutbarkeit des gemeinsamen Ehelebens (Art. 53 EheGG 1946) und den beiden speziellen absoluten Scheidungsgründen der unheilbaren Geisteskrankheit oder Urteilsunfähigkeit (Art. 57 EheGG 1946) und der Verschollenheit (Art. 59 EheGG 1946) bereits Elemente des Zerrüttungsprinzips enthielt, blieb es doch zu einem Gutteil dem Verschuldensprinzip verhaftet. Dies zum Einen, da die Vielzahl der in diesem Gesetz enthaltenen speziellen absoluten Scheidungsgründe die Schuld eines Ehegatten im Sinne einer Verletzung der ehelichen Pflichten voraussetzte, zum Anderen, weil die Scheidungsgründe, die auf dem Zerrüttungsprinzip beruhten, insofern noch Elemente des Verschuldensprinzip enthielten, als dass derjenige Ehegatte, den die ausschließliche Schuld an der Ehezerrüttung traf, keine Möglichkeit hatte, die Scheidung zu begehren. Folge dieses Scheidungssystems war eine ausgeprägte Prüfungspflicht der Gerichte, die in den Streitverfahren immer die genauen Gründe für eine Scheidung feststellen und in den meisten Fällen auch Feststellungen hinsichtlich der Schuld der Ehegatten treffen mussten.

Das Gesetz über die Ehe von 1973 basierte dagegen bereits auf einem Zerrüttungsprinzip, das als modifiziertes Zerrüttungsprinzip bezeichnet werden kann. In der Neuregelung aus dem Jahre 1973 wurden die ausschließlich auf dem Verschuldensprinzip basierenden speziellen absoluten Scheidungsgründe abgeschafft, da die Auffassung der Scheidung als Sanktion für eine Verletzung der ehelichen Pflichten nicht mehr mit der gesellschaftlichen Anschauung hinsichtlich der Ehe übereinstimmte. Es wurden neben dem allgemeinen relativen Scheidungsgrund der Ehezerrüttung und Unzumutbarkeit des gemeinsamen Ehelebens erstmalig die Möglichkeit der Scheidung aufgrund gegenseitigen Einvernehmens und die Möglichkeit der Scheidung aufgrund faktischer Beendigung der ehelichen Gemeinschaft eingeführt, die jeweils Ausprägung des Zerrüttungsprinzips waren. Das Verschuldensprinzip wurde jedoch insoweit nicht vollkommen aufgegeben, als dass immer noch die Regelung bestand, dass der Ehegatte, der ausschließlich schuld an einer Ehezerrüttung war, die Scheidung nicht aufgrund des allgemeinen Scheidungsgrundes der Ehezerrüttung und Unzumutbarkeit des gemeinsamen Ehelebens (Art. 52 EheG 1973) begehren konnte. Seine Bedeutung trat aber bereits erheblich zurück, da neben das Verschuldensprinzip durch die Einführung der Konventionalscheidung und des Scheidungsgrundes der faktischen Beendigung der ehelichen Gemeinschaft das Zerrüttungsprinzip in seiner reinen Form trat. Durch die

Einführung des Scheidungsgrundes der einverständlichen Scheidung wurde dem Umstand Rechnung getragen, dass die Gerichte bereits in der Praxis bei Vorliegen eines gegenseitigen Einvernehmens contra legem eine Scheidung ausgesprochen hatten, ohne den Zustand der Ehe zu überprüfen. Grund für die Einführung des Scheidungsgrundes der faktischen Beendigung der ehelichen Gemeinschaft war die Tatsache, dass der für die zerrüttete Ehe ausschließlich verantwortliche Ehegatten nach der vorher bestehenden Regelung keinerlei Möglichkeit hatte, die Scheidung zu begehren und die Gerichte daher auch hier, um den gesellschaftlichen Bedürfnissen gerecht zu werden, contra legem eine Scheidung aussprachen, wenn der Tatbestand der faktischen Trennung gegeben war. Der mazedonische Gesetzgeber, der sich dafür entschieden hatte, im Gesetz über die Ehe von 1973 weiterhin das Schuldelement in den allgemeinen Scheidungsgrund der Ehezerrüttung (Art. 52 Abs. 2 EheG 1973) aufzunehmen, führte den Scheidungsgrund der faktischen Trennung (Art. 53 EheG 1973) folglich als Ausgleich hierfür ein.

Dieses dem Gesetz über die Ehe von 1973 zugrunde liegende Scheidungssystem, das einem modifizierten Zerrüttungsprinzip folgte, brachte damit bereits eine erhebliche Verringerung der Prüfungspflicht der Gerichte mit sich. Die Gerichte mussten zwar auch hier bei Geltendmachung des allgemeinen Scheidungsgrundes der Ehezerrüttung und Unzumutbarkeit des gemeinsamen Ehelebens (Art. 52 EheG 1992) Feststellungen hinsichtlich des Zustandes der Ehe und hinsichtlich der Schuld der Ehegatten treffen. Wurde aber die Scheidung aufgrund der speziellen absoluten Scheidungsgründe der einvernehmlichen Scheidung oder der faktischen Beendigung der ehelichen Gemeinschaft begehrt, so konnte sich das Gericht damit begnügen, die in diesen Scheidungsgründen enthaltenen Tatbestandsmerkmale festzustellen. Der Zustand der Ehe und die Schuld der Ehegatten waren insoweit unbeachtlich.

Diese Grundstruktur dreier Scheidungsgründe findet sich nunmehr auch in der heutigen Rechtslage wieder. Allerdings hat der heutige Gesetzgeber im Gegensatz zur Regelung nach dem Gesetz über die Ehe von 1973 von einer Fortschreibung des Verschuldensprinzips innerhalb des allgemeinen Scheidungsgrundes der Ehezerrüttung (Art. 40 FamG 1992) vollkommen abgesehen. Es gilt heute somit nur noch das Zerrüttungsprinzip in seiner reinen Form, welches die Möglichkeit der Konventionalscheidung und der Scheidung aufgrund faktischer Beendigung der ehelichen Gemeinschaft mit einschließt. Die Prüfungspflicht der Gerichte hat sich damit insoweit weiterhin verringert, als dass nach der jetzigen Regelung bei allen drei Scheidungsgründen keinerlei Feststellungen mehr hinsichtlich der Schuld getroffen werden müssen.

Ferner hat der Gesetzgeber im Gegensatz zur Regelung des Gesetzes über die Ehe von 1973 die Frist der faktischen Trennung von drei Jahren auf ein Jahr erheblich verringert.

Insgesamt hat damit eine Entwicklung hin zu einem besonders liberalen Scheidungsrecht stattgefunden, was sich sowohl in der Ausformung der einzelnen Scheidungsgründe als auch in der verringerten Prüfungskompetenz der Gerichte widerspiegelt.[406]

Dem scheidungswilligen Ehegatten ist es nach der liberalen Ehekonzeption des heutigen Familiengesetzes von 1992 möglich, unter sehr vereinfachten Bedingungen die Scheidung zu begehren.

Zunächst lässt sich feststellen, dass der Scheidungsgrund der Scheidung aufgrund gegenseitigen Einvernehmens im Vergleich zu anderen europäischen Ländern einer äußerst liberalen Konzeption folgt, da nach der mazedonischen Regelung neben der Einschränkung hinsichtlich der Verwirklichung der Interessen der Kinder keinerlei Hindernisse in Gestalt von zu beachtenden Fristen oder zu erfüllenden echten Bedingungen bestehen. Im Verhältnis zu anderen europäischen Ländern kommt in Mazedonien insoweit der Willensautonomie beider Ehegatten eine erhebliche Bedeutung zu.

Des Weiteren ist zu erkennen, dass eine Scheidung auch gegen den Willen eines Ehegatten unter sehr leichten Voraussetzungen möglich ist.

Zum Einen stellen die Gerichte in der heutigen Praxis hinsichtlich des Beweises des Vorliegens einer Ehezerrüttung, die ein weiteres gemeinschaftliches Eheleben unzumutbar macht, keine allzu hohen Anforderungen. Dies ergibt die Betrachtung neuerer Gerichtsurteile, in denen das Bestehen des zerrütteten Ehezustandes oft mit den allgemeinen Feststellungen, dass sich die Ehegatten ständig streiten, dass keine harmonischen Beziehungen mehr zwischen den Ehegatten bestehen, dass ein Ehegatte von seinem Ehegatten geschlagen wird, dass die Ehegatten verschiedene Charakter-

---

[406] Nikolovska, Prestanok na brak, Semejnoto zakonodavstvo na Republika Makedonia, S. 79 (Mazedonien).

eigenschaften aufweisen, mit denen eine unterschiedliche Lebenseinstellung einhergeht, usw. begründet wird.[407]

Die genannten Beispiele zeigen deutlich, dass in der Praxis dem Willen des scheidungswilligen Ehegatten in hohem Maße Rechnung getragen wird.

Der allgemeine Scheidungsgrund des Art. 40 FamG 1992 enthält insoweit auch keine Einschränkung in dem Sinne, dass die Ehegatten eine bestimmte Zeit voneinander getrennt gelebt haben müssen, um den Scheidungsgrund geltend zu machen. Ferner bestehen keinerlei Härteklauseln, wonach eine Scheidungsklage abgelehnt werden könnte, wenn die Aufrechterhaltung der Ehe im Interesse der aus der Ehe hervorgegangenen minderjährigen Kinder aus besonderen Gründen ausnahmsweise erforderlich sein könnte oder wenn die Scheidung für den Beklagten aufgrund außergewöhnlicher Umstände eine so schwere Härte darstellen würde, dass die Aufrechterhaltung der Ehe ausnahmsweise geboten erscheinen würde.

Zum Anderen kann der Ehegatte, falls er den Beweis des Vorliegens der Ehezerrüttung nicht führen kann, bereits nach der sehr kurzen Zeitspanne von einem Jahr die Scheidung aufgrund des Scheidungsgrundes der faktischen Beendigung der ehelichen Gemeinschaft verlangen, ohne dass dafür das Bestehen einer Ehezerrüttung festgestellt werden müsste.

Hier ist zu beachten, dass die Einstellung des sich der Scheidung widersetzenden Ehegatten nicht berücksichtigt wird. Der Ehegatte, der die Scheidung nicht begehrt, hat in Mazedonien folglich nach einer einjährigen Trennung keinerlei Möglichkeit, die Scheidung zu verhindern. Abschließend ist somit festzuhalten, dass das mazedonische Scheidungssystem eine äußerst liberale Ausgestaltung aufweist.

---

[407] Vgl. hierzu die einzelnen Gerichtsurteile, veröffentlicht in: Janevski, Primeneta (klinička) programa po gradjansko pravo, Bilten Br. 4 (Urteilssammlung) (Mazedonien).

4. TEIL: DAS VERFAHREN DER SCHEIDUNG

A. Allgemeines zum Verfahren in Familienstreitigkeiten

In der Zeit von 1946 bis 1957 existierte keine eigenständige Zivilprozessordnung.

Das Grundgesetz über die Ehe von 1946 enthielt daher neben materiell-rechtlichen Bestimmungen in seinem Kapitel V unter der Überschrift „Zuständigkeit für Klagen und einstweilige Anordnungen in Ehestreitigkeiten" (Art. 72-81 EheGG 1946) auch einige verfahrensrechtliche Bestimmungen.

1957 wurde erstmals ein Zivilprozessgesetz[408] erlassen, durch welches bürgerlich-rechtliche Streitigkeiten geregelt wurden, wozu gemäß Art. 1 dieses Gesetzes auch die Ehestreitigkeiten gehörten. Obwohl das Familienrecht im sozialistischen Rechtssystem als selbständiger Rechtszweig aus dem Bürgerlichen Recht ausgesondert war, wurden also trotzdem die Ehestreitigkeiten nach den Vorschriften des allgemeinen Zivilprozessrechts behandelt.[409]

Für die Ehestreitigkeiten galten aber die besonderen Bestimmungen der Art. 398-412 im 3. Teil des 26. Kapitels unter der Überschrift „Verfahren in Ehestreitigkeiten". Hierdurch wurde folglich doch betont, dass das Familienrecht ein eigenständiger Rechtszweig war.

Durch die mit den Verfassungsreformen im Jahre 1971 einhergehende Neuzuweisung der Gesetzgebungskompetenzen (vgl. oben) stand die Gesetzgebungszuständigkeit auf dem Gebiet des Prozessrechts nunmehr den Republiken und autonomen Provinzen zu. Durch das 1978 erlassene Gesetz über das besondere Streitverfahren in Familiensachen[410] der Republik Mazedonien verlor das Zivilprozessgesetz von 1957 in Mazedonien seine Wirkung.[411]

Im Familiengesetz von 1992 wurden in Mazedonien erstmals die Verfahrensvorschriften für Familienstreitigkeiten einheitlich mitgeregelt (vgl. oben). Obwohl das Familienrecht in Mazedonien auch heute noch aus dem Bürger-

---

[408]   Sluzben list na FNRJ, Nr. 4/57.

[409]   Stanković, Postupak za razvod braka u SFRJ, S. 102 (SFRJ, SR Serbien).

[410]   Sluzben Vesnik na SRM, Nr.13/78.

[411]   Stanković, Postupak za razvod braka u SFRJ, 319 (SFRJ, SR Serbien); Risteski/Risteska, Prvostepena postapka za razvod na brak vo SRM, Zbornik na trudovi na dnu, Prilep 1989, S. 138 (SFRJ, SR Mazedonien).

© Springer Fachmedien Wiesbaden GmbH, ein Teil von Springer Nature 2009
I. Kohlmann, *Die Ehescheidung in der Republik Mazedonien unter Berücksichtigung international-privatrechtlicher Elemente*,
Edition KWV, https://doi.org/10.1007/978-3-658-24140-7_4

lichen Recht ausgesondert ist und einen eigenen Rechtszweig darstellt, werden Ehe- und Familienstreitigkeiten als bürgerlich-rechtliche Streitigkeiten angesehen und daher subsidiär nach den Vorschriften behandelt, die den Zivilprozess regeln.[412]

Gemäß Art. 222 FamG 1992 werden daher in Verfahren, in denen das Gericht in Ehe-, Familien- und anderen Streitigkeiten aufgrund des Familiengesetzes von 1992 entscheidet, die Bestimmungen des Gesetzes über das Streitverfahren[413] und des Gesetzes über das Vollstreckungsverfahren[414] angewendet, sofern durch das Familiengesetz von 1992 nichts anderes bestimmt ist (vgl. ebenso Art. 1 Gesetz über das Streitverfahren).

Ehe-, Familien- und andere Streitigkeiten sind dabei: „Ehestreitigkeiten (Art. 230 FamG 1992), Streitigkeiten hinsichtlich der Feststellung und Anfechtung der Vaterschaft und Mutterschaft (Art. 50-75, 262-271 FamG 1992), Streitigkeiten hinsichtlich der Übergabe der Kinder in Obhut und Erziehung (Art. 272-273 FamG 1992), Streitigkeiten hinsichtlich des Unterhalts (Art. 178-202, 274-279 FamG 1992) und Streitigkeiten betreffend die Vollstreckung der Übergabe eines Kindes (Art. 280- 281 FamG 1992)".

Grundsätzlich gelten also auch für das Verfahren der Scheidung die Vorschriften des Zivilprozesses. Allerdings weist das Scheidungsverfahren eine Reihe von Besonderheiten auf.

B.   Das Scheidungsverfahren

Das Verfahren der Scheidung ist in den Art. 228-260 FamG 1992 geregelt.

Auch die Verfahrensregelungen des Familiengesetzes wurden nach den Prinzipien des Familienrechts, wie sie in Art. 40 der Verfassung der Republik Mazedonien zum Ausdruck kommen, erschaffen.[415] Dies bedeutet in Bezug auf die Regeln des Scheidungsverfahrens, dass sie als Ausgleich zwischen den Interessen der scheidungswilligen Ehegatten und den Interessen der

---

[412]   Čavdar, Komentar na zakonot za semejstvoto, S. 369 (Mazedonien).
[413]   Sluzben Vesnik na Republika Makedonia, Br. 33/98.
[414]   Sluzben Vesnik na Republika Makedonia, Nr. 53/97.
[415]   Stojčevski, Postapka vo bračnite sporovi, Semejnoto zakonodavstvo na Republika Makedonia, S. 222 (Mazedonien).

Gesellschaft, repräsentiert durch die Interessen der schutzbedürftigen Kinder, zu sehen sind.[416]

I. Verfahrensgrundsätze

1. Dispositionsmaxime

Die grundsätzlich im Zivilprozess geltende Dispositionsmaxime, wonach das Gericht in den Grenzen der im Verfahren gestellten Anträge entscheidet (vgl. Art. 2 Gesetz über das Streitverfahren), gilt auch in Familienstreitigkeiten.

Dieser Grundsatz der Dispositionsmaxime ist jedoch in Familienstreitigkeiten und damit auch im Scheidungsverfahren hinsichtlich der Verfahrensbeendigung eingeschränkt. Gemäß Art. 225 FamG 1992 ist in Familienstreitigkeiten die Verkündung eines Versäumnisurteils, eines Urteils auf der Grundlage der Anerkennung oder eines Urteils auf der Grundlage des Verzichts nicht erlaubt. Nach dieser Vorschrift ist zudem mit Ausnahme in Streitfällen über den Unterhalt auch ein gerichtlicher Vergleich ausgeschlossen.

Eine weitere Einschränkung dieses Grundsatzes ergibt sich durch die Vorschrift des Art. 272 FamG 1992, wonach im Verfahren zur Übergabe der Kinder in Obhut und Erziehung das Gericht nicht an die Anträge der Streitparteien gebunden ist.[417]

Möglich ist aber eine Klagerücknahme unter den Voraussetzungen der Art. 234, 236 FamG 1992.

Ferner besteht auch die Möglichkeit der Klageänderung unter den Voraussetzungen der Art. 175-177 Gesetz über das Streitverfahren.

2. Verhandlungsgrundsatz

Es bestehen zudem Beschränkungen des im Zivilprozess grundsätzlich geltenden Verhandlungsgrundsatzes. Im Scheidungsverfahren gilt der Untersuchungsgrundsatz für sog. ehefreundliche Tatsachen, d.h. das Gericht prüft

---

[416] Stojčevski, Postapka vo bračnite sporovi, Semejnoto zakonodavstvo na Republika Makedonia, S. 222 (Mazedonien).

[417] Vgl. Jovčevski, Primenata na nekoi osnovni načela na procesnata postapka vo zakonot za semejstvoto, Semejnoto zakonodavstvo na Republika Makedonia, S. 121 ff. (Mazedonien).

von Amts wegen, ob Tatsachen vorliegen, die der Aufrechterhaltung der Ehe zu dienen geeignet sind.[418]

Das Gericht muss zudem im Ehescheidungsurteil von Amts wegen, also unabhängig von dem Antrag einer Partei, über die Obhut, den Unterhalt und die Erziehung der gemeinsamen Kinder entscheiden (vgl. Art. 249 FamG 1992).

Ebenso kann das Gericht während des Verfahrens von Amts wegen eine einstweilige Anordnung bezüglich der Leistung von Unterhalt für die gemeinsamen Kinder und deren Übergabe zur Obhut und zur Erziehung erlassen (vgl. Art. 251 FamG 1992).

Gemäß Art. 257 Abs. 1 FamG 1992 darf das Gericht auch Feststellungen hinsichtlich solcher Tatsachen treffen, auf denen die Scheidungsklage basiert und die sich auf die gemeinsamen Kinder der Ehegatten beziehen, selbst wenn zwischen den Ehegatten hinsichtlich dieser Tatsachen gar keine Uneinigkeit besteht.

Im Hinblick auf die Scheidungsgründe darf das Gericht sich jedoch gemäß Art. 257 Abs. 2 FamG 1992 nicht auf die Prüfung der Wahrhaftigkeit anderer Tatsachen einlassen, die es durch Aussagen der Ehegatten oder auf andere Weise erfahren hat und die einen anderen als den vorgebrachten Scheidungsgrund für eine Klage darstellen könnten. Die bedeutet, dass sich das Gericht ausschließlich auf eine Feststellung der Tatsachen einlässt, die im Hinblick auf den in der Klage geltend gemachten Scheidungsgrund relevant sind.[419] Insoweit gilt folglich der Verhandlungsgrundsatz.

3.   Öffentlichkeitsgrundsatz

Die Verfahren nach Art. 222 FamG 1992 finden sowohl beim Termin der Hauptverhandlung als auch beim Schlichtungstermin unter Ausschluss der Öffentlichkeit statt.

In Familienstreitigkeiten gilt damit abweichend vom allgemeinen Prozessrecht (vgl. Art. 4, Art 291 Abs. 1 Gesetz über das Streitverfahren) nicht der Öffentlichkeitsgrundsatz. Gemäß Art. 224 Abs. 2 FamG 1992 kann der

---

[418]   Risteski/Risteska, Prvostepena postapka za razvod na brak vo SRM, Zbornik na trudovi na dnu, Prilep 1989, S. 144.

[419]   Nikolovska, Prestanok na brak, Semejnoto zakonodavstvo na Republika Makedonia, S. 79 (Mazedonien); Stojčevski, Postapka vo bračnite sporovi, Semejnoto zakonodavstvo na Republika Makedonia (Mazedonien).

Vorsitzende des Gerichts in Ausnahmefällen erlauben, dass an der Hauptverhandlung Wissenschaftler und Beamte, die sich mit den Problemen der Ehe und der Familie beschäftigen, sowie Personen, welche die Streitparteien vorschlagen, anwesend sind. Gleiches gilt gemäß Art. 224 Abs. 3 FamG 1992 für den Schlichtungstermin.

4. Beschleunigung des Verfahrens

Gemäß Art. 223 FamG 1992 ist in Familienstreitigkeiten, in denen die Parteien gemeinsame minderjährige Kinder haben (vgl. Art. 10 FamG 1992) oder Kinder, für die das elterliche Recht verlängert wurde (vgl. Art. 94 FamG 1992), das Verfahren eilig.

Diese Regelung steht in Widerspruch zu einigen im Gesetz genannten Fristen, die das Scheidungsverfahren betreffen. Dies zeigt zum einen die Betrachtung der Vorschrift des Art. 237 Abs. 4 FamG 1992, wonach das Schlichtungsverfahren vor dem Zentrum für Sozialarbeit bis zu drei Monaten dauern kann.[420] Zum anderen entspricht auch nicht die Vorschrift des Art. 259 Abs. 2 FamG 1992 dem Beschleunigungsgrundsatz, wonach von den Parteien gegen erstinstanzliche Urteile innerhalb von fünfzehn Tagen Beschwerde eingelegt werden kann.[421] Bei dieser Frist handelt es sich nämlich um die normale Frist zur Einlegung einer Beschwerde nach dem Gesetz über das Streitverfahren. Ist ein Verfahren eilig, so beträgt die Frist zur Einlegung einer Beschwerde nach dem Gesetz über das Streitverfahren nur acht Tage.

Das in dieser Vorschrift enthaltene Prinzip der Beschleunigung kann daher nur bedeuten, dass diese Verfahren vor Gericht Priorität vor anderen Verfahren genießen. Das Gericht muss Verfahrensverzögerungen vermeiden, bei der Festsetzung des Termins der Hauptverhandlung und bei der Setzung von Fristen mit höchster Aufmerksamkeit verfahren und vor allem dem Schutze der gemeinsamen Kinder dienende vorläufige Regelungen von Amts wegen treffen wie beispielsweise die einstweilige Anordnung hinsichtlich der Leistung von Unterhalt oder der Übergabe der Kinder zur Obhut und zur Erziehung.[422] Diese Verfahrensbeschleunigung muss in allen Verfahrens-

---

[420] Stojčevski, Postapka vo bračnite sporovi, Semejnoto zakonodavstvo na Republika Makedonia, S. 223 (Mazedonien).

[421] Stojčevski, Postapka vo bračnite sporovi, Semejnoto zakonodavstvo na Republika Makedonia, S. 223 (Mazedonien).

[422] Čavdar, Komentar na zakonot za semejstvoto, S. 373 (Mazedonien).

stadien durchgeführt werden und gilt auch für das Zentrum für Sozialarbeit, soweit es am Verfahren beteiligt ist.[423]

II. Zuständigkeit der Gerichte

1. Sachliche Zuständigkeit

In Mazedonien existieren keine speziellen Familiengerichte, die sich ausschließlich mit Familienstreitigkeiten befassen. Zuständig in Familienstreitigkeiten sind in Mazedonien die allgemeinen Gerichte der ersten Instanz (vgl. Art. 28, 31,32 Gerichtsgesetz).[424]

2. Örtliche Zuständigkeit

a. Allgemeiner Gerichtsstand

Das Gericht der allgemeinen örtlichen Zuständigkeit ist gemäß Art. 40 Abs. 1 Gesetz über das Streitverfahren das Gericht, in dessen Amtsbezirk der Beklagte seinen Wohnsitz hat. Hat der Beklagte einen Wohnsitz weder in der Republik Mazedonien noch in einem anderen Staat, ist gemäß Art. 40 Abs. 2 Gesetz über das Streitverfahren das Gericht allgemein örtlich zuständig, in dessen Amtsbezirk der Beklagte seinen Aufenthaltsort hat.

Hat der Beklagte neben seinem Wohnsitz noch einen Aufenthaltsort an einem anderen Ort und ist nach den Umständen anzunehmen, dass er dort längere Zeit verbleibt, ist gemäß Art. 40 Gesetz über das Streitverfahren das Gericht des Aufenthaltsortes des Beklagten allgemein örtlich zuständig.

b. Gerichtsstand bei Ehestreitigkeiten

Gemäß Art. 228 FamG 1992, 47 Abs. 1 Gesetz über das Streitverfahren ist in Ehestreitigkeiten neben dem Gericht der allgemeinen örtlichen Zuständigkeit auch das Gericht örtlich zuständig, in dessen Zuständigkeitsbereich die Ehepartner ihren letzten gemeinsamen Wohnsitz hatten.

Ehestreitigkeiten sind nach Art 230 Abs. 1 FamG 1992 Streitigkeiten hinsichtlich der Ungültigerklärung (Art. 35-38 FamG 1992) und der Scheidung der Ehe (Art. 39-41 FamG 1992). Nach Art. 47 Abs. 1 Gesetz über das

---

[423]   Stojčevski, Postapka vo bračnite sporovi, Semejnoto zakonodavstvo na Republika Makedonia, S. 222 (Mazedonien).

[424]   Vgl. Čavdar, Komentar na zakonot za semejstvoto, S. 372 (Mazedonien).

Streitverfahren gehört zu den Ehestreitigkeiten auch die Feststellung des Bestehens oder Nichtbestehens einer Ehe. Gemäß Art. 47 Abs. 2 Gesetz über das Streitverfahren kann in bestimmten Fällen auch das Gericht örtlich zuständig sein, in dessen Zuständigkeitsbereich der Kläger seinen Wohnsitz hat.

Das Gericht stellt gemäß Art. 15 Gesetz über das Streitverfahren sofort nach Eingang der Klage von Amts wegen fest, ob es zuständig ist und in welcher Besetzung.

III. Die Einleitung des Verfahrens

Das Verfahren in Ehestreitigkeiten wird durch Klage eingeleitet (Art. 229 Abs. 1 FamG 1992). Wenn die Ehepartner darum ersuchen, dass die Ehe im gegenseitigen Einvernehmen geschieden wird, wird das Verfahren durch einen Vorschlag zur einverständlichen Scheidung der Ehe eingeleitet (Art. 229 Abs. 2 FamG 1992). Bei der Formulierung der Regelung des Art. 229 Abs. 2 des Originaltextes des Familiengesetzes, in der es wörtlich heißt: „wenn die Ehegatten die Scheidung aufgrund gegenseitigen Einvernehmens begehren, wird das Verfahren durch eine Klage durch einen einverständlichen Vorschlag zur Scheidung der Ehe eingeleitet" handelt es sich nach allgemeiner Auffassung um einen redaktionellen Fehler.[425] Zum einen ist das Wort der Klage völlig überflüssig, zum anderen muss es nicht einverständlicher Vorschlag zur Ehescheidung, sondern vielmehr Vorschlag zur einverständlichen Scheidung heißen. Dies lässt sich auf die Vorschriften der Art. 230 Abs. 4, 248 und 253 FamG 1992 stützen, in denen allesamt die Formulierung des Vorschlages auf einverständliche Scheidung enthalten ist.[426]

Die Scheidungsklage stellt eine Gestaltungsklage dar. Die allgemeinen Anforderungen, denen die Scheidungsklage entsprechen muss, ergeben sich aus den Art. 95-99 Gesetz über das Streitverfahren.

---

[425] Vgl. Čavdar, Komentar na zakonot za semejstvoto, S. 12 (Mazedonien).
[426] Stojčevski, Postapka vo bračnite sporovi, Semejnoto zakonodavstvo na Republika Makedonia, S. 226 (Mazedonien).

1. Der Tod eines Ehegatten

Das Recht der Klage auf Scheidung der Ehe ist ein streng persönliches Recht, das jedem Ehegatten zusteht. Dieses Recht geht mit dem Tod eines Ehegatten nicht auf die Erben über (Art. 230 Abs. 1 FamG 1992).

Die Erben des verstorbenen Ehegatten, der die Klage auf Scheidung eingereicht hat, können nur eine Feststellung verlangen, dass die Klage auf Scheidung der Ehe begründet war (Art. 230 Abs. 2 FamG 1992). Dies gilt gemäß Art. 230 Abs. 3, S. 1 FamG 1992 innerhalb einer Frist von sechs Monaten nach dem Tod des Klägers. Nach Ablauf dieser Frist wird das Verfahren eingestellt (Art. § 230 Abs. 3, S. 2 FamG 1992).

Die Klage wird in diesem Fall in eine Feststellungsklage im Sinne des Art. 175 und 176 Gesetz über das Streitverfahren umgeändert. Der Beklagte darf sich dabei analog Art. 176 Abs. 2 Gesetz über das Streitverfahren der Änderung der Klage nicht widersetzen.

Das Recht gemäß Art. 230 Abs. 2 FamG 1992 steht neben den gesetzlichen Erben auch den testamentarischen Erben zu.[427]

Nicht erforderlich ist, dass die Erben ein rechtliches Interesse an der Feststellung haben. So können die Erben das Verfahren auch weiterführen, wenn der überlebende Ehegatte das Erbe ausgeschlagen hat und die Erben damit eigentlich kein rechtliches Interesse mehr an der Feststellung haben.[428]

Es reicht zudem, wenn nur ein Erbe einer Erbengemeinschaft das Verfahren fortführen möchte. Der entgegenstehende Wille der übrigen Erben schadet nicht. Es besteht insoweit keine notwendige Streitgenossenschaft.[429]

Die Erben, die gemäß Art. 230 FamG 1992 die Feststellung begehren, ob die Klage auf Scheidung der Ehe begründet war, können keine neuen Gründe für die Scheidung geltend machen, sondern sich nur auf die bisher vom verstorbenen Ehegatten hervorgebrachten Gründe berufen.[430]

---

[427] Muratovska-Markovska, Razvod na brakot, Pravnik, Godina VI, Br. 66, Skopje 1997, S. 13 (Mazedonien).

[428] Čavdar, Komentar na zakonot za semejstvoto, S. 382 (Mazedonien).

[429] Vrhoven sud na Makedonia, Gžž. 20/84, in: Zbirka na sudski odluki, Kniga III, Br. 1 = Oberster Gerichtshof der Sozialistischen Republik Mazedonien, Gžž. 20/84, in: Urteilssammlung, Buch III, Nr. 1.

[430] Čavdar, Komentar na zakonot za semejstvoto, S. 382 (Mazedonien).

Die Bestimmungen des Art. 230 Abs. 1 und Abs. 2 FamG 1992 weichen von den allgemeinen Bestimmungen der Art. 197-200 Gesetz über das Streitverfahren, die die Unterbrechung des Verfahren regeln, ab.

Anders als gemäß der Bestimmung des Art. 197 Nr. 1 Gesetz über das Streitverfahren kann das Scheidungsverfahren nicht durch einen Bevollmächtigen weitergeführt werden. Wird nicht in der vorgegeben Frist von sechs Monaten die Scheidungsklage durch die Erben in eine Feststellungsklage umgewandelt (vgl. oben), so wird das Verfahren vom Gericht von Amts wegen eingestellt.

Auch wenn der Beklagte stirbt, kann anders als gemäß Art. 197 Nr. 1 Gesetz über das Streitverfahren das Scheidungsverfahren nicht durch einen Bevollmächtigten weitergeführt werden. In diesem Fall wird das Verfahren vielmehr analog Art. 230 Abs. 3, S. 2 FamG 1992 eingestellt.[431]

Da es sich bei dem Recht auf Erhebung einer Scheidungsklage um ein streng persönliches Recht handelt, kann es nicht wie es in Art. 200 Abs. 1 Gesetz über das Streitverfahren vorgesehen ist, von den Erben weitergeführt werden.

Wenn im Falle des Todes des Klägers oder Beklagten bereits ein Urteil erlassen wurde, welches noch nicht rechtskräftig geworden ist, stellt das Gericht erster Instanz fest, dass dieses Urteil keine rechtliche Wirkung hat. Ist der Kläger verstorben, unterbricht das Gericht das Verfahren und beendet es, wenn die Erben das Verfahren nicht innerhalb von sechs Monaten i.S.d. Art. 230 FamG 1992 fortführen (siehe oben). Ist der Beklagte verstorben, stellt das Gericht fest, dass es keine Gründe für eine Fortführung des Verfahrens gibt und beendet es.[432]

Wird das Verfahren im Sinne des Art. 230 Abs. 2 und 3 FamG 1992 fortgeführt, so stellt sich die Frage, ob dieses Verfahren den Charakter einer Ehestreitigkeit verliert und damit nur noch die Vorschriften des Gesetzes über das Streitverfahren Anwendung finden. Generell wird das fortgeführte Verfahren nach den Vorschriften des Gesetzes über das Streitverfahren durchgeführt. Es kann aber auch hier nicht ein Versäumnisurteil, ein Urteil auf Grundlage der Anerkennung oder ein Urteil auf der Grundlage des

---

[431] Vgl. Nikolovska, Prestanok na brak, Semejnoto zakonodavstvo na Republika Makedonia, S. 80 (Mazedonien).

[432] Čavdar, Komentar na zakonot za semejstvoto, S. 383 (Mazedonien).

Verzichts erlassen werden, weil diese Urteile auch Rechtswirkungen Dritten gegenüber entfalten. Ebenso ist ein gerichtlicher Vergleich ausgeschlossen.[433]

Gemäß Art. 230 Abs. 4 FamG 1992 werden die Bestimmungen des Art. 230 Abs. 1 und Abs. 2 FamG 1992 entsprechend angewandt, wenn das Verfahren auf Scheidung durch einen Vorschlag zur einvernehmlichen Scheidung eingeleitet wurde.

Die Verfahrenssituation stellt sich in diesem Fall als etwas komplizierter dar. Dies gilt vor allem für den Fall, in dem der überlebende Ehegatte seine vorherige Zustimmung widerruft. In diesem Fall werden die vorherigen Positionen der Parteien geändert. Der überlebende Ehegatte erlangt die Position des Beklagten und die Erben des verstorbenen Ehegatten erlangen die Position des Klägers.

Zudem ist im Fall der Einleitung des Verfahrens durch einen Vorschlag zur einverständlichen Scheidung unklar, was geschieht, wenn die Erben des verstorbenen Ehegatten, das Verfahren nicht fortführen möchten, der überlebende Ehegatte dagegen die Fortführung des Verfahrens begehrt.

In diesem Fall kann das Gericht das Verfahren nicht fortführen, weil der überlebende Ehegatte die Rolle des Klägers erlangt und der verstorbene Ehegatte wie ein Beklagter behandelt wird.

2. Die Bevollmächtigung

Die Scheidung kann auch durch einen Bevollmächtigten eingeleitet werden. In diesem Fall müssen gemäß Art. 231 FamG 1992 in der Vollmacht die Art der Klage und die Gründe angegeben sein, aufgrund welcher die Klage eingereicht wird.

Im Scheidungsverfahren besteht kein Anwaltszwang. Gemäß Art. 82 Abs. 1 Gesetz über das Streitverfahren können die Parteien Prozesshandlungen persönlich oder durch Bevollmächtigte vornehmen. Das Gericht kann aber die Partei, die einen Bevollmächtigten hat, persönlich vor das Gericht laden, damit sie sich über die Tatsachen erklärt, die im Prozess festgestellt werden müssen.

Gemäß Art. 83 Gesetz über das Streitverfahren kann Vertreter jede Person sein, die vollkommen handlungsfähig ist.

---

[433] Čavdar, Komentar na zakonot za semejstvoto, S. 383 (Mazedonien).

Die Vollmacht kann von der Partei entweder schriftlich oder mündlich zu Protokoll des Gerichts erteilt werden (Art. 90 Gesetz über das Strafverfahren). Ist die Partei Analphabet oder nicht in der Lage, die schriftliche Vollmacht zu unterschreiben, so kann sie gemäß Art. 90 Abs. 2, S. 1 Gesetz über das Streitverfahren anstelle einer Unterschrift einen Zeigefingerabdruck setzen. Wird in diesem Falle die Vollmacht einer Person erteilt, die kein Anwalt ist, ist die Anwesenheit zweier Zeugen erforderlich, welche die Vollmacht unterschreiben (Art. 90 Abs. 2, S. 2 Gesetz über das Streitverfahren).

Bestehen Zweifel an der Authentizität der schriftlichen Vollmacht, kann das Gericht durch Beschluss bestimmen, dass eine beglaubigte Vollmacht beigebracht wird. Gegen diesen Beschluss ist keine Beschwerde zulässig.

Zu beachten ist, dass nach der Regelung des Art. 231 FamG 1992 keine beglaubigte Vollmacht beizubringen ist. Dies steht aber nicht mit der Natur des Klägerbegehrens und den Folgen, die eine Scheidung mit sich bringt, im Einklang.[434] Nach allgemeiner Ansicht ist das Gericht daher in jedem Fall, in dem eine Vollmacht erteilt wird, verpflichtet, die Beibringung einer beglaubigten Urkunde i.S.d. Art. 90 Abs. 3 Gesetz über das Streitverfahren zu fordern.[435]

Zu beachten ist, dass im Schlichtungsverfahren gemäß Art. 140 FamG 1992 beide Ehepartner bei dem Termin zum Versuch der Schlichtung persönlich anwesend sein müssen. Wurde das Verfahren durch einen Vorschlag zur einverständlichen Scheidung eingeleitet, so müssen sowohl beim Schlichtungstermin als auch in der Hauptverhandlung beide Ehegatten persönlich anwesend sein, unabhängig davon, ob sie Bevollmächtigte haben oder nicht. Gemäß Art. 240 Abs. 3 FamG 1992 wird nämlich, wenn einer der beiden Ehepartner unentschuldigt nicht zum Schlichtungstermin erschienen ist, das Verfahren so behandelt, als sei der Vorschlag zur Ehescheidung im gegenseitigen Einvernehmen zurückgenommen worden.

Gleiches gilt gemäß Art. 255 FamG 1992 für das Hauptverfahren. Auch hier wird das Verfahren so behandelt, als sei der Vorschlag zur Ehescheidung im gegenseitigen Einvernehmen zurückgenommen worden, wenn beim Termin der Hauptverhandlung einer oder beide Ehegatten unentschuldigt ausbleiben, obwohl sie ordnungsgemäß geladen waren.

---

[434] Čavdar, Komentar na zakonot za semejstvoto, S. 386 (Mazedonien).
[435] Čavdar, Komentar na zakonot za semejstvoto, S. 386 (Mazedonien).

3. Die Vormundschaft

Für Personen, die geisteskrank oder urteilsunfähig sind (vgl. Art. 18 FamG 1992), kann der Vormund die Klage nur nach vorheriger Genehmigung durch das Zentrum für Sozialarbeit einreichen (Art. 232 FamG 1992).

Die Vormundschaft ist in den Art. 135-177 FamG 1992 geregelt.

Gemäß Art. 165 FamG 1992 werden die Personen, denen durch Gerichtsentscheidung die Geschäftsfähigkeit teilweise oder ganz entzogen wurde, von dem Zentrum für Sozialarbeit unter Vormundschaft gestellt.

Wurde für eine unter Vormundschaft zu stellende Person während der Ehe ihr Ehepartner zum Vormund bestellt, so muss im Falle der Scheidung für diese Person ein besonderer Vormund i.S.d. Art 174 Abs. 1 und 2, 155 Abs. 2 FamG 1992 eingesetzt werden.

Um das Scheidungsverfahren im Namen der unter Vormundschaft stehenden Person einleiten zu können, muss der Vormund der Klage die Genehmigung des Zentrums für Sozialarbeit beifügen. In der Genehmigung müssen analog Art. 231 FamG 1992 die Gründe angegeben sein, deretwegen die Klage eingereicht wird.[436]

IV. Das Schlichtungsverfahren

Nach der Zulassung der Klage auf Ehescheidung oder des Vorschlags auf Ehescheidung im gegenseitigen Einvernehmen wird vor der Zustellung der Klage an den Beklagten ein Verfahren zur Schlichtung zwischen den Ehepartnern durchgeführt (Art. 237 Abs. 1 FamG 1992).

Das Schlichtungsverfahren ist obligatorisch. Weder das Gericht, noch die Parteien können auf die Durchführung des Schlichtungsverfahrens verzichten.

1. Ausnahmen

Nur in den gesetzlich vorgeschriebenen Ausnahmefällen ist das Schlichtungsverfahren nicht durchzuführen.

Das Schlichtungsverfahren wird gemäß Art. 237 Abs. 2 FamG 1992 nicht durchgeführt,

---

[436] Čavdar, Komentar na zakonot za semejstvoto, S. 386 (Mazedonien).

1. wenn einer der Ehepartner unfähig ist, die Lage zu beurteilen;

2. wenn einer oder beide Ehepartner im Ausland leben;

3. wenn einer der Ehepartner seit mehr als sechs Monaten unbekannt verzogen ist und

4. wenn nach einer Widerklage zur Scheidungsklage, gleichgültig, wann sie eingereicht wurde, der Versuch zur Versöhnung der Ehepartner nach der Klage erfolglos blieb.

2. Die Durchführung des Schlichtungsverfahrens

Haben die Ehepartner gemeinsame minderjährige Kinder oder Kinder, für die das elterliche Recht verlängert wurde, so führt das Zentrum für Sozialarbeit das Verfahren zur Schlichtung durch (Art. 237 Abs. 3 FamG 1992).

In diesem Fall ist das Gericht gemäß Art. 237 Abs. 4, S. 1 FamG 1992 verpflichtet, innerhalb einer Frist von acht Tagen eine schriftliche Mitteilung an das Zentrum für Sozialarbeit mit konkreten Angaben über das Verfahren zu schicken. Das Zentrum für Sozialarbeit ist danach verpflichtet, innerhalb einer Frist von drei Monaten nach Erhalt der Information das Verfahren zur Schlichtung zwischen den Ehepartnern zu beenden (Art. 237 Abs. 4, S. 2 FamG 1992).

Haben die Ehepartner keine minderjährigen Kinder oder Kinder, für die das elterliche Recht verlängert wurde, so führt das Gericht das Verfahren der Schlichtung zwischen den Ehepartnern durch, sofern das Gericht nicht befindet, dass es zweckmäßiger ist, das Verfahren zur Schlichtung dem Zentrum für Sozialarbeit zu überlassen (Art. 237 Abs. 5 FamG 1992).

Das Verfahren der Schlichtung vor dem Zentrum für Sozialarbeit wird durch Gesetz geregelt (vgl. Art. 237 Abs. 6, 238 FamG 1992).

Der Termin zum Versuch der Schlichtung ist gemäß Art. 239 FamG 1992 ein gesonderter Termin, der nicht mit dem Termin der Hauptverhandlung verbunden werden darf.

Die beiden Ehepartner müssen beim Schlichtungstermin persönlich anwesend sein. Erscheint ein Ehegatte unentschuldigt nicht zum Schlichtungstermin, so wird im Falle der Einleitung des Verfahrens durch Klage das Verfahren so behandelt, als sei eine Schlichtung nicht zustande gekommen (vgl. Art. 240 Abs. 2 FamG 1992).

Im Fall der Einleitung durch einen Vorschlag zur Ehescheidung im gegenseitigen Einvernehmen wird dagegen das Verfahren so behandelt, als sei der Vorschlag der Ehescheidung im gegenseitigen Einvernehmen zurückgenommen worden (vgl. Art. 240 Abs. 3 FamG 1992).

Ist es beim Schlichtungstermin zu keiner Schlichtung zwischen den Ehepartnern gekommen, wurde aber der Eindruck gewonnen, dass die Aussicht besteht, zu einer Schlichtung zu kommen, oder konnte nicht die feste Überzeugung gewonnen werden, dass eine weitere Schlichtung vergeblich ist, so kann ein neuer Schlichtungstermin bestimmt werden (Art. 241 FamG 1992).

Wenn der Schlichtungstermin keinen Erfolg hat, setzt der Vorsitzende des Gerichts einen Termin für die Hauptverhandlung fest und stellt dem Beklagten die Klage auf Ehescheidung zu (vgl. Art. 246 FamG 1992).

Im Fall der Einleitung durch einen Vorschlag zur Ehescheidung im gegenseitigen Einvernehmen muss der Vorsitzende keinen Termin für das Hauptverfahren ansetzen, wenn die Ehepartner keine gemeinsamen Kinder haben. In diesem Fall fällt der Vorsitzende des Gerichts, nachdem er festgestellt hat, dass die Ehegatten die gegenseitige Zustimmung zur Ehescheidung frei, ernsthaft und unerschütterlich getroffen haben, das Urteil, durch das die Ehe geschieden wird.

V. Geltendmachung von mehreren Klageansprüchen in einer Klage

Nach dem Gesetz über das Streitverfahren gilt der Grundsatz, dass der Kläger in einer Klage mehrere Ansprüche gegen denselben Beklagten geltend machen kann, wenn diese Ansprüche entweder durch dieselbe tatsächliche und rechtliche Grundlage verbunden sind oder wenn dasselbe Gericht sachlich für jeden dieser Ansprüche zuständig ist und wenn für alle Ansprüche dieselbe Art des Verfahrens festgelegt ist (vgl. Art. 173 Abs. 1 Gesetz über das Streitverfahren).

In Art. 250 FamG 1992 ist aber bestimmt, dass Vermögensstreitigkeiten zwischen den Ehepartnern nicht zusammen mit dem Ehescheidungsstreit entschieden werden können. Ausgenommen sind gemäß Art. 250 FamG 1992 dabei aber Streitigkeiten über den Unterhalt.

Über die Streitigkeiten über Obhut, Unterhalt und Erziehung der gemeinsamen Kinder muss das Gericht sogar von Amts wegen entscheiden, unabhängig davon, ob die Parteien einen solchen Antrag gestellt haben oder nicht (vgl. oben).

VI. Die Rücknahme der Klage

Gemäß Art. 234 Abs. 1 FamG 1992 kann der Kläger in den Streitfällen über die Scheidung der Ehe die Klage bis zum Abschluss der Hauptverhandlung ohne Zustimmung des Beklagten und bis zur rechtskräftigen Beendigung des Verfahrens mit Zustimmung des Beklagten zurücknehmen.

Gemäß Art. 234 Abs. 2 FamG 1992 hat die Abstandnahme von der Klage die gleiche Rechtswirkung wie die Rücknahme der Klage.

Die Bestimmungen des Art. 234 FamG 1992 weichen von den allgemeinen Regeln des Gesetzes über das Streitverfahren ab. Aus der Vorschrift des Art. 178 Abs. 1 und 2 Gesetz über das Streitverfahren ergibt sich, dass der Kläger im Zivilprozess im Gegensatz zur Regelung des Art. 234 Abs. 1 FamG 1992 nach Abschluss der Hauptverhandlung die Klage nicht mehr zurücknehmen kann. Gemäß Art. 234 Abs. 1 FamG ist dies dagegen bis zur rechtskräftigen Beendigung des Verfahrens möglich, also auch noch nach Erlass des erstinstanzlichen Urteils, solange dieses nicht rechtskräftig geworden ist.

Auch die Regelung des Art. 317 Gesetz über das Streitverfahren, wonach das Gericht, wenn der Kläger vor dem Abschluss der Hauptverhandlung auf seine Klageforderung verzichtet, ohne weitere Verhandlungen ein Urteil erlässt, mit dem es die Klageforderung abweist, findet im Scheidungsverfahren keine Anwendung. Verzichtet der Kläger auf seine Klageforderung, so erlässt das Gericht im Scheidungsverfahren kein Urteil auf der Grundlage des Verzichts, sondern trifft seine Entscheidung mit der Feststellung, dass der Kläger die Klage zurückgenommen hat.[437]

Eine zurückgenommene Klage gilt gemäß Art. 178 Abs. 3 Gesetz über das Streitverfahren als nicht erhoben und kann erneut erhoben werden.

Das Verfahren der Rücknahme ist im Einzelnen in Art. 235 FamG geregelt.

Den Vorschlag auf Ehescheidung im gegenseitigen Einvernehmen können die Ehepartner gemäß Art. 236 Abs. 1, S. 1 FamG 1992 zurücknehmen,

---

[437] Čavdar, Komentar na zakonot za semejstvoto, S. 392 (Mazedonien).

solange das Verfahren nicht rechtsgültig beendet ist. Gemäß Art. 236 Abs. 1, S. 2 FamG 1992 wird der Vorschlag auch dann als zurückgenommen betrachtet, wenn nur einer der Ehepartner den Vorschlag zurücknimmt.

VII. Die Widerklage

Gemäß Art. 233 Abs. 1 FamG 1992 kann der Beklagte seinerseits eine Klage auf Scheidung der Ehe bei dem Gericht einreichen, vor dem er beklagt ist. Beide Klagen werden durch ein Urteil entschieden (Art. 223 Abs. 2 FamG 1992).

VIII. Einstweilige Anordnung

Gemäß Art. 251 Abs. 1 FamG 1992 kann das Gericht im Laufe des Verfahrens der Ehescheidung vorläufige Regelungen bezüglich der Leistung von Unterhalt für die gemeinsamen Kinder und deren Übergabe zur Obhut und zur Erziehung treffen. Die vorläufigen Regelungen nach Abs. 1 können von Amts wegen, auf Vorschlag einer der Streitparteien sowie auf Vorschlag des Zentrums für Sozialarbeit getroffen werden (vgl. Art. 251 Abs. 2 FamG 1992).

Gemäß Art. 251 Abs. 3 FamG 1992 kann das Gericht die vorläufigen Regelungen nach Abs. 1 auch zugunsten eines Ehepartners auf dessen Vorschlag treffen.

Die vorläufigen Regelungen dauern bis zum rechtskräftigen Ende des Verfahrens. Das Gericht kann sie aber von Amts wegen oder auf Antrag einer der Streitparteien ändern (vgl. Art. 252 FamG 1992).

IX. Besonderheiten bei Einleitung des Scheidungsverfahrens durch einen Vorschlag zur einvernehmlichen Scheidung

Wird das Scheidungsverfahren gemäß Art. 229 Abs. 2 FamG 1992 durch einen Vorschlag zur einvernehmlichen Scheidung eingeleitet, so ergeben sich einige Besonderheiten.

In diesem Fall besteht nicht der klassische Zustand von Kläger und Beklagtem, da beide Ehegatten durch den Vorschlag wie Kläger auftreten.

Art. 248 Abs. 1 FamG 1992 bestimmt, dass im Fall des Vorschlages zur einverständlichen Scheidung der Vorsitzende des Gerichts, wenn die Schlichtung nicht erfolgreich war, keinen Termin für die Hauptverhandlung ansetzen muss, wenn die Ehepartner keine gemeinsamen Kinder haben. Gemäß Art. 248 Abs. 2 FamG 1992 fällt der Vorsitzende des Gerichts in diesem Fall bereits das Scheidungsurteil, nachdem er festgestellt hat, dass die Ehepartner die gegenseitige Zustimmung zur Ehescheidung frei, ernsthaft und unerschütterlich getroffen haben.

Ebenso bestimmt Art. 258 FamG 1992, dass die Begründung des Urteils in diesem Fall nur die Feststellung enthält, dass die Ehepartner ihre Zustimmung zur Ehescheidung frei, ernsthaft und unerschütterlich erteilt haben.

Besonderheiten ergeben sich zudem, wenn die Ehegatten gemeinsame Kinder haben, hinsichtlich der gesetzlich vorausgesetzten Vereinbarung über die Rechte und Pflichten der Eltern.

Gemäß Art. 253 Abs. 1 FamG 1992 muss im Falle, dass die Ehepartner gemeinsame minderjährige Kinder oder volljährige Kinder, für die das elterliche Recht verlängert worden ist, haben, die Vereinbarung nach Art. 39 Abs. 2 FamG 1992 über die Art der Ausübung der elterlichen Rechte und über die Übergabe der Kinder zur Obhut und zur Erziehung schriftlich gefasst oder beim zuständigen Gericht erster Instanz mündlich zu Protokoll gegeben werden (vgl. dazu ausführlicher schon oben im Rahmen der Scheidungsgründe).

Ist dem Vorschlag auf einverständliche Ehescheidung nicht eine solche Vereinbarung beigefügt, so kann dies übereinstimmend mit den Bestimmungen des Gesetzes über das Streitverfahren für außerordentliche Anträge nachgeholt werden (Art. 253 Abs. 2 FamG 1992). Geschieht dies nicht, so wird der Vorschlag vom Gericht verworfen.

Bei der Bewertung der Vereinbarung der Ehegatten ist das Gericht verpflichtet, ein Gutachten des Zentrums für Sozialarbeit einzuholen (Art. 256 Abs. 1, S. 1 FamG 1992). Das Zentrum für Sozialarbeit ist dabei gemäß Art. 256 Abs. 2 FamG 1992 verpflichtet, innerhalb einer Frist von fünfzehn Tagen nach Erhalt des Ersuchens des Gerichts ein solches Gutachten abzugeben.

Gewinnt das Gericht den Eindruck, dass die Vereinbarung gegen die Interessen der Kinder verstößt, so trifft es selbst eine Entscheidung hinsichtlich dieser Fragen (Art. 245 Abs. 1 FamG 1992).

X.   Anhängigkeit und Rechtshängigkeit

Die Scheidungsklage ist nach ihrer Einreichung anhängig.

Für die Rechtshängigkeit gelten die allgemeinen Bestimmungen des Art. 179 Gesetz über das Streitverfahren. Gemäß Art. 179 Abs. 1 Gesetz über das Streitverfahren wird der Prozess mit der Zustellung der Klage an den Beklagten rechtshängig.

Während der Rechtshängigkeit kann eine Klage mit demselben Streitgegenstand nicht nochmals erhoben werden. Eine trotzdem erhobene Klage muss als unzulässig abgewiesen werden (Art. 179 Abs. 3 Gesetz über das Streitverfahren).

XI.   Das Scheidungsurteil/ Rechtskraft

Die Ehe wird durch ein rechtskräftiges gerichtliches Urteil geschieden (Art. 34 Abs. 3 FamG 1992). In Art. 80 FamG 1992 ist dabei bestimmt, dass das Gericht mit dem Urteil, mit dem die Ehe geschieden wird, über die Obhut, die Erziehung und den Unterhalt der gemeinsamen Kinder entscheidet.

Für die Rechtskraft gelten die allgemeinen Bestimmungen des Art. 319 Gesetz über das Streitverfahren. Gemäß Art. 319 Abs. 1 Gesetz über das Streitverfahren wird das Urteil, das nicht mehr mit einer Beschwerde angefochten werden kann, rechtskräftig, wenn es über die Klageforderung oder die Widerklage entscheidet.

Gemäß Art. 320 Abs. 1 Gesetz über das Streitverfahren ist das Gericht an sein Urteil gebunden, wenn es verkündet ist oder, wenn es noch nicht verkündet wurde, wenn es abgesandt ist. Gegenüber den Parteien hat das Urteil erst von dem Tage an Wirkung, an dem es ihnen zugestellt wurde (vgl. Art. 320 Abs. 2 Gesetz über das Streitverfahren).

Gemäß Art. 334 Abs. 1 Gesetz über das Streitverfahren können die Parteien innerhalb von 15 Tagen nach der Zustellung der Urteilsabschrift Beschwerde einlegen, wenn in diesem Gesetz keine andere Frist festgelegt ist. Eine rechtzeitig eingelegte Beschwerde hemmt gemäß Art. 334 Abs. 2 Gesetz über das Streitverfahren die Rechtskraft des Urteils in dem Teil, der mit der Beschwerde angefochten ist.

XII. Rechtsmittel

1. Ordentliche Rechtsmittel

Gemäß Art. 334 Abs. 1 Gesetz über das Streitverfahren können die Parteien gegen erstinstanzliche Urteile innerhalb von fünfzehn Tagen nach der Zustellung der Urteilsabschrift die sog. Beschwerde einlegen, wenn in diesem Gesetz keine andere Frist festgelegt ist.

Eine rechtzeitig eingelegt Beschwerde hemmt die Rechtskraft des Urteils in dem Teil, der mit der Beschwerde angefochten ist (Art. 334 Abs. 2 Gesetz über das Streitverfahren).

Über die Beschwerde gegen das Urteil entscheidet das zweitinstanzliche Gericht.

Gemäß Art. 339 Gesetz über das Streitverfahren kann das Urteil angefochten werden:

1. wegen einer wesentlichen Verletzung der Vorschriften des Zivilprozesses;

2. wegen eines fehlerhaft oder unvollständig festgestellten Sachverhalts und

3. wegen einer fehlerhaften Anwendung des materiellen Rechts.

Art. 259 FamG 1992 enthält darüber hinaus Regelungen hinsichtlich der Anfechtung eines Scheidungsurteils, welches aufgrund eines Vorschlags zur einverständlichen Scheidung ergangen ist.

Das Urteil, mit dem die Ehe aufgrund des Vorschlages zur einverständlichen Scheidung geschieden wird, kann gemäß Art. 259 Abs. 1 FamG 1992 angefochten werden:

1. wegen einer wesentlichen Verletzung der Vorschriften des Zivilprozesses gemäß Art. Art. 340 Abs. 2 Gesetz über das Streitverfahren;

2. wegen einer fehlerhaften Anwendung des materiellen Rechts und

3. wenn die gegenseitige Zustimmung zur Ehescheidung im Irrtum oder unter Einfluss von Gewalt oder unter Drohung erteilt wurde oder wenn die gesetzlich vorgegebenen Bedingungen für den Erlass des Urteils nicht bestanden haben.

Gemäß Art. 259 Abs. 2 FamG 1992 kann die Beschwerde gegen erstinstanzliche Urteile des Abs. 1 von den Parteien innerhalb von fünfzehn Tagen erhoben werden.

2. Außerordentliche Rechtsmittel

Gemäß Art. 260 FamG 1992 kann ein rechtskräftiges Scheidungsurteil nicht durch außerordentliche Rechtsmittel angefochten werden.

Außerordentliche Rechtsmittel sind nach dem Gesetz über das Streitverfahren:

1. die Revision (Art. 368-386 Gesetz über das Streitverfahren), die gemäß Art. 368 Gesetz über das Streitverfahren von den Parteien gegen ein zweitinstanzliches rechtskräftiges Urteil innerhalb von 30 Tagen seit dem Tag der Zustellung einer Urteilsabschrift eingelegt werden kann;

2. der Antrag auf Schutz der Gesetzlichkeit (Art. 387-394 Gesetz über das Streitverfahren), den gemäß Art. 387 Abs. 1 Gesetz über das Streitverfahren der Staatsanwalt gegen ein rechtskräftiges gerichtliches Urteil innerhalb von drei Monaten stellen kann;

3. die Wiederaufnahme des Verfahrens gemäß Art. 395-406 Gesetz über das Streitverfahren und

4. die Wiedereinsetzung in den vorigen Stand gemäß Art. 106-111 Gesetz über das Streitverfahren.

Der Ausschluss der außerordentlichen Rechtsmittel bedeutet, dass ein Scheidungsverfahren mit dem zweitinstanzlichen Urteil beendet ist.[438]

XIII. Prozesskosten

Die Prozesskosten bestimmen sich nach den allgemeinen Regelungen der Art. 140-164 Gesetz über das Streitverfahren.

---

[438] Stojčevski, Postapka vo bračnite sporovi, Semejnoto zakonodavstvo na Republika Makedonia, S. 229 (Mazedonien).

5. TEIL: DIE FOLGEN DER BEENDIGUNG DER EHE DURCH SCHEIDUNG

Im Rahmen der Scheidungsfolgen sind zunächst die Folgen, die sich auf die Ehegatten beziehen, zu betrachten. Anschließend ist auf die Folgen, die sich auf die gemeinsamen Kinder beziehen, einzugehen.[439]

A. Die Beendigung der Ehe

Die Scheidung stellt einen Beendigungstatbestand der wirksam zustande gekommenen Ehe dar (Art. 34 Abs. 1 FamG 1992). Gemäß Art. 34 Abs. 3 FamG 1992 wird die Ehe durch Scheidung beendet, wenn das Urteil der Scheidung rechtskräftig wird (vgl. zur Rechtskraft oben im Rahmen des Scheidungsverfahrens).

B. Der Familienname

Die Beendigung der Ehe durch Scheidung führt nicht unmittelbar zu einer Änderung des ehelichen Familiennamens. Es besteht sowohl die Möglichkeit, dass der Ehegatte, der bei der Eheschließung seinen Namen geändert hat, den Ehenamen behält, als auch die Möglichkeit, dass er den Namen zurückerhält, den er vor der Eheschließung hatte.[440]

Behält der Ehegatte den ehelichen Nachnamen, so ist ihm auch gestattet, diesen Namen im Falle einer neuen Eheschließung weiterhin zu behalten.

C. Der Anspruch auf Unterhalt seitens des bedürftigen Ehegatten

Eine der praktisch bedeutsamsten Folgen der Scheidung ist die Entstehung des Anspruchs auf Unterhalt auf Seiten des bedürftigen Ehegatten, der unter den gesetzlich genau festgesetzten Voraussetzungen eintritt.

---

[439] Muratovska-Markovska, Posledici od razvod na brakot, Pravnik, Godina VII, Br. 74, Skopje 1998, S. 12 (Mazedonien); Bakić, Porodično pravo u SFRJ, S. 222 (SFRJ, SR Serbien).

[440] Spirović-Trpenovska, Semejno pravo, S. 136 (Mazedonien).

© Springer Fachmedien Wiesbaden GmbH, ein Teil von Springer Nature 2009
I. Kohlmann, *Die Ehescheidung in der Republik Mazedonien unter Berücksichtigung international-privatrechtlicher Elemente*,
Edition KWV, https://doi.org/10.1007/978-3-658-24140-7_5

I.   Einleitung: Das Unterhaltsrecht im Allgemeinen

1.   Die Vorschriften über das Unterhaltsrecht vor dem Familiengesetz von 1992

Sowohl das Grundgesetz über die Beziehungen zwischen Eltern und Kindern von 1947[441] als auch das Grundgesetz über die Ehe von 1946[442] enthielten bereits den Unterhalt betreffende Regelungen. Einzelne Unterhaltsfragen wurden im Folgenden auch in den verschiedenen Familienrechtsgesetzen der Republik Mazedonien von 1973 geregelt. So fanden sich beispielsweise hinsichtlich des Unterhalts der Eltern und Kinder untereinander Regelungen im Gesetz über die Beziehungen zwischen Eltern und Kindern von 1973[443]. Der Unterhalt der Ehegatten untereinander war im Ehegesetz von 1973[444] geregelt.

2.   Die Konzeption des Unterhaltsrechts nach dem heutigen Familiengesetz

Eine im Vergleich zur vorherigen Gesetzeslage wesentliche Neuerung besteht darin, dass im Familiengesetz von 1992 nunmehr alle Fragen aus dem Bereich des Unterhaltsrechts in einem gesonderten sechsten Teil des Familiengesetzes 1992 unter der Überschrift „Unterhalt" in den Art. 178-191 FamG 1992 abschließend geregelt werden. Dieser Teil erfasst nunmehr alle Personenkonstellationen, aus denen sich Unterhaltsverpflichtungen ergeben können.

Art. 178 FamG 1992 bestimmt insoweit, dass es das Recht und die Pflicht der Familie ist, für die Mitglieder der Familie und die anderen Verwandten Unterhalt zu leisten beziehungsweise Unterhalt von ihnen zu empfangen. Die allgemeine Bestimmung des Art. 11 FamG 1992 legt dabei fest, dass es sich bei der Unterhaltspflicht um eine durch Gesetz festgelegte Pflicht handelt. Dies gilt auch, wenn daneben eine Unterhaltspflicht vereinbart wird.[445]

Das mazedonische Recht kennt eine Unterhaltspflicht der Eltern gegenüber ihren Kindern (vgl. Art. 179 Abs. 1 FamG 1992), umgekehrt der Kinder gegenüber ihren Eltern (vgl. Art. 181 FamG 1992), sonstiger Verwandter

---

[441]   Sluzben list na FNRJ, Nr. 104/47.
[442]   Sluzben list na FNRJ, Nr. 45/49.
[443]   Sluzben Vesnik na SRM, Nr. 5/73.
[444]   Sluzben Vesnik na SRM, Nr. 35/73.
[445]   Čavdar, Komentar na zakonot za semejstvoto, S. 281 (Mazedonien).

untereinander (vgl. Art. 180-183 FamG 1992) und schließlich unter Ehegatten (vgl. Art. 185 FamG 1992). Gemäß der allgemeinen Bestimmung des Art. 13 FamG 1992 wird zudem eine außereheliche Gemeinschaft, die mindestens ein Jahr andauert, im Hinblick auf das Recht auf gegenseitigen Unterhalt mit der ehelichen Gemeinschaft gleichgestellt (vgl. auch Art. 193 FamG 1992).

Die Konzeption des Unterhaltsrechts im Familiengesetz von 1992 stellt sich wie folgt dar. In einem ersten Abschnitt (Art. 178-184 FamG 1992) finden sich zunächst allgemeine Vorschriften hinsichtlich der Unterhaltsberechtigung und eine daran anknüpfende Festlegung der jeweils unterhaltsverpflichteten Personen. Darüber hinaus wird in dem ersten Abschnitt umfänglich der Verwandtenunterhalt, insbesondere zwischen Eltern und Kindern, geregelt. Der zweite Abschnitt (Art. 185-193 FamG 1992) regelt den Unterhalt der Ehegatten untereinander. Der dritte Abschnitt (Art. 194-202 FamG 1992) umfasst schließlich die Frage der Bestimmung des Unterhalts nach Art und Höhe.

Maßgeblicher Grundgedanke, auf den die Verpflichtung zur Unterhaltsleistung zurückgeführt werden kann, ist die Notwendigkeit familiärer Solidarität, welche eine große Bedeutung in der Familienrechtstheorie und in der Gesetzgebungspraxis Mazedoniens hat.[446]

Die Grundlage für eine gesetzliche Regelung der Unterhaltspflicht der Eltern und der Kinder untereinander bildet dabei die Vorschrift des Art. 40 Abs. 3 der Verfassung der Republik Mazedonien, aus der sich zum einen das Recht und die Pflicht der Eltern ergibt, für den Unterhalt und die Erziehung der Kinder zu sorgen, zum anderen die Pflicht der Kinder, für ihre bedürftigen Eltern aufzukommen (vgl. oben).[447]

Auch wenn die Verfassung nur die Unterhaltsverpflichtungen der Eltern und Kinder untereinander ausdrücklich nennt, so ergibt sich aus der Tradition und aus der Tatsache, dass der mazedonische Staat nicht für jeden bedürftigen Bürger aufkommen kann, also aus ökonomischen Gründen, auch die Notwendigkeit einer Regelung im Familiengesetz von 1992 hinsichtlich der Unterhaltsverpflichtung der Ehegatten untereinander und hinsichtlich der

---

[446] Spirović-Trpenovska, Semejno pravo, S. 225 (Mazedonien).
[447] Cvetkov, Opredeluvanje na izdrška, Semejnoto zakonodavstvo na Republika Makedonia, S. 187 (Mazedonien).

übrigen Verwandten.[448] Die Regelungen des Unterhaltsrechts haben insgesamt die Erreichung einer sozialen Sicherheit zum Ziel.[449]

Welch große Bedeutung der mazedonische Staat der Frage des Unterhalts beimisst, ist an der Regelung des Art. 178 Abs. 2 FamG 1992 abzulesen, wonach die Republik Mazedonien in Fällen, in denen der gegenseitige Unterhalt der Mitglieder der Familie und der anderen Verwandten ganz oder teilweise nicht gewährleistet ist, den nicht abgesicherten Mitgliedern der Familie die notwendigen Mittel zum Unterhalt unter den durch Gesetz festgelegten Bedingungen gewährt. Aus diesem Grunde hat gemäß Art. 178 Abs. 3 FamG 1992 ein Verzicht auf das Recht auf Unterhalt grundsätzlich keine Rechtswirkung. Es soll vermieden werden, dass der mazedonische Staat Unterhalt für bedürftige Menschen leisten muss, wenn andere unterhaltspflichtige Personen vorhanden sind.[450]

a.   Die Reihenfolge bei mehreren Unterhaltspflichtigen

Die Reihenfolge bei mehreren Unterhaltspflichtigen richtet sich gemäß Art. 184 Abs. 1 FamG 1992 nach der Erbfolge. Sind mehrere Personen gemeinschaftlich zur Unterhaltsleistung verpflichtet, so wird diese gemäß Art. 184 Abs. 2 FamG 1992 nach den jeweiligen Möglichkeiten aufgeteilt.

b.   Die Entschädigung für zu Unrecht gezahlten Unterhalt

Gemäß Art. 202 FamG 1992 kann derjenige, der Unterhalt leistet (ein Organ, eine Organisation, eine Gemeinschaft oder eine natürliche Person), von den Personen, die nach dem Familiengesetz von 1992 verpflichtet sind, Unterhalt zu leisten, eine Entschädigung für die zum Unterhalt der Person geleisteten Ausgaben, sofern sie gerechtfertigt waren, verlangen (Art. 202 FamG 1992).

II.   Spezifische Besonderheiten des gesetzlichen Unterhalts

Der gesetzliche Unterhalt weist eine Reihe von spezifischen Besonderheiten auf.

---

[448]   Čavdar, Komentar na zakonot za semejstvoto, S. 282 (Mazedonien).
[449]   Nikolov, Izdržuvanje na bračen drugar, Semejnoto zakonodavstvo na Republika Makedonia, S. 166 (Mazedonien).
[450]   Čavdar, Komentar na zakonot za semejstvoto, S. 281 (Mazedonien).

1. Zwingender Charakter des Unterhaltsrechts

Bei den Vorschriften, die den gesetzlichen Unterhalt regeln, handelt es sich grundsätzlich um zwingendes Recht. Der Unterhalt stellt eine durch Gesetz festgelegte Obliegenheit dar (vgl. Art. 11 FamG 1992), deren Erfüllung der Unterhaltspflichtige grundsätzlich nicht nach seinem Willen verweigern kann. Ebenso kann der Unterhaltsberechtigte nicht nach seinem Willen die Annahme des gesetzlichen Unterhalts ablehnen. Das Gericht kann also zum einen grundsätzlich auch gegen den Willen einer Person den Unterhalt von Amts wegen festsetzen. Zum anderen entfaltet ein Verzicht auf das Recht auf Unterhalt gemäß Art. 178 Abs. 3 FamG 1992 grundsätzlich keine Rechtswirkung (vgl. bereits oben). Lediglich ein Verzicht auf bestimmte vom Gericht festgelegte Beträge, die bereits fällig geworden sind, hat analog Art. 372 Gesetz über Schuldverhältnisse von 1978 rechtlichen Bestand.[451]

2. Der gesetzliche Unterhalt als streng persönliches Recht

Bei dem Recht auf Unterhalt handelt es sich sowohl auf Seiten des Unterhaltspflichtigen, als auch auf Seiten des Unterhaltsberechtigten um eine streng persönliche Pflicht bzw. ein streng persönliches Recht.[452] Dies bedeutet, dass diese Pflicht bzw. dieses Recht zu Lebzeiten nicht übertragbar ist und mit dem Tod nicht auf die Erben übergeht. Eine dahingehende Vereinbarung ist rechtlich unwirksam.[453] Lediglich die Verpflichtung zur Zahlung von festgesetzten Beträgen, die bereits vor dem Tod des Unterhaltspflichtigen fällig geworden sind, geht auf die Erben des Unterhalspflichtigen über.[454]

Speziell beim Unterhalt der Ehegatten untereinander ist jedoch die Frage umstritten, ob es sich bei der Unterhaltspflicht eines Ehegatten ebenso um eine streng persönliche Pflicht handelt, diese also mit dem Tod des Ehe-

---

[451] Čavdar, Komentar na zakonot za semejstvoto, S. 282 (Mazedonien).

[452] Djurović, Porodično pravo, S. 319 (SRFJ, SR Serbien).

[453] Nikolov, Izdržuvanje na bračen drugar, Semejnoto zakonodavstvo na Republika Makedonia, S. 167 (Mazedonien); Bakić, Porodično pravo u SFRJ, S. 228 (SFRJ, SR Serbien).

[454] Djurović, Porodično pravo, S. 319 (SRFJ, SR Serbien); Nikolov, Izdržuvanje na bračen drugar, Semejnoto zakonodavstvo na Republika Makedonia, S. 166 (Mazedonien).

gatten, der zur Unterhaltsleistung verpflichtet ist, endet oder auf die Erben übergeht.[455]

Nach einer Ansicht sind die gesetzlichen und testamentarischen Erben des verstorbenen unterhaltspflichtigen Ehegatten dazu verpflichtet, Unterhalt an den unterhaltsbedürftigen Ehegatten bis zu dem vom Gericht zuerkannten Zeitpunkt zu leisten. [456]

Nach überwiegender Ansicht handelt es sich jedoch zu Recht auch bei dieser Unterhaltspflicht um eine streng persönliche Pflicht, die mit dem Tod des unterhaltspflichtigen Ehegatten nicht auf die Erben übergeht. Das Familiengesetz von 1992 enthält insoweit keine Vorschrift, die auf eine solche Pflicht der Erben des unterhaltspflichtigen Ehegatten hinweisen würde.

3.   Keine Verjährung des Rechts auf Unterhalt

Nach Art. 373 Abs. 3 Gesetz über Schuldverhältnisse von 1978 verjährt das durch Gesetz festgelegte Recht auf Unterhalt nicht. Dies folgt aus dem Umstand, dass es sich bei dem Recht auf Unterhalt um ein persönlich-vermögensrechtliches Recht handelt und persönliche Rechte grundsätzlich nicht verjähren.[457] Ist der Unterhalt aber einmal durch bestimmte Beträge vom Gericht festgesetzt worden, so verjähren die Forderungen dieser einzelnen Beträge gemäß Art. 372 Gesetz über Schuldverhältnisse von 1978 nach einer Frist von drei Jahren. Da die Beträge meist periodisch (meist monatsweise) zuerkannt werden, verjährt gemäß Art. 372 Gesetz über Schuldverhältnisse von 1978 jede einzelne Rate innerhalb von drei Jahren vom Zeitpunkt ihrer Fälligkeit an gerechnet.[458] Hier ist aber die Besonderheit zu beachten, dass gemäß Art. 381 Gesetz über Schuldverhältnisse die Verjährung zwischen Ehegatten, solange die Ehe besteht, zwischen Eltern und Kindern, solange das Elternrecht besteht, und zwischen außerehelichen Partnern, solange die außereheliche Gemeinschaft besteht, nicht zu laufen beginnt.

---

[455]   Bakić, Porodično pravo u SFRJ, S. 228 (SFRJ, SR Serbien).
[456]   Risteski, Komentar na zakonot za brakot na SRM, S. 142 (SFRJ, SR Mazedonien).
[457]   Djurović, Porodično pravo, S. 319 (SRFJ, SR Serbien).
[458]   Djurović, Porodično pravo, S. 319 (SRFJ, SR Serbien).

4. Keine Aufrechnung möglich

Der Unterhalt kann vom Unterhaltspflichtigen gemäß Art. 341 Gesetz über Schuldverhältnisse von 1978 nicht mit Schulden des Unterhaltsberechtigten aufgerechnet werden. Dies gilt auch für einzelne Forderungen des Unterhaltsberechtigten, die bereits fällig geworden sind.[459]

5. Bereits gezahlte Unterhaltsbeiträge sind nicht zurückzuzahlen

Ein bereits geleisteter Unterhalt muss vom Unterhaltsberechtigten nicht mehr zurückgeleistet werden, wenn der Unterhaltsberechtigte eigene Mittel erlangt.[460]

6. Keine Zwangsvollstreckung hinsichtlich des Unterhalts

Der Unterhalt kann nicht durch Zwangsvollstreckung vollstreckt werden (vgl. Art. 92 Gesetz über das Vollstreckungsverfahren).

7. Der Vorrang der Unterhaltszahlung vor anderen Forderungen

Der Unterhalt genießt Vorrang vor allen anderen Forderungen im Vollstreckungsverfahren (Art. 93, 121, 125 Gesetz über das Vollstreckungsverfahren).

III. Der Unterhalt der Ehegatten untereinander

1. Einleitung: Die Entwicklung des Unterhaltsrechts der Ehegatten untereinander

Die rechtliche Ausgestaltung des Unterhaltsrechts der Ehegatten untereinander unterlag ebenso wie die rechtliche Ausgestaltung des Scheidungsrechts über die Jahre hinweg einigen Veränderungen, obgleich hier festzuhalten ist, dass alle drei Gesetze, ausgehend vom Grundgesetz über die Ehe von 1946 über das Gesetz über die Ehe von 1973 bis hin zum heutigen Familiengesetz von 1992, bezüglich des Unterhaltsrechts einer gleichen Grundkonzeption folgen. Dies lässt sich vor allem dem Umstand entnehmen, dass in allen drei Gesetzen der Unterhaltsanspruch eines bedürftigen Ehegatten gegenüber

---

[459]   Djurović, Porodično pravo, S. 319 (SRFJ, SR Serbien).
[460]   Čavdar, Komentar na zakonot za semejstvoto, S. 281 (Mazedonien); Djurović, Porodično pravo, S. 318 (SRFJ, SR Serbien).

seinem Ehegatten (vgl. Art. 11 EheGG 1946 und Art. 28 EheG 1973) bzw. im Falle einer vollzogenen Scheidung gegenüber seinem früheren Ehegatten (vgl. Art. 67 EheGG 1946 und Art. 59 EheG 1973) von den gleichen Grundvoraussetzungen abhängig gemacht wird.

Einzelne Unterschiede ergeben sich jedoch bei der Ausgestaltung der Ablehnungsgründe, die einem Unterhaltsanspruch entgegengehalten werden können. Die Einführung des dem Scheidungssystem des Familiengesetzes von 1992 zugrunde liegenden reinen Zerrüttungsprinzips, welche eine vollständige Abkehr von dem vorher bestehenden Verschuldensprinzip mit sich brachte (vgl. oben), hatte insoweit auch Auswirkungen auf die rechtliche Ausgestaltung der heutigen Ablehnungsgründe im Unterhaltsrecht, was die Schuld eines Ehegatten in Bezug auf die faktische Beendigung der ehelichen Gemeinschaft bzw. in Bezug auf die Scheidung der Ehe allgemein anbelangt.[461] Die rechtliche Auswirkung eines solchen Verschuldens auf den Unterhaltsanspruch ist insoweit im Vergleich zur vorherigen Gesetzeslage, nach welcher das Unterhaltsrecht noch deutlich durch das Verschuldensprinzip geprägt war, zurückgegangen. Einige Veränderungen ergeben sich zudem im Zusammenhang mit der Möglichkeit eines Antrags auf Unterhalt nach der Scheidung und mit der zeitlichen Festlegung des Unterhaltsanspruchs. Auf die einzelnen Unterschiede wird bei der Abhandlung der einzelnen Merkmale des heutigen Unterhaltsrechts eingegangen.

Soweit die Regelungen des heutigen Unterhaltsrechts noch mit denen des vorher bestehenden Unterhaltsrechts übereinstimmen, kann noch auf Urteile, die vor der Einführung des neuen Familiengesetzes von 1992 erlassen wurden, sowie auf zu dieser Zeit ergangene Literatur Bezug genommen werden.

2. Das Unterhaltsrecht der Ehegatten nach dem Familiengesetz von 1992

Bei dem Unterhalt der Ehegatten untereinander handelt es sich nach dem Familiengesetz von 1992 sowohl um ein Recht als auch um eine Pflicht.[462] Der Unterhalt stellt eines der Rechte bzw. eine der Pflichten dar, die aus der ehelichen Gemeinschaft erwachsen.

---

[461] Vgl. Ponjavić, Brak i razvod, S. 157 (SFRJ, SR Serbien).
[462] Muratovska-Markova, Posledici od razvod na brakot, Pravnik, Godina VII, Br. 74, Skopje 1998, S. 13 (Mazedonien).

Im Einklang mit den allgemeinen Vorschriften des Art. 3 FamG 1992, wonach die Beziehungen in der Familie auf Gleichberechtigung, gegenseitiger Achtung, gegenseitiger Hilfe und gegenseitigem Unterhalt beruhen, des Art. 6 Abs. 2 FamG 1992, wonach die Beziehungen zwischen den Ehegatten auf dem freien Entschluss des Mannes und der Frau, die Ehe zu schließen, auf ihrer Gleichberechtigung, auf gegenseitiger Achtung und gegenseitiger Hilfe beruhen und des Art. 11 FamG 1992, wonach der Unterhalt ein durch Gesetz festgelegtes Recht bzw. eine durch Gesetz festgelegte Pflicht unter anderem auch zwischen Personen, die in einer ehelichen Gemeinschaft leben, darstellt, sind in Art. 185 Abs. 1 FamG 1992 die Bedingungen festgelegt, unter denen ein Ehegatte Unterhalt von seinem Ehegatten verlangen kann.

Demgemäß bestimmt Art. 185 Abs. 1 FamG 1992, dass der Ehegatte, der nicht genügend Mittel zum Unterhalt hat und der unfähig ist zu arbeiten oder ohne Schuld arbeitslos ist, das Recht hat, von seinem Ehegatten im Rahmen seiner Möglichkeiten Unterhalt zu empfangen.

Die Regelung dieser Vorschrift, die die Grundvoraussetzungen eines Unterhaltsanspruches der Ehegatten untereinander enthält, bestand im Wesentlichen inhaltsgleich bereits im Grundgesetz über die Ehe von 1946 (Art. 11 EheGG 1946) und wurde auch im Ehegesetz von 1973 (Art. 28 EheG 1973) mit gleichem Inhalt wieder aufgenommen. Auch nach diesen Vorschriften waren also die Bedingungen für die Unterhaltsberechtigung eines Ehegatten zum einen die Mittellosigkeit und die Arbeitsunfähigkeit bzw. schuldlose Arbeitslosigkeit, zum anderen die Möglichkeit des anderen Ehegatten, Unterhalt zu leisten. Was die Grundvoraussetzungen des Unterhaltsanspruches der Ehegatten untereinander betrifft, so haben sich diese folglich von 1946 an bis heute nicht verändert (vgl. schon oben). Insoweit haben daher auch noch Gerichtsurteile Geltung, die bereits vor dem Erlass des Familiengesetzes ergangen sind.[463] Ferner kann auch die zu den vorhergehenden Regelungen ergangene Literatur zur Auslegung des Art. 185 Abs. 1 FamG noch herangezogen werden.

Der Antrag eines Ehegatten auf Unterhalt kann nach dem Familiengesetz von 1992 in der Zeit des Bestehens der Ehe (Art. 185 Abs. 1 FamG 1992), während des Scheidungsverfahrens (Art. 186 Abs. 1 FamG 1992) oder nach der Beendigung der Ehe durch Scheidung oder Ungültigerklärung (Art. 186 Abs. 2 FamG 1992) gestellt werden.

---

[463]   Vgl. Taseva/Koštanov, Zakon za semejstvoto, S. 1 (Mazedonien).

a. Die Grundvoraussetzungen des Unterhaltsanspruchs

Damit das Recht auf Unterhalt von einem Ehegatten geltend gemacht werden kann, müssen zunächst die durch Art. 185 Abs. 1 FamG 1992 für die Unterhaltsberechtigung festgelegten Bedingungen der Mittellosigkeit und der Arbeitsunfähigkeit oder schuldlosen Arbeitslosigkeit bei diesem Ehegatten kumulativ vorliegen.[464]

aa. Mittellosigkeit

Von einer Mittellosigkeit ist auszugehen, wenn ein Ehegatte keine oder nicht genügend Einkünfte aus einer ausgeführten Arbeit, aus einer Rente, aus seinem Vermögen oder Ähnlichem hat, womit er seine Ausgaben für Wohnung, Nahrung, Kleidung, Heizung, Medikamente und andere lebensnotwendige Ausgaben decken könnte.[465] Voraussetzung ist also, dass der Ehegatte nicht einmal über Mittel verfügt, die sein Existenzminimum sichern.[466] Die in Art. 185 Abs. 1 FamG 1992 vorausgesetzte Mittellosigkeit liegt auch in Fällen vor, in denen ein Ehegatte zwar eigene Mittel hat, diese aber nicht vollkommen für die Bestreitung seines Unterhalts ausreichen.[467] Eine für Art. 185 Abs. 1 FamG 1992 bedeutsame teilweise Mittellosigkeit ist daher beispielsweise auch dann gegeben, wenn ein Ehegatte zwar eine zeitweilige Arbeit für ein paar Monate im Jahr ausübt, der aus dieser Saisonarbeit erzielte Lohn aber nicht ausreicht, um die Ausgaben für das Existenzminimum zu decken.[468]

---

[464] Čavdar, Komentar na zakonot za semejstvoto, S. 297 (Mazedonien).

[465] Čavdar, Komentar na zakonot za semejstvoto, S. 297 (Mazedonien); Nikolov, Izdržuvanje na bračen drugar, Semejnoto zakonodavstvo na Republika Makedonia, S. 168 (Mazedonien); Tomislav, Pravne posledice razvoda braka, S. 39 (SFRJ, SR Serbien); Prokop, Komentar osnovnom zakonu o braku, S. 331 (SFRJ, SR Kroatien).

[466] Tomislav, Pravne posledice razvoda braka, S. 62 (SFRJ, SR Serbien).

[467] Bakić, Porodično pravo u SFRJ, S. 158 (SFRJ, SR Serbien).

[468] Vrhoven sud na Makedonia, Gž. 899/72, in: Zbirka na sudski odluki, Kniga I, Br. 4 = Oberster Gerichtshof der Sozialistischen Republik Mazedonien, Gž. 899/72, in: Urteilssammlung, Buch I, Nr. 4.

bb. Arbeitsunfähigkeit

Arbeitsunfähig ist ein Ehegatte, der aufgrund eines physischen oder psychischen Leidens nicht in der Lage ist, irgendeine Arbeit auszuführen.[469]

In bestimmten Fällen kann es dabei ausreichend sein, dass nur eine teilweise Arbeitsunfähigkeit oder eine Arbeitsunfähigkeit von nur vorübergehender Natur vorliegt.[470] Als Gründe für eine Arbeitsunfähigkeit kommen gewöhnlich eine dauernde physische oder psychische Krankheit, Invalidität, eine körperliche Unzulänglichkeit, das hohe Alter eines Ehegatten[471] und Ähnliches in Betracht.[472]

cc. Schuldlose Arbeitslosigkeit

Die schuldlose Arbeitslosigkeit, die alternativ zur Arbeitsunfähigkeit als Bedingung in Betracht kommt, liegt vor, wenn ein Ehegatte zwar arbeitsfähig ist, aber keine Arbeitsmöglichkeit hat.[473] Die Arbeitslosigkeit ist nur dann nicht verschuldet, wenn der Ehegatte bereit ist zu arbeiten. Es reicht nicht, wenn ein Ehegatte zwar arbeiten könnte, dies aber nicht möchte.[474] Eine Arbeitslosigkeit ist zudem verschuldet, wenn keinerlei Anstrengung unternommen wird, eine Arbeit zu finden oder sich ein Ehegatte hinsichtlich der Arbeitssuche zumindest nicht genügend Mühe gibt. Eine schuldlose Arbeitslosigkeit kann auf einer fehlenden Fähigkeit oder notwendigen fachlichen Qualifikation für eine Arbeit beruhen.[475] Möglich ist auch, dass eine generelle Arbeitslosigkeit im Land herrscht, die alsbald keine neue Beschäftigung zulässt. Auch das Alter eines Ehegatten kann ein möglicher Grund für eine schuldlose Arbeitslosigkeit sein. Als weiterer Grund wird zudem die Tatsache angesehen, dass sich ein Ehegatte ununterbrochen um

---

[469] Bakić, Porodično pravo u SFRJ, S. 158 (SFRJ, SR Serbien).

[470] Risteski, Komentar na zakonot za brakot na SRM, S. 73 (SFRJ, SR Mazedonien); Nikolov, Izdržuvanje na bračen drugar, Semejnoto zakonodavstvo na Republika Makedonia, S. 168 (Mazedonien).

[471] Vgl. Vrhoven sud na Makedonia, Rev. 92/85, in: Zbirka na sudski odluki, Kniga IV, Br. 9 = Oberster Gerichtshof der Sozialistischen Republik Mazedonien, Rev. 92/85, in: Urteilssammlung, Buch IV, Nr. 9.

[472] Tomislav, Pravne posledice razvoda braka, S. 39 (SFRJ, SR Serbien).

[473] Čavdar, Komentar na zakonot za semejstvoto, S. 297 (Mazedonien).

[474] Nikolov, Izdržuvanje na bračen drugar, Semejnoto zakonodavstvo na Republika Makedonia, S. 168 (Mazedonien); Tomislav, Pravne posledice razvoda braka, S. 40 (SFRJ, SR Serbien); Risteski, Komentar na zakonot za brakot, S. 73 (SFRJ, SR Mazedonien).

[475] Bakić, Porodično pravo u SFRJ, S. 158 (SFRJ, SR Serbien).

die Obhut und die Erziehung eines gemeinsamen Kindes oder mehrerer gemeinsamer Kinder kümmern oder anderen familiären Verpflichtungen nachkommen muss.[476]

dd. Die Möglichkeit, Unterhalt zu zahlen

Liegen die beiden Bedingungen der Mittellosigkeit und der Arbeitsunfähigkeit oder schuldlosen Arbeitslosigkeit bei einem Ehegatten kumulativ vor, so ist gemäß Art. 185 Abs. 1 FamG 1992 weitere Voraussetzung für den Unterhaltsanspruch, dass der unterhaltspflichtige Ehegatte die Möglichkeit hat, Unterhalt zu leisten. Der unterhaltspflichtige Ehegatte muss also leistungsfähig sein, d.h. Mittel zur Verfügung haben, die höher sind als der eigene Lebensbedarf. Das Gericht muss hier prüfen, ob der unterhaltspflichtige Ehegatte überhaupt in der Lage ist, Unterhalt zu leisten und wenn dies zu bejahen ist, in welcher Höhe ihm dies möglich ist. Gemäß Art. 185 Abs. 1 FamG 1992 richtet sich die Art und Höhe des Unterhaltsanspruches also nach den finanziellen Möglichkeiten des anderen Ehegatten.

Die Vorschrift des Art. 185 Abs. 1 FamG 1992 wird hierbei durch die Vorschrift des Art. 194 Abs. 3 FamG 1992 konkretisiert, wonach das Gericht bei der Feststellung der Möglichkeiten der Person, die zur Unterhaltsleistung verpflichtet ist, ihre sämtlichen Einkünfte und die tatsächlichen Möglichkeiten zum Lohnerwerb, ihre eigenen Bedürfnisse und die gesetzlichen Verpflichtungen in Bezug auf den Unterhalt anderer Personen berücksichtigt.

b. *Ablehnungsgründe*

Aufgrund gewisser gesetzlich vorgegebener Umstände kann das Gericht nach Würdigung aller Umstände im Einzelfall den Antrag auf Unterhalt ablehnen.

Zu unterscheiden sind hierbei Ablehnungsgründe, die auf dem Verschulden eines Ehegatten beruhen, und Ablehnungsgründe, die unabhängig von der Schuld eines Ehegatten geltend gemacht werden können.

---

[476] Čavdar, Komentar na zakonot za semejstvoto, S. 298 (Mazedonien); Eisner, Porodično pravo, S. 100 (FVJ, VR Kroatien).

aa.   Ablehnungsgründe, die auf dem Verschulden eines Ehegatten beruhen

aaa.   Böswilliges Verlassen oder Verlassen ohne berechtigten Grund

Gemäß Art. 185 Abs. 2 FamG 1992 besteht für das Gericht die Möglichkeit, den Antrag auf Unterhalt abzulehnen, wenn dieser von dem Ehegatten gestellt wird, der seinen Ehepartner böswillig oder ohne gerechtfertigten Grund verlassen hat.[477] Der nach dem Grundgesetz über die Ehe von 1946 bestehende verschuldensabhängige absolute Scheidungsgrund des böswilligen oder ungerechtfertigten Verlassens (Art. 58 EheGG 1946) hat damit heute noch im Rahmen der Scheidungsfolgen im Bereich des Unterhaltsrechts Bedeutung. Das böswillige oder ungerechtfertigte Verlassen wird heute als ein Umstand angesehen, bei dessen Vorliegen es moralisch ungerechtfertigt sein kann, einem Antrag auf Unterhalt stattzugeben.

Der Ablehnungsgrund des Art. 185 Abs. 2 FamG 1992 findet sowohl bei einem Antrag auf Unterhalt gemäß Art. 185 Abs. 1 FamG 1992 für die Zeit des Bestehens der Ehe als auch bei einem Antrag auf Unterhalt gemäß Art. 186 Abs. 1 oder Abs. 2 FamG 1992 für den Zeitraum nach der Scheidung Anwendung. Dies ergibt sich aus der Vorschrift des Art. 186 Abs. 1 FamG 1992, der auf Art. 185 FamG 1992 insgesamt verweist, was die Regelung des Art. 185 Abs. 2 FamG 1992 mit einschließt.

(1)   Böswilliges Verlassen

Ein böswilliges Verlassen liegt nach heute allgemeiner Ansicht vor, wenn ein Ehegatte mit dem Verlassen seines Ehegatten das Ziel verfolgt, diesem Leid zuzufügen oder ihn zu erniedrigen, wenn mit dem Verlassen Beleidigungen einhergehen oder wenn ein Ehegatte grob aus der gemeinsamen Wohnung vertrieben wird.[478]

(2)   Verlassen ohne berechtigten Grund

Ein Verlassen ohne berechtigten Grund liegt vor, wenn ein Ehegatte seinen Ehegatten verlässt, obwohl dieser sich völlig korrekt verhalten und ihm keinerlei Anlass hierzu gegeben hat.[479]

---

[477]   Spirović-Trpenovska, Semejno pravo, S. 230 (Mazedonien).
[478]   Čavdar, Komentar na zakonot za semejstvoto, S. 298 (Mazedonien).
[479]   Čavdar, Komentar na zakonot za semejstvoto, S. 298 (Mazedonien).

bbb.   Grobes und tadelnswertes Verhalten

Das Gericht kann gemäß Art. 187 1. Alt FamG 1992 den Antrag auf Unterhalt auch dann ablehnen, wenn derjenige Ehegatte Unterhalt verlangt, der sich in der Ehegemeinschaft ohne ernsthaften Anlass seitens des anderen Ehegatten grob und tadelnswert verhalten hat. Dieser Ablehnungsgrund wurde erstmalig durch das Familiengesetz von 1992 eingeführt.

Die Vorschrift des Art. 187 1. Alt. FamG 1992 findet Anwendung bei einem Antrag auf Unterhalt während des Bestehens der Ehe (Art. 185 Abs. 1 FamG 1992), während des Scheidungsverfahrens (Art. 186 Abs. 1 FamG 1992) oder nach der Scheidung (Art. 186 Abs. 2 FamG 1992).

(1)   Grobes Verhalten

Ein grobes Verhalten ist dann zu bejahen, wenn ein Ehegatte den anderen angreift, sei es verbal oder körperlich, ihn herabwürdigt, ihn vor Dritten verleumdet, ihm körperliche Schläge zufügt, ihm Nahrung oder andere existentiellen Notwendigkeiten vorenthält usw.[480]

(2)   Tadelnswertes Verhalten

Tadelnswert verhält sich derjenige Ehegatte in der ehelichen Gemeinschaft, der ein unsittliches Leben führt. Als ein solcher zu einem unsittlichen Leben führender Umstand wird beispielsweise starker Alkoholismus, Spielsucht, Prostitution, Eintritt in geschlechtliche Beziehungen zu einer anderen Person usw. angesehen.[481]

(3)   Ohne ernsthaften Anlass seitens des anderen Ehegatten

Weitere Voraussetzung für diesen Ablehnungsgrund ist, dass der andere Ehegatte seinem Ehegatten keinen ernsthaften Anlass für das grobe oder tadelnswerte Verhalten gegeben hat. Das grobe oder tadelnswerte Verhalten darf also nicht eine angemessene Reaktion auf ein Verhalten des anderen Ehegatten darstellen.[482] Der Antrag auf Unterhalt kann daher auch nicht

---

[480]   Tomislav, Pravne posledici razvoda braka, S. 77 (SFRJ, SR Serbien); Čavdar, Komentar na zakonot za semejstvoto, S. 304 (Mazedonien).

[481]   Čavdar, Komentar na zakonot za semejstvoto, S. 304 (Mazedonien); Tomislav, Pravne posledice razvoda braka, S. 78 (SFRJ, SR Serbien).

[482]   Ponjavić, Brak i razvod, S. 163 (SFRJ, SR Serbien).

abgelehnt werden, wenn ein grobes oder tadelnswertes Verhalten auf beiden Seiten vorliegt.

Diese genannten gesetzlichen Ablehnungsgründe, die auch auf einen Antrag auf Unterhalt nach der Scheidung Anwendung finden, zeigen deutlich, dass der mazedonische Gesetzgeber das Verschuldensprinzip im Rahmen der Scheidungsfolgen nicht wie bei den Scheidungsgründen, die heute völlig losgelöst von jeglichen Schuldelementen ausschließlich dem Zerrüttungsprinzip folgen, vollkommen aufgegeben hat (vgl. schon oben). Dies lässt sich daraus ersehen, dass die Frage, ob Unterhalt zu leisten ist, in den genannten gesetzlichen Ablehnungstatbeständen von Umständen abhängig gemacht wird, die die Schuld eines Ehegatten betreffen. [483]

Aber auch wenn damit nach dem Familiengesetz von 1992 das Verschulden bei dem Unterhaltsrecht der Ehegatten untereinander noch von Bedeutung ist, so ist doch eine Entwicklung gegenüber der Gesetzeslage, die zur Zeit der Geltung des Grundgesetzes über die Ehe von 1946 und des Gesetzes über die Ehe von 1973 bestand, festzustellen. Das Verschuldensprinzip, durch welches das Scheidungssystem beider dem Familiengesetz von 1992 vorangehenden Gesetze noch sehr geprägt war (vgl. oben), hatte auch im Rahmen der Scheidungsfolgen und damit des Unterhaltsrechts noch bedeutend mehr Auswirkung, als dies nach der heutigen Gesetzeslage der Fall ist.

Sowohl bei einem Anspruch auf Unterhalt zur Zeit des Bestehens der Ehe als auch bei einem Unterhaltsanspruch nach der Scheidung führte nämlich die Schuld eines Ehegatten hinsichtlich der faktischen Beendigung der ehelichen Gemeinschaft bzw. hinsichtlich der Scheidung allgemein zu einem absoluten Ausschluss des Rechts auf Unterhalt.

So bestimmte Art. 67 Abs. 1 EheGG 1946, dass ein Ehegatte nur dann das Recht auf Unterhalt nach der Scheidung hat, wenn ihn keine Schuld an der Ehescheidung trifft. Bei der den während der Ehe bestehenden Unterhaltsanspruch regelnden Vorschrift des Art. 11 EheGG 1946 fehlte zwar ein Absatz, der die Schuld hinsichtlich der faktischen Beendigung der ehelichen Gemeinschaft im Sinne eines böswilligen oder ungerechtfertigten Verlassens als Ausschlussgrund vorsah. Der Oberste Gerichtshof des ehemaligen Jugoslawien hatte aber entschieden, dass ein Ehegatte auch nur dann einen Anspruch auf Unterhalt während der Ehe hatte, wenn ihn keine Schuld an der

---

[483]   Nikolov, Izdržuvanje na bračen drugar, Semejnoto zakonodavstvo na Republika Makedonia, S. 172 (Mazedonien).

faktischen Trennung traf, d.h. nur dann, wenn er seinen Ehegatten nicht böswillig oder ungerechtfertigt verlassen hatte.[484] Diese Ansicht wurde auf eine Analogie zu Art. 67 EheGG 1946 gestützt.[485] Begründet wurde diese Rechtsprechung des Weiteren mit dem im Recht allgemein bestehenden alten Grundsatz, dass keiner aus einem gesetzeswidrigen Verhalten Vorteile ziehen darf (nemo auditur propriam turpitudinem allegans).[486]

Diese Rechtsprechung des Obersten Gerichtshofes des ehemaligen Jugoslawien hatte die damals Sozialistische Republik Mazedonien in das Gesetz über die Ehe von 1973 aufgenommen. So war gemäß Art. 28 Abs. 3 EheG 1973 das Recht auf Unterhalt während des Bestehens der Ehe für den Ehegatten ausgeschlossen, der seinen Ehegatten böswillig oder ohne berechtigten Grund verlassen hatte. Gemäß Art. 59 Abs. 2 EheG 1973 war darüber hinaus ebenso wie in Art. 67 EheGG 1946 bestimmt, dass das Recht eines Ehegatten auf Unterhalt ausgeschlossen war, wenn im Scheidungsurteil die Schuld dieses Ehegatten festgestellt wurde. Auch aus der Vorschrift des Art. 59 Abs. 2 EheG 1973 ging also hervor, dass die Schuldlosigkeit des bedürftigen Ehegatten an der Scheidung der Ehe Voraussetzung für die Verwirklichung eines Anspruchs auf Unterhalt gegenüber dem früheren Ehegatten nach der Scheidung war.[487] Dies hatte ebenfalls zur Konsequenz, dass im Fall des beidseitigen Verschuldens keinem der Ehegatten der Anspruch auf Unterhalt gewährt wurde.[488]

Die genannten Regelungen zeigen, das sowohl beim Unterhaltsanspruch während der Ehe als auch bei einem Unterhaltsanspruch nach der Scheidung

---

[484] Vrhoven sud na Jugoslavia, Rev. 1190/63, in: Zbirka na sudski odluki, Kniga VIII/I, Br. 14 = Oberster Gerichtshof der Volksrepublik Jugoslawien, Rev. 1190/63, in: Urteilssammlung, Buch VIII/I, Nr. 14; Vrhoven sud na Jugoslavia, Rev. 2022/63, in: Zbirka na sudski odluki, Kniga VIII, Br. 2 = Oberster Gerichtshof der Volksrepublik Jugoslawien, Rev. 2022/63, in: Urteilssammlung, Buch VIII, Nr. 2; Vrhoven sud na Jugoslavia, Rev. 3025/63, in: Zbirka na sudski odluki, Kniga IX/I, Br. 3 = Oberster Gerichtshof der Volksrepublik Jugoslawien.

[485] Bakić, Porodično pravo u SFRJ, S. 160 (SFRJ, SR Serbien).

[486] Tomislav, Pravne posledice razvoda braka, S. 40 (SFRJ, SR Serbien); Bakić, Porodično pravo u SFRJ, S. 159 (SFRJ, SR Serbien); Mitić, Porodično pravo u SFRJ, S. 263 (SFRJ, SR Serbien).

[487] Popović, Porodično pravo, S. 226 (SFRJ, SR Serbien).

[488] Vrhoven sud na Makedonia, Gžz. Br. 27/85, in: Zbirka na sudski odluki, Kniga IV, Br. 11 = Oberster Gerichtshof der Sozialistischen Republik Mazedonien, Gžz. Br. 27/85, in: Urteilssammlung, Buch IV, Nr. 11. Risteski, Komentar na zakonot za brakot na SRM, 142 (SFRJ, SR Mazedonien); Eisner, Porodično pravo, S. 100 (FVJ, VR Kroatien).

der Ehe, die Schuld eines Ehegatten hinsichtlich der faktischen Beendigung der ehelichen Gemeinschaft bzw. hinsichtlich der Scheidung allgemein einen absoluten Ausschlussgrund für den Unterhaltsanspruch darstellte. Lag ein Verschulden auf Seiten eines Ehegatten vor, so konnte das Gericht unter keinen Umständen dem Recht auf Unterhalt stattgeben. Das Unterhaltsrecht basierte zu dieser Zeit also auf dem Verschuldensprinzip.

Die Ablehnungsgründe nach dem Familiengesetz von 1992, das sich anders als die vorherigen Gesetze innerhalb der Scheidungsgründe vollkommen vom Verschuldensprinzip losgelöst hat und dem reinen Zerrüttungsprinzip folgt (vgl. oben), zeigen dagegen, dass das neue Gesetz dem Verschulden auch im Bereich der Scheidungsfolgen und damit des Unterhaltsrechts nicht mehr eine so hohe Bedeutung beimisst wie noch die vorher geltenden Gesetze. Die Schuld eines Ehegatten hinsichtlich der faktischen Beendigung der ehelichen Gemeinschaft bzw. hinsichtlich der Scheidung allgemein wird zwar auch heute noch bei der Prüfung des Unterhaltsanspruches berücksichtigt. Sie stellt jedoch heute keinen absoluten Ausschlussgrund mehr für einen Unterhaltsanspruch dar.

So ist das Recht eines Ehegatten auf Unterhalt im Falle des böswilligen oder ungerechtfertigten Verlassens nicht wie nach den bisherigen Regelungen vollkommen ausgeschlossen, sondern es besteht vielmehr nach der heutigen flexibleren Regelung des Art. 185 Abs. 2 FamG 1992 für das Gericht die Möglichkeit, in jedem konkreten Einzelfall zu entscheiden, ob Gründe dafür vorliegen, die eine Ablehnung des Antrages auf Unterhalt rechtfertigen. Dies ergibt sich aus der Formulierung des Art. 185 Abs. 2: „Das Gericht „kann" bei Beachtung der Umstände des Falles den Antrag auf Unterhalt ablehnen, wenn ...".

Es handelt sich folglich heute um eine reine Ermessensvorschrift. Das Gericht muss bei der Entscheidung über die Frage des Unterhalts alle Umstände des Einzelfalles wie die Dauer der Ehe, die Interessen der Kinder, den Grad der Schuld, die Vermögensverhältnisse der Ehegatten usw. berücksichtigen.[489] Das Gericht kann daher in einigen Fällen auch bei Vorliegen des böswilligen oder ungerechtfertigten Verlassens dazu verpflichtet sein, dem unterhaltsbedürftigen Ehegatten Unterhalt zu Lasten des anderen Ehegatten zuzuerkennen. Die gilt beispielsweise, wenn es sich um

---

[489] Vgl. Hadživasilev, Semejno pravo, S. 216 (SFRJ, SR Mazedonien); Bakić, Porodično pravo u SFRJ, S. 226 (SFRJ, SR Serbien); Mitić, Porodično pravo u SFRJ, S. 263 (SFRJ, SR Serbien).

eine lang andauernde Ehe handelt, wenn ein Ehegatte höchste Resultate in seinem Fachbereich erlangt hat, während der andere ohne Qualifikation und ohne Beschäftigung geblieben ist, oder wenn ein Ehegatte seinen Ehegatten zunächst verlassen musste, weil er aus berechtigten Gründen nicht direkt die Scheidung begehren konnte.[490]

Ebenso handelt es sich bei der Regelung des Art. 187 1. Alt. FamG 1992 um eine Ermessensvorschrift, nach der das Gericht von Fall zu Fall entscheiden kann, ob der Unterhalt zu versagen ist. Das Gericht hat kann somit auch hier in Ausnahmefällen demjenigen Ehegatten, der sich in der Ehegemeinschaft ohne ernsthaften Anlass seitens des anderen Ehegatten grob und tadelnswert verhalten hat, Unterhalt zuerkennen, wenn es feststellt, dass es aufgrund seines Engagements in der Ehe, insbesondere hinsichtlich der Erziehung der gemeinsamen Kinder, aufgrund seiner Fürsorge um seinen Ehepartner, aufgrund der langen Dauer der Ehe oder Ähnlichem wiederum offensichtlich ungerecht wäre, ihn ohne jegliche Existenzmittel zu lassen.[491] Ferner schließt ein beiderseitiges grobes und tadelnswertes Verhalten den Unterhaltsanspruch des bedürftigen Ehegatten nicht mehr aus.

Es ist somit insgesamt festzuhalten, dass heute anders als nach der Rechtslage vor Bestehen des Familiengesetzes von 1992 für die Verwirklichung eines Anspruchs auf Unterhalt gegenüber dem Ehegatten während der Ehe bzw. gegen den früheren Ehegatten nach der Scheidung nicht mehr Voraussetzung ist, dass der bedürftige Ehegatte hinsichtlich der faktischen Trennung der ehelichen Gemeinschaft bzw. hinsichtlich der Scheidung allgemein unschuldig ist. Nach der heutigen Regelung kann somit auch dem Ehegatten, den ein derartiges Verschulden trifft, vom Gericht unter Würdigung aller Umstände des Einzelfalles ein Unterhaltsanspruch zuerkannt werden.[492] Dies gilt im Gegensatz zur vorherigen Rechtslage heute auch dann, wenn beide Ehegatten eine derartige Schuld trifft. Das Verschulden eines Ehegatten stellt also heute nur noch einen Umstand dar, bei dessen Vorliegen ein Anspruch auf Unterhalt ungerechtfertigt sein „kann". Das Verschuldensprinzip hat damit im Bereich des Unterhaltsrechtes zwar heute noch Bedeutung, diese ist aber im Vergleich zur vorher bestehenden Gesetzeslage zumindest teilweise zurückgegangen. Dies steht im Einklang mit der Einführung des reinen Zerrüttungsprinzips im Rahmen der

---

[490]   Čavdar, Komentar na zakonot za semejstvoto, S. 298 (Mazedonien).
[491]   Čavdar, Komentar na zakonot za semejstvoto, S. 304 (Mazedonien).
[492]   Vgl. Ponjavić, Brak i razvod, S. 159 (SFRJ, SR Serbien).

Scheidungsgründe, bei welchen das Verschuldensprinzip vollkommen aufgegeben wurde.

bb.   Ablehnungsgründe, die von der Schuld eines Ehegatten unabhängig sind

Das Familiengesetz von 1992 beinhaltet neben den Ablehnungsgründen, die vom Verschulden eines Ehegatten abhängig sind, auch verschuldensunabhängige Ablehnungsgründe. Diese verschuldensunabhängigen Ablehnungsgründe wurden durch das Familiegesetz von 1992 erstmalig eingeführt.

aaa.   Offensichtliche Ungerechtigkeit

Das Gericht kann den Antrag auf Unterhalt gemäß Art. 187 2. Alt. FamG 1992 ablehnen, wenn der Antrag eines Ehegatten eine offensichtliche Ungerechtigkeit für den anderen Ehegatten bedeuten würde. Auch diese Vorschrift findet Anwendung bei einem Antrag auf Unterhalt während des Bestehens der Ehe (Art. 185 Abs. 1 FamG 1992), während des Scheidungsverfahrens (Art. 186 Abs. 1 FamG 1992) oder nach der Scheidung (Art. 186 Abs. 2 FamG 1992).

Dieser abstrakte Ablehnungsgrund des Art. 187 Abs. 2 FamG 1992 ermöglicht dem Gericht, die verschiedensten Umstände des Einzelfalles zu würdigen und in die Wertung, ob der Unterhaltsanspruch zu versagen ist, mit einzubringen, unabhängig davon, ob ein Verschulden besteht.[493] Das Gericht berücksichtigt hier gewöhnlich die Dauer der Ehe. Hat diese nur sehr kurz gedauert, so kann der Antrag eines Ehegatten auf Unterhalt offensichtlich ungerechtfertigt sein. Ferner wird das Alter des unterhaltspflichtigen Ehegatten berücksichtigt sowie seine finanzielle Lage.[494] Ein weiterer zu berücksichtigender Umstand im Sinne dieser Vorschrift ist auch die Tatsache, dass sich ein Ehegatte ausschließlich um die Obhut, die Erziehung und den Unterhalt der gemeinsamen Kinder kümmert. Auch die Tatsache, dass die Eltern des bedürftigen Ehegatten für dessen Unterhalt aufkommen, kann unter besonderen Umständen im Einzelfall berücksichtigt werden.

Offensichtlich ungerecht ist der Antrag auf Unterhalt ferner, wenn die Ehe von Anfang an nicht mit dem Ziel geschlossen wurde, eine eheliche

---

[493] Vgl. Tomislav, Pravne posledice razvoda braka, S. 78 (SFRJ, SR Serbien).

[494] Tomislav, Pravne posledice razvoda braka, S. 78 (SFRJ, SR Serbien).

Beziehung herzustellen oder wenn aus anderen Motiven eine sehr lange Unterbrechung der ehelichen Gemeinschaft gegeben ist. Gleiches gilt für Fälle, in denen ein Ehegatte nur deshalb vermögenslos ist, weil er sein gesamtes Vermögen verschenkt hat oder in denen ein Ehegatte bereits vor der Scheidung eine außereheliche Beziehung führt oder in intime Beziehungen zu einer dritten Person getreten ist.[495] Die aufgeführten Beispiele zeigen deutlich, dass das Gericht die Möglichkeit hat, alle Umstände des Einzelfalles gegeneinander abzuwägen und nach seinem Ermessen eine Entscheidung hinsichtlich der Frage, ob ein Unterhaltsanspruch besteht, zu treffen.

bbb. Selbstständiger Mittelerwerb

Des Weiteren kann das Gericht gemäß Art. 188 1. Alt. FamG 1992 den Antrag auf Unterhalt ablehnen, wenn die Ehegatten bereits über einen längeren Zeitraum, in dem sie voneinander getrennt gelebt haben, völlig selbstständig Mittel für ihren Lebensunterhalt erworben haben.

Auch der Ablehnungsgrund des Art. 188 1. Alt. FamG 1992 findet in allen drei Stadien, in denen der Antrag auf Unterhalt gestellt werden kann, Anwendung.

Die Voraussetzung des selbstständigen Mittelerwerbs ist dann nicht erfüllt, wenn ein Ehegatte während der Trennung bei seinen Eltern gelebt hat, welche in dieser Zeit für seinen Unterhalt aufgekommen sind, und dabei in der Hoffnung, dass die Ehe fortgeführt wird, weder eine Scheidung noch Unterhalt begehrt hat.[496]

ccc. Keine verschlechterte materielle Lage als zum Zeitpunkt der Eheschließung

Das Gericht kann den Antrag auf Unterhalt schließlich gemäß Art. 188 2. Alt FamG 1992 ablehnen, wenn aus den Umständen des Falles hervorgeht, dass der Ehegatte, der den Antrag auf Unterhalt stellt, nicht in eine schwierigere materielle Lage geraten ist, als er sich im Zeitpunkt der Eheschließung befand.

---

[495] Čavdar, Komentar na zakonot za semejstvoto, S. 304 (Mazedonien).
[496] Čavdar, Komentar na zakonot za semejstvoto, S. 305 (Mazedonien).

Auch der Ablehnungsgrund des Art. 188 2. Alt FamG 1992 ist auf alle drei Stadien des Unterhaltsbegehrens anwendbar.

Die genannte Voraussetzung dieses Ablehnungsgrundes ist dann nicht zu bejahen, wenn ein Ehegatte zwar ohne Arbeit und Qualifikation die Ehe geschlossen hat, sich aber in der Zeit des Bestehens der Ehe ausschließlich um die Sorge und Erziehung der gemeinsamen Kinder kümmern musste.[497]

c. Der Zeitpunkt des Antrags auf Unterhalt

Wie bereits oben erwähnt, kann der Antrag auf Unterhalt nach dem Gesetz in der Zeit des Bestehens der Ehe (Art. 185 Abs. 1 FamG 1992), während des Scheidungsverfahrens (Art. 186 Abs. 1 FamG) oder nach der Beendigung der Ehe durch Scheidung oder Ungültigerklärung (Art. 186 Abs. 2 FamG 1992) gestellt werden.

aa. Der Antrag auf Unterhalt zur Zeit des Bestehens der Ehe

Während des Bestehens des Ehe kann Unterhalt beantragt werden, wenn die in Art. 185 FamG 1992 genannten Bedingungen, also die Mittellosigkeit und Arbeitsunfähigkeit bzw. schuldlose Arbeitslosigkeit bei einem Ehegatten und die Möglichkeit zur Unterhaltszahlung bei dem anderen Ehegatten, erfüllt sind und kein Ablehnungsgrund eingreift (vgl. oben).[498]

Leben die Ehegatten während ihrer Ehe zusammen, so ergibt sich bereits aus den allgemeinen Vorschriften der Art. 3, 6 Abs. 2 und 11 FamG 1992 (vgl. oben), dass die Ehegatten im Rahmen ihrer Möglichkeiten verpflichtet sind, für ihren gegenseitigen Unterhalt und den Unterhalt gegenüber den anderen Mitgliedern in der Familie aufzukommen. In dieser Zeit des Zusammenlebens während der Ehe treten daher meist keine Streitigkeiten hinsichtlich des Unterhalts auf.[499] Streitigkeiten hinsichtlich des Unterhalts zwischen Ehegatten während des Bestehens der Ehe ergeben sich vielmehr meist erst in der Situation, in der eine bestehende Ehe bereits zerrüttet ist und die

---

[497] Čavdar, Komentar na zakonot za semejstvoto, S. 305 (Mazedonien).

[498] Spirović-Trpenovska, Semejno pravo, S. 231 (Mazedonien); Nikolov, Izdržuvanje na bračen drugar, Semejnoto zakonodavstvo na Republika Makedonia, S. 166 (Mazedonien).

[499] Nikolov, Izdržuvanje na bračen drugar, Semejnoto zakonodavstvo na Republika Makedonia, S. 166 (Mazedonien); Risteski, Komentar na zakonot za brakot na SRM, S. 72 (SFRJ, SR Mazedonien).

Ehegatten voneinander getrennt leben, eine Scheidung jedoch noch nicht vollzogen wurde. Auf diese Situation findet die Vorschrift des Art. 185 FamG 1992 meist Anwendung.[500]

Diese Regelung des Art. 185 Abs. 1 FamG, die den Unterhaltsanspruch während des Bestehens der Ehe enthält, hat sich im Vergleich zu den vorangegangenen Gesetzen nicht geändert. Es kann daher diesbezüglich auf frühere Rechtsprechung und Literatur zurückgegriffen werden.

Erforderlich für die Zuerkennung eines Unterhaltsanspruches während der Ehe ist der Antrag eines Ehegatten auf Unterhalt. Der Unterhalt eines Ehegatten wird diesem also anders als der Unterhalt der Eltern und Kinder und sonstiger Verwandter untereinander nicht vom Gericht von Amts wegen (vgl. oben), sondern ausschließlich auf sein Begehren hin zuerkannt. Der Antrag stellt insoweit eine Grundvoraussetzung für einen Unterhaltsanspruch dar.[501] Aus diesem Grunde entfaltet, anders als im übrigen Unterhaltsrecht (vgl. Art. 178 Abs. 3 FamG 1992), eine Vereinbarung der Ehegatten, durch welche ein Ehegatte den vollkommenen Verzicht auf das Recht auf Unterhalt für die Zukunft erklärt, Rechtswirkung.[502]

Der gemäß Art. 185 Abs. 1 FamG 1992 beantragte Unterhalt wird vom Gericht mit Wirkung für die Zukunft von dem Tage der Einreichung des Antrages auf Unterhalt an zuerkannt.[503]

bb.   Die Dauer des während der Ehe zuerkannten Unterhalts

Der aufgrund der Vorschrift des Art. 185 Abs. 1 FamG 1992 während des Bestehens der Ehe zuerkannte Unterhalt besteht bis zur Scheidung bzw. Ungültigerklärung oder bis zur Beendigung der Ehe durch Tod oder durch Todeserklärung eines verschollenen Ehegatten.[504]

Nach der gängigen Gerichtspraxis des Obersten Gerichtshofes Mazedoniens verliert ein Urteil, durch welches einem Ehegatten gemäß Art. 185 Abs. 1

---

[500]   Čavdar, Komentar na zakonot za semejstvoto, S. 297 (Mazedonien).

[501]   Nikolov, Izdržuvanje na bračen drugar, Semejnoto zakonodavstvo na Republika Makedonia, S. 166 (Mazedonien); Čavdar, Komentar na zakonot za semejstvoto, S. 297 (Mazedonien).

[502]   Vrhoven sud na Makedonia, Gžž. 3/71, in: Zbirka na sudski odluki, Kniga I, Br. 5 = Oberster Gerichtshof der Sozialistischen Republik Mazedonien, Gžz. 3/71, in: Urteilssammlung, Buch I, Nr. 5.

[503]   Risteski, Komentar na zakonot za brakot na SRM, S. 73 (SFRJ, SR Mazedonien).

[504]   Čavdar, Komentar na zakonot za semejstvoto, S. 298 (Mazedonien).

FamG 1992 vor einer Scheidung Unterhalt zuerkannt wird, mit der Rechtskraft des Scheidungsurteils seine Geltung.[505] Der Unterhaltsberechtigte muss
also für den Zeitraum nach der Scheidung den Unterhalt gesondert verlangen,
da der bisherige Anspruch nicht fort gilt. Wird also einem Ehegatten schon
während des Bestehens der Ehe Unterhalt zuerkannt, so muss dieser
Ehegatte, wenn er weiterhin Unterhalt erhalten möchte, erneut im Scheidungsverfahren Unterhalt begehren (vgl. Art. 186 Abs. 1 FamG 1992) oder
spätestens ein Jahr nach Rechtskraft der Scheidung (vgl. Art. 186 Abs. 2
FamG 1992). Versäumt der Ehegatte, dem während der Ehe bereits ein
Unterhaltsanspruch zuerkannt worden war, während des Scheidungsverfahrens erneut Unterhalt zu begehren und holt er dies auch nicht nach der
Scheidung innerhalb der Jahresfrist nach, so verliert er seinen Unterhaltsanspruch, der ihm als mittellosem Ehegatten eigentlich zustünde.[506]

Beweist der unterhaltpflichtige Ehegatte im Vollstreckungsverfahren hinsichtlich des Unterhalts, der dem unterhaltsbedürftigen Ehegatten noch
während der Ehe zuerkannt wurde, dass die Ehe inzwischen durch rechtskräftiges Urteil geschieden worden ist, so beendet das Gericht auf seinen
Antrag hin dieses Verfahren.[507]

Der gemäß Art. 185 Abs. 1 FamG 1992 zuerkannte Unterhalt erlischt zudem,
wenn die in Art. 185 FamG 1992 genannten Voraussetzungen für den Unterhalt während des Bestehens der Ehe wieder entfallen.[508]

cc.   Der Unterhalt als Folge der Scheidung

Des Weiteren kann der Unterhalt gemäß Art. 186 Abs. 1 FamG 1992 für den
Zeitraum nach der Scheidung begehrt werden.

---

[505] Vrhoven sud na Makedonia, Rev. 52/86, in: Zbirka na sudski odluki, Kniga IV, Br.
       10 = Oberster Gerichtshof der Sozialistischen Republik Mazedonien,
       Rev. 52/86, in: Urteilssammlung, Buch IV, Nr. 10.
[506] Vrhoven sud na Makedonia, Rev. 52/86, in: Zbirka na sudski odluki, Kniga IV, Br.
       10 = Oberster Gerichtshof der Sozialistischen Republik Mazedonien,
       Rev. 52/86, in: Urteilssammlung, Buch IV, Nr. 10.
[507] Nikolov, Izdržuvanje na bračen drugar, Semejnoto zakonodavstvo na Republika
       Makedonia, S. 169 (Mazedonien).
[508] Vgl. Bakić, Porodično pravo u SFRJ, S. 162 (SFRJ, SR Serbien).

aaa.   Der Antrag auf Unterhalt während des Scheidungsverfahrens

Das Gesetz sieht hier in Art. 186 Abs. 1 FamG 1992 zunächst die Möglichkeit vor, dass der unversorgte Ehegatte unter den Bedingungen des Art. 185 FamG 1992 das Recht hat, zu beantragen, dass ihm mit dem Urteil, durch das die Ehe geschieden wird, ein gewisser Betrag zum Zweck des Unterhalts zu Lasten des anderen Ehegatten nach dessen Möglichkeiten zuerkannt wird.

Der Unterhalt kann in diesem Fall in der Scheidungsklage oder noch während des Scheidungsverfahrens, spätestens bis zum Abschluss der Hauptverhandlung, geltend gemacht werden.[509] Nicht möglich ist es, den Unterhalt in der Beschwerde, mit der das erstinstanzliche Scheidungsurteil angefochten wird (vgl. Art. 334 Abs. 1 Gesetz über das Streitverfahren) zu beantragen.[510] Entschieden wird über den Unterhalt in diesem Fall also im Scheidungsurteil.[511] Der gemäß Art. 186 Abs. 1 FamG 1992 beantragte Unterhalt wird im Scheidungsurteil mit Wirkung für die Zukunft vom Tage der Scheidung an zuerkannt.

Auch diese Möglichkeit des Antrages auf Unterhalt während des Scheidungsverfahrens bestand unter gleichen Voraussetzungen (mit Ausnahme der Regelung hinsichtlich der Schuld im Rahmen der Ablehnungsgründe (siehe oben)) auch schon nach den vorangegangenen Gesetzen (vgl. Art. 67 EheGG 1946 und Art. 59 Abs. 1 EheG 1973). Insoweit ergeben sich keine Unterschiede.

Aus der Vorschrift des Art. 186 Abs. 1 FamG 1992 geht hervor, dass nur in einem Urteil, durch das die Ehe tatsächlich geschieden wird, Unterhalt zuerkannt werden kann. Das Gericht kann somit über die Frage des Unterhalts nicht in einem Urteil entscheiden, durch welches der Antrag auf Scheidung vom Gericht abgelehnt wird.[512]

---

[509]   Hadživasilev, Semejno pravo, S. 140 (SFRJ, SR Mazedonien); Čavdar, Komentar na zakonot za semejstvo, S. 300 (Mazedonien); Tomislav, Pravne posledice razvoda braka, S. 80 (SFRJ, SR Serbien).

[510]   Muratovska-Markovska, Posledici od razvod na brakot, Pravnik, Godina VII, Br. 74, Skopje 1998, S. 13 (Mazedonien).

[511]   Risteski, Komentar na zakonot za brakot na SRM, S. 142 (SFRJ, SR Mazedonien).

[512]   Vrhoven sud na Makedonia, Gž. 888/75, in: Zbirka na sudski odluki, Kniga II, Br. 13 = Oberster Gerichtshof der Sozialistischen Republik Mazedonien, Gž. 888/75, in: Urteilssammlung, Buch II, Nr. 13; vgl. auch: Taseva/Koštanov, Zakon za semejstvoto, S. 57 (Mazedonien).

Auch der Unterhalt, der mit dem Scheidungsurteil zuerkannt wird, wird nur auf Begehren eines Ehegatten hin zuerkannt, unabhängig davon, ob der Kläger oder der Beklagte des Scheidungsverfahrens Unterhalt begehrt. Auch insoweit wird anders als bei dem Unterhalt der Eltern und ihrer Kinder und anderer Verwandter untereinander der Unterhalt hier vom Gericht nicht von Amts wegen zuerkannt (vgl. schon oben).[513] Das Begehren stellt insoweit eine echte Bedingung für die Zuerkennung der Unterhaltsleistung dar. Aus diesem Grunde entfaltet auch hier anders als im übrigen Unterhaltsrecht (vgl. Art. 178 Abs. 3 FamG 1992) eine Vereinbarung der Ehegatten, durch welche ein Ehegatte den vollkommenen Verzicht auf das Recht auf Unterhalt für die Zukunft erklärt, Rechtswirkung (siehe schon oben).[514] Begehrt also ein Ehegatte während des Scheidungsverfahrens keinen Unterhalt oder begehrt er ihn zwar zunächst, verzichtet aber während des Scheidungsverfahrens wieder auf ihn, so ist das Gericht nicht verpflichtet, diesem Ehegatten von Amts wegen Unterhalt zuzuerkennen, auch wenn es feststellt, dass die Bedingungen für einen Unterhaltsanspruch gegeben sind.

Die Ehegatten haben folglich auch das Recht, die Frage eines bereits durch Urteil zuerkannten Unterhaltsanspruches eines Ehegatten in einer außergerichtlichen Vereinbarung auf vollständig neue Weise zu lösen, was die Möglichkeit eines Verzichtes auf einen bereits durch Urteil zuerkannten Unterhaltsanspruch für die Zukunft mit einschließt.[515]

Reicht ein Ehegatte noch während des Bestehens der Ehe eine Klage auf Unterhalt ein, wird aber dieses Unterhaltsverfahren bis zum Abschluss des inzwischen eingeleiteten Scheidungsverfahrens nicht abgeschlossen, so kann der Ehegatte, wenn er im Scheidungsverfahren hierauf hinweist, das vorherige Unterhaltsverfahren verlängern und begehren, dass ihm in ein und demselben Urteil der Unterhalt, den er während der Ehe begehrt hatte, bis zum Zeitpunkt der Rechtskraft des Scheidungsurteils noch als Unterhalt eines Ehegatten gemäß Art. 185 Abs. 1 FamG 1992 und der Unterhalt für die

---

[513] Čavdar, Komentar na zakonot za semejstvoto, S. 300 (Mazedonien).

[514] Vrhoven sud na Makedonia, Gžz. 3/71, in: Zbirka na sudski odluki, Kniga I, Br. 5 = Oberster Gerichtshof der Sozialistischen Republik Mazedonien, Gžz. 3/71, in: Urteilssammlung, Buch I, Nr. 5.

[515] Vrhoven sud na Makedonia, Gžz. Br. 3/71, in: Zbirka na sudski odluki, Kniga I, Br. 5 = Oberster Gerichtshof der Sozialistischen Republik Mazedonien, Gžz. 3/71, in: Urteilssammlung, Buch I, Nr. 5.

Zukunft vom Tage der Scheidung an als Unterhalt eines geschiedenen Ehegatten gemäß Art. 186 Abs. 1 FamG zuerkannt wird.[516]

bbb. Der Antrag auf Unterhalt nach bereits vollzogener Scheidung

Der Antrag auf Unterhalt kann aber gemäß Art. 186 Abs. 2 FamG 1992 auch erst später, innerhalb eines Jahres nach der Beendigung der Ehe und damit nach der Scheidung, eingereicht werden.

Voraussetzung hierfür ist aber gemäß Art. 186 Abs. 2 FamG 1992, dass die in Art. 185 FamG 1992 aufgestellten Bedingungen für den Unterhalt zum Zeitpunkt des Abschlusses der Hauptverhandlung in dem Ehescheidungsverfahren vorlagen und ununterbrochen bis zum Abschluss der Hauptverhandlung in dem Unterhaltsverfahren angedauert haben.

(1) Gesonderte Klage erforderlich

Der Unterhalt wird in diesem Fall durch den Ehegatten mit einer gesonderten Klage begehrt (Art. 186 Abs. 2 FamG 1992). Nicht möglich ist, dass der Ehegatte in der Beschwerde, mit der er das Scheidungsurteil anficht, den Unterhalt beantragt, da das zweitinstanzliche Gericht nicht über den Unterhalt entscheiden kann. Das zweitinstanzliche Gericht weist in diesem Fall den Ehegatten darauf hin, dass er nur in einem gesonderten Verfahren Unterhalt gemäß Art. 186 Abs. 2 FamG 1992 verlangen kann.[517]

Der gemäß Art. 186 Abs. 2 FamG 1992 begehrte Unterhalt wird vom Gericht für die Zukunft vom Tage der Einreichung der Klage an zuerkannt.

(2) Vergleich mit der Rechtslage vor dem Familiengesetz

Diese Möglichkeit der nachträglichen Beantragung des Unterhalts durch gesonderte Klage nach bereits vollzogener Scheidung bestand zur Zeit des Grundgesetzes über die Ehe von 1946 noch nicht. Hiernach konnte über den Unterhaltsanspruch des unterhaltsbedürftigen Ehegatten nur im Scheidungsurteil entschieden werden (vgl. Art. 67 EheG 1946).[518] Dies führte jedoch in

---

[516] Čavdar, Komentar na zakonot za semejstvoto, S. 301 f. (Mazedonien).
[517] Čavdar, Komentar na zakonot za semejstvoto, S. 302 (Mazedonien).
[518] Djurović, Porodično pravo, S. 330 (SRFJ, SR Serbien); Bakić, Porodično pravo u SFRJ, S. 226 (SFRJ, SR Serbien).

der Praxis oft zu ungerechten Ergebnissen.[519] In vielen Fällen stellten nämlich unterhaltbedürftige Ehegatten aus den verschiedensten Gründen während des Scheidungsverfahrens keinen Antrag auf Unterhalt, obwohl ihnen nach den objektiven Umständen ein Recht auf Unterhalt zustand. Diese Probleme in der Praxis berücksichtigend traf der Oberste Gerichtshof des ehemaligen Jugoslawien die Grundsatzentscheidung, dass eine Klage auf Unterhalt auch noch nachträglich nach einer Scheidung unter der Voraussetzung eingereicht werden könne, dass berechtigte Gründe dafür vorgebracht würden, dass der Unterhalt nicht bereits während des Scheidungsverfahrens beantragt wurde und dass die für den Unterhaltsanspruch notwendigen Voraussetzungen bereits während des Scheidungsverfahrens bestanden und noch im gesonderten Verfahren fortbestünden.[520] Als berechtigter Grund in diesem Sinne wurde insbesondere der Fall angesehen, dass ein Ehegatte die Scheidung gar nicht begehrte und einen Antrag auf Unterhalt deswegen nicht stellte, weil er während des Scheidungsverfahren darauf hoffte, dass das Gericht die Scheidung ablehnen würde.[521] Als weiterer Anwendungsbereich kamen auch Fälle in Frage, in denen der grundsätzlich unterhaltsberechtigte Ehegatte von der Geltendmachung von Unterhalt absah, weil er die Voraussetzungen nicht für gegeben hielt, z.B. weil die objektiv bestehende Arbeitsunfähigkeit nicht richtig eingeschätzt wurde oder weil eine zunächst bestehende Erwartung einer Erwerbsmöglichkeit sich zerschlagen hatte.[522]

Diese Gerichtspraxis des ehemaligen Jugoslawien veranlasste den mazedonischen Gesetzgeber dazu, in das Gesetz über die Ehe von 1973 erstmals die Möglichkeit der gesonderten Klage auf Unterhalt nach der Scheidung aufzunehmen (vgl. Art. 60 EheG 1973).[523] Diese gesonderte Unterhaltsklage war dabei unter den gleichen Voraussetzungen möglich, wie sie heute in Art.

---

[519] Mitić, Porodično pravo u SFRJ, S. 266 (SFRJ, SR Serbien).
[520] Vrhoven sud na Jugoslavia, Gž. 7/57 in: Zbirka na sudski odluki, Kniga II, Br. 1 = Oberster Gerichtshof der Volksrepublik Jugoslawien, Gž. 7/57, in: Urteilssammlung, Buch II, Nr. 1; vgl. auch: Tomislav, Pravne posledice razvoda braka, S. 57 (SFRJ, SR Serbien).
[521] Djurović, Porodično pravo, S. 330 (SRFJ, SR Serbien); Mitić, Porodično pravo u SFRJ, S. 266 (SFRJ, SR Serbien).
[522] Vgl. OLG München, Urteil v. 21.12.1993 – 4 UF 60/93, in: IPRspr. 1993, Nr. 88.
[523] Risteski, Komentar na zakonot za brakot, S. 145 (SFRJ, SR Mazedonien); Bakić, Evolucia brakorazvodnog prava u Jugoslaviji, Godišnjak pravnog fakulteta u Sarajevu 1974, S. 50 (SFRJ, SR Bosnien/Herzegowina).

186 Abs. 2 FamG 1992 vorgesehen sind. Diesbezüglich kann daher noch auf frühere Urteile und Literatur verwiesen werden.

(3) Die Voraussetzungen für die gesonderte Klage nach Art. 186 Abs. 2 FamG 1992

(a) Das ununterbrochene Vorliegen der Bedingungen gemäß Art. 185 FamG 1992

Für die gesonderte Klage auf Unterhalt nach bereits vollzogener Scheidung ist gemäß Art. 186 Abs. 2 FamG 1992, wie oben bereits erwähnt, Voraussetzung, dass die in Art. 185 FamG 1992 aufgestellten Bedingungen für den Unterhalt zum Zeitpunkt des Abschlusses der Hauptverhandlung in dem Ehescheidungsverfahren vorlagen und ununterbrochen bis zum Abschluss der Hauptverhandlung des Unterhaltsverfahrens angedauert haben. Es reicht folglich nicht aus, dass die in Art. 185 FamG 1992 genannten Voraussetzungen allein zum Zeitpunkt der Einreichung der gesonderten Unterhaltsklage bestehen.[524] Sie müssen zu diesem Zeitpunkt kontinuierlich vom Zeitpunkt der Scheidung an bestanden haben. Nach dem mazedonischen Recht kommt es folglich auf den Zeitpunkt der Scheidung als Einsatzzeitpunkt an. Spätere Veränderungen sind insoweit unerheblich.[525]

Der unterhaltsbedürftige Ehegatte braucht aber nach der heutigen Rechtslage anders als nach der Rechtsprechung des ehemaligen Jugoslawien[526] (siehe oben) nicht mehr berechtigte Gründe dafür hervorzubringen, weshalb er den Antrag auf Unterhalt nicht bereits während des Scheidungsverfahrens gestellt hat.

(b) Die Wahrung der Jahresfrist

Der unterhaltsbedürftige Ehegatte muss ferner bei der gesonderten Unterhaltsklage die in Art. 186 Abs. 2 FamG 1992 bestimmte Jahresfrist, vom Zeitpunkt der Scheidung an gerechnet, wahren. Problematisch ist die

---

[524] Mitić, Porodično pravo u SFRJ, S. 268 (SFRJ, SR Serbien).

[525] Vgl. hierzu auch OLG Köln, Urteil v. 21.09.1995 – 21 UF 32/95 zum insoweit vergleichbaren Recht der früheren Sozialistischen Republik Mazedonien, in: IPRspr. 1995, Nr. 88.

[526] Vrhoven sud na Jugoslavia, Gž. 7/57, in: Zbirka na sudski odluki, Kniga II, Br. 1 = Oberster Gerichtshof der Volksrepublik Jugoslawien, Gž. 7/57, in: Urteilssammlung, Buch II, Nr. 1.

Wahrung dieser Frist, wenn der unterhaltspflichtige Ehegatte nach der Scheidung zunächst weiterhin freiwillig Unterhalt zahlt, nach Ablauf der Jahresfrist dann aber die Unterhaltszahlungen einstellt. Nach der gesetzlichen Regelung des Art. 186 Abs. 2 FamG 1992 kann der unterhaltsbedürftige Ehegatte in diesem Fall den Antrag auf Unterhalt nicht mehr stellen, da die Jahresfrist, vom Zeitpunkt der Scheidung an gerechnet, bereits verstrichen ist. Nach der Rechtsprechung des Obersten Gerichtshofes Mazedoniens reicht es in diesem Fall aber aus, wenn der unterhaltsbedürftige Ehegatte den Antrag auf Unterhalt innerhalb der Frist eines Jahres vom Tag der Einstellung des vorher freiwillig geleisteten Unterhalts an stellt.[527] Begründet wird diese Auffassung damit, dass Ansprüche generell nur dann auf dem Gerichtswege verwirklicht werden müssten, wenn sie nicht freiwillig erfüllt würden. Zahle ein Ehegatte nach der Scheidung weiterhin Unterhalt und reiche der bedürftige Ehegatte aus diesem Grund nach der Scheindung keine gesonderte Klage auf Unterhalt mehr ein, so wäre es unbillig, ihm bei Einstellung der Unterhaltsleistung nach der Jahresfrist den Unterhalt wegen Verstreichung dieser Frist zu versagen. In diesem Fall beginne die Jahresfrist daher erst zum Zeitpunkt der Einstellung der Unterhaltsleistung zu laufen.[528] Stellt der unterhaltspflichtige Ehegatte somit die zunächst freiwillige Unterhaltsleistung ein, so kann der unterhaltsbedürftige Ehegatte innerhalb der Frist eines Jahres von diesem Zeitpunkt an noch Unterhalt beantragen, wenn die übrigen Voraussetzungen des Art. 186 Abs. 2 FamG 1992 vorliegen.

(4)   Die Feststellung der Schuld im gesonderten Unterhaltsverfahren

Durch die Vorschrift des Art. 186 Abs. 2 FamG 1992 wird die Frage hinsichtlich der Feststellung der Schuld im gesonderten Unterhaltsverfahren geklärt.

Da die zur Zeit des Ehegesetzes von 1973 geltenden Scheidungsgründe noch insoweit dem Verschuldensprinzip verhaftet blieben, als dass der Ehegatte, den die ausschließliche Schuld an einer Ehezerrüttung traf, die Scheidung

---

[527]   Vrhoven sud na Makedonia, Rev. 222/79, in: Zbirka na sudski odluki, Kniga II, Br. 15 = Oberster Gerichtshof der Sozialistischen Republik Mazedonien, Rev. 222/79, in: Urteilssammlung, Buch II, Nr. 15.

[528]   Vrhoven sud na Makedonia, Rev. 222/79, in: Zbirka na sudski odluki, Kniga II, Br. 15 = Oberster Gerichtshof der Sozialistischen Republik Mazedonien, Rev. 222/79, in: Urteilssammlung, Buch II, Nr. 15.

nicht aufgrund des allgemeinen Scheidungsgrundes der Ehezerrüttung und Unzumutbarkeit des gemeinsamen Ehelebens (Art. 52 EheG 1973) begehren konnte (siehe oben), fand im Scheidungsverfahren eine Prüfung der Schuld hinsichtlich der Scheidung statt, wenn die Scheidung auf den allgemeinen Scheidungsgrund des Art. 52 EheG 1973 gestützt wurde. In der während der Geltung des Ehegesetzes von 1973 bestehenden Gerichtspraxis hatte sich die Auffassung herausgebildet, dass in einem gesonderten Verfahren keine Feststellungen hinsichtlich der Schuld des Ehegatten, der erst nach der Scheidung mit einer gesonderten Klage Unterhalt begehrte, gemacht werden durften, wenn die Schuld nicht bereits zuvor im Scheidungsverfahren festgestellt worden war und im Tenor des Scheidungsurteils enthalten war. Hierzu kam es, wenn die Scheidung aufgrund der Scheidungsgründe des gegenseitigen Einvernehmens (Art. 51 EheG 1973) oder der faktischen Beendigung der ehelichen Gemeinschaft (Art. 53 EheG 1973) ausgesprochen wurde, da in diesen Fällen die Schuld eines Ehegatten nicht überprüft wurde. Diese Rechtsprechung stand im Einklang mit Art. 59 Abs. 2 EheG 1973, der folgendermaßen lautete: „Sofern im Scheidungsurteil die Schuld eines Ehegatten festgestellt wird, hat der Ehegatte, den die Schuld an der Scheidung trifft, kein Recht auf Unterhalt."

Konsequenz dieser Gerichtspraxis war, dass wenn im Scheidungsverfahren die Schuld nicht bereits festgestellt worden war, im gesonderten Unterhaltsverfahren verschuldensabhängige Ablehnungsgründe einem Unter-haltsbegehren nicht mehr entgegengesetzt werden konnten, weil in diesem Verfahren die Schuld eines Ehegatten nicht mehr überprüft werden durfte.[529]

Wie oben beschrieben hat das dem Familiengesetz von 1992 zugrunde liegende Scheidungssystem jedoch vom Verschuldensprinzip vollständig Abstand genommen (vgl. oben). Nach dem Familiengesetz von 1992 ist daher in den Vorschriften über das Scheidungsverfahren überhaupt nicht mehr die Möglichkeit vorgesehen, dass auf Gesuch eines Ehegatten hin das Gericht im Tenor des Scheidungsurteils anführt, aufgrund wessen Schuld die Ehe geschieden wird. Die Frage der Schuld eines Ehegatten hinsichtlich der Scheidung findet daher heute im Tenor des Scheidungsurteils nur dann ausnahmsweise Beachtung, wenn während des Scheidungsverfahrens gleich-

---

[529] Čavdar, Komentar na zakonot za semejstvoto, S. 301 (Mazedonien).

zeitig auch Unterhalt begehrt wird.[530] Wird kein Unterhalt in diesem Stadium begehrt, so wird nach der heutigen Gesetzeslage die Frage der Schuld im Scheidungsverfahren also überhaupt nicht mehr erörtert.

Im Gegensatz zur Zeit des Ehegesetzes von 1973 bestehenden Gesetzeslage kann daher aber, wenn gemäß Art. 186 Abs. 2 FamG 1992 erst nach der Scheidung in einer gesonderten Klage Unterhalt begehrt wird, das Gericht in diesem gesonderten Unterhaltsverfahren auch auf Begehren eines Ehegatten hin Feststellungen hinsichtlich der Schuld treffen, auch wenn im Scheidungsverfahren keinerlei Feststellungen hinsichtlich der Schuld getroffen wurden.[531] Dies ergibt sich zum einen aus der Vorschrift des Art. 186 Abs. 2 FamG 1992 selbst, weil diese auf die Vorschrift des Art. 185 FamG 1992 verweist, die den auf Verschulden basierenden Ablehnungsgrund des böswilligen oder ungerechtfertigten Verlassens (Art. 185 Abs. 2 FamG 1992) umfasst (vgl. oben).[532] Zum anderen spricht hierfür der verschuldensabhängige Ablehnungsgrund des Art. 187 FamG 1992, den das Gericht ebenfalls bei einer gesonderten Klage auf Unterhalt gemäß Art. 186 Abs. 2 FamG 1992 prüft.

(5) Meinungsstreit hinsichtlich der Frage der Anwendung auf die einverständliche Scheidung

Im Zusammenhang mit der Gewährung von Unterhalt ist streitig, ob die Regelung des Art. 186 Abs. 2 FamG 1992 mit der Möglichkeit der nachträglichen gesonderten Unterhaltsklage innerhalb der Frist von einem Jahr nach der Scheidung auch dann Anwendung finden kann, wenn das Scheidungsverfahren durch einen Vorschlag zur einvernehmlichen Scheidung eingeleitet wurde (Art. 39, Art. 229 Abs. 2 FamG 1992).[533]

Hintergrund dieses Streits ist, dass gemäß Art. 39 FamG 1992 die Ehe aufgrund gegenseitigen Einvernehmens nur geschieden wird, wenn die Ehegatten ihre Zustimmung zur Scheidung frei, ernsthaft und unerschütterlich abgegeben haben (Art. 39 Abs. 3 FamG 1992). Begehrt ein Ehegatte

530 Muratovska-Markova, Posledici od razvod na brakot, Pravnik, Godina VII, Br. 74, Skopje 1998, S. 13 (Mazedonien); Nikolov, Izdržuvanje na bračen drugar, Semejnoto zakonodavstvo na Republika Makedonia, S. 172 (Mazedonien).
531 Muratovska-Markova, Posledici od razvod na brakot, Pravnik, Godina VII, Br. 74, Skopje 1998, S. 13 (Mazedonien).
532 Čavdar, Komentar na zakonot za semejstvoto, S. 301 (Mazedonien).
533 Čavdar, Komentar na zakonot za semejstvoto, S. 301 (Mazedonien).

also während des durch gegenseitigen Vorschlag zur einvernehmlichen Scheidung eingeleiteten Scheidungsverfahrens Unterhalt, ist aber der andere Ehegatte nicht damit einverstanden, Unterhalt zu leisten, so liegt kein gegenseitiges Einvernehmen der Ehegatten hinsichtlich der Scheidung im Sinne des Art. 39 FamG 1992 vor.[534]

(a)   Keine Anwendung des Art. 186 Abs. 2 FamG 1992 auf die einver-
      ständliche Scheidung

Gegen die Anwendung des Art. 186 Abs. 2 FamG 1992 auf den Fall der einverständlichen Scheidung wird daher hervorgebracht, dass dies einer Überlistung des unterhaltsverpflichteten Ehegatten gleichkomme. Derjenige Ehegatte, der auf diese Weise nachträglich zur Leistung von Unterhalt verpflichtet werde, habe sein Einverständnis zur Scheidung nämlich in der Annahme abgegeben, dass der andere Ehegatte von ihm keinen Unterhalt begehrt.[535] Könne keine Einigung hinsichtlich der Unterhaltsleistung erzielt werden, so müsse der unterhaltsbegehrende Ehegatte eben die Scheidung durch Klage aufgrund der anderen Scheidungsgründe einleiten und im Scheidungsprozess den Unterhaltsanspruch geltend machen.[536] Nach einer einvernehmlichen Scheidung sollten die Ehegatten gerade frei entscheiden können, ob sie eine neue Ehe eingehen und eine Familie gründen. Dazu müssten sie wissen, welche finanziellen Möglichkeiten sie haben und welche konkreten Ausgaben auf sie zukommen.[537]

(b)   Vermittelnde Meinung

Nach einer vermittelnden Ansicht findet Art. 186 Abs. 2 FamG 1992 zwar auch auf den Fall der einvernehmlichen Scheidung Anwendung. Die nachträgliche Klage auf Unterhalt nach der Scheidung sei aber nur dann möglich,

---

[534]   Muratovska-Markova, Posledici od razvod na brakot, Pravnik, Godina VII, Br. 74, Skopje 1998, S. 13 (Mazedonien); Nikolov, Izdržuvanje na bračen drugar, Semejnoto zakonodavstvo na Republika Makedonia, S. 170 (Mazedonien).

[535]   Muratovska-Markova, Posledici od razvod na brakot, Pravnik, Godina VII, Br. 74, Skopje 1998, S. 13 (Mazedonien); Nikolov, Izdržuvanje na bračen drugar, Semejnoto zakonodavstvo na Republika Makedonia, S. 170 (Mazedonien).

[536]   Nikolov, Izdržuvanje na bračen drugar, Semejnoto zakonodavstvo na Republika Makedonia, S. 170 (Mazedonien).

[537]   Vgl. Čavdar, Komentar na zakonot za semejstvoto, S. 301 (Mazedonien).

wenn der unterhaltsbegehrende Ehegatte berechtigte Gründe für die Nichtgeltendmachung während des Scheidungsverfahrens hervorbringe.[538]

(c)   Art. 186 Abs. 2 FamG 1992 findet Anwendung auf die einvernehmliche Scheidung

Den beiden erst genannten Ansichten wird jedoch von einer dritten Ansicht zu Recht der Wortlaut des Gesetzes entgegen gehalten. Im Familiengesetz von 1992 wird nämlich an keiner Stelle erwähnt, dass ein solcher nachträglicher Antrag auf Unterhalt gemäß Art. 186 Abs. 2 FamG 1992 nicht im Falle der einvernehmlichen Scheidung gemäß Art. 39 FamG 1992 möglich ist. Wäre dies vom Gesetzgeber beabsichtigt, so hätte er in die Vorschrift des Art. 186 Abs. 2 FamG 1992 eine ergänzende Regelung aufnehmen müssen, die die Anwendung des Art. 186 Abs. 2 FamG 1992 bei einer einvernehmlichen Scheidung gemäß Art. 39 FamG 1992 ausschließt.[539]

Bestehen also die Voraussetzungen des Art. 186 Abs. 2 FamG 1992, so ist eine nachträgliche Klage auf Unterhalt auch dann möglich, wenn eine einvernehmliche Scheidung gemäß Art. 39 FamG 1992 vorliegt.

dd.   Die Dauer des Unterhalts nach der Scheidung

Nach dem Familiengesetz von 1992 wird der Unterhalt nicht auf unbestimmte Zeit hin zuerkannt. Die Dauer des Rechts auf Unterhalt des bedürftigen früheren Ehegatten ist vielmehr grundsätzlich auf einen Zeitraum von fünf Jahren ab dem Zeitpunkt der Beendigung der Ehe durch Scheidung bzw. Ungültigerklärung beschränkt (Art. 189 Abs. 1 FamG 1992). Mit dem Urteil, durch welches die Ehe geschieden wird, kann der Unterhalt also nur für einen Zeitraum von fünf Jahren zuerkannt werden.[540]

Eine solche zeitliche Begrenzung kannte das Grundgesetz über die Ehe von 1946 noch nicht.[541] Nach diesem Gesetz wurde der Unterhalt eines Ehegatten nach der Scheidung auf unbestimmte Zeit hin zuerkannt.[542] Die grundsätzliche zeitliche Begrenzung von fünf Jahren wurde erstmals im Gesetz

---

[538]   Vgl. Čavdar, Komentar na zakonot za semejstvoto, S. 301 (Mazedonien).
[539]   Vgl. Čavdar, Komentar na zakonot za semejstvoto, S. 301 (Mazedonien).
[540]   Čavdar, Komentar na zakonot za semejstvoto, S. 306 (Mazedonien).
[541]   Bakić, Porodično pravo u SFRJ, S. 227 (SFRJ, SR Serbien).
[542]   Mitić, Porodično pravo u SFRJ, S. 268 (SFRJ, SR Serbien).

über die Ehe von 1973 (vgl. Art 61 Abs. 1 EheG 1973) eingeführt.[543] Der Ausschlussfrist des Art. 189 Abs. 1 FamG 1992 liegt der im mazedonischen Recht stärker betonte Grundsatz der Eigenverantwortlichkeit zugrunde.[544]

aaa.   Verlängerung der Frist

Von diesem Grundsatz der Beschränkung des Unterhalts auf fünf Jahre macht das Gesetz jedoch in bestimmten Fällen Ausnahmen. Gemäß Art. 189 Abs. 2 FamG 1992 kann das Gericht auf Antrag des Ehegatten das Recht auf Unterhalt auch nach Ablauf der in Art. 189 Abs. 1 FamG 1992 genannten Frist verlängern, wenn es feststellt, dass dafür gerechtfertigte Gründe vorliegen, insbesondere, wenn der unversorgte Ehegatte auch nach dem Ablauf der Frist nicht in der Lage ist, selbst für seinen Unterhalt zu sorgen. Die gleiche Regelung fand sich bereits in Art. 61 Abs. 2 EheG 1973.

Gemäß Art. 190 Abs. 3 FamG 1992 kann das Gericht sogar über die Regelung des Gesetzes über die Ehe von 1973 hinausgehend in gerechtfertigten Fällen die Verpflichtung zur Zahlung des Unterhalts auf unbestimmte Zeit verlängern. Dies kann beispielsweise der Fall sein, wenn ein Ehegatte bereits fortgeschrittenen Alters ist und daher keinerlei Möglichkeiten hat, Arbeit zu finden.[545]

Notwendig sowohl für eine Verlängerung der Unterhaltspflicht auf bestimmte Zeit im Sinne des Art. 189 Abs. 2 FamG 1992 als auch für eine Verlängerung der Unterhaltspflicht auf unbestimmte Zeit im Sinne der Art. 190 Abs. 3 FamG 1992 ist, dass der unterhaltsbegehrende Ehegatte eine gesonderte Klage mit dem Ziel der Verlängerung der Verpflichtung zur Unterhaltsleistung bei Gericht einreicht. Voraussetzung ist ferner, dass diese Klage auf Verlängerung der Verpflichtung zum Unterhalt vor Ablauf der Zeit, für die der Unterhalt festgelegt wurde, eingereicht wird (Art. 190 Abs. 4

---

[543]   Risteski, Komentar na zakonot za brakot, S. 146 (SFRJ, SR Mazedonien); Bakić, Evolucija brakorazvodnog prava u Jugoslaviji, Godišnjak pravnog fakulteta u Sarajevu 1974, S. 51 (SFRJ, SR Bosnien/Herzegowina); Pop-Georgiev, O novom porodicnopravnom zakonodavstvu SRM, Anali pravnog fakulteta u Beogradu 1974, Br. 5 – 6, S. 783 (SFRJ, SR Serbien); Djurović, Porodično pravo, S. 331 (SRFJ, SR Serbien).

[544]   Vgl. OLG Braunschweig, Beschluss v. 28.02.1989 – 2 UF 9/89 zum insoweit vergleichbaren Unterhaltsrecht der Sozialistischen Republik Serbien, in: IPRspr. 1989, Nr. 4.

[545]   Nikolov, Izdržuvanje na bračen drugar, Semejnoto zakonodavstvo na Republika Makedonia, S. 172 (Mazedonien).

FamG 1992). Klagt der unterhaltsbegehrende Ehegatte nicht innerhalb dieser Frist (beispielsweise innerhalb der fünf Jahre gemäß Art. 189 Abs. 1 FamG 1992), so verliert er seinen Unterhaltsanspruch endgültig.

Im Gesetz über die Ehe von 1973 fehlte zwar eine dem Art. 190 Abs. 4 FamG 1992 vergleichbare Regelung. Nach der Rechsprechung des Obersten Gerichtshofes war aber ebenfalls erforderlich, dass der unterhaltsbegehrende Ehegatte den Antrag auf Verlängerung vor Ablauf der festgesetzten Frist stellte.[546]

Problematisch ist dabei der Fall, dass der unterhaltsbedürftige Ehegatte vor Ablauf der Zeit, für die der Unterhalt festgelegt wurde, statt einer Verlängerung der Unterhaltsleistung eine Erhöhung des Unterhalts begehrt. Nach der Rechtsprechung des Obersten Gerichtshofes schließt aber eine Klage auf Erhöhung des Unterhalts, der durch das Scheidungsurteil zuerkannt wurde (vgl. Art. 201 FamG 1992), eine Klage auf Verlängerung der Verpflichtung zum Unterhalt mit ein.[547] Klage der unterhaltsbedürftige Ehegatte nämlich auf Erhöhung des Unterhalts, so impliziere dies, dass er immer noch nicht in der Lage sei, selbst für seinen Unterhalt aufzukommen, dass also auch weiterhin Umstände gegeben seien, die eine weitere Zuerkennung des Unterhalts rechtfertigen.[548] Für die Fristwahrung der Klage auf Verlängerung des Unterhalts reicht somit, dass der unterhaltsbedürftige Ehegatte vor Ablauf der Zeit, für die der Unterhalt festgelegt wurde, auf Erhöhung des Unterhaltsbeitrages klagt.

Ein Ehegatte, der nach Beendigung der Frist weiterhin freiwillig Unterhalt an seinen Ehegatten zahlt, weil objektiv die Voraussetzungen für eine Verlängerung vorliegen, kann einen einmal gezahlten Unterhalt nicht als Leistung ohne rechtlichen Grund zurückverlangen, da er mit der Zahlung eine seiner gesetzlichen Pflichten erfüllt.[549]

---

[546] Risteski, Komentar na zakonot za brakot, S. 147 (SFRJ, SR Mazedonien); Vrhoven Sud na Makedonia vo Skopje, Rev. Br. 77/86 in: Zbirka na sudski odluki, Kniga III, Odluka.

[547] Vrhoven sud na Makedonia, Gžž. 11/84, in: Zbirka na sudski odluki, Kniga III, Br. 3 = Oberster Gerichtshof der Sozialistischen Republik Mazedonien, Gžž. Br. 11/84, in: Urteilssammlung, Buch III, Nr. 3.

[548] Vrhoven sud na Makedonia, Gžž. 11/84, in: Zbirka na sudski odluki, Kniga III, Br. 3 = Oberster Gerichtshof der Sozialistischen Republik Mazedonien, Gžž. Br. 11/84, in: Urteilssammlung, Buch III, Nr. 3.

[549] Čavdar, Komentar na zakonot za semejstvoto, S. 306 (Mazedonien).

Ebenso wie bei der Fristwahrung der nachträglichen gesonderten Unterhalts-klage gemäß Art. 186 Abs. 2 FamG 1992 ist auch hier der Fall proble-matisch, dass der unterhaltsberechtigte Ehegatte deshalb nicht auf Verlän-gerung des Unterhalts innerhalb der Frist klagt, weil der andere Ehegatte freiwillig nach Ablauf dieser Frist den Unterhalt weiterzahlt (vgl. oben). Auch hier könnte der Ehegatte den Antrag auf Verlängerung eigentlich nicht mehr stellen, da die in Art. 190 Abs. 4 FamG 1992 genannte Frist bereits verstrichen ist. Auch hier ist jedoch die zur Fristwahrung bei Art. 186 Abs. 2 FamG ergangene Rechtsprechung des Obersten Gerichtshofes[550] (siehe oben) übertragbar.[551] In dem Fall, dass ein Ehegatte nach dem durch Gericht festgesetzten Zeitpunkt weiterhin freiwillig Unterhalt zahlt, kann der unterhaltsbedürftige Ehegatte daher auch noch innerhalb einer angemessenen Frist vom Tage der Einstellung des vorher freiwillig geleisteten Unterhalts an den Antrag auf Verlängerung der Pflicht zum Unterhalt stellen, auch wenn die in Art. 190 Abs. 4 FamG bestimmte Frist eigentlich bereits verstrichen ist.[552] Auch hier wäre es unbillig, dem Ehegatten, der keine Klage auf Verlängerung des Unterhalts einreicht, weil sein Ehegatte freiwillig den Unterhalt nach der vom Gesetz festgesetzten Frist weiterzahlt, die Verlän-gerung des Unterhalts mit der Begründung zu versagen, dass die Frist verstrichen ist.[553]

Im Hinblick auf die Tatsache, dass der unterhaltsbegehrende Ehegatte gemäß Art. 190 Abs. 4 FamG 1992 die Klage auf Verlängerung des Unterhalts vor Ablauf der Zeit, für die der Unterhalt festgelegt wurde, einreichen muss, ist erforderlich, dass im Tenor des erstinstanzlichen Scheidungsurteils ganz genau die Zeitspanne (beispielsweise fünf Jahre, vgl. Art. 190 Abs. 1 FamG 1992) bestimmt ist, für die der Unterhalt zuerkannt wird. Die Frist beginnt von dem Tage an zu laufen, an welchem dem Ehegatten, der zur Leistung des Unterhalts verpflichtet ist, das erstinstanzliche Urteil zugeht, bzw. in dem Falle, dass das erstinstanzliche Urteil durch eine Beschwerde angefochten wurde (vgl. Art. 334 Abs. 1 Gesetz über das Streitverfahren), von dem Tage

---

[550] Vrhoven sud na Makedonia, Rev. 222/79, in: Zbirka na sudski odluki, Kniga II, Br.15 = Oberster Gerichtshof der Sozialistischen Republik Mazedonien, Rev. 222/79, in: Urteilssammlung, Buch II, Nr. 15.

[551] Čavdar, Komentar na zakonot za semejstvoto, S. 307 (Mazedonien).

[552] Čavdar, Komentar na zakonot za semejstvoto, S. 307 (Mazedonien).

[553] Čavdar, Komentar na zakonot za semejstvoto, S. 307 (Mazedonien).

an, an welchem dem unterhaltspflichtigen Ehegatte das zweitinstanzliche Urteil zugeht.[554]

Da die Pflicht, Unterhalt zu leisten im Falle der Zuerkennung aber bereits von dem Tage an beginnt, an dem der unterhaltsbedürftige Ehegatte den Antrag auf Unterhalt im Scheidungsverfahren gestellt hat (vgl. oben), ist der zuerkannte Unterhalt in der Zeitspanne von diesem Tag bis zur Rechtskraft des Scheidungsurteils als Unterhalt anzusehen, der gemäß Art. 185 Abs. 1 FamG 1992 noch dem verheirateten Ehegatten zuerkannt wird und nicht gemäß Art. 186 Abs. 1 FamG 1992 dem geschiedenen Ehegatten.[555]

bbb. Verkürzung der Frist

Umgekehrt gibt das Gesetz anders als das Gesetz über die Ehe von 1973 dagegen auch Fälle vor, in denen das Gericht den Unterhalt für eine bestimmte, weniger als fünf Jahre betragende Zeitspanne zuerkennen kann.

So kann das Gericht gemäß Art. 190 Abs. 1 FamG 1992 bestimmen, dass die Verpflichtung zum Unterhalt weniger als fünf Jahre beträgt, wenn Voraussetzungen dafür vorliegen, dass der Antragsteller in absehbarer Zeit in der Lage ist, auf andere Weise die Mittel für seinen Unterhalt zu erwerben.

Für die Wertung des Gerichts hinsichtlich der zeitlichen Festlegung der Unterhaltsverpflichtung spielt zudem vor allem auch die Dauer der Ehe eine Rolle.[556] Wenn die Ehe nur kurze Zeit gedauert hat, kann das Gericht nach Einschätzung aller Umstände entscheiden, dass die Verpflichtung zum Unterhalt für eine bestimmte Zeit besteht (Art. 190 Abs. 2 FamG 1992). Der Antrag auf Unterhalt kann in diesem Fall aber auch vom Gericht ohne Rücksicht darauf, ob der Antragsteller in absehbarer Zeit Mittel zum Unterhalt erwerben kann, ganz abgelehnt werden, sofern der Antragsteller nicht ein gemeinsames minderjähriges Kind aufzieht (Art. 190 Abs. 2 FamG 1992). Dabei schätzt das Gericht insbesondere ein, ob sich die Vermögensverhältnisse des Ehegatten im Zusammenhang mit der Eheschließung verändert haben.

---

[554] Čavdar, Komentar na zakonot za semejstvoto, S. 307 (Mazedonien); Nikolov, Izdržuvanje na bračen drugar, Semejnoto zakonodavstvo na Republika Makedonia, S. 173 (Mazedonien).

[555] Čavdar, Komentar na zakonot za semejstvoto, S. 307 (Mazedonien).

[556] Spirović-Trpenovska, Semejno pravo, S. 232 (Mazedonien).

Haben sich die Vermögensverhältnisse nämlich zum Nachteil eines Ehe-gatten geändert, weil er seinen Beruf wegen der Ehe aufgegeben oder eine Ausbildung nicht beendet hat, um sich beispielsweise um den Haushalt zu kümmern, so kann allein der Umstand der kurzen Dauer der Ehe eine Ablehnung des Unterhalts nicht rechtfertigen.[557]

Das Gericht muss, wenn es den Antrag auf Unterhalt ablehnt, im Tenor des Urteils nicht die einzelnen Gründe für die Ablehnung nennen. Diese müssen auch nicht in der Urteilsbegründung erwähnt werden.[558]

Die Vorschrift des Art. 190 FamG 1992 lässt, was den Unterhalt betrifft, Schlüsse hinsichtlich des Inhalts des Ehescheidungsurteils zu. Zu beachten ist nämlich, dass die durch das Gericht gemäß Art. 190 Abs. 1 FamG 1992 festgesetzte verkürzte Frist wiederum gemäß Art. 189 Abs. 2 FamG 1992 durch gesonderte Klage verlängert werden kann (vgl. oben), wenn dafür berechtigte Gründe im Sinne des Art. 189 Abs. 2 FamG 1992 vorliegen, insbesondere, wenn sich herausstellt, dass der Antragssteller doch nicht in absehbarer Zeit in der Lage ist, auf andere Weise die Mittel für seinen Unterhalt zu erwerben.[559] Die Betrachtung der Gründe für eine verkürzte Frist gemäß Art. 190 Abs. 2 FamG 1992 ergibt dagegen, dass der nach dieser Vorschrift befristete Unterhalt nicht gemäß Art. 189 Abs. 2 FamG 1992 verlängert werden kann. Bei der Dauer der Ehe und den Vermögens-verhältnissen handelt es sich nämlich um Gründe, die sich im Nachhinein nicht mehr verändern. Hat das Gericht also hinsichtlich der zeitlichen Festlegung des Unterhalts eine Entscheidung getroffen, so handelt es sich um eine endgültige Entscheidung.

Hieraus ergibt sich, dass das Gericht in jedem Urteil, mit dem die Ehe geschieden wird, eine ausführliche Begründung hinsichtlich des rechtlichen Grundes für den zuerkannten Unterhalt enthalten muss.[560]

---

[557] Popović, Porodično pravo, S. 225 (SFRJ, SR Serbien).

[558] Nikolov, Izdržuvanje na bračen drugar, Semejnoto zakonodavstvo na Republika Makedonia, S. 173 (Mazedonien).

[559] Čavdar, Komentar na zakonot za semejstvoto, S. 32 f. (Mazedonien); Nikolov, Izdržuvanje na bračen drugar, Semejnoto zakonodavstvo na Republika Makedonia, S. 173 (Mazedonien).

[560] Čavdar, Komentar na zakonot za semejstvoto, S. 307 (Mazedonien); Nikolov, Izdržuvanje na bračen drugar, Semejnoto zakonodavstvo na Republika Makedonia, S. 173 (Mazedonien).

ee.   Das Ende der Unterhaltsleistung nach der Scheidung

Die Beendigungstatbestände hinsichtlich des Rechts auf Unterhalt nach der Scheidung sind in Art. 191 FamG 1992 geregelt.

Gemäß Art. 191 1. Alt. FamG 1992 endet das Recht des früheren Ehegatten auf Unterhalt, wenn die Voraussetzungen des Art. 185 Abs. 1 FamG 1992 enden. Dies bedeutet zum einen, dass der Ehegatte seinen Unterhaltsanspruch verliert, wenn er inzwischen genügend Mittel zum Unterhalt hat oder nicht mehr arbeitsunfähig bzw. ohne Schuld arbeitslos ist.[561] Zum anderen erlischt der Unterhaltsanspruch auch dann, wenn der unterhaltspflichtige Ehegatte finanziell nicht mehr in der Lage ist, Unterhalt zu zahlen. In diesem Fall kann der unterhaltspflichtige Ehegatte bei Gericht den Antrag stellen, dass die Unterhaltspflicht aufgehoben wird. Die durch Urteil festgelegte Aufhebung der Unterhaltspflicht gilt für die Zukunft vom Tage der Einreichung der Klage an.[562] Die Tatsache, dass die Voraussetzungen des Art. 185 Abs. 1 FamG 1992 erneut entstehen, lässt den Unterhaltsanspruch nicht wieder aufleben.[563]

Ferner endet gemäß Art. 190 2. Alt. FamG 1992 das Recht auf Unterhalt nach der Scheidung, wenn die Zeit, für die der Unterhalt festgelegt wurde, abläuft. Der Ehegatte, der vor Ablauf dieser Zeit keine Klage auf Verlängerung der Verpflichtung zum Unterhalt gestellt hat, verliert somit seinen Unterhaltsanspruch. Gleiches gilt für den Fall, dass die Klage auf Verlängerung des Unterhalts abgelehnt wurde (siehe oben).

Schließlich endet das Recht auf Unterhalt, wenn der frühere Ehegatte, der Unterhalt erhält, eine neue Ehe eingeht beziehungsweise eine außereheliche Gemeinschaft beginnt. Der frühere unterhaltsbedürftige Ehegatte, der eine neue Ehe eingeht, verliert seinen Unterhaltsanspruch, weil von diesem Zeitpunkt an die Pflicht zum Unterhalt dem neuen Ehegatten gebührt, der unterhaltsbedürftige Ehegatte also diesem gegenüber einen Anspruch auf Unterhalt hat. Die Betrachtung des hinter diesem Beendigungstatbestand stehenden Sinn und Zweck bringt, was die Eingehung der außerehelichen Gemeinschaft anbelangt, die Frage mit sich, welche Dauer diese haben muss, um einen Beendigungsgrund darstellen zu können. Zu beachten ist hierbei

---

[561]   Spirović-Trpenovska, Semejno pravo, S. 233 (Mazedonien).

[562]   Nikolov, Izdržuvanje na bračen drugar, Semejnoto zakonodavstvo na Republika Makedonia, S. 173 (Mazedonien).

[563]   Risteski, Komentar na zakonot za brakot na SRM, S. 144 (SFRJ, SR Mazedonien); Čavdar, Komentar na zakonot za semejstvoto, S. 308 (Mazedonien).

nämlich, dass die Gleichstellung der außerehelichen Ehegemeinschaft mit der ehelichen Gemeinschaft im Hinblick auf das Recht auf gegenseitigen Unterhalt davon abhängig gemacht wird, dass sie mindestens ein Jahr andauert (vgl. Art. 13, 193 FamG 1992). Vor Verstreichung dieser Jahresfrist hat der frühere Ehegatte folglich noch kein Recht auf Unterhalt gegenüber der Person, mit der er die außereheliche Ehegemeinschaft eingegangen ist. Es muss daher von dem Gericht von Einzelfall zu Einzelfall entschieden werden, ob das Recht auf Unterhalt allein mit der Begründung einer außerehelichen Ehegemeinschaft auch vor der Verstreichung der Frist eines Jahres erlischt.[564]

Neben den in Art. 191 FamG 1992 aufgezählten Beendigungstatbeständen kommt als Beendigungsgrund schließlich der Tod eines der Ehegatten in Betracht, da das Recht auf Unterhalt bzw. die Pflicht zum Unterhalt nicht auf die Erben übergeht.[565] Als auf die Erben übergehende Nachlassverbindlichkeiten zählen nur bereits entstandene aber noch nicht bezahlte Beträge des bereits zugesprochenen Unterhalts.[566]

Ist einmal das Recht des unterhaltsbedürftigen früheren Ehegatten auf Unterhalt erloschen, so kann dieser Ehegatte nicht erneut Unterhalt begehren.[567]

Die Beendigungstatbestände des Art. 191 FamG 1992 haben sich gegenüber der vorher bestehenden Gesetzeslage nicht bedeutend verändert.

Im Gesetz über die Ehe von 1973 wurden die einzelnen Beendigungsgründe zwar nicht ausdrücklich aufgezählt. Es galten aber die gleichen Beendigungsgründe, da sich diese aus einer logischen Betrachtung des Gesetzes ergaben.[568] Das gleiche gilt hinsichtlich des Gesetzes von 1946, das ausdrücklich als Beendigungstatbestände nur die Eingehung einer neuen Ehe sowie die Tatsache, dass der frühere Ehegatten einer solchen Leistung unwürdig ist -was bei einem ehrlosem Verhalten im Sinne von Art. 56 EheGG 1946 angenommen wurde-, vorsah.[569] Auch hier ergab eine logische Betrachtung des Gesetzes die gleichen Beendigungsgründe wie heute.[570]

---

[564] Čavdar, Komentar na zakonot za semejstvoto, S. 308 (Mazedonien).
[565] Risteski, Komentar na zakonot za brakot na SRM, S. 142 (SFRJ, SR Mazedonien).
[566] Čavdar, Komentar na zakonot za semejstvoto, S. 308 (Mazedonien).
[567] Risteski, Komentar na zakonot za brakot, S. 144 (SFRJ, SR Mazedonien).
[568] Vgl. Popović, Porodično pravo, S. 227 (SFRJ, SR Serbien); Risteski, Komentar na zakonot za brakot na SRM, S. 142 f. (SFRJ, SR Mazedonien); Djurović, Porodično pravo, S. 332 (SRFJ, SR Serbien).
[569] Eisner, Porodično pravo, S. 100 (FVJ, VR Kroatien).
[570] Eisner, Porodično pravo, S. 100 (FVJ, VR Kroatien).

ff.   Der Unterhalt im Zusammenhang mit der Ungültigerklärung der Ehe

Im Falle der Ungültigerklärung der Ehe gemäß Art. 35 FamG 1992 kann der Ehegatte, dem bei der Eheschließung der Grund der Ungültigkeit nicht bekannt war, beantragen, dass ihm zu Lasten des anderen Ehegatten Unterhalt unter den Bedingungen zuerkannt wird, unter denen der geschiedene Ehegatte das Recht auf Unterhalt verwirklichen kann (vgl. Art. 192 FamG 1992).

e.   *Die Festlegung des Unterhalts*

aa.   Die Höhe des Unterhalts

Bei der Festlegung der Höhe des Unterhalts muss das Gericht gemäß Art. 194 FamG 1992 zum einen die Bedürfnisse des unterhaltsbedürftigen Ehegatten, zum anderen die Möglichkeiten des unterhaltspflichtigen Ehegatten prüfen und eine Lösung finden, die diesen beiden sich gegenüberstehenden Positionen gerecht wird.[571] Das Gericht muss dabei alle Umstände des Einzelfalles würdigen, die von wesentlicher Bedeutung für die Festlegung des Unterhalts nach Art und Höhe sind.[572] Das Maß des Unterhalts bestimmt sich dabei nach den ehelichen Lebensverhältnissen zur Zeit des Zusammenlebens.[573]

Im Vergleich zur Rechtslage nach 1946 und 1973 bestehen hier keine nennenswerten Unterschiede.

Die grundlegenden Kriterien, die das Gericht bei der Würdigung des Einzelfalles für die Bestimmung der Höhe des Unterhalts berücksichtigen muss, sind in der Vorschrift des Art. 194 FamG 1992 enthalten. In der Gerichtspraxis der Gerichte des ehemaligen Jugoslawien haben sich Fälle herausgebildet, die auch heute noch für die Anwendung und Auslegung des Art. 194 FamG 1992 herangezogen werden können.[574]

---

[571]   Risteski, Komentar na zakonot za brakot na SRM, S.142 (SFRJ, SR Mazedonien); Bakić, Porodično pravo u SFRJ, S. 161 (SFRJ, SR Serbien); Hadživasilev, Semejno pravo, S. 216 (SFRJ, SR Mazedonien).

[572]   Cvetkov, Opredeluvanje na izdrška, Semejnoto zakonodavstvo na Republika Makedonia, S. 188 (Mazedonien).

[573]   Nikolov, Izdržuvanje na bračen drugar, Semejnoto zakonodavstvo na Republika Makedonia, S. 169 (Mazedonien).

[574]   Čavdar, Komentar na zakonot za semejstvoto, S. 313 (Mazedonien).

bb.   Die Bedürfnisse des unterhaltsbegehrenden Ehegatten

Das Gericht muss zunächst feststellen, welche Mittel der unterhaltsbedürftige Ehegatte benötigt, um seine Ausgaben für seine existentiellen Bedürfnisse wie Nahrung, Kleidung, Wohnung usw. bestreiten zu können (vgl. oben). Für diese Bestimmung der Notwendigkeiten des Unterhalts für einen Ehegatten sind gemäß Art. 194 Abs. 1 FamG 1992 dessen Vermögenslage, seine Arbeitsfähigkeit und die Möglichkeit, einen Arbeitsplatz zu finden, sein Gesundheitszustand sowie andere Umstände, von denen die Einschätzung seiner Bedürfnisse abhängt, maßgeblich. Die Festlegung des Unterhalts hängt damit nicht allein von den Bedürfnissen des unterhaltsbegehrenden Ehegatten ab, sondern ebenso von den Möglichkeiten dieses Ehegatten, selbstständig eigene Einkünfte zu erzielen, mit denen der Unterhalt bestritten werden kann.[575]

Die in Art. 194 Abs. 1 FamG 1992 angeführten Umstände muss das Gericht in eindeutiger Weise durch Beweiserhebung feststellen. Hinsichtlich des Gesundheitszustandes oder einer Arbeitsunfähigkeit muss ein ärztliches Attest erbracht werden, sofern sich nicht aus dem hohen Alter oder einer körperlichen Unzulänglichkeit offensichtlich ergibt, dass der Ehegatte arbeitsunfähig ist.[576] Das Gericht muss sich zudem bei der Anstalt für Arbeit über die Beschäftigungschancen im Fachbereich des unterhaltsbegehrenden Ehegatten informieren.[577]

Zu den eigenen Einkünften des unterhaltsbegehrenden Ehegatten zählen auch Unterhaltsleistungen, die dieser von anderen Personen erhalten kann (vgl. Art. 184 Abs. 2 FamG 1992).

Hat der Unterhaltsbedürftige nur eine zeitweilige Beschäftigung für einige Monate im Jahr und kann er mit dem Lohn aus dieser Saisonarbeit seinen Unterhalt nicht für das ganze Jahr decken, so muss der unterhaltspflichtige Ehegatte für die Differenz, die zu dem Betrag besteht, der für ein Existenzminimum ausreicht, aufkommen.[578]

---

[575]   Čavdar, Komentar na zakonot za semejstvoto, S. 313 (Mazedonien).

[576]   Cvetkov, Opredeluvanje na izdrška, Semejnoto zakonodavstvo na Republika Makedonia, S. 188 (Mazedonien).

[577]   Cvetkov, Opredeluvanje na izdrška, Semejnoto zakonodavstvo na Republika Makedonia, S. 188 (Mazedonien).

[578]   Vrhoven sud na Makedonia, Gž. 899/72, in: Zbirka na sudski odluki, Kniga I, Br. 4 = Oberster Gerichtshof der Sozialistischen Republik Mazedonien, Gž. 899/72, in: Urteilssammlung, Buch I, Nr. 4.

Problematisch sind die Fälle, in denen ein Ehegatte zum Zeitpunkt der Scheidung zwar mittellos und arbeitsunfähig bzw. schuldlos arbeitslos ist, zum Zeitpunkt der faktischen Beendigung der ehelichen Lebensgemeinschaft aber noch arbeitsfähig war und sich in einem Arbeitsverhältnis befand, diese Arbeit aber freiwillig aufgegeben hat oder schuldhaft ohne Arbeit geblieben ist, weil er beispielsweise eine Beschäftigung aufgegeben hat, die er aufgrund seiner Fachkenntnisse hätte weiter ausüben können. Auch wenn zum Zeitpunkt der Scheidung die Voraussetzungen des Art. 185 Abs. 1 FamG 1992 vorliegen, scheint es in diesen Fällen unbillig, diesem Ehegatten einen Unterhaltsanspruch zuzuerkennen.[579]

Gleiches gilt für den Fall, dass ein Ehegatte nach der faktischen Beendigung der ehelichen Gemeinschaft auf seinen Erbteil verzichtet hat, aus dem er seinen Unterhalt hätte bestreiten können.

Bei der Feststellung der Bedürfnisse des unterhaltsbedürftigen Ehegatten muss das Gericht zudem den Umstand berücksichtigen, ob der Ehegatte, der Unterhalt begehrt, eigenes Eigentum besitzt, welches er unmittelbar nutzen kann oder woraus er Erträge erzielen kann (beispielsweise Land, eine Wohnung usw.).[580] Keinen Einfluss auf die Festlegung der Höhe des Unterhaltsanspruchs hat jedoch der Umstand, dass ein geschiedener unterhaltsbedürftiger Ehegatte Eigentümer unbeweglicher Sachen ist, wenn er diese nicht unmittelbar nutzen kann und auch keine Einkünfte daraus erzielen kann, sondern allein durch deren Verkauf eigene Einkünfte erzielen könnte, mit denen er die Ausgaben für seine lebensnotwendigen Mittel decken könnte. Als Mittel, die zur Existenzsicherung dienen, sind nämlich nur solche Mittel anzusehen, die sich unmittelbar aus dem Vermögen selbst ergeben, nicht aber solche, die erst durch den Verkauf von Vermögen erzielt werden können.[581]

---

[579] Cvetkov, Opreduvanje na izdrška, Semejnoto zakonodavstvo na Republika Makedonia, S. 189 (Mazedonien).

[580] Cvetkov, Opreduvanje na izdrška, Semejnoto zakonodavstvo na Republika Makedonia, S. 189 (Mazedonien).

[581] Vrhoven sud na Makedonia, Rev. 92/85, in: Zbirka na sudski odluki, Kniga IV, Br. 9 = Oberster Gerichtshof der Sozialistischen Republik Mazedonien, Rev. 92/85, in: Urteilssammlung, Buch IV, Nr. 9.

cc.   Die Möglichkeiten des unterhaltsverpflichteten Ehegatten

Hat das Gericht die Bedürfnisse des unterhaltsbedürftigen Ehegatten fest-gestellt, so muss es anschließend prüfen, ob der unterhaltspflichtige Ehegatte auch in der Lage ist, den Unterhalt in dieser Höhe zu leisten (vgl. auch Art. 185 Abs. 1 FamG 1992). Hierzu berücksichtigt das Gericht gemäß Art. 194 Abs. 3 FamG 1992 sämtliche Einkünfte und die tatsächlichen Möglichkeiten zum Lohnerwerb, die eigenen Bedürfnisse und die gesetzlichen Verpflich-tungen in Bezug auf den Unterhalt anderer Personen des unterhalts-verpflichteten Ehegatten (vgl. schon oben).

Arbeitet der unterhaltspflichtige Ehegatte in einem geregelten Arbeitsverhält-nis, so kann sich das Gericht über die Höhe seines monatlichen Verdienstes beim Arbeitgeber informieren. Führt der Ehegatte dagegen eine selbst-ständige Tätigkeit aus, so orientiert sich das Gericht bei der Berechnung des Einkommens an dem allgemein üblichen Einkommen für eine solche Tätigkeit.[582] Das gleiche gilt für handwerkliche, gewerbliche, dienstliche, landwirtschaftliche und andere Tätigkeiten, die der unterhaltspflichtige Ehegatte zusätzlich zu dem normalen Arbeitsverhältnis ausübt. Auch hier wird der Lohn nach dem allgemein üblichen Lohn für solche Tätigkeiten berechnet.

Dies gilt natürlich nur unter der Voraussetzung, dass der Ehegatte für eine legale Tätigkeit ordentlich registriert ist. In diesem Fall betrachtet das Gericht bei der Ermittlung des allgemein üblichen Einkommens die bereits erzielten Jahreseinkommen des Ehegatten, nach Maßgabe derer sich auch die Abgaben gegenüber dem Staat berechnen.[583] Führt der Ehegatte dagegen – was in der Praxis häufig vorkommt – eine illegale Tätigkeit aus, hinsichtlich der er nicht registriert ist und keine Abgaben an den Staat zahlt (Schwarzarbeit), so kann das Gericht keine Fakten über die Höhe seiner Einnahmen durch Anlehnung an das allgemein übliche Einkommen erhalten. Hier muss das Gericht für die Feststellung der Höhe des Einkommens andere Beweise erheben, wie beispielsweise den Zeugenbeweis.[584]

---

[582]   Cvetkov, Opredeluvanje na izdrška, Semejnoto zakonodavstvo na Republika Makedonia, S. 189 (Mazedonien).

[583]   Cvetkov, Opredeluvanje na izdrška, Semejnoto zakonodavstvo na Republika Makedonia, S. 190 (Mazedonien).

[584]   Cvetkov, Opredeluvanje na izdrška, Semejnoto zakonodavstvo na Republika Makedonia, S. 190 (Mazedonien).

Bei der Feststellung der finanziellen Möglichkeiten des unterhaltspflichtigen Ehegatten und damit der Höhe des Unterhalts reicht es nicht, wenn ausschließlich das monatliche Einkommen, welches zum Zeitpunkt der Entscheidung über den Unterhalt erzielt wurde, betrachtet wird. Es müssen vielmehr die monatlichen Einkommen zumindest der letzten sechs Monate überprüft werden, da erst dann eine sichere Einschätzung möglich ist, welcher Unterhaltsbetrag gerechtfertigt ist.[585]

Das Gericht kann sich zudem gemäß Art. 194 Abs. 3 FamG 1992 nicht allein mit der Feststellung der erzielten Einkünfte begnügen. Es muss des Weiteren prüfen, inwieweit der unterhaltspflichtige Ehegatte tatsächliche Möglichkeiten hat, Einkünfte zu erzielen, was abhängig ist von seiner fachlichen Ausbildung, seinen Qualifikationen, der Branche, in der er arbeitet, dem Umfeld, in dem er lebt usw.[586] Die Leistungsfähigkeit des Unterhaltspflichtigen wird also nicht allein durch sein tatsächlich vorhandenes Einkommen bestimmt, sondern auch durch seine Erwerbsfähigkeit. Ihn trifft unterhaltsrechtlich die Obliegenheit, die ihm zumutbaren Einkünfte zu erzielen, insbesondere seine Arbeitskraft gut einzusetzen, um eine ihm zumutbare und mögliche Erwerbstätigkeit auszuüben. Der Unterhalt wird also auch nach diesem fiktiven Einkommen bemessen.[587] So besteht beispielsweise oft in handwerklichen Berufen die Möglichkeit, dass zusätzliche Aufträge angenommen werden und dadurch mehr Lohn erzielt werden kann.[588] Berücksichtigt werden muss zudem, ob die Möglichkeit besteht, durch zeitweilige Arbeit zusätzlich Lohn zu erwerben.[589]

Bei der Bewertung der finanziellen Möglichkeiten des unterhaltspflichtigen Ehegatten hat das Gericht Pflichten, die sich aus der Aufnahme eines Kredites oder Ähnlichem ergeben, nicht zu berücksichtigen.[590]

Hat das Gericht festgestellt, wie viel Lohn der unterhaltspflichtige Ehegatte erhält, so muss es des Weiteren feststellen, wie viel dieser Ehegatte für seinen eigenen Unterhalt benötigt. Hierbei ist nicht der niedrigste Betrag

---

[585] Cvetkov, Opredeluvanje na izdrška, Semejnoto zakonodavstvo na Republika Makedonia, S. 190 (Mazedonien).

[586] Čavdar, Komentar na zakonot za semejstvoto, S. 313 (Mazedonien).

[587] Vgl. auch OLG Hamm, Beschuss v. 28.12.1994 – 8 UF 334/94 zum insoweit vergleichbaren Unterhaltsrecht der Republik Bosnien/Herzegowina, in: IPRspr. 1994, Nr. 5.

[588] Čavdar, Komentar na zakonot za semejstvoto, S. 313 (Mazedonien).

[589] Čavdar, Komentar na zakonot za semejstvoto, S. 313 (Mazedonien).

[590] Cvetkov, Opredeluvanje na izdrška, Semejnoto zakonodavstvo na Republika Makedonia, S. 190 (Mazedonien).

maßgebend, der für die notwendigsten existentiellen Ausgaben ausreichen würde. Es muss ihm ein Betrag erhalten bleiben, mit dem er seinen bisherigen Lebensstandard aufrechterhalten kann. Wie im Rahmen der Prüfung der Bedürfnisse des unterhaltspflichtigen Ehegatten muss auch bei der Prüfung der Möglichkeiten des unterhaltspflichtigen Ehegatten festgestellt werden, ob etwaiges Eigentum besteht, das der Ehegatte nutzen kann oder aus dem sich Erträge ziehen lassen.

Berücksichtigt werden muss ferner auch die gesetzlichen Pflicht dieses Ehegatten, für den Unterhalt weiterer Personen aufzukommen, insbesondere für eigene Kinder, deren Unterhalt Priorität genießt.

Haben beide Ehegatte bis zur Trennung von der Rente des Angeklagten gelebt, reichte diese also für das Existenzminimum aus, so ist unter der Voraussetzung, dass der Angeklagte nach der Trennung allein in der Lage ist, seinen Haushalt zu führen, davon auszugehen, dass er aus seiner Rente auch weiterhin für den Unterhalt der Klägerin einen Betrag entbehren kann.[591]

dd.   Veränderung der Höhe des durch Urteil festgesetzten Unterhalts

Im Streitverfahren wird der Unterhalt für die Zukunft vom Tage der Einreichung der Klage an zuerkannt. Das mazedonische Unterhaltsrecht gestattet aber die Abänderung der Unterhaltsentscheidung wegen veränderter Umstände.

Gemäß Art. 201 FamG 1992 kann die betroffene Person von dem Gericht verlangen, den Unterhalt, der durch ein früheres rechtskräftigeres Urteil festgesetzt wurde, zu erhöhen, zu verringern oder einzustellen, wenn sich die Umstände, auf die sich das Urteil stützte, geändert haben. Auch hier bestehen gegenüber der Rechtslage nach 1946 und 1973 keine nennenswerten Unterschiede.[592]

Aus der Regelung des Art. 201 FamG 1992 geht zunächst hervor, dass der Unterhalt auf Grundlage der Umstände, die zur Zeit des Erlasses des Urteils bestehen, festgesetzt wird bzw., wenn das Verfahren lange dauert, auf Grundlage der Umstände, die zum Zeitpunkt des Antrages auf Unterhalt bestehen. Dauert das Verfahren besonders lange, etwa weil die einzelnen Gerichte unterschiedlicher Auffassung sind oder das erstinstanzliche Urteil

---

[591]   Čavdar, Komentar na zakonot za semejstvoto, S. 313 (Mazedonien).

[592]   Risteski, Komentar na zakonot za brakot na SRM, S. 142 (SFRJ, SR Mazedonien).

einmal oder mehrmals aufgehoben wird, so kann das Gericht auf Antrag eines Ehegatten hin in ein und demselben Urteil den Unterhalt für die einzelnen Zeitabschnitte vom Antrag bis zum Erlass des Urteils in unterschiedlicher Höhe festsetzen und zudem gesondert für die Zukunft nach Erlass des Urteils bestimmen.[593]

Ändern sich nach dem Erlass des Urteils die Umstände, die das Gericht bei Erlass des Urteils zugrunde gelegt hatte, so kann eine Veränderung der Höhe des Unterhalts verlangt werden. Das Recht auf Veränderung der Höhe des Unterhalts wird dabei nicht von der Einhaltung einer Frist abhängig gemacht. Betroffene Person im Sinne dieser Vorschrift kann zum einen der unterhaltsbedürftige Ehegatte, der eine Erhöhung des Unterhalts begehrt, zum anderen der unterhaltspflichtige Ehegatte, der eine Verringerung oder eine Einstellung des Unterhalts begehrt, sein.

In einem Antrag auf Einstellung des durch das vorherige rechtskräftige Urteil festgelegten Unterhalts ist immer zugleich auch ein Antrag auf Verringerung des Unterhalts enthalten.[594]

Begehrt der unterhaltsbedürftige Ehegatte eine Erhöhung des Unterhaltsbeitrages, so kann der unterhaltspflichtige Ehegatte nicht gegen die Erhöhung Einspruch erheben und gleichzeitig im gleichen Verfahren eine Verringerung oder die Einstellung des Unterhaltsbeitrages begehren. Der Einspruch des unterhaltspflichtigen Ehegatten ist in diesem Verfahren nur auf die Frage der Erhöhung des Unterhaltsbeitrages beschränkt. Begehrt der unterhaltspflichtige Ehegatte die Verringerung oder Einstellung des Unterhalts, so kann er dies nur durch Einreichung einer erneuten Klage bzw. Widerklage (vgl. Art. 233 Abs. 1 FamG 1992) erreichen.[595] Gleiches gilt für den umgekehrten Fall, dass der unterhaltspflichtige Ehegatte einen Antrag auf Verringerung oder Einstellung stellt.

Die durch Urteil festgelegte Einstellung des Unterhalts gilt für die Zukunft vom Tage der Einreichung der Klage an.[596] Das Verfahren auf Einstellung des Unterhalts muss dann nicht geführt werden, wenn der Unterhalt nur für

---

[593] Čavdar, Komentar na zakonot za semejstvoto, S. 314 (Mazedonien).

[594] Vrhoven sud na Makedonia, Rev. 225/91, in: Zbirka na sudski odluki, Kniga V, Br. 5 = Oberster Gerichtshof der Republik Mazedonien, Rev. 225/91, in: Urteilssammlung, Buch IV, Nr. 5.

[595] Cvetkov, Opredeluvanje na izdrška, Semejnoto zakonodavstvo na Republika Makedonia, S. 195 (Mazedonien); Čavdar, Komentar na zakonot za semejstvoto, S. 321 (Mazedonien).

[596] Spirović-Trpenovska, Semejno pravo, S. 236 (Mazedonien).

eine bestimmte Zeit festgesetzt wurde und diese Zeit abgelaufen ist (vgl. oben), da in diesem Fall die Verpflichtung zum Unterhalt endet.

Der Umstand, dass in Bezug auf das vorherige rechtskräftige Urteil ein Revisionsverfahren läuft, stellt kein Hindernis dafür dar, eine Klage einzureichen, mit der eine Erhöhung des Unterhalts begehrt wird.[597]

Bei der Entscheidung einer solchen Klage auf Erhöhung, Verringerung oder Einstellung muss sich das Gericht nicht auf das vorherige rechtskräftige Urteil beziehen. Es stellt folglich keinen wesentlichen Verstoß der Vorschriften über das Streitverfahren dar, wenn das Gericht im neu erlassenen Urteil nicht auf die Änderung des vorherigen Urteils hinweist.[598] Das Gericht macht die Änderung des vorher zuerkannten Unterhalts nur durch die Festlegung des neuen vom unterhaltspflichtigen Ehegatten in der Zukunft zu zahlenden Betrages oder durch die völlige Einstellung deutlich.

ee.   Die Art und Weise der Unterhaltsleistung

Gemäß Art. 196 FamG 1992 kann das Gericht den Unterhalt in Form eines bestimmten Betrages oder als Prozentsatz des erzielten Einkommens beziehungsweise des Einkommens und der Einkünfte, die aus der Ausübung anderer Arten von Tätigkeiten erzielt werden, festsetzen.

Das Gericht kann also die zukünftig zu zahlenden Unterhaltsbeträge als Prozentsatz des Einkommens oder anderer Einkünfte des Unterhaltspflichtigen festlegen, die dieser regelmäßig jeden Monat erhält (z.B. monatlicher Lohn oder Rente).

Oft stellen Einkünften aus anderen Arten von Tätigkeiten, also aus ungeregelten Arbeitsverhältnissen, keine beständigen Einkünfte dar. Diese Einkünfte werden meist periodisch für auf Bestellung ausgeführte Arbeiten erzielt. Auch wenn es sich dabei meist um vorher nicht bestimmbare Beträge handelt und auch nicht sicher ist, wer die Einkünfte zahlen wird, kann aber in vielen Fällen im Vorhinein mit Sicherheit davon ausgegangen werden, dass der Unterhaltsverpflichtete über sie verfügen wird. In diesem Fall kann das Gericht ebenfalls einen angemessenen Prozentsatz bestimmen, der hinsichtlich des zu erwartenden Einkommens verhältnismäßig erscheint.

---

[597]   Čavdar, Komentar na zakonot za semejstvoto, S. 321 (Mazedonien).
[598]   Vrhoven sud na Makedonia, Rev. 811/86, in: Zbirka na sudski odluki, Kniga IV, Br. 107 = Oberster Gerichtshof der Sozialistischen Republik Mazedonien, Rev. 811/86, in: Urteilssammlung, Buch IV, Nr. 107.

Unter die Einkünfte, die aus der Ausübung anderer Arten von Tätigkeiten erzielt werden, fallen aber nicht Honorare für wissenschaftliche, künstlerische oder literarische Werke, Belohnungen (Prämien, Preise), Schadensersatzzahlungen, Gewinne aus Glücksspiel und Ähnliches, da ein Prozentsatz dieser Einnahmen die nach Art. 194 Abs. 1 FamG 1992 festgestellten Bedürfnisse bei Weitem übersteigen würde.[599]

Durch die Möglichkeit der Festsetzung des Unterhalts als Prozentsatz des erzielten Einkommens ist der Schutz des unterhaltsbedürftigen Ehegatten besser gewährleistet, als er es bei der Festlegung des Unterhalts in Form eines bestimmten Betrages ist. Im Falle einer Inflation, welche die heutige Wirklichkeit in Mazedonien darstellt, in der die lebensnotwendigen Ausgaben steigen, kann schnell nach Erlass des Urteils der Wert eines festgesetzten fixen Betrages abfallen.[600] Dies wird vermieden, wenn der Unterhalt als Prozentsatz des erzielten Einkommens festgelegt wird, da dann ebenfalls auch der Unterhaltsbetrag entsprechend steigt.[601] Durch diese Weise der Festlegung des Unterhalts verringern sich somit Streitigkeiten, die im Zusammenhang mit der Erhöhung des Unterhalts gemäß Art. 201 FamG 1992 stehen (vgl. oben). Die Gerichte legen daher heutzutage hauptsächlich den Unterhalt als Prozentsatz des erzielten Einkommens fest.

Problematisch ist jedoch die Festlegung des Unterhalts als Prozentsatz, wenn der unterhaltspflichtige Ehegatte nicht die geplanten Einnahmen erzielt. In diesem Fall lässt sich nämlich nicht feststellen, wie hoch seine Verpflichtung zum Unterhalt im Sinne eines absoluten Geldbetrages ist, weshalb auch keine Vollstreckung in sein übriges Vermögen erfolgen kann. Aus diesem Grunde ist es entgegen des Wortlauts des Gesetzes („oder") notwendig, dass das Gericht neben der prozentualen Festlegung immer auch einen bestimmten Geldbetrag als absoluten Mindestbetrag festlegt, damit aus dem übrigen Vermögen des unterhaltspflichtigen Ehegatten vollstreckt werden kann.[602]

Ferner muss das Gericht auch immer einen absoluten Geldbetrag für die Zeit, die von der Einreichung der Klage auf Unterhalt an bis zum rechtskräftigen Urteil hin verstrichen ist, festlegen. Denn würde im Urteil auch der Unterhalt

---

[599]   Čavdar, Komentar na zakonot za semejstvoto, S. 317 (Mazedonien).

[600]   Vgl. Ponjavić, Brak i razvod, S. 167 (SFRJ, SR Serbien); Cvetkov, Opredeluvanje na izdrška, Semejnoto zakonodavstvo na Republika Makedonia, S. 192 (Mazedonien).

[601]   Vgl. hierzu AG Singen, Urteil v. 30.05.2000 – 4 F 88/99, in IPRspr. 2000, Nr. 163.

[602]   Čavdar, Komentar na zakonot za semejstvoto, S. 317 (Mazedonien).

für die bereits vergangene Zeit als Prozentsatz festlegt, könnte dieser nicht mehr aus den zukünftigen Einnahmen vollstreckt werden.[603]

Grundsätzlich wird der Unterhalt in Raten zuerkannt, die mit dem Erhalt des monatlichen Einkommens, der monatlichen Rente oder anderen monatlichen Einkünften fällig werden.

In Art. 200 Abs. 1 FamG 1992 ist ferner bestimmt, dass die Person, die verpflichtet ist, Unterhalt zu leisten, nach eigener Wahl einen bestimmten Geldbetrag als Unterhalt zahlen, die Person zum Unterhalt zu sich nehmen oder der Person auf andere Weise Unterhalt gewähren kann. Ausgenommen von dieser Regelung ist lediglich die Verpflichtung des Elternteils gegenüber minderjährigen Kindern (Art. 200 Abs. 1 FamG 1992). Diese Wahl steht ausschließlich dem unterhaltspflichtigen Ehegatten zu.

Eine Gewährung des Unterhalts auf andere Weise liegt vor, wenn dem Ehegatten bewegliche oder unbewegliche Gegenständen überlassen werden, die er selbst nutzen kann oder aus denen er Einkünfte erzielen kann wie zum Beispiel die Überlassung von Land, einer Wohnung, einem Pkw usw.[604]

Gemäß Art. 200 Abs. 2 FamG 1992 kann jedoch die Person, der ein Recht auf Unterhalt zusteht, bei Vorliegen berechtigter Gründe verlangen, dass ihr der Unterhalt nur in Geld gewährt wird.

Solche Gründe liegen z.B. vor, wenn der unterhaltspflichtige Ehegatte an die Überlassung von Gegenständen irgendwelche Bedingungen knüpft oder wenn zwischen den Ehegatten ständig Streitigkeiten bestehen.[605]

Die Regelung des Art. 200 FamG 1992 wurde erstmalig im Familiengesetz von 1992 aufgenommen. In der Rechtsprechung wurden daher noch keine Urteile erlassen, die diese Thematik betreffen.

f. Das Verfahren bei Unterhaltsstreitigkeiten

Im Familiengesetz von 1992 ist für Unterhaltsstreitigkeiten ein besonderes Verfahren vorgesehen, das sich aufgrund seiner Besonderheiten in einigen Bereichen von dem allgemeinen Streitverfahren unterscheidet.[606]

---

[603] Čavdar, Komentar na zakonot za semejstvoto, S. 317 (Mazedonien).
[604] Djurović, Porodično pravo, S. 324 (SRFJ, SR Serbien).
[605] Djurović, Porodično pravo, S. 324 (SRFJ, SR Serbien).
[606] Muratovska-Markova, Posledici od razvod na brakot, Pravnik, Godina VII, Br. 74, Skopje 1998, S. 13 (Mazedonien).

So finden gemäß Art. 267 FamG 1992 die Vorschriften des Gesetzes über das Streitverfahren, die sich auf das Verfahren in Streitigkeiten von geringem Wert beziehen, keine Anwendung.

Art. 278 FamG 1992 bestimmt zudem, dass eine eingelegte Beschwerde gegen das Gerichtsurteil im Unterhaltsverfahren hinsichtlich der Vollstreckung dieses Urteiles keine aufschiebende Wirkung hat. Gemäß Art. 279 FamG 1992 ist im Unterhaltsverfahren eine Revision zulässig.

D. Die Folgen der Scheidung hinsichtlich der Vermögensbeziehungen der Ehegatten

Im Rahmen der Vermögensbeziehungen bringt die Scheidung als Folge die Teilung des gemeinsamen Vermögens der ehemaligen Ehegatten mit sich.[607] Für diese Frage der Teilung des gemeinsamen Vermögens der Ehegatten ist die Feststellung erforderlich, welche Vermögensgüter zum gemeinsamen Vermögen und welche zum besonderen Eigenvermögen eines Ehegatten gehören. Es ist folglich zwischen Gesamthandseigentum und Alleineigentum zu unterscheiden.[608]

I. Einleitung: Das Ehegüterrecht

Hinsichtlich der Vermögensbeziehungen zwischen den Ehegatten enthielt das Grundgesetz über die Ehe von 1946 in den Art. 7-12 Grundrichtlinien. In Art. 12 EheGG 1946 war angeordnet, dass die weiteren Bestimmungen über die Vermögensbeziehungen der Ehegatten durch die Gesetze der Sozialistischen Republiken vorgeschrieben werden (vgl. schon oben). Es bestand daher neben dem Grundgesetz über die Ehe von 1946 das von der damaligen Republik Mazedonien erlassene Gesetz über die güterrechtlichen Beziehungen zwischen Eheleuten von 1950.[609]

Das Ehegüterrecht wurde im Folgenden im Gesetz über die Ehe von 1973 in den Art. 30-40 geregelt.

Heute ist das Ehegüterrecht im ersten Abschnitt des 7. Teils des Familiengesetzes von 1992, der das gesamte Familienvermögensrecht umfasst, in den

---

[607]   Spirović-Trpenovska, Semejno pravo, S. 136 (Mazedonien).

[608]   Vgl. OLG Hamm, Urteil v. 13.03.1998 – 29 U 218/97 zum insoweit vergleichbaren kroatischen Ehegüterrecht, in: IPRspr. 1998, Nr. 72.

[609]   Sluzben Vesnik na SRM, Nr. 16/50.

Art. 203-217 gesondert geregelt. Umfasst sind von diesem Abschnitt sowohl die gegenseitigen Vermögensbeziehungen zwischen den Ehegatten als auch die Vermögensbeziehungen der Ehegatten gegenüber Dritten.

Dieser erste Abschnitt untergliedert sich in folgende Unterabschnitte: 1. Vermögen der Ehepartner (Art. 203-206 FamG 1992), 2. Verwaltung des Vermögens und Verfügung über das Vermögen (207-210 FamG 1992), 3. Teilung des gemeinsamen Vermögens (Art. 211-215 FamG 1992) und 4. Haftung für die Verpflichtungen gegenüber Dritten (Art. 216-217 FamG 1992).

II.   Das Vermögen der Ehegatten

Wie oben bereits erwähnt, bringt die Scheidung die Teilung des gemeinsamen Vermögens der Ehegatten als Folge mit sich (vgl. Art. 211 ff. FamG 1992).

Bevor auf die Scheidungsfolge der Trennung des gemeinsamen Vermögens eingegangen werden kann, ist daher zunächst festzustellen, welche Vermögensgüter zum gemeinsamen Vermögen der Ehegatten zählen.

In Mazedonien wird der Güterstand der Ehegatten durch Gesetz geregelt. Bei den Vorschriften des Familiengesetzes von 1992, welche die Vermögensbeziehungen der Ehegatten regeln, handelt es sich um zwingendes Recht. Zwischen den Ehegatten kann daher nur der gesetzliche Güterstand bestehen. Nicht möglich ist, dass die Ehegatten in ihrer Ehe von vorneherein einen anderen Güterstand als den gesetzlichen vereinbaren.[610] Die Ehegatten können ausschließlich Vereinbarungen hinsichtlich der Verwaltung des Vermögens und der Verfügung hierüber treffen. Möglich ist also nur, dass Gegenstände, die nach dem Gesetz als besonderes Eigenvermögen eines Ehegatten oder als gemeinsames Vermögen der Ehegatten qualifiziert werden, im Nachhinein beispielsweise durch einen Schenkungsvertrag verändert werden.

Nach dem im Familiengesetz von 1992 enthaltenen gesetzlichen Güterstand kann ebenso wie schon nach dem Grundgesetz über die Ehe von 1946 (vgl. Art. 7 und 8 EheGG 1946) und nach dem Gesetz über die Ehe von 1973 (vgl. Art. 30 und 31 EheG 1973) besonderes Eigenvermögen eines Ehegatten oder gemeinsames Vermögen der Ehegatten vorliegen (Art. 203 FamG 1992). Die

---

[610]   Čavdar, Komentar na zakonot za semejstvoto, S. 327 (Mazedonien).

Vorschriften der Art. 203-206 FamG 1992 legen insoweit genau fest, wann vom Vorliegen gemeinsamen Vermögens und wann vom besonderen Eigenvermögen auszugehen ist. Was diese gesetzliche Einteilung des Vermögens betrifft, ergeben sich kaum Unterschiede zu der Rechtslage vor dem Familiengesetz von 1992. Auf geringe Abweichungen wird bei der Beschreibung der heutigen Einteilung durch das Gesetz eingegangen.

Unter dem Begriff des Vermögens versteht man alle Vermögensrechte, die einem Rechtssubjekt zustehen, seien es Sachen bzw. Sachenrechte wie Eigentumsrechte, Pfandrechte, Hypothekenrechte usw. oder Forderungen gegen eine dritte Person, die sich aus einer schuldrechtlichen Beziehung ergeben.[611] Ferner fallen unter den Vermögensbegriff auch einige absolute Rechte wie beispielsweise das Autorenrecht.[612]

In der Rechtstheorie ist streitig, ob unter das Vermögen auch schuldrechtliche Verpflichtungen eines Ehegatten fallen. Dieser Streit kann aber dahin gestellt bleiben, da das Familiengesetz von 1992 die Haftung für die Verpflichtungen gegenüber Dritten in den Art. 216 und 217 im Einzelnen regelt.

Im Grundsatz stellt nach dem Familiengesetz von 1992 das Vermögen, welches ein Ehegatte schon zum Zeitpunkt der Eheschließung hatte, sein besonderes Eigenvermögen (Art. 204 Abs. 1 FamG 1992) und das im Laufe der Ehe erworbene Vermögen das gemeinsame Vermögen der Ehegatten dar (Art. 205 FamG 1992).

1.   Das besondere Eigenvermögen

a.   Das besondere Eigenvermögen, das vor der Eheschließung erworben wird

Gemäß Art. 204 Abs. 1 FamG 1992 ist das Vermögen, welches ein Ehegatte schon zum Zeitpunkt der Eheschließung hatte, sein besonderes Eigenvermögen, das er selbstständig verwaltet und worüber er frei verfügt, sofern die Ehegatten insoweit nichts anderes vereinbaren (vgl. Art. 204 Abs. 3 FamG 1992).

Damit gehören alle beweglichen und unbeweglichen Sachen sowie alle Sachenrechte wie Eigentumsrechte, Pfandrechte, Hypothekenrechte usw., die

---

[611]   Mladenović, Porodično pravo u Jugoslaviji, S. 195 (SFRJ, SR Serbien); Risteski, Komentar na zakonot za brakot na SRM, S. 78 (SFRJ, SR Mazedonien).

[612]   Čavdar, Komentar na zakonot za semejstvoto, S. 327 (Mazedonien).

der Ehegatte bereits zum Zeitpunkt der Ehe hatte, zu seinem besonderen Eigenvermögen. Gleiches gilt für die vor dem Zeitpunkt der Eheschließung entstandenen schuldrechtlichen Forderungen gegenüber Dritten.

Unter das besondere Vermögen fallen auch die Vermögensgüter, die die Ehefrau als Mitgift in die Ehe mit einbringt, unabhängig davon, ob diese der Befriedigung ihrer Bedürfnisse oder der Bedürfnisse beider Ehegatten in der Ehe dienen sollen.[613]

Streitig ist in diesem Zusammenhang die Frage, ob ein Vermögen auch dann als Eigenvermögen eines Ehegatten anzusehen ist, wenn der Ehegatte zwar den Vermögensgegenstand bereits vor der Eheschließung erlangt hat, die Verpflichtungen, die hinsichtlich dieses Vermögens entstanden sind, aber erst nach der Eheschließung begleicht.[614] In Betracht kommt hier beispielsweise der Fall, dass ein Ehegatte bereits vor der Eheschließung ein Haus gekauft hat, die Raten des hierfür aufgenommenen Kredites aber erst während der Ehe zahlt.[615] Nach überwiegender Ansicht in der Literatur und nach der Gerichtspraxis in Mazedonien fällt das Eigentumsrecht in einem solchem Fall unter das besondere Eigenvermögen eines Ehegatten.[616] Hierfür spricht, dass im Zeitpunkt des Erwerbs eines solchen Vermögens, der Wille zum Erwerb nur bei einem der Ehegatten vorliegt. Außerdem hat die Tatsache, dass der Ehegatte die Schulden hinsichtlich dieses Vermögens erst nach der Eheschließung zahlt, keine sachenrechtliche, sondern ausschließlich schuldrechtliche Wirkung.[617] Der andere Ehegatte hat also im Falle einer Teilung des Vermögens einen schuldrechtlichen Anspruch in Höhe seines Anteiles an den Ratenzahlungen. In diesem Sinne hat auch der Oberste Gerichtshof Mazedoniens in einem Fall entschieden, in welchem ein Ehegatte Wohneigentum bereits vor der Ehe gekauft hatte, das Wohneigentum aber während des Bestehens der Ehe vollständig neu renoviert wurde mit Mitteln, die erst im Verlaufe der Ehe erworben worden sind. Nach dem Obersten Gerichtshof hat der andere Ehegatte auch in diesem Fall kein

---

[613] Risteski, Komentar na zakonot za brakot na SRM, S. 81 (SFRJ, SR Mazedonien); Mladenović, Porodično pravo u Jugoslaviji, S. 198 (SFRJ, SR Serbien).

[614] Kočov, Imotnite odnosi na bračnite drugari, Semejnoto zakonodavstvo na Republika Makedonia, S. 199 (Mazedonien).

[615] Vgl. Čavdar, Komentar na zakonot za semejstvoto, S. 330 (Mazedonien).

[616] Vgl. Vrhoven sud na Makedonia, Rev. 675/83, in: Zbirka na sudski odluki, Kniga III, Br. 18 = Oberster Gerichtshof der Sozialistischen Republik Mazedonien, Rev. 675/83, in: Urteilssammlung, Buch III, Nr. 18.

[617] Kočov, Imotnite odnosi na bračnite drugari, Semejnoto zakonodavstvo na Republika Makedonia, S. 199 (Mazedonien).

Recht an dem Wohneigentum in sachenrechtlicher Hinsicht. Es steht ihm auch hier im Falle einer Teilung des Vermögens lediglich ein schuld-rechtlicher Anspruch in Höhe seines Beitrages für die Renovierung zu.[618]

b. Das besondere Eigenvermögen, das während der Ehe erworben wird

Unter gewissen Umständen kann auch während der Ehe erlangtes Vermögen zum besonderen Eigenvermögen eines Ehegatten zählen.

aa. Vermögen, das ein Ehegatte durch Erbschaft, Vermächtnis oder Schenkung erhält

Gemäß Art. 204 Abs. 2, 1. Alt. FamG 1992 gilt als besonderes Vermögen auch das Vermögen und das Recht auf Vermögen, das ein Ehegatte durch Erbschaft, Vermächtnis oder durch Schenkung erhält. Bei den in Art. 204 Abs. 2, 1. Alt. FamG 1992 genannten Fällen handelt es sich um solche, in denen ein Ehegatte das Vermögen nicht durch Arbeit, sondern aufgrund eines ausschließlich in Beziehung zu ihm stehenden rechtlichen Grundes erlangt.[619] Erhält ausschließlich ein Ehegatte eine Erbschaft, ein Vermächtnis oder eine Schenkung während der Ehe, so zählt dieses Vermögen klar und eindeutig zum Sondervermögen eines Ehegatten.

Kontrovers wird dagegen die Frage beantwortet, wie Geschenke in Form von Geldmitteln oder Gegenständen einzuordnen sind, die von Verwandten oder Bekannten zur Eheschließung oder nach der Eheschließung mit dem Ziel gemacht werden, dem Ehepaar das gemeinsame Leben zu erleichtern. Zum Teil besteht die Auffassung, dass es sich bei solchen Geschenken, die zum Anlass der Hochzeit gemacht werden, um besonderes Vermögen der Ehe-gatten handelt, je nachdem von welcher Seite der Verwandten die Geschenke gemacht werden. Teilweise wird aber auch vertreten, dass es sich bei diesen Geschenken um während der Ehe erlangtes Vermögen handelt, welches den Ehegatten gemeinsam zusteht.[620]

Zu dieser Problematik haben sich in der Gerichtspraxis des Obersten Gerichtshofes Mazedoniens folgende Richtlinien herausgebildet:

---

[618] Vrhoven sud na Makedonia, Gž. 875/65, in: Zbirka na sudski odluki, Kniga I, Br. 62 = Oberster Gerichtshof der Sozialistischen Republik Mazedonien, Gž 875/65, in: Urteilssammlung, Buch I, Nr. 62.

[619] Mladenović, Porodično pravo u Jugoslaviji, S. 198 (SFRJ, SR Serbien).

[620] Vgl. Čavdar, Komentar na zakonot za semejstvoto, S. 329 (Mazedonien).

Wird das Geschenk ausdrücklich nur einem der Ehegatten gemacht, so ist es als besonderes Eigenvermögen im Sinne von Art. 204 Abs. 2 FamG 1992 anzusehen. Dies ist insbesondere dann der Fall, wenn das Geschenk offensichtlich mit dem Ziel gemacht wird, die persönlichen Bedürfnisse und Interessen eines Ehegatten zu befriedigen.[621] Wird das Geschenk dagegen ausdrücklich beiden Ehegatten überreicht, so stellt es gemeinsames Vermögen im Sinne des Art. 205 FamG 1992 dar.

Wird bei der Übergabe des Geschenkes nicht ausdrücklich bestimmt, welchem der Ehegatten das Geschenk gemacht wird, so ist zu vermuten, dass es zum gemeinschaftlichen Vermögen zählt, wenn das Geschenk von gemeinsamen Bekannten gemacht wurde.[622] Gleiches gilt für den Fall, dass das Geschenk von den Verwandten eines Ehegatten herrührt, wenn das Geschenk nicht einen unverhältnismäßig hohen Wert im Vergleich zum Wert der Geschenke, die gewöhnlich zur Hochzeit gemacht werden, aufweist.[623] Der Oberste Gerichtshof Mazedoniens begründet seine Auffassung damit, dass bei Geschenken, die zum Anlass der Hochzeit gemacht werden, das Ziel im Vordergrund stehe, dem jungen Ehepaar zu gratulieren und ihm den Beginn des ehelichen Lebens zu erleichtern. Aus diesem Grund könnten zur Hochzeit gemachte Geschenke nicht als besonderes Eigenvermögen eines Ehegatten behandelt werden. Dies gelte sogar unabhängig davon, ob beispielsweise ein Geld enthaltender Briefumschlag den Namen beider Ehegatten, den Namen nur eines Ehegatten oder überhaupt keinen Namen aufweise. Etwas anderes gilt nach der Rechtsprechung des Obersten Gerichtshofes Mazedoniens nur dann, wenn das zum Anlass der Hochzeit gemachte Geschenk einen unverhältnismäßig hohen Wert aufweist. In einem solchen Fall ist zu vermuten, dass das Geschenk zum besonderen Eigenvermögen eines Ehegatten im Sinne des Art. 204 Abs. 2, 1. Alt. FamG 1992 gehört.[624] Dies gilt auch, wenn hierauf bei der Übergabe nicht ausdrücklich hingewiesen wurde. Es kann nämlich von Verwandten eines

---

[621]   Vrhoven sud na Makedonia, Rev. 1140/95, in: Zbirka na sudski odluki, Kniga VI, Br. 4 = Oberster Gerichtshof der Sozialistischen Republik Mazedonien, Rev. 1140/95, in: Urteilssammlung, Buch VI, Nr. 4.

[622]   Vgl. Čavdar, Komentar na zakonot za semejstvoto, S. 330 (Mazedonien).

[623]   Vrhoven sud na Makedonia, Rev. 1140/95, in: Zbirka na sudski odluki, Kniga VI, Br. 4 = Oberster Gerichtshof der Sozialistischen Republik Mazedonien, Rev. 1140/95, in: Urteilssammlung, Buch VI, Nr. 4.

[624]   Vrhoven sud na Makedonia, Rev. 1140/95, in: Zbirka na sudski odluki, Kniga VI, Br. 4 = Oberster Gerichtshof der Sozialistischen Republik Mazedonien, Rev. 1140/95, in: Urteilssammlung, Buch VI, Nr. 4.

Ehegatten, der eine harmonische Ehe führt, nicht immer verlangt werden, bei der Übergabe ausdrücklich zu betonen, dass das Geschenk nur einem Ehegatten gemacht wird.[625]

Das Erbe bzw. Vermächtnis stellt dagegen nur dann gemeinsamen Vermögen dar, wenn im Testament ausdrücklich beide Ehegatten als Erben benannt sind.[626]

bb.   Gegenstände, die ausschließlich zur Befriedigung der persönlichen Bedürfnisse eines der Ehegatten dienen

Zum besonderen Eigenvermögen zählen ferner gemäß Art. 204 Abs. 2, 2. Alt. FamG 1992 die in der Ehe erworbenen Gegenstände, die ausschließlich zur Befriedigung der persönlichen Bedürfnisse eines der Ehegatten dienen, sofern sie nicht einen unverhältnismäßig hohen Wert im Vergleich zum Wert des gesamten gemeinsamen Vermögens darstellen. So fällt in der Regel beispielsweise ein besonders wertvoller Schmuck, ein sehr teurer Pelzmantel oder ein nur auf den Namen eines Ehegatten zugelassenes Kraftfahrzeug, das ausschließlich dieser Ehegatte nutzt, wegen des hohen Wertes nicht zum Eigenvermögen eines Ehegatten, auch wenn es sich bei diesen Gegenständen um solche handelt, die ausschließlich der Befriedigung der Bedürfnisse nur eines Ehegatten dienen sollen.

cc.   Sonstige Fälle des besonderen Eigenvermögens eines Ehegatten

Neben den ausdrücklich in Art. 204 Abs. 2 FamG 1992 genannten Vermögensgütern besteht nach der gegenwärtigen Familienrechtstheorie und nach der herkömmlichen Gerichtspraxis in folgenden Fällen ebenfalls besonderes Eigenvermögen eines Ehegatten.[627]

aaa.   Erzielte Erträge aus den besonderen Vermögensgütern eines Ehegatten

Die aus besonderen Vermögensgütern eines Ehegatten erzielten Erträge stellen ebenfalls besonderes Eigenvermögen des Ehegatten dar, dem die

---

[625]   Čavdar, Komentar na zakonot za semejstvoto, S. 330 (Mazedonien).

[626]   Kočov, Imotnite odnosi na bračnite drugari, Semejnoto zakonodavstvo na Republika Makedonia, S. 203 (Mazedonien).

[627]   Vgl. Risteski, Komentar na zakonot za brakot, S. 78 (SFRJ, SR Mazedonien).

Vermögensgüter gehören.[628] Hierunter fallen beispielsweise Zinsen von angelegtem Geld eines Ehegatten, Pachtzinsen oder Mietzinsen und Ähnliches.[629] Dies gilt jedoch nicht für Erträge, die durch die Arbeit eines Ehegatten erzielt werden. Bei solchen Erträgen, die z.B. durch Bestellung von Ackerland erzielt werden, handelt es sich um gemeinschaftliches Eigentum der Ehegatten, unabhängig davon, ob sie durch die Arbeit nur eines Ehegatten erzielt werden, durch die Arbeit beider Ehegatten oder durch die Arbeit von beschäftigten Arbeitern. Der Ehegatte, dem die besonderen Vermögensgüter gehören, kann hier im Falle einer Teilung des Vermögens von seinem Ehegatten nur eventuell den Ersatz des Pachtzinses verlangen, den er erhalten hätte, wenn er die Vermögensgüter an einen Dritten verpachtet hätte, da dieser Pachtzins seinem besondere Eigenvermögen zuzurechnen gewesen wäre.[630]

bbb.   Vermögensgüter, die mit dem besonderen Vermögen erworben werden

Zum besonderen Vermögen eines Ehegatten gehört des Weiteren alles, was der Ehegatte mit Geld bzw. mit Gegenständen aus seinem besonderen Vermögen durch Kauf, durch Tausch oder durch Veräußerung erwirbt, weil sich in diesen erworbenen Gegenständen nur das besondere Vermögen eines Ehegatten materialisiert.

ccc.   Schadensersatz in Bezug auf Gegenstände aus dem besonderen Vermögen

Gleiches gilt für das, was ein Ehegatte als Ersatz in Bezug auf Gegenstände aus seinem besonderen Vermögen erhält wie z.B. Schadensersatz aus einer abgeschlossenen Versicherung hinsichtlich eines beschädigten oder zerstörten Gegenstandes, Schadensersatz oder Ersatz für Besitzenteignung usw.[631]

---

[628]   Mladenović, Porodično pravo u Jugoslaviji, S. 199 (SFRJ, SR Serbien); Čavdar, Komentar na zakonot za semejstvoto, S. 330 (Mazedonien).
[629]   Risteski, Komentar na zakonot za brakot na SRM, S. 79 (SFRJ, SR Mazedonien).
[630]   Čavdar, Komentar na zakonot za semejstvoto, S. 331 (Mazedonien).
[631]   Čavdar, Komentar na zakonot za semejstvoto, S. 331 (Mazedonien); Risteski, Komentar na zakonot za brakot na SRM, S. 79 (SFRJ, SR Mazedonien).

ddd. Vermögensgüter, die nach einer faktischen Beendigung der ehelichen Lebensgemeinschaft erworben werden

Streitig ist, ob das Vermögen, das die Ehegatten im Verlaufe der Ehe erworben haben (vgl. Art. 205 FamG 1992), dann nicht zum gemeinsamen Vermögen, sondern zum besonderen Eigenvermögen eines Ehegatten zu zählen ist, wenn zwischen den Ehegatten aufgrund faktischer Beendigung der Ehegemeinschaft gar keine häusliche Gemeinschaft besteht.[632] Die gleiche Problematik besteht, wenn die Ehe von Anfang an nur formal besteht, d.h. die Ehegatten von Anfang an keine eheliche Lebensgemeinschaft bilden, sondern in getrennten Haushalten leben.[633]

Der Wortlaut des Art. 205 FamG, wonach das Vermögen im Laufe der Ehe erworben werden muss, spricht eigentlich dafür, dass eine Nichtaufnahme der ehelichen Lebensgemeinschaft von vorneherein bzw. die faktische Beendigung der ehelichen Lebensgemeinschaft keine Auswirkung auf die Vermögensverhältnisse der Ehegatten untereinander hat. Das Gesetz, das in Art. 205 FamG 1992 die Formulierung „Vermögen, das die Ehegatten im Verlauf der Ehe erworben haben" enthält, fordert nicht ausdrücklich, dass das Vermögen während des Bestehens der ehelichen Lebensgemeinschaft erworben werden muss.[634] Der Wortlaut kann jedoch nicht als eindeutiges Auslegungsargument herangezogen werden, da das Familiengesetz von 1992 selbst in der Vorschrift des Art. 213 Abs. 2 FamG 1992, der die Teilung des gemeinsamen Vermögens der Ehegatten betrifft, von der Formulierung des Art. 205 FamG 1992 Abstand genommen hat und statt dessen die Formulierung „Gegenstände, die im Laufe der ehelichen Gemeinschaft erworben wurden" verwendet.[635]

Nach überwiegender Ansicht in der Literatur und nach der Rechtsprechung des Obersten Gerichtshofes Mazedoniens gehören daher Vermögensgüter, die ein Ehegatte zu einer Zeit erwirbt, zu der die Ehe zwar noch nicht geschieden aber bereits dauerhaft faktisch beendet ist, seinem besonderen Eigenvermögen an.[636] Die Trennung der Ehegatten deute auf ihren Willen

---

[632] Vgl. Mladenović, Porodično pravo u Jugoslaviji, S. 200 (SFRJ, SR Serbien).

[633] Kočov, Imotnite odnosi na bračnite drugari, Semejnoto zakonodavstvo na Republika Makedonia, S. 200 (Mazedonien).

[634] Vgl. Mladenović, Porodično pravo u Jugoslaviji, S. 200 (SFRJ, SR Serbien).

[635] Kočov, Imotnite odnosi na bračnite drugari, Semejnoto zakonodavstvo na Republika Makedonia, S. 200 (Mazedonien).

[636] So: Risteski, Komentar na zakonot za brakot na SRM, S. 80 (SFRJ, SR Mazedonien); Čavdar, Komentar na zakonot za semejstvoto, S. 331 (Mazedonien);

hin, selbstständig zu wirtschaften und damit auch den Lohn nur für sich selbst zu erzielen.[637] Als weiteres Argument kann herangezogen werden, dass im Falle einer Trennung ein Ehegatte keinerlei Beitrag im Sinne einer moralischen Unterstützung oder Ähnlichem hinsichtlich des erzielten Lohnes des anderen Ehegatten leisten kann.[638] Das gleiche gilt für den Fall, dass die Ehegatten die Ehe nur formal geschlossen haben und eine eheliche Gemeinschaft von Anfang an nicht bestand.

Wie bei dem Scheidungsgrund der faktischen Beendigung der ehelichen Lebensgemeinschaft gemäß Art. 41 FamG 1992 ist aber auch in diesem Zusammenhang nicht jede räumliche Trennung als faktische Beendigung der ehelichen Lebensgemeinschaft zu werten.[639] Dies gilt beispielsweise für die Fälle, in denen ein Ehegatte mit Einverständnis des anderen Ehegatten wegen besserer Arbeitsmöglichkeiten für längere Zeit ins Ausland geht[640] und für die Fälle der Inhaftierung eines Ehegatten oder der Erkrankung eines Ehegatten mit der Notwendigkeit dauernder stationärer Unterbringung (vgl. schon oben). In diesen Fällen ist nämlich nicht von dem Willen der Ehegatten auszugehen, dass das in dieser Zeit erworbene Vermögen das besondere Eigenvermögen der Ehegatten darstellen soll. Ebenso wie im Falle des Scheidungsgrundes des Art. 41 FamG 1992 muss also eine faktische Beendigung der Ehegemeinschaft vorliegen, die als Ausdruck eines endgültigen Nichtgelingens der Ehe anzusehen ist.[641] Bei der Feststellung, ob das während einer Trennung erzielte Vermögen zum Sondervermögen eines Ehegatten zu rechnen ist, muss das Gericht also alle objektiven und subjektiven Umstände des Falles überprüfen, die darauf hinweisen, ob die Ehegatten die Ehe nach der Trennung fortführen wollten oder nicht.

Mladenović, Porodično pravo u Jugoslaviji, S. 199 (SFRJ, SR Serbien); Prokop, Komentar osnovnom zakonu o braku, S. 30 (SFRJ, SR Kroatien); Gams/Djurović, Bračno i porodično imovinsko pravo, S. 46 (SFRJ, SR Serbien); Bakić, Porodično pravo u SFRJ, S. 167 (SFRJ, SR Serbien); Vrhoven sud na Makedonia, Rev. 174/82, in: Zbirka na sudski odluki, Kniga III, Br. 17 = Oberster Gerichtshof der Sozialistischen Republik Mazedonien, Rev. 174/82, in: Urteilssammlung, Buch III, Nr. 17.

[637] Vgl. Kočov, Imotnite odnosi na bračnite drugari, Semejnoto zakonodavstvo na Republika Makedonia, S. 200 (Mazedonien).

[638] Vgl. Kočov, Imotnite odnosi na bračnite drugari, Semejnoto zakonodavstvo na Republika Makedonia, S. 200 (Mazedonien).

[639] Vgl. Tomislav, Pravne posledice razvoda braka, S. 151 (SFRJ, SR Serbien); Čavdar, Komentar na zakonot za semejstvoto, S. 331 (Mazedonien).

[640] Bakić, Porodično pravo u SFRJ, S. 167 (SFRJ, SR Serbien).

[641] Risteski, Komentar na zakonot za brakot na SRM, S. 128 (SFRJ, SR Mazedonien); Čavdar, Komentar na zakonot za semejstvoto, S. 331 (Mazedonien).

eee. Autorenhonorar

Hinsichtlich einiger Einnahmequellen besteht die Schwierigkeit, ob diese ihrer Natur nach zum besonderen Eigenvermögen eines Ehegatten oder zum gemeinsamen Vermögen zählen.[642] Eines der am häufigsten vorkommenden Beispiele in der Gerichtspraxis ist in diesem Kontext das Honorar, welches ein Ehegatte für ein wissenschaftliches, künstlerisches, literarisches oder sonstiges eigenes Werk erhält. Hinsichtlich eines solchen Honorars ist streitig, ob es als besonderes Eigenvermögen eines Ehegatten zu werten ist.[643]

Nach einer Ansicht stellt das Verfasserhonorar gemeinschaftliches Vermögen der Ehegatten dar. Zwar handele es sich bei einem künstlerischen Werk um das Resultat der intellektuellen Fähigkeiten und der Kreativität eines Ehegatten. Der andere Ehegatte trage aber doch immer auf irgendeine Art und Weise mittelbar zur Erschaffung des Werkes und damit auch zum Honorar bei, indem er seinem Ehepartner durch seine Tätigkeiten innerhalb der Familie die ungestörte Arbeit ermögliche.[644] Er müsse daher auch an dem Honorar für das Werk gleichwertig teilhaben. Es bliebe lediglich im Rahmen der Teilung des gemeinsamen Vermögens die Frage zu beantworten, welche Höhe der Beitrag der Ehegatten ausmache.

Nach überwiegender Ansicht gehört das Verfasserhonorar dagegen zum besonderen Eigenvermögen des Verfassers des Werks. Da das spezifische Werk von der Persönlichkeit des Ehegatten abhänge und von seinen spezifischen persönlichen Fähigkeiten, müsse das erlangte Honorar auch ausschließlich ihm gehören.[645]

---

[642] Vgl. Spirović-Trpenovska, Semejno pravo, S. 241 (Mazedonien).

[643] Vgl. Hadživasilev, Semejno pravo, S. 144 (SFRJ, SR Mazedonien); Kočov, Imotnite odnosi na bračnite drugari, Semejnoto zakonodavstvo na Republika Makedonia, S. 201 (Mazedonien).

[644] Vgl. Kočov, Imotnite odnosi na bračnite drugari, Semejnoto zakonodavstvo na Republika Makedonija, S. 201 (Mazedonien); Spirović-Trpenovska, Semejno pravo, S. 242 (Mazedonien).

[645] So: Bakić, Porodično pravo u SFRJ, S. 169 (SFRJ, SR Serbien); Risteski, Komentar na zakonot za brakot na SRM, S. 80 (SFRJ, SR Mazedonien); Čavdar, Komentar na zakonot za semejstvoto, S. 331 (Mazedonien).

fff.   Gegenstände, die ein Ehegatte nach der Teilung des gemeinsamen Vermögens erhält

Kommt es während der Dauer der Ehe zu einer Teilung des gemeinsamen Vermögens im Sinne der Art. 211 ff. FamG 1992, so stellen die Gegenstände, die ein Ehegatte als Resultat dieser Teilung erhalten hat, sein besonderes Eigenvermögen dar (Art. 211 Abs. 2 FamG 1992).

ggg.   Vermögen, das aufgrund eines rechtlichen Grundes, der ausschließlich in Beziehung zu nur einem Ehegatten steht, erlangt wird

Neben den im Gesetz ausdrücklich genannten rechtlichen Gründen der Erbschaft, des Vermächtnisses und der Schenkung (vgl. Art. 204 Abs. 2 1. Alt. FamG 1992) kommen auch sonstige rechtliche Gründe in Betracht, die sich ausschließlich auf einen Ehegatten beziehen, mit der Konsequenz, dass das auf ihnen basierende Vermögen als besonderes Eigenvermögen des Ehegatten zu qualifizieren ist.[646] Dies gilt beispielsweise bei Preisen für Sport im Amateurbereich; bei Stipendien, die ein Ehegatte für seine Ausbildung erhält; bei Preisen oder einer anderen materiellen Anerkennung eines Ehegatten für besondere Tapferkeit und Verdienste im Krieg; bei Preisen aus der Staatslotterie oder anderen Glücksspielen, wenn die Einzahlungen eindeutig aus dem besonderen Vermögen eines Ehegatten stammten [647]; bei Schadensersatz aus Deliktsrecht, z.B. Schadensersatz für Schäden hinsichtlich des Persönlichkeitsrechts eines Ehegatten oder Schmerzensgeld usw.

2.   Das gemeinschaftliche Vermögen

Gemäß Art. 205 FamG 1992 stellt das im Verlaufe der Ehe erworbene Vermögen das gemeinsame Vermögen der Ehegatten dar, hinsichtlich dessen die Ehegatten grundsätzlich gemeinsam und einvernehmlich verwalten und verfügen (vgl. Art. 207 FamG 1992), wenn sie nicht vereinbaren, dass für die Verwaltung des gemeinsamen Vermögens oder eines Teils davon und für die

---

[646]   Vgl. Risteski, Komentar na zakonot za brakot na SRM, S. 80 (SFRJ, SR Mazedonien); Čavdar, Komentar na zakonot za semejstvoto, S. 331 (Mazedonien); Mladenović, Porodično pravo u Jugoslaviji, S. 199 (SFRJ, SR Serbien).

[647]   Vrhoven sud na Makedonia, Rev. 1222/93, in: Zbirka na sudski odluki, Kniga V, Br. 6 = Oberster Gerichtshof der Republik Mazedonien, Rev. 1222/93, in: Urteilssammlung, Buch V, Nr. 6; vgl. auch Bakić, Porodično pravo u SFRJ, S. 169 (SFRJ, SR Serbien).

Verfügung darüber nur einer von ihnen zuständig ist (vgl. Art. 208 Abs. 1 FamG 1992). Hierunter fällt jedoch nur Vermögen, welches auch während des Bestehens der ehelichen Gemeinschaft erworben wird. Haben die Ehegatten die Ehe von Anfang an nur formal geschlossen, ohne eine eheliche Lebensgemeinschaft einzugehen, oder besteht eine faktische Beendigung der ehelichen Lebensgemeinschaft, so gilt das zu dieser Zeit erworbene Vermögen nicht als gemeinsames Vermögen der Ehegatten (vgl. oben).

Das rechtliche Institut des gemeinschaftlichen Vermögens der Ehegatten unterscheidet sich von allen anderen vermögensrechtlichen Instituten, in denen als Rechtssubjekte mehrere Personen auftreten. Das gemeinschaftliche Vermögen der Ehegatten stellt kein Miteigentum im Sinne des Bürgerlichen Rechts dar, bei welchem die Anteile der Miteigentümer von vorneherein als reale oder ideale Teile bestimmt sind, sondern ein besonderes vermögensrechtliches Institut mit familienrechtlichem Charakter. Hauptcharakteristikum des gemeinschaftlichen Vermögens ist die Unbestimmbarkeit der Anteile der Ehegatten.[648] Beim gemeinschaftlichen Vermögen bestehen immer mehrere Personen, die Träger einer Summe von Sachenrechten mit unbestimmten Teilen und schuldrechtlichen Ansprüchen mit unbestimmten Quoten sind. Es handelt sich um gemeinschaftliches Eigentum beider Ehegatten zur gesamten Hand.[649]

Gemäß Art. 205 FamG 1992 gehen also alle während der Ehe erworbenen beweglichen und unbeweglichen Sachen bzw. Sachenrechte wie Eigentumsrechte, Pfandrechte, Hypothekenrechte usw. sowie während der Ehe entstandene schuldrechtliche Forderungen gegenüber Dritten grundsätzlich in das gemeinsame Vermögen der Ehegatten über.

Es handelt sich dabei um das Vermögen, das vom Zeitpunkt der Eheschließung an bis zum Zeitpunkt der Beendigung der Ehe durch Tod, durch Todeserklärung eines verschollenen Ehegatten, durch Aufhebung der Ehe oder durch die hier zu behandelnde Ehescheidung erworben wird. Dies steht im Einklang mit der allgemeinen Auffassung, dass alle Rechte und Pflichten im Zeitpunkt der Eheschließung entstehen und im Zeitpunkt der Beendigung der Ehe erlöschen.[650] Ab dem Zeitpunkt der Eheschließung trägt jeder der Ehegatten nach seinen Möglichkeiten zur Befriedigung der gemeinsamen

---

[648] Hadživasilev, Semejno pravo, S. 147 (SFRJ, SR Mazedonien).

[649] Vgl. LG Ulm, Beschluss v. 15.04.1993 – 5 T 41/93 zum insoweit vergleichbaren Recht der Sozialistischen Republik Kroatien, in: IPRspr. 1993, Nr. 60.

[650] Risteski, Komentar na zakonot za brakot na SRM, S. 82 (SFRJ, SR Mazedonien).

Bedürfnisse in der Ehe und besonders der Bedürfnisse der gemeinsamen Kinder bei.[651] Hintergrund der Regelung, dass das während des Bestehens der Ehe erworbene Vermögen das gemeinsame Vermögen der Ehegatten darstellt, ist, dass in einer Ehe jeder Beitrag eines Ehegatten zu berücksichtigen ist, unabhängig davon, ob mit dem Beitrag eine unmittelbare Erzielung materieller Mittel einhergeht oder ob der Beitrag nur eine Aktivität eines Ehegatten darstellt, die die Erlangung der Mittel mittelbar ermöglicht wie beispielsweise die Haushaltsführung oder die Sorge um die Mitglieder der Familie, insbesondere um die gemeinsamen Kinder und Ähnliches.[652] Dem Ehegatten, der nur mittelbar zum Vermögenserwerb beiträgt, soll das während der Ehe erzielte Vermögen in gleicher Weise zustehen wie dem anderen Ehegatten. Die gesetzliche Konzeption des gemeinsamen Vermögens ist also Ausdruck des Prinzips der Gleichberechtigung der Ehegatten, wie sie schon in Art. 3 und Art. 6 Abs. 2 FamG 1992 zum Ausdruck kommt.[653] Aus diesem Grunde ist der Güterstand der Gütergemeinschaft auch gesetzlich festgelegt und kann nicht durch Vereinbarung der Ehegatten geändert werden.[654]

a.   Der Begriff des Vermögenserwerbs in Art. 205 FamG 1992

Das Familiengesetz präzisiert in Art. 205 FamG 1992 in keiner Weise, auf welche Art das Vermögen im Verlaufe der Ehe erworben werden muss, damit gemeinsames Vermögen der Ehegatten entsteht.[655] In dieser Hinsicht hat, betrachtet man die vergleichbare Regelung, die noch zur Zeit des Grundgesetzes über die Ehe von 1946 bestand, eine Entwicklung stattgefunden. Art. 8 EheGG 1946 lautete: „Das von den Ehegatten während der Ehe durch Arbeitseinkommen geschaffene Vermögen ist ihr gemeinsames Eigentum". Zur Zeit des Bestehens des Grundgesetzes über die Ehe von 1946 war somit unerlässliche Voraussetzung für die Entstehung gemeinsamen Vermögens, dass das Vermögen durch Arbeit erzielt wurde.

---

[651]   Spirović-Trpenovska, Semejno pravo, S. 242 (Mazedonien).

[652]   Bakić, Porodično pravo u SFRJ, S. 167 f. (SFRJ, SR Serbien); Spirović-Trpenovska, Semejno pravo, S. 242 f. (Mazedonien); vgl. auch OLG Düsseldorf, Urteil vom 20.12.1994 – 1 UF 76/94 zum insoweit vergleichbaren Recht der früheren Autonomen Provinz Wojwodina, in: IPRspr. 1994, Nr. 75

[653]   Spirović-Trpenovska, Semejno pravo, S. 248 (Mazedonien); Risteski, Komentar na zakonot za brakot na SRM, S. 82 (SFRJ, SR Mazedonien).

[654]   Čavdar, Komentar na zakonot za semejstvoto, S. 333 (Mazedonien).

[655]   Kočov, Imotnite odnosi na bračnite drugari, Semejnoto zakonodavstvo na Republika Makedonia, S. 203 (Mazedonien).

Auf andere Weise erlangtes Vermögen fiel nach dieser Regelung in das besondere Eigenvermögen eines Ehegatten.

Diese Voraussetzung wurde jedoch bereits im Gesetz über die Ehe von 1973 aufgegeben. Die Vorschrift des Art. 31 EheG 1973 enthielt insoweit die gleiche Formulierung wie sie heute in Art. 205 enthalten ist.

Aus der offenen Formulierung des Art. 205 FamG 1992 geht heute hervor, dass zum gemeinschaftlichen Vermögen nicht nur das Vermögen zählt, welches durch Arbeit erworben, sondern auch Vermögen, dass auf andere Art und Weise erworben wird.

Es ist aber darauf hinzuweisen, dass trotz der unterschiedlichen Formulierungen hinsichtlich des Erwerbs des gemeinsamen Vermögens kein wirklicher Unterschied zwischen der Rechtslage heute und der von 1946 besteht. Das Wesen des gemeinsamen Vermögens ist, dass es während der Ehe erlangt wird und die gemeinsamen Bedürfnisse der Ehegatte sowie auch der anderen Familienmitglieder befriedigt. Hinzu kommt, dass durch die Regelung des Art. 204 Abs. 2, 1. Alt. FamG 1992, die ausdrücklich festlegt, dass das Vermögen und das Recht auf Vermögen, das ein Ehegatte durch Erbschaft, Vermächtnis und als Schenkung erhält, besonderes Eigenvermögen darstellt, die Hauptfälle, in denen Vermögen ohne Arbeit der Ehegatten erworben wird, ohnehin dem besonderen Vermögen eines Ehegatten zugerechnet werden.[656]

Eine solche Regelung war nach dem Grundgesetz über die Ehe von 1946 überflüssig, da es sich hierbei um Fälle handelt, in denen das Vermögen nicht durch Arbeitseinkommen geschaffen wird.

aa. Vermögenserwerb durch Arbeit

Auch wenn die heutige Regelung des Art. 205 FamG 1992 die Arbeit als Erwerbsgrund nicht mehr hervorhebt, so ist festzuhalten, dass wenn – wie meist in der Praxis – das Vermögen durch die Arbeit eines oder beider Ehegatten erworben wird, unproblematisch von dem Vorliegen gemeinschaftlichen Vermögens beider Ehegatten ausgegangen werden kann. Unbeachtlich ist dabei, um was für eine Arbeit es sich handelt, ob der Ehegatte also Arbeitnehmer ist oder selbstständig eine andere Art von Tätigkeit ausübt.

---

[656] Vgl. Hadživasilev, Semejno pravo, S. 146 (SFRJ, SR Mazedonien); vgl. auch Tomislav, Pravne posledice razvoda braka, S. 167 (SFRJ, SR Serbien).

Notwendig ist nur, dass ein Ehegatte durch seine Arbeit das gemeinsame Vermögen vermehrt. Als Arbeit und damit als Beitrag zum Erwerb des gemeinsamen Vermögens ist hier auch die Tätigkeit eines Ehegatten anzusehen, die mittelbar zum Vermögenserwerb beiträgt wie die Haushaltsführung, die Sorge um die Kinder usw. (vgl. schon oben).[657]

bb. Vermögenserwerb in sonstiger Weise

Wie bereits erwähnt, wird der Begriff des Vermögenserwerbs in Art. 205 FamG 1992 nicht definiert. Es kommt somit für die Entstehung gemeinsamen Vermögens der Ehegatten jede Art und Weise eines Vermögenserwerbs während des Bestehens der Ehe in Betracht, sofern nicht die besonderen Umstände des Art. 204 Abs. 2 FamG vorliegen, wonach besonderes Eigenvermögen eines Ehegatten entsteht (vgl. hierzu oben).[658]

In der Rechtstheorie haben sich auf Grundlage der langjährigen Gerichtspraxis, die zu der Anwendung der Vorschriften über das gemeinsame Vermögen der Ehegatten aus allen drei Gesetzen, ausgehend vom Grundgesetz über die Ehe von 1946 über das Gesetz über die Ehe von 1973 bis zum heutigen Familiengesetz, ergangen ist, Fallgruppen entwickelt, in denen unzweifelhaft von einem gemeinsamen Vermögen der Ehegatten auszugehen ist.[659]

aaa. Sachen, Sachenrechte und schuldrechtliche Forderungen, wenn nicht die Voraussetzungen des Art. 204 Abs. 2 FamG 1992 vorliegen

Unzweifelhaft gehen alle während der Ehe erworbenen beweglichen und unbewegliche Sachen bzw. Sachenrechte wie Eigentumsrechte, Pfandrechte, Hypothekenrechte usw. sowie während der Ehe entstandene schuldrechtliche Forderungen gegenüber Dritten in das gemeinsame Vermögend der Ehegatten über, sofern diesbezüglich nicht die Voraussetzungen für die

---

[657] Bakić, Porodično pravo u SFRJ, S. 167 f. (SFRJ, SR Serbien); Spirović-Trpenovska, Semejno pravo, S. 242 (Mazedonien); Kočov, Imotnite odnosi na bračnite drugari, Semejnoto zakonodavstvo na Republika Makedonia, S. 203 (Mazedonien).

[658] Čavdar, Komentar na zakonot za semejstvoto, S. 334 (Mazedonien).

[659] Vgl. Gams/Djurović, Bračno i porodično imovinsko pravo, S. 46 ff. (SFRJ, SR Serbien); Prokop, Komentar osnovnom zakonu o braku, S. 28 ff. (SFRJ, SR Kroatien); Čavdar, Komentar na zakonot za semejstvoto, S. 334 (Mazedonien).

Entstehung besonderen Eigenvermögens gemäß Art. 204 Abs. 2 FamG 1992 (vgl. oben) gegeben sind.

bbb. Erzielte Erträge aus dem gemeinsamen Vermögen der Ehegatten

Die aus dem gemeinsamen Vermögen der Ehegatten erzielten Erträge stellen ebenfalls gemeinsames Vermögen der Ehegatten dar. Hierunter fallen beispielsweise Zinsen von angelegtem Geld der Ehegatten, Pachtzinsen oder Mietzinsen, die sich aus gemeinsamen Objekten ergeben, Geldmittel die durch einen Kredit erworben werden, der nach der Ehe aufgenommen und beglichen wird, und Ähnliches.[660]

ccc. Vermögensgüter, die mit dem gemeinschaftlichen Vermögen erworben werden

Zum gemeinsamen Vermögen der Ehegatten gehört des Weiteren alles, was diese mit Geld bzw. mit Gegenständen aus dem gemeinsamen Vermögen durch Kauf, durch Tausch oder durch Veräußerung erwerben, weil sich in diesen erworbenen Gegenständen nur das gemeinsame Vermögen der Ehegatten materialisiert.[661]

ddd. Schadensersatz in Bezug auf Gegenstände aus dem gemeinsamen Vermögen

Gleiches gilt für das, was die Ehegatten als Ersatz in Bezug auf Gegenstände aus ihrem gemeinsamen Vermögen erhalten, wie z.B. Schadensersatz aus einer abgeschlossenen Versicherung hinsichtlich eines beschädigten oder zerstörten Gegenstandes, Schadensersatz oder Ersatz für Besitzenteignung usw.

eee. Vermögen, das während einer außerehelichen Gemeinschaft erworben wurde

Das Vermögen, das während einer außerehelichen Gemeinschaft im Sinne des Art. 13 FamG 1992 erworben wurde, geht dann in das gemeinsame

---

[660] Risteski, Komentar na zakonot za brakot na SRM, S. 79 (SFRJ, SR Mazedonien).
[661] Čavdar, Komentar na zakonot za semejstvoto, S. 336 (Mazedonien).

Vermögen der Ehegatten über, wenn die Partner der außerehelichen Beziehung die Ehe eingehen.

fff.   Vermögen, das durch Erbschaft, Vermächtnis oder Schenkung erworben wird, aber nicht unter Art. 204 Abs. 2, 1. Alt. FamG 1992 fällt

Unter das gemeinsame Vermögen fallen zunächst Geschenke von Verwandten, die ausdrücklich beiden Ehegatten zusammen gemacht werden (s. o.). Des Weiteren fallen auch Geschenke in Form von Geldmitteln oder Gegenständen, die von Verwandten zur Eheschließung oder nach der Eheschließung mit dem Ziel gemacht werden, dem Ehepaar das gemeinsame Leben zu erleichtern, unter das gemeinsame Vermögen der Ehegatten, wenn sie nicht einen unverhältnismäßig hohen Wert im Vergleich zum Wert der Geschenke, die gewöhnlich zur Hochzeit gemacht werden, aufweisen (vgl. schon oben).[662]

Das gleiche gilt bei einer Erbschaft oder einem Vermächtnis, wenn im Testament eindeutig beide Ehegatten genannt werden.[663]

ggg.   Gegenstände, die ausschließlich zur Befriedigung der persönlichen Bedürfnisse eines der Ehepartner dienen, aber nicht unter Art. 204 Abs. 2, 2. Alt. FamG 1992 fallen

Zum gemeinsamen Vermögen gehören ferner die in der Ehe erworbenen Gegenstände, die zwar ausschließlich zur Befriedigung der persönlichen Bedürfnisse eines der Ehepartner dienen, aber nicht gemäß Art. 204 Abs. 2, 2. Alt. FamG 1992 unter das besondere Vermögen eines Ehegatten fallen, da sie einen unverhältnismäßig hohen Wert im Vergleich zum Wert des gesamten gemeinsamen Vermögens darstellen.

---

[662]   Vrhoven sud na Makedonia, Rev. 1140/95, in: Zbirka na sudski odluki, Kniga VI, Br. 4 = Oberster Gerichtshof der Republik Mazedonien, Rev. 1140/95, in: Urteilssammlung, Buch VI, Nr. 4.

[663]   Kočov, Imotnite odnosi na bračnite drugari, Semejnoto zakonodavstvo na Republika Makedonia, S. 203 (Mazedonien).

hhh.   Vermögen, das aufgrund eines Vertrages zum lebenslangen Unterhalt erworben wird

Das Vermögen, das aufgrund eines zwischen den Ehegatten abgeschlossenen Vertrages auf lebenslangen Unterhalt erworben wird, zählt, wenn der Vertrag während des Bestehens der ehelichen Gemeinschaft erfüllt wird, zum gemeinsamen Vermögen der Ehegatten, unabhängig davon, ob im Vertrag nur ein Ehegatte als Unterhaltsleistender genannt wird.[664]

iii.   Glücksspiel

Zum gemeinsamen Vermögen der Ehegatten gehören Geldeinnahmen oder Preise aus der Staatslotterie oder anderen Glücksspielen, wenn die Einzahlungen aus dem gemeinsamen Vermögen der Ehegatten stammten. Die Geldsumme, welche eingezahlt wurde, darf insoweit nicht einer Geldsumme entnommen worden sein, hinsichtlich derer die Ehegatten eine ausdrückliche Vereinbarung geschlossen haben, dass sie aus dem gemeinsamen Vermögen für die ausschließlich persönlichen Bedürfnisse eines Ehegatten ausgesondert wird.[665] Zahlt der Ehegatte aus solch einem ausschließlich seinen persönlichen Bedürfnissen ausgesonderten Geldbetrag, so stellen die Geldeinnahmen aus dem Glücksspiel nämlich sein besonderes Eigenvermögen dar (vgl. schon oben).

c.   *Die Eintragung des Eigentumsrechts an unbeweglichen Sachen ins Grundbuch*

Das Eigentumsrecht der Ehegatten an unbeweglichen Sachen (Immobilien), die ihr gemeinsames Vermögen im Sinne des Art. 205 FamG 1992 sind, wird gemäß Art. 206 Abs. 1 FamG 1992 in die Grundbücher auf den Namen beider Ehegatten als gemeinsames Vermögen eingetragen. Diese Regelung bestand schon zur Zeit des Gesetzes über die Ehe von 1973 in Art. 39. Das

---

[664]   Okruzniot sud vo Skopje, Gž. 3700/75, in: Zbirka na sudski odluki, Kniga 5/86, Br. 15 = Kreisgericht Skopje; Gž. 3700/75, in: Urteilssammlung, Buch 5/86, Nr. 15; Vrhoven sud na Makedonia, Rev. 623/92, in: Zbirka na sudski odluki, Kniga V, Br. 8 = Oberster Gerichtshof der Republik Mazedonien, Rev. 623/92, in: Urteilssammlung, Buch V, Nr. 8. Bakić, Porodično pravo u SFRJ, S. 169 (SFRJ, SR Serbien).

[665]   Vrhoven sud na Makedonia, Rev. 1222/93, in: Zbirka na sudski odluki, Kniga V, Br. 6 = Oberster Gerichtshof der Republik Mazedonien, Rev. 1222/93, in: Urteilssammlung, Buch V, Nr. 6.

Familiengesetz von 1992 weist aber im Gegensatz zum Gesetz über die Ehe von 1973 eine Neuerung auf. Es wurde die inhaltlich neue Vorschrift des Art. 206 Abs. 2 FamG 1992 eingeführt, die eine Vermutungsregel darstellt. Danach wird, wenn in den Grundbüchern als Eigentümer des gemeinsamen Vermögens nur einer der Ehegatten eingetragen ist, dies so ausgelegt, als sei die Eintragung auf den Namen beider Ehegatten erfolgt. Die Einführung der Vorschrift des Art. 206 Abs. 2 FamG 1992 stellt eine Folge der bisherigen Gerichtspraxis dar. Der Oberste Gerichtshof Mazedoniens hat darauf hinge-wiesen, dass es oftmals zu einer falschen Anwendung des materiellen Rechts kam, wenn das Gericht annahm, dass ein Ehegatte kein Eigentumsrecht an einer während der Ehe erworbenen unbeweglichen Sache hatte, weil der Grundbrief oder der Kaufvertrag nur den Namen eines der Ehegatten aufwies.[666]

Das Familiengesetz von 1992 gibt den Ehegatten aber auch die Möglichkeit, das gemeinsame Vermögen in den Grundbüchern als getrennte Teile eintragen zu lassen. Art. 206 Abs. 3 FamG 1992 enthält auch insofern eine Vermutungsregel dahingehend, dass, wenn in den Grundbüchern beide Ehepartner als Miteigentümer zu bestimmten Teile eingetragen sind, dies so ausgelegt wird, als sei auf diese Weise eine Teilung des gemeinsamen Vermögens erfolgt.[667]

Die Vorschrift des Art. 206 FamG hat für die Gerichtspraxis also große Bedeutung, da sie Streitigkeiten der Ehegatten bezüglich der Feststellung des gemeinsamen Vermögens zumindest, was die im Grundbuch eingetragenen Immobilien betrifft, vermeidet.[668]

III. Die Teilung des gemeinsamen Vermögens als Folge der Scheidung

Die Teilung des gemeinsamen Vermögens der Ehegatten als Folge der Scheidung ist in den Art. 211-215 FamG 1992 geregelt. Geteilt wird nur das gemeinsame Vermögen der Ehegatten. Bevor die Teilung vorgenommen

---

[666] Vgl. Vrhoven sud na Makedonia, Rev. 254/64, in: Zbirka na sudski odluki, Kniga I, Br. 52 = Oberster Gerichtshof der Sozialistischen Republik Mazedonien, Rev. 254/64, in: Urteilssammlung, Buch I, Nr. 52.

[667] Vgl. hierzu auch, BayObLG, Beschluss v. 06.12.2000 – 2 Z BR 5/00, in: IPRspr. 2000, Nr. 194.

[668] Vgl. Kočov, Imotnite odnosi na bračnite drugari, Semejnoto zakonodavstvo na Republika Makedonia, S. 204 (Mazedonien).

werden kann, muss daher das besondere Eigenvermögen der Ehegatten aus dem gesamten Vermögen ausgesondert werden.[669]

Was die Teilung des gemeinsamen Vermögens der Ehegatten betrifft, so bestehen einige Unterschiede zwischen der Rechtslage vor dem Familiengesetz von 1992 und der heutigen, worauf im folgenden eingegangen wird.

1. Die Art der Teilung des gemeinsamen Vermögens

Gemäß Art. 211 Abs. 1 FamG 1992 können die Ehegatten während der Dauer und nach der Beendigung der Ehe und damit nach der Scheidung einvernehmlich das gemeinsame Vermögen teilen oder das Gericht ersuchen, dies zu tun. Durch die Teilung des gemeinsamen Vermögens zwischen den Ehepartnern entsteht besonderes Vermögen (Art. 211 Abs. 2 FamG 1992).

Die einvernehmliche Teilung des gemeinsamen Vermögens kann mündlich oder durch schriftlichen Vertrag erfolgen.[670] Vereinbaren die Ehegatten die physische Teilung einer unbeweglichen Sache, so muss, solange die Teilung nicht tatsächlich erfolgt ist, analog Art. 9 Gesetz über den Geschäftsverkehr mit Landgut und Gebäuden der Vertrag schriftlich erfolgen und die Unterschriften der Ehegatten müssen bei Gericht beglaubigt werden. Ansonsten entfaltet der Vertrag keine rechtliche Wirkung.[671]

Die Ehegatten können sich frei über die Höhe ihrer Anteile einigen. Die Vereinbarung hinsichtlich der Teilung des Vermögens kann dabei das gesamte Vermögen oder nur einzelne Gegenstände des Vermögens betreffen, unabhängig davon, ob es sich um bewegliche oder unbewegliche Sachen handelt.[672] Eine solche Teilung kann in der Art und Weise erfolgen, dass die bestimmten Gegenstände zum besonderen Eigenvermögen des Ehegatten, der sie bei der Teilung erhalten hat, gehören. Möglich ist aber auch eine Vereinbarung dahingehend, dass bestimmte Gegenstände unter das Miteigentum der Ehegatten fallen, wobei der Anteil am Miteigentum eine unterschiedliche Höhe aufweisen kann.[673] So kann beispielsweise das

---

[669] Risteski, Komentar na zakonot za brakot na SRM, S. 90 (SFRJ, SR Mazedonien).

[670] Čavdar, Komentar na zakonot za semejstvoto, S. 349 (Mazedonien).

[671] Vrhoven sud na Makedonia, Rev. 248/81, in: Zbirka na sudski odluki, Kniga III, Br. 135 = Oberster Gerichtshof der Sozialistischen Republik Mazedonien, Rev. 248/81, in: Urteilssammlung, Buch III, Nr. 135.

[672] Kočov, Imotnite odnosi na bračnite drugari, Semejnoto zakonodavstvo na Republika Makedonia, S. 208 (Mazedonien).

[673] Čavdar, Komentar na zakonot za semejstvoto, S. 350 (Mazedonien).

Eigentumsrecht an einem Haus so aufgeteilt werden, dass einem Ehegatten ein Anteil von zwei Drittel und dem anderen Ehegatten ein Anteil von einem Drittel zusteht.

Bei der einvernehmlichen Teilung des gemeinsamen Vermögens ist zudem möglich, dass ein Ehegatte dem anderen Ehegatten einen Geldbetrag auszahlt und dafür Alleineigentümer der in der Ehe erworbenen Gegenstände bleibt.[674]

Können sich die Ehegatten hinsichtlich der Höhe ihrer Anteile am Vermögen nicht einigen, so nimmt das Gericht auf Antrag eines der Ehegatten im außergerichtlichen Verfahren die Teilung des gemeinsamen Vermögens vor (Art. 212 Abs. 1 FamG 1992).

Das außergerichtliche Verfahren hinsichtlich der Teilung gemeinsamer Sachen oder gemeinsamen Vermögens ist in den Art. 208-223 Gesetz über das außergerichtliche Verfahren[675] geregelt.

2. Das System der Teilung des gemeinsamen Vermögens

a. *Grundsatz der Teilung des gemeinsamen Vermögens in gleiche Teile*

Zur Zeit der Geltung des Grundgesetzes über die Ehe von 1946 bestand hinsichtlich der Teilung des gemeinsamen Vermögens der Ehegatten durch das Gericht das System der Teilung nach Anteilen der Ehegatten. Nach diesem System werden bei der Teilung des gemeinsamen Vermögens die Beiträge der einzelnen Ehegatten zum Vermögen während der Ehe berücksichtigt. So lautete Art. 64 EheGG 1946: „Das von den Ehegatten im Verlaufe der Ehe gemeinsam angeschaffte Vermögen wird entsprechend dem Beitrag eines jeden Ehegatten geteilt."

Seit der Einführung des Gesetzes über die Ehe von 1973 besteht dagegen hinsichtlich der Teilung des gemeinsamen Vermögens durch das Gericht eine Art gemischtes System. Dieses System enthält den Grundsatz der Teilung des gemeinsamen Vermögens der Ehegatten nach gleichen Teilen. Dieses System gilt auch heute noch.

So geht das Gericht heute gemäß Art. 212 Abs. 2 FamG 1992, der mit der Vorgängervorschrift des Art. 37 EheG 1973 inhaltlich übereinstimmt, bei der

---

[674] Čavdar, Komentar na zakonot za semejstvoto, S. 350 (Mazedonien); Risteski, Komentar na zakonot za brakot na SRM, S. 90 (SFRJ, SR Mazedonien).

[675] Sluzben Vesnik na Republika Makedonia, Nr. 19/79.

Bestimmung der Anteile der Ehegatten am gemeinsamen Vermögen von dem Grundsatz aus, dass das gemeinsame Vermögen der Ehegatten in gleiche Teile geteilt wird.

Nach dieser Regelung wird also nicht – wie beim gesetzlichen Güterstand nach deutschem Recht – der Zugewinn der Ehegatten durch die Differenz von Anfangs- und Endvermögen ermittelt. Ein Zugewinnausgleich findet hier nicht statt. Es kommt vielmehr nur auf das später von den Eheleuten erworbene Vermögen an, welches vom Gericht zwischen den Eheleuten aufzuteilen ist.[676]

Zu beachten ist, dass das Verschulden eines Ehegatten hinsichtlich der Scheidung bei der Teilung des gemeinsamen Vermögens nach der Scheidung völlig irrelevant ist. Ein etwaiges Verschulden eines Ehegatten bezüglich der Scheidung ändert folglich nichts an dem Grundsatz der Gleichheit der Anteile der Ehegatten. Ihm Rahmen der Scheidungsfolge der Teilung des gemeinsamen Vermögens der Ehegatten hat das Verschuldensprinzip somit anders als im Bereich des Unterhaltsrechts überhaupt keine Bedeutung.

b.   *Ausnahmen von dem Grundsatz der Teilung in gleiche Teile*

Das Prinzip der Teilung des Vermögens nach gleichen Teilen wird aber nicht in letzter Konsequenz durchgeführt.[677] Nach dem heutigen System der Teilung des gemeinsamen Vermögens gilt vielmehr die widerlegbare Vermutung der Gleichheit der Anteile der Ehegatten. In bestimmten Fällen bestehen nämlich Ausnahmen von diesem Grundsatz.[678] So kann das Gericht auf Antrag eines der Ehegatten gemäß Art. 212 Abs. 3 FamG 1992 diesem auch einen größeren Teil des gemeinsamen Vermögens zuerkennen, wenn dieser Ehegatte nachweist, dass sein Beitrag zum gemeinsamen Vermögen offensichtlich und bedeutend größer ist als der Beitrag des anderen Ehegatten.

---

[676]   Vgl. hierzu: OLG Düsseldorf, Urteil v. 20.12.1994 – 1 UF 76/94 zum insoweit vergleichbaren Recht der Autonomen Provinz Wojwodina, in: IPRspr. 1994, Nr. 75 und OLG Koblenz, Urteil v. 02.12.1993 – 11 UF 1009/92 zum insoweit vergleichbaren Recht der Sozialistischen Republik Kroatien, in: IPRspr. 1993, Nr. 62.

[677]   Bakić, Porodično pravo u SFRJ, S. 172 (SFRJ, SR Serbien).

[678]   Kočov, Imotnite odnosi na bračnite drugari, Semejnoto zakonodavstvo na Republika Makedonia, S. 207 (Mazedonien).

Die Höhe des Beitrages eines Ehegatten zum gemeinsamen Vermögen hängt nicht nur vom Arbeitseinkommen ab. Der Umstand, dass allein ein Ehegatte ein geregeltes Arbeitsverhältnis hat, bedeutet somit nicht, dass dieser Ehegatte einen offensichtlich und bedeutend größeren Beitrag zum gemeinsamen Vermögen beigetragen hat.[679] Berücksichtigt werden muss hier ebenso die Unterstützung des anderen Ehegatten durch die Führung des Haushaltes, die Erziehung und die Sorge in Bezug auf die gemeinsamen Kinder sowie andere Arbeitsleistungen und eine irgendwie geartete Mitwirkung bei der Verwaltung, Erhaltung oder Vermehrung des gemeinsamen Vermögens.[680]

Berücksichtigt werden muss zudem bei der Bestimmung des Anteiles eines Ehegatten am gemeinschaftlichen Vermögen, inwieweit ein Ehegatte Güter aus seinem besonderen Eigenvermögen für die Bedürfnisse der Ehegemeinschaft und der Familie aufgebracht hat.[681]

Das Gericht kann gemäß Art. 212 Abs. 3 FamG 1992 einem Ehegatten auch nur in Bezug auf einzelne Gegenstände einen größeren Teil zuerkennen, wenn es feststellt, dass der Beitrag dieses Ehegatten nur in Bezug auf diese Gegenstände größer ist als der des anderen Ehegatten.[682]

In diesem Zusammenhang hat der Oberste Gerichtshof Mazedoniens eine Reihe von Urteilen erlassen, die den Kauf oder die Errichtung eines Hauses bzw. einer Wohnung betreffen.

Ein vom Gericht bei der Teilung zu beachtender offensichtlich und bedeutend größerer Beitrag eines Ehegatten hinsichtlich eines Gegenstandes liegt beispielsweise vor, wenn ein Ehegatte den Bau eines Hauses nach der faktischen Beendigung der ehelichen Lebensgemeinschaft zum größten Teil selbständig fertig stellt.[683] Gleiches gilt für den Fall, dass die Ehegatten für

---

[679]   Vgl. Okruzen sud Bitola, Gž. 3111/92 = Kreisgericht Bitola, vgl. hierzu den Nachweis bei Kočov, Imotnite odnosi na bračnite drugari, Semejnoto zakonodavstvo na Republika Makedonia, S. 210 (Mazedonien).

[680]   Bakić, Porodično pravo u SFRJ, S. 173 (SFRJ, SR Serbien).

[681]   Čavdar, Komentar na zakonot za semejstvoto, S. 336 (Mazedonien); vgl. auch vgl. auch OLG Düsseldorf, Urteil vom 20.12.1994 – 1 UF 76/94 zum insoweit vergleichbaren Recht der früheren Autonomen Provinz Wojwodina, in: IPRspr. 1994, Nr. 75.

[682]   Vgl. Vrhoven sud na Makedonia, Gž. 880/76, in: Zbirka na sudski odluki, Kniga II, Br. 74 = Oberster Gerichtshof der Sozialistischen Republik Mazedonien, in: Gž. 880/76, in: Urteilssammlung, Buch II, Nr. 74.

[683]   Vrhoven sud na Makedonia, Gž. 693/75, in: Zbirka na sudski odluki, Kniga II, Br. 75 = Oberster Gerichtshof der Sozialistischen Republik Mazedonien, Gž. 693/75, in: Urteilssammlung, Buch II, Nr.75.

den Kauf eines Hauses zwar zum Teil einen Kredit aufnehmen, der Hauptteil des Kaufpreises aber durch die Unterstützung einer Arbeiterorganisation beglichen wird, der nur einer der Ehegatten angehört[684] Ebenso wird der Fall behandelt, dass bei der Errichtung eines Hauses die Eltern eines Ehegatten einen großen Anteil der benötigten Mittel für die Errichtung erbracht haben.

Bei der Bewertung des Beitrages zum gemeinsamen Vermögen muss das Gericht die genauen Umstände des Einzelfalles berücksichtigen. So hat beispielsweise der Oberste Gerichtshof in einem Fall entschieden, dass es bei dem Erwerb einer Wohnung nicht allein darauf ankommt, welcher der Ehegatten den Preis für die Wohnung bezahlt hat. Berücksichtigt werden musste in diesem Fall, dass der andere Ehegatte von seinem Vater ein Vorkaufsrecht hinsichtlich der Wohnung erhalten hatte, weshalb die Wohnung zu einem erheblich günstigeren Preis als dem gewöhnlichen erworben werden konnte. Dieser Umstand müsse als sein Beitrag berücksichtigt werden, selbst wenn der andere Ehegatte den Kaufpreis voll bezahlt habe.[685] Der Beitrag liegt in der Differenz zum gewöhnlichen Kaufpreis.

Wird in Bezug auf den Erwerb bestimmter Gegenstände nicht nur ein offensichtlich und bedeutend größerer Beitrag von einem Ehegatten geleistet, sondern werden diese Gegenstände ausschließlich durch seine Mittel erlangt, so bestimmt das Gericht bei der Teilung des gemeinsamen Vermögens, dass diese Gegenstände ausschließlich sein Eigentum darstellen. Dies hat der Oberste Gerichthof Mazedoniens für den Fall entschieden, dass einer der Ehegatten seine Einkünfte ausschließlich für den Erwerb von Gegenstände einsetzt, die den Bedürfnissen der Familie und dem Haushalt dienen, während der andere Ehegatte sein gesamtes Arbeitseinkommen ausschließlich für seine Bedürfnisse verwendet.[686]

Wenn bestimmte Gegenstände des gemeinsamen Vermögens durch die Aufnahme eines Kredites erlangt wurden und die Raten des Kredites während des Bestehens der Ehe abbezahlt werden, so ist es für die Teilung

---

684 Vrhoven sud na Makedonia, Gž. 380/70, in: Zbirka na sudski odluki, Kniga I, Br. 54 = Oberster Gerichtshof der Sozialistischen Republik Mazedonien, Gž. 380/70, in: Urteilssammlung, Buch I, Nr. 54.

685 Vgl. Vrhoven sud na Makedonia, Rev. 448/95, in: Zbirka na sudski odluki, Kniga V, Br. 10 = Oberster Gerichtshof der Republik Mazedonien, Rev. 448/95, in: Urteilssammlung, Buch V, Nr. 10.

686 Vrhoven sud na Makedonia, Rev. 1139/86, in: Zbirka na sudski odluki, Kniga IV, Br. 4 = Oberster Gerichtshof der Sozialistischen Republik Mazedonien, Rev. 1139/86, in: Urteilssammlung, Buch IV, Nr. 4.

der Gegenstände ohne jeden Belang, auf welchen Namen der Ehegatten der Kredit aufgenommen wurde und mit welchem Lohn die Raten beglichen werden.[687] Die Teilung erfolgt auch in diesem Fall nach den üblichen Kriterien, nach denen gemeinsames Vermögen geteilt wird. Ist aber ein solcher Kredit zum Zeitpunkt der faktischen Beendigung der ehelichen Lebensgemeinschaft nicht vollständig abbezahlt und ist nur einer der Ehegatten zur Zahlung der weiteren Raten verpflichtet, so stellen die aus dem Kredit erlangten Gegenstände nur gemeinsames Vermögen der Ehegatten dar, wenn sich der andere Ehegatte zum Zeitpunkt der faktischen Beendigung dazu verpflichtet, sich an den Ratenzahlungen zu beteiligen.[688]

In der Vorschrift des Art. 212 Abs. 3 FamG 1992 ist nicht bestimmt, in welchem Verfahren der jeweilige Beitrag eines Ehegatten zum gemeinsamen Vermögen festgestellt wird.

Die Vorschrift des Art. 212 Abs. 1 des Gesetzes über das außergerichtliche Verfahren legt jedoch fest, dass das Gericht, wenn es im Teilungsverfahren feststellt, dass das Recht an der gemeinsamen Sache bzw. dem Grundstück, die Größe des Anteils oder die zu teilende Sache streitig ist, das Verfahren unterbricht und den Antragsteller innerhalb einer bestimmten Frist auf einen Prozess verweist. Die Frage der Höhe des Beitrages eines Ehegatten zum gemeinsamen Vermögen muss also auf Antrag eines Ehegatten hin in einem Gerichtsverfahren nach den Vorschriften des Gesetzes über das Streitverfahren geprüft werden.

c.   Gegenstände, die bei der Teilung besonders beachtet werden

Bei der Teilung des gemeinsamen Vermögens berücksichtigt das Gericht bestimmte Gegenstände. Hinsichtlich der Auswahl dieser Gegenstände bestehen keine prägnanten Unterschiede zur Rechtlage, die vor dem Familiengesetz von 1992 bestand.

---

[687]   Vrhoven sud na Makedonia, Gž. 17/75, in: Zbirka na sudski odluki, Kniga II, Br. 76 = Oberster Gerichtshof der Sozialistischen Republik Mazedonien, Gž. 17/75, in: Urteilssammlung, Buch II, Nr. 76.

[688]   Čavdar, Komentar na zakonot za semejstvoto, S. 353 (Mazedonien).

aa. Gegenstände, die der Ausübung eines Handwerks oder der
Berufstätigkeit eines Ehegatten dienen

Gemäß Art. 213 Abs. 1 FamG 1992 werden bei der Teilung des gemeinsamen Vermögens auf Verlangen des Ehegatten in seinen Teil vorrangig jene
Gegenstände aus dem gemeinsamen Vermögen eingebracht, die der
Ausübung seines Handwerks beziehungsweise seiner Berufstätigkeit dienen.
Hintergrund dieser Regelung ist, dass zum einen der Ehegatte, der nicht seine
für sein Handwerk bzw. seine Berufstätigkeit notwendigen Gegenstände
erhielte, in wirtschaftliche Schwierigkeiten geraten würde, und zum anderen
der andere Ehegatte bei Zuteilung dieser Gegenstände an ihn keinen
wirtschaftlichen Vorteil hätte.[689]

Problematisch ist in diesem Zusammenhang der Fall, wenn beide Ehegatten
das gleiche Handwerk oder die gleiche Berufstätigkeit ausüben und jeder der
Ehegatten jene Gegenstände, die zur Ausübung der Tätigkeit dienen, begehrt.
In diesem Fall muss das Gericht unter Berücksichtigung aller anderen
Umstände eine Entscheidung treffen. Zu berücksichtigen sind dabei
beispielsweise die sonstigen wirtschaftlichen Möglichkeiten und die Einkünfte der Ehegatten.[690]

bb. Gegenstände, die ausschließlich dem persönlichen Bedarf eines
Ehegatten dienen

Aus dem gemeinsamen Vermögen werden dem Ehegatten ferner jene Gegenstände, die durch die Arbeit im Laufe der Ehegemeinschaft erworben wurden
und die ausschließlich seinem persönlichen Bedarf dienen, ausgesondert und
neben seinem Teil übergeben (Art. 213 Abs. 2 FamG 1992). Im Unterschied
zu den Gegenständen, die der Ausübung eines Handwerks beziehungsweise
einer Berufstätigkeit eines Ehegatten dienen, werden die Gegenstände, die
ausschließlich dem persönlichen Bedarf eines Ehegatten dienen, also nicht
nur vorrangig in seinen Teil aus dem gemeinsamen Vermögen eingebracht,
sondern der Ehegatte erhält sie zusätzlich zu seinem ohnehin bestehenden
Teil am gemeinsamen Vermögen.[691]

---

[689] Muratovska-Markova, Posledici od razvod na brakot, Pravnik, Godina VII,
Br. 74, Skopje 1998, S. 1 12 (Mazedonien).

[690] Kočov, Imotnite odnosi na bračnite drugari, Semejnoto zakonodavstvo na
Republika Makedonia, S. 210 (Mazedonien).

[691] Hadživasilev, Semejno pravo, S. 149 (SFRJ, SR Mazedonien).

cc.   Kein unverhältnismäßig hoher Wert dieser Gegenstände im Vergleich zum Wert des gesamten Vermögens

Art. 213 Abs. 3 FamG 1992 enthält jedoch hinsichtlich der Regelungen des Art. 213 Abs. 1 und 2 FamG 1992 ein Korrektiv mit dem Ziel, dass dem Ehegatten, der die Rechte gemäß Art. 213 Abs. 1 und 2 FamG 1992 verwirklicht, nicht ein unverhältnismäßig größeres Vermögen zusteht als dem anderen Ehegatten. So bestimmt Art. 213 Abs. 3 FamG 1992, dass, wenn der Wert der Gegenstände nach Art. 213 Abs. 1 und 2 im Vergleich zum Wert des gesamten Vermögens unverhältnismäßig hoch ist, eine Teilung auch dieser Gegenstände vorgenommen wird, es sei denn, der Ehepartner, der diese Gegenstände bekommen sollte, entschädigt den anderen Ehepartner in einem entsprechendem Wert oder überlässt dem anderen Ehepartner mit dessen Zustimmung andere Gegenstände (Art. 213 Abs. 3 FamG 1992).

Die Bedeutung der Regelung des Art. 213 Abs. 2 FamG 1992 ist jedoch gering, da Gegenstände, die ausschließlich dem persönlichen Bedarf dienen, schon in der Regel gemäß Art. 205 FamG 1992 besonderes Vermögen darstellen und daher von der Teilung gar nicht erfasst sind. Art. 213 Abs. 2 FamG 1992 kommt aber in Fällen zur Anwendung, in denen Gegenstände, die ausschließlich dem persönlichen Bedarf dienen, nicht zum besonderen Vermögen eines Ehegatten zählen, weil ihr Wert im Vergleich zum gesamten Vermögen der Ehegatten unverhältnismäßig groß ist. In diesem Fall werden diese Gegenstände unter Beachtung der Vorschrift des Art. 213 Abs. 3 FamG 1992 ausgesondert und neben dem Teil am gemeinsamen Vermögen übertragen.

dd.   Gegenstände, die im Zusammenhang mit den gemeinsamen Kindern stehen

Dem Ehegatten, dem die gemeinsamen Kinder zur Obhut und zur Erziehung anvertraut sind, werden neben dem ihm zustehenden Teil auch die Gegenstände zugeteilt, die die Kinder benutzen oder die nur für deren unmittelbaren Gebrauch bestimmt sind (Art. 214 Abs. 1 FamG 1992).

Bei der Teilung des gemeinsamen Vermögens werden dem Ehepartner, dem die gemeinsamen Kinder zur Obhut und zur Erziehung anvertraut sind, auch jene Gegenstände zugeteilt, bei denen offensichtlich das Interesse besteht, dass sie im Besitz und Eigentum des Ehegatten sind, dem die Kinder anvertraut sind (Art. 214 Abs. 2 FamG 1992).

Die Berücksichtung der Gegenstände, die im Zusammenhang mit den Kindern stehen, wurde erstmals im Familiegesetz von 1992 angeordnet. Dies stellt folglich eine Erweiterung der berücksichtigungsfähigen Gegenstände im Gegensatz zu den vorher bestehenden Gesetzen dar.

Das Familiengesetz von 1992 enthält keine Regelung hinsichtlich der Frage, was mit diesem Vermögen geschieht, wenn es auf Antrag eines Ehegatten zur Veränderung des Urteils bezüglich der Zuteilung der Kinder kommt. Betrachtet man jedoch die hinter Art. 214 FamG 1992 stehende Intention, dass das Vermögen den Kindern dienen soll, so ist davon auszugehen, dass wenn ein Urteil dahingehend verändert wird, dass die Kinder dem anderen Ehegatten zugeteilt werden, auch das Vermögen im Sinne des Art. 214 Abs. 1 und 2 mit auf diesen Ehegatten übergeht.[692]

ee.   Generelle Berücksichtigung der besonderen Bedürfnisse der Ehegatten

Unabhängig von den im Familiengesetz von 1992 genannten Fällen berücksichtigt das Gericht gemäß Art. 218 Gesetz über das außergerichtliche Verfahren bei der Entscheidung, ob eine Sache einem der Beteiligten zufällt, die besonderen Bedürfnisse dieses Beteiligten.

3.   Die Durchführung der Teilung

Im Verfahren der Feststellung des Anteils am gemeinsamen Vermögen hat ein Ehegatte nicht die Möglichkeit, von seinem Ehepartner die Auszahlung des ihm zustehenden Teils in Geld zu verlangen. Wird durch das Urteil der Teil eines jeden Ehegatten am gemeinsamen Vermögen festgelegt, so dass sich das gemeinsame Vermögen in das Recht auf Miteigentum an jedem Gegenstand umwandelt, so kann jeder der Ehegatten nur eine physische Teilung der Gegenstände begehren.

Nur wenn sich die Ehegatten darauf einigen, ist es auch möglich, dass der gesamte Teil oder zumindest ein Teil vom Teil in Geld ausbezahlt wird.

Ist es jedoch unmöglich, die gemeinsame Sache bzw. das Vermögen physisch zu teilen, oder würde sich dadurch der Wert beträchtlich mindern, so kann das Gericht gemäß Art. 217 Abs. 1, 1. Alt. Gesetz über das außergerichtliche Verfahren verfügen, dass die Sache nur einem der Inhaber des

---

[692]   Kočov, Imotnite odnosi na bračnite drugari, Semejnoto zakonodavstvo na Republika Makedonia, S. 211 (Mazedonien).

Rechts zufällt. Dabei legt das Gericht den Betrag des Wertes, der dem anderen Inhaber des Rechts auf die gemeinsame Sache bzw. das Vermögen auszuzahlen ist, und den Zeitpunkt der Zahlung fest. Gemäß Art. 217 Abs. 1, 2. Alt. Gesetz über das außergerichtliche Verfahren kann das Gericht in diesem Fall auch verfügen, dass das Vermögen zu verkaufen ist, wobei der Verkauf nach den Vorschriften des Gesetzes über das Vollstreckungs-verfahren erfolgt (vgl. Art. 217 Abs. 2 Gesetz über das außergerichtliche Verfahren).

Die Vorschrift des Art. 215 FamG 1992 bestimmt zudem, dass wenn bei der Teilung des gemeinsamen Vermögens festgestellt wird, dass einem der Ehegatten ein bedeutend kleinerer Teil zufällt, das Gericht auf Antrag eines der Ehegatten bestimmen kann, dass dieser Ehegatte mit dem entsprechenden Anteil in Geld abgefunden wird (Art. 215 FamG 1992).

Wurde einmal durch rechtskräftiges Urteil entschieden, dass das im Zeitpunkt der Trennung vorhandene gemeinschaftliche Vermögen beiden Ehegatten zu gleichen Teilen gehört, so ist es jedem der Ehegatten aufgrund der Rechtskraft des Urteils verwehrt, in einem anderen Streitverfahren die Feststellung zu begehren, dass ihm ein größerer Anteil zustehe.[693]

4. Keine Verjährung des Anspruchs auf Teilung des gemeinsamen Vermögens

Der Anspruch auf Teilung des gemeinsamen Vermögens kann nicht verjähren, da es sich hierbei nicht um einen schuldrechtlichen, sondern um einen sachenrechtlichen Anspruch handelt.[694] Ist aber nach der Scheidung die Teilung des gemeinsamen Vermögens bereits einverständlich oder durch Gerichtsurteil vollzogen und ist einer der Ehegatten verpflichtet, einen bestimmten Betrag an den anderen Ehegatten zu zahlen, so verjährt die Forderung des anderen Ehegatten hinsichtlich dieses Betrages gemäß Art. 372 Gesetz über Schuldverhältnisse von 1978 nach einer Frist von drei Jahren. Dies gilt nicht für Ansprüche eines Ehegatten auf Übergabe der durch die Teilung festgelegten Gegenstände, da es sich hierbei wiederum um einen sachenrechtlichen und nicht um einen schuldrechtlichen Anspruch handelt.

---

[693] Vrhoven sud na Makedonia, Rev. 277/88, in: Zbirka na sudski odluki, Kniga II, Br. 112 = Oberster Gerichtshof der Sozialistischen Republik Mazedonien, Rev. 277/88, in: Urteilssammlung, Buch II, Nr. 112.

[694] Čavdar, Komentar na zakonot za semejstvoto, S. 335 (Mazedonien); Tomislav, Pravne posledice razvoda braka, S. 188 (SFRJ, SR Serbien).

E. Die Rückgabe von Geschenken

Eine weitere Frage, die sich im Rahmen der Scheidungsfolgen stellt, ist die Rückgabe von Geschenken. Gemäß Art. 217 FamG 1992 werden die Geschenke, welche die Ehegatten einander vor der Ehe oder im Verlauf der Ehe gemacht haben, nach der Scheidung nicht zurückgegeben. Die Frage der Rückgabe bzw. Nichtrückgabe von Geschenken nach der Scheidung muss in einer eigenen Vorschrift geregelt werden, da für sie andere Kriterien als im übrigen Ehegüterrecht maßgeblich sind.

Die Scheidungsfolge der Rückgabe von Geschenken hat sich von 1946 an bis heute deutlich verändert. Der Unterschied zur vorherigen Rechtlage besteht nämlich darin, dass heute die Geschenke nach der Scheidung nicht zurückgegeben werden, unabhängig davon, welchen Wert die Geschenke haben.[695]

Das Grundgesetz über die Ehe von 1946 und das Gesetz über die Ehe von 1973 unterschieden dagegen nach dem Wert des Geschenkes. So waren nach diesen Gesetzen gewöhnliche Geschenke, die sich die Ehegatten vor bzw. während der Ehe gemacht haben, nach der Scheidung nicht zurückzugeben. Die Gesetze enthielten aber die Regelung, dass dies nicht für Geschenke galt, die in keinem Verhältnis zur Vermögenslage des Schenkenden standen. Diese Geschenke waren vielmehr in dem Zustand zurückzugeben, in dem sie sich zum Zeitpunkt des Entstehens der Scheidungsursache befunden haben. Für veräußerte Geschenke war der dafür erhaltene Wert oder Gegenstand zurückzuerstatten (vgl. hierzu die Art. 63 Abs. 1 bis 4 EheGG 1946 und Art. 55 EheG 1973).

Das Grundgesetz über die Ehe von 1946 differenzierte zudem noch danach, ob ein Verschulden an der Scheidung vorlag. Insoweit enthielt es die Regelung, wonach der Ehegatte, den an der Scheidung keine Schuld traf, alle vom schuldigen Teil erhaltenen Geschenke behielt (vgl. Art. 63 Abs. 3 EheGG 1946). In diesem Fall wurde somit nicht nach dem Wert des Geschenkes unterschieden. Damit hatte zur Zeit der Geltung des Grundgesetzes über die Ehe von 1946 das Verschuldensprinzip, welches im Rahmen der Scheidungsgründe vorherrschend war (vgl. oben) auch im Bereich der Scheidungsfolge der Rückgabe von Geschenken Bedeutung. Diese Differenzierung nach dem Verschulden eines Ehegatten an der Scheidung wurde im Gesetz über die Ehe von 1973 nicht übernommen.

---

[695] Spirović-Trpenovska, Semejno pravo, S. 250 (Mazedonien).

Nach der heutigen Konzeption im Familiengesetz von 1992 werden die unter Ehegatten gemachten Geschenke nach der Scheidung im Gegensatz zur vorherigen Rechtslage überhaupt nicht zurückgegeben, unabhängig davon, welchen Wert sie haben und unabhängig vom Bestehen eines Verschuldens auf Seiten eines Ehegatten hinsichtlich der Scheidung. Grund dafür, dass die Geschenke nach der Scheidung nicht zurückgegeben werden, ist, dass diese Geschenke aus einer besonderen Motivation heraus gemacht werden.[696]

Aus der Vorschrift des Art. 217 FamG 1992 geht nicht hervor, ob auf die Rückgabe der Geschenke die allgemeinen Grundssätze des Vermögensrechts Anwendung finden, nach denen Geschenke zurückgegeben werden müssen, wenn der Schenker nach der Schenkung bedürftig geworden ist oder bei grobem Undank des Beschenkten. Nach überwiegender Ansicht finden diese Grundsätze bei der Rückgabe von Geschenken unter Ehegatten nach der Scheidung aber Anwendung, da die Vorschrift des Art. 217 FamG ihre Anwendung nicht ausdrücklich ausschließt.[697] Dies gilt insbesondere dann, wenn das Behalten des Geschenkes eine offensichtliche Ungerechtigkeit für den Schenker bedeuten würde.

Probleme können sich ergeben, wenn man das Verhältnis der Vorschriften des Ehegüterrechts, die die Einteilung des Vermögens in besonderes Eigenvermögen und gemeinsames Vermögen der Ehegatten vornehmen (Art. 204 und 205 FamG 1992) zur Vorschrift des Art. 217 FamG 1992, die die Frage der Rückgabe von Geschenken regelt, betrachtet.

Die Problematik besteht darin, dass Gegenstände, die ausschließlich zur Befriedigung der persönlichen Bedürfnisse eines Ehegatten dienen, gemäß Art. 204 Abs. 2, 2. Alt FamG 1992 nur dann zum besonderen Vermögen eines Ehegatten zählen, sofern sie nicht einen unverhältnismäßig hohen Wert im Vergleich zum Wert des gemeinsamen Vermögens aufweisen. Haben sie einen unverhältnismäßig hohen Wert, so sind sie zum gemeinsamen Vermögen der Ehegatten im Sinne des Art. 205 FamG 1992 zu rechnen, mit der Folge, dass eine Teilung dieser Gegenstände gemäß Art. 212 FamG 1992 erfolgt (vgl. oben). Fraglich kann hier aber sein, ob ein während der Ehe erworbener Gegenstand mit unverhältnismäßig hohem Wert, der ausschließlich dem persönlichen Bedarf eines Ehegatten dient und von diesem ausschließlich genutzt wird, nicht in bestimmten Fällen als Geschenk eines

---

[696]   Muratovska-Markova, Posledici od razvod na brakot, Pravnik, Godina VII, Br. 74, Skopje 1998, S. 12 (Mazedonien).

[697]   Čavdar, Komentar na zakonot za semejstvoto, S.335 (Mazedonien).

Ehegatten gegenüber dem anderen Ehegatten zu werten ist. Dies hätte zur Folge, dass hinsichtlich dieses Gegenstandes nach einer vollzogenen Scheidung keine Teilung gemäß Art. 212 FamG 1992 vorgenommen wird, weil Geschenke gemäß Art. 217 FamG 1992 nach der Scheidung unabhängig von ihrem Wert nicht zurückgegeben werden. Das Gericht muss folglich in jedem Einzelfall überprüfen, ob Anhaltspunkte dafür vorliegen, dass ein Gegenstand als Geschenk eines Ehegatten gegenüber dem anderen Ehegatten gewertet werden kann.

Es wird in diesem Zusammenhang auch im Schrifttum darauf hingewiesen, dass die Regelung des Art. 217 FamG 1992, wonach eine Rückgabe von Geschenken nach der Scheidung unabhängig von ihrem Wert ausgeschlossen ist, nicht im Einklang steht zu der Rechtsprechung des Obersten Gerichtshofes Mazedoniens bezüglich solcher Geschenke, die von Verwandten oder Bekannten zur Eheschließung oder nach der Eheschließung mit dem Ziel gemacht werden, dem Ehepaar das gemeinsame Leben zu erleichtern.[698] Nach der Rechtsprechung wird bei Geschenken, bei denen bei der Übergabe nicht ausdrücklich bestimmt wird, welchem der Ehegatten das Geschenk gemacht wird, vermutet, dass es zum gemeinschaftlichen Vermögen zählt, wenn das Geschenk von gemeinsamen Verwandten gemacht wurde.[699] Dies gilt jedoch nur, wenn das Geschenk nicht einen unverhältnismäßig hohen Wert im Vergleich zum Wert der Geschenke, die gewöhnlich zur Hochzeit gemacht werden, aufweist (vgl. oben).[700] Im Schrifttum wird daher die Entscheidung des Gesetzgebers, das Kriterium des unverhältnismäßigen Wertes nicht mehr in die Vorschrift des Art. 217 FamG 1992 aufzunehmen, wie es noch zur Zeit des Gesetzes über die Ehe von 1973 der Fall war (Art. 55 EheG 1973), teilweise kritisiert.

F. Das Wohnungsrecht

Eine weitere wichtige Frage, die sich nach der Ehescheidung stellt, ist die Frage des Wohnungsrechts. Nach dem Gesetz über Wohnverhältnisse sind beide Ehegatten gleichzeitig Träger des Wohnungsrechts, solange sie im

---

[698]   Spirović-Trpenovska, Semejno pravo, S. 138 f. (Mazedonien).

[699]   Vgl. Čavdar, Komentar na zakonot za semejstvoto, S. 330 (Mazedonien).

[700]   Vrhoven sud na Makedonia, Rev. 1140/95, in: Zbirka na sudski odluki, Kniga VI, Br. 4 = Oberster Gerichtshof der Sozialistischen Republik Mazedonien, Rev. 1140/95, in: Urteilssammlung, Buch VI, Nr. 4.

gemeinsamen Familienhaushalt leben, unabhängig davon, ob nur einer der Ehegatten den Vertrag hinsichtlich der Nutzung der Wohnung abgeschlossen hat.

Im Falle der Scheidung haben die ehemaligen Ehegatten das Recht, selbst zu entscheiden, welcher von ihnen der alleiniger Träger des Wohnungsrechts wird. Kommen die Ehegatten zu keiner Einigung, so entscheidet gemäß Art. 18 Gesetz über Wohnverhältnisse auf Antrag eines Ehegatten das Gericht im außergerichtlichen Verfahren, welchem der Ehegatten die Wohnung zugeteilt wird. Bei der Entscheidung muss das Gericht die Wohnbedürfnisse beider Ehegatten, der Kinder sowie dritter Personen, die in der Wohnung leben, berücksichtigen. Das Gericht muss zudem alle Umstände des Einzelfalles in seine Wertung mit einbeziehen.

Der ehemalige Ehegatte, der nach dem Urteil des Gerichts nicht als Träger des Wohnungsrechts bestimmt wurde, verliert sein vorher bestehendes Recht hinsichtlich der Wohnung und ist verpflichtet innerhalb einer vom Gericht festgelegten Frist aus der Wohnung auszuziehen.[701]

Mit der Zuweisung der Wohnung an einen Ehegatten entsteht jedoch gleichzeitig die Verpflichtung des nutzenden Ehegatten, für alle Verbindlichkeiten der Nutzung und für den laufenden Unterhalt der Wohnung aufzukommen und dem anderen geschiedenen Ehegatten einen Mietzins entsprechend der Größe seines Miteigentumsanteils zu zahlen.[702]

G. Das Erbe des überlebenden Ehegatten

Die Beendigung der Ehe durch Scheidung hat auch Folgen hinsichtlich des Erbrechts. Nach Beendigung der Ehe durch Scheidung verlieren die ehemaligen Ehegatten ihr gesetzliches Erbrecht (Art. 26 Erbgesetz 1996[703]). Das gesetzliche Erbrecht verliert der hinterbliebene Ehegatte auch dann, wenn der verstorbene Ehegatte bereits einen Antrag auf Scheidung gestellt hatte und sich herausstellt, dass dieser Antrag begründet war.

---

[701] Hadživasilev, Semejno pravo, S. 219 (SFRJ, SR Mazedonien).
[702] Vgl. OLG München, Urteil v. 16.02.1993 – 4 UF 36/91 zum insoweit vergleichbaren Recht der Republik Bosnien/Herzegowina, in: IPRspr. 1993, Nr. 59.
[703] Sluzben Vesnik na RM, Br. 47/96.

H. Kein Versorgungsausgleich

Ein Institut des Versorgungsausgleichs, also des Ausgleichs während der Ehe erworbener Anwartschaften und Aussichten auf eine Versorgung wegen Alters oder Berufs- oder Erwerbsunfähigkeit, ist im mazedonischen Recht nicht vorgesehen.

I. Die Folgen der Scheidung in Bezug auf die gemeinsamen Kinder

Die Folgen der Scheidung in Bezug auf die Kinder beziehen sich auf die Obhut, die Erziehung und den Unterhalt der Kinder.[704] Dies gilt zum einen für minderjährige Kinder (vgl. Art. 10 FamG 1992), zum anderen für volljährige Kinder, für die das elterliche Recht verlängert worden ist (Art. 94 FamG 1992).

In Mazedonien besteht nach der Scheidung der Ehe der Eltern kein Sorgerecht eines Elternteils kraft Gesetzes, vielmehr ist vom Gericht grundsätzlich in jedem Fall über das Sorgerecht zu entscheiden.[705]

Gemäß Art. 80 FamG 1992 entscheidet das Gericht mit dem Urteil, mit dem die Ehe geschieden wird, über die Obhut, die Erziehung und den Unterhalt der gemeinsamen Kinder (vgl. bereits oben). Die Ehegatten haben die Möglichkeit, selbst eine Vereinbarung zu treffen, die diese Fragen hinsichtlich der gemeinsamen Kinder regelt.

Konnten sich die Ehegatten bei der Scheidung nicht über die Obhut, die Erziehung und den Unterhalt hinsichtlich der gemeinsamen Kinder einigen oder gewinnt das Gericht den Eindruck, dass die Ehegatten eine Vereinbarung hinsichtlich dieser Fragen getroffen haben, welche nicht den Interessen der Kinder entspricht, so trifft es, nachdem es ein Gutachten des Zentrums für Sozialarbeit eingeholt und alle Umstände geprüft hat, selbst eine Entscheidung darüber, ob die Kinder zur Obhut und zur Erziehung bei einem Elternteil, ob die einen bei der Mutter und die anderen beim Vater bleiben oder ob alle einer dritten Person oder einer Einrichtung anvertraut werden (Art. 80 Abs. 2 FamG 1992).

---

[704] Risteski, Praktikum za semejno pravo, S. 56 (SFRJ, SR Mazedonien).
[705] Vgl. BGH, Beschluss vom 27.04.1994 – XII ZR 158/93 zum insoweit vergleichbaren Recht der Sozialistischen Republik Mazedonien, in: IPRspr. 1994, Nr. 149.

Das Gericht berücksichtigt bei seiner Entscheidung ausschließlich die Interessen der Kinder. Das Verschulden eines Ehegatten hinsichtlich der Scheidung spielt bei der Entscheidung über die Obhut und die Erziehung der Kinder keine Rolle.[706]

Der Elternteil, dem die Kinder nicht anvertraut sind, hat gemäß Art. 80 Abs. 3 FamG 1992 grundsätzlich das Recht, persönliche Beziehungen zu ihnen aufrechtzuerhalten, sofern das Gericht im Hinblick auf die Interessen der Kinder nicht anders entschieden hat.

Das Gericht ändert auf Antrag eines der geschiedenen Ehegatten oder des Zentrums für Sozialarbeit die Entscheidung bezüglich der Obhut und der Erziehung der Kinder und bezüglich der Beziehungen der geschiedenen Ehegatten zu ihren gemeinsamen Kindern, sofern veränderte Umstände dies erfordern (Art. 80 Abs. 4 FamG 1992).

Gemäß Art. 179 FamG 1992 sind die Eltern verpflichtet, für den Unterhalt ihrer minderjährigen Kinder zu sorgen. Geht die Schulbildung und die fachliche Ausbildung der Kinder über den Eintritt der Volljährigkeit hinaus, so sind die Eltern gemäß Art. 179 Abs. 2 FamG 1992 verpflichtet, weiter für den Unterhalt der Kinder bis zum regulären Abschluss der Ausbildung aufzukommen, längstens jedoch bis zur Vollendung des 26. Lebensjahres.

Ist ein volljähriges Kind aus Krankheitsgründen, physischen oder psychischen Mängeln unfähig zu arbeiten, hat es nicht genügend Mittel zum Lebensunterhalt und kann es diese nicht aus seinem Vermögen aufbringen, so sind die Eltern zum Unterhalt verpflichtet, solange die Bedürftigkeit andauert (Art. 179 Abs. 3 FamG 1992).

Auch nach der Scheidung fällt die Pflicht hinsichtlich des Unterhalts gegenüber den gemeinsamen Kindern beiden Ehegatten zu.[707] Das mazedonische materielle Unterhaltsrecht bestimmt also, dass beide Elternteile ihren Beitrag zum Lebensunterhalt des Kindes bemessen nach ihren wirtschaftlichen Verhältnissen schulden, dass also auch das sorgeberechtigte Elternteil sich im Rahmen seiner wirtschaftlichen Möglichkeiten am Barunterhalt zu beteiligen hat.[708]

---

[706] Spirović-Trpenovska, Semejno pravo, S. 141 (Mazedonien).
[707] Muratovska-Markova, Posledici od razvod na brakot, Pravnik, Godina VII, Br. 74, Skopje 1998, S. 13 (Mazedonien).
[708] Vgl. OLG München, Urteil vom 19.02.1990 – 26 UF 1345/89 zum insoweit vergleichbaren Recht der Sozialistischen Republik Bosnien/Herzegowina, in: IPRspr. 1990, Nr. 185.

Da beide Ehegatten gemeinschaftlich zur Unterhaltsleistung verpflichtet sind, wird diese gemäß Art. 184 Abs. 2 FamG 1992 nach den jeweiligen Möglichkeiten der Ehegatten aufgeteilt.

6. TEIL: DAS INTERNATIONALE SCHEIDUNGS-RECHT DER REPUBLIK MAZEDONIEN

A. Allgemeine Einführung in das internationale Privatrecht

I. Die Rechtsquellen des internationalen Privatrechts Mazedoniens im Allgemeinen

Das internationale Privatrecht der Republik Mazedonien kann angesichts der eher kurzen Zeitspanne, die seit der Unabhängigkeitserklärung im Jahre 1991 vergangen ist, und vor dem Hintergrund der relativ kleinen Bevölkerungszahl als bemerkenswert ausgearbeitet und umfänglich bezeichnet werden. Nimmt man hinzu, dass es durch die Wirren auf dem Balkan seit Anfang der neunziger Jahre auch zu bedeutenden Menschenbewegungen, vor allem zum Zuzug von albanischstämmigen Personen gekommen ist, wird die Bedeutung einer international privatrechtlichen Regelung gerade familienrechtlicher Kollisionsfälle deutlich.

Zur Ausgestaltung des internationalen Privatrechts hat das mazedonische Parlament in den Jahren nach dem Zerfall Jugoslawiens zeitnah eine ganze Reihe von Gesetzen erlassen, durch die einige wichtige Fragen eine Regelung gefunden haben. Vor allem aber die Übernahme bereits vorhandener Regelungen durch die Republik Mazedonien parallel zu eigenen Gesetzgebungsvorhaben hat nach der Unabhängigkeitserklärung eine zügige und gegenständlich weitreichende Behandlung dieses Rechtskreises ermöglicht. So fand gemäß Art. 5 des Verfassungsgesetzes zur Umsetzung der Verfassung der Republik Mazedonien, der bestimmt, dass die Gesetze, die noch von dem Parlament des ehemaligen Jugoslawien (SFRJ) erlassen wurden, von der Republik Mazedonien übernommen werden, insbesondere zunächst das „Gesetz zur Lösung von Gesetzeskollisionen mit den Vorschriften anderer Länder in bestimmten Beziehungen"[709] (künftig: IPR-Gesetz 1982) Anwendung.[710] Daneben galten und gelten auch heute noch eine Vielzahl weiterer Gesetze kraft Übernahmeaktes durch die Republik Mazedonien fort.

---

[709] Služben List na SFRJ, Nr. 43/82.
[710] Dzunov, Medjunarodno privatno pravo, S. 25 (Mazedonien).

© Springer Fachmedien Wiesbaden GmbH, ein Teil von Springer Nature 2009
I. Kohlmann, *Die Ehescheidung in der Republik Mazedonien unter Berücksichtigung international-privatrechtlicher Elemente*,
Edition KWV, https://doi.org/10.1007/978-3-658-24140-7_6

Das genannte IPR-Gesetz war im Jahre 1982 vom Parlament des jugoslawischen Bundesstaates verabschiedet worden und mit Wirkung vom 1.1.1983 in Kraft getreten.[711] Es stellte für Jugoslawien die erste umfassende Regelung seines internationalen Privat- und Prozessrechts dar. Die Gesetzestechnik und die inhaltliche Ausgestaltung zeugen von der fortgeschrittenen Rechtsentwicklung des damaligen Jugoslawien und erlaubten auch nach der Unabhängigkeitserklärung Mazedoniens noch eine sachgerechte Entscheidung privatrechtlicher Kollisionsfälle. Durch die geschlossene Übernahme des IPR-Gesetzes 1982 war es Mazedonien gelungen, der Praxis auch weiterhin eine relativ vollständige Kodifizierung der Kollisionsnormen zur Verfügung zu stellen, ohne sich den Gefahren der Übereilung und Oberflächlichkeit auszusetzen, die mit einer notwendig zügigen eigenen Regelung verbunden gewesen wären.[712] Die Weitergeltung dieses ausgereiften und in langjähriger Praxis leicht handhabbar gemachten Gesetzes ersparte Mazedonien gerade solche Konflikte, die für einen neugegründeten, erst noch um Anerkennung ringenden Staat wohl die gravierendsten sind, nämlich diejenigen mit Rechtsordnungen anderer, etablierter Staaten.

Erst kürzlich, ca. 16 Jahre nach der Unabhängigkeitserklärung, hat Mazedonien nunmehr am 4.07.2007 ein neues eigenes Gesetz über das internationale Privatrecht verabschiedet (künftig: IPR-Gesetz 2007[713]), das jedoch weitgehend auf dem ehemaligen Bundesgesetz aufbaut.

Darüber hinaus hat der mazedonische Gesetzgeber Normen erlassen, durch die die Republik Mazedonien gewissermaßen das Erbe im Hinblick auf die Mitgliedschaft seiner Vorgängerstaaten in internationalen Organisationen und der Verbindlichkeit internationaler Konventionen angetreten hat. Schließlich bemüht sich der mazedonische Staat als entstehende und um Konsolidation bemühte Demokratie um die Ausweitung seiner Stellung im internationalen Staatengefüge, indem er weitere Mitgliedschaften in internationalen Organisationen und Vertragsschlüsse mit anderen Staaten anstrebt.[714] Wesentliche Zielsetzungen sind dabei die Etablierung diplomatischer und konsularischer Beziehungen, die Ermöglichung wirtschaftlicher

---

[711] Slubzen list na SFRJ Br. 43/82.
[712] Gavroska, Medjunarodno privatno pravo, S. 166 (Mazedonien).
[713] Sluzben Vesnik na Republika Makedonia, Nr. 87, S. 23; (Deutsche Übersetzung: siehe Fn 749 Jessel-Holst, Zum Gesetzbuch über internationales Privatrecht der Republik Mazedonien, IPrax 2008, S. 154 ff)
[714] Bendevski, Medjunarodno privatno pravo, S. 1 (Mazedonien).

Zusammenarbeit und freien Handels sowie die Kooperation in bürgerlich-rechtlichen und strafrechtlichen Streitigkeiten.[715]

Die Quellen des internationalen Privatrechts der Republik Mazedonien werden herkömmlich aufgeteilt in nationale und internationale Rechtsquellen.[716]

1.   Die internationalen Quellen

a.   Internationale Verträge als Quellen

Internationalen Verträgen kommt als Quelle des internationalen Privatrechts für die Republik Mazedonien eine hervorgehobene Bedeutung zu. In der noch andauernden Phase der Entwicklung unabhängiger mazedonischer Staatlichkeit spielt die Stellung als Vertragspartner im Rahmen von bi- bzw. multilateralen Verträgen eine besondere Rolle.[717]

Den Schwerpunkt der bi- bzw. multilateralen Verträge bilden dabei solche, die noch vom gesamtjugoslawischen Staat abgeschlossen worden sind.[718]

In der mazedonischen Lehre wird betont, dass die Sozialistische Föderative Republik Jugoslawien seit ihrer Gründung eine immer aktivere Rolle im Rahmen der internationalen Staatengemeinschaft gespielt hatte und stets darum bemüht war, eigene Vorstellungen in die Gestaltung von internationalen Verträgen einzubringen.[719]

Es stellt sich hier aber die Frage, inwieweit diese Verträge für den aus dem ehemaligen Jugoslawien hervorgegangenen Staat Mazedonien fortgelten.

Umstritten ist in diesem Zusammenhang zunächst die völkerrechtliche Einordnung der Vorgänge, die damals zur Unabhängigkeit Bosnien-Herzegowinas, Kroatiens, Sloweniens und Mazedoniens geführt haben.

Es besteht nach wie vor keine Einigkeit darüber, ob es sich bei diesen Vorgängen um sukzessive Sezessionen der einzelnen Teilrepubliken, also um die Abspaltung einzelner Gebietsteile aus einem fortbestehenden Staat unter Gründung neuer Staaten in den abgespaltenen Gebietsteilen, oder um eine

---

[715]   Bendevski, Medjunarodno privatno pravo, S. 1 (Mazedonien).
[716]   Bendevski, Medjunarodno privatno pravo, S. 57 (Mazedonien).
[717]   Dzunov, Medjunarodno privatno pravo, S. 25 (Mazedonien).
[718]   Dika/Knežević/Stojanović, Komentar zakona o medjunarodnom privatnom i procesnom pravu, S. 1 (SFRJ, SR Serbien).
[719]   Bendevski, Medjunarodno privatno pravo, S. 68 (Mazedonien).

Dismembration, also dem Zerfall eines Staates in mehrere Staaten unter Beendigung der Existenz des Vorgängerstaates, handelte.[720]

Geht man von einer Sezession aus, hätte der Altstaat Jugoslawien zunächst fortbestanden und die beiden einzig verbliebenen Republiken Serbien und Montenegro wären bis zur Bildung der „Staatengemeinschaft Serbien und Montenegro" im Jahre 2003 als identisch mit der Sozialistischen Bundesrepublik Jugoslawien anzusehen gewesen.

Im Falle der Dismembration wäre dagegen die Sozialistische Föderative Republik Jugoslawien (SFRJ) direkt untergegangen, was bedeutet, dass auch Serbien und Montenegro Nachfolgestaaten gewesen wären, die sich am 27.04.1992 zur „Bundesrepublik Jugoslawien" zusammengeschlossen haben.

Aus dem Gesagten geht hervor, dass dieser Meinungsstreit lediglich die Frage des Status von Serbien-Montenegro betrifft. Es ergeben sich daraus folglich hinsichtlich der hier zu stellenden Frage der Vertragsfortgeltung im Nachfolgestaat Mazedonien keinerlei Auswirkungen.

Hinsichtlich des Nachfolgestaates Mazedonien besteht aber die Problematik der völkerrechtlichen Pflichtenbindung eines Territoriums nach einem Wechsel der Souveränität. Fraglich ist insoweit, an welche völkerrechtlichen Verträge Mazedonien als Nachfolgestaat gebunden ist.

Diese Frage der Vertragsfortgeltung ist nach den völkerrechtlichen Regeln über die Staatennachfolge zu beurteilen. Es besteht jedoch auch in diesem Zusammenhang keine Einigkeit.

Eine Auffassung folgt dem Kontinuitätsprinzip, d.h. einer Vertragsweitergeltung ipso jure und leitet die Fortgeltung der Verträge gegenüber den Nachfolgestaaten Jugoslawiens aus einem jus publicum europaeum her, wonach ein Staat sich nicht ohne Weiteres von den übernommenen Verpflichtungen des Rechtsvorgängers soll lösen können und folglich auch ohne Rechtsnachfolgeerklärung an die Verträge des Rechtsvorgängers gebunden sei.[721]

Hiergegen wird jedoch eingewandt, dass ein solcher Grundsatz als geltender Satz des Völkergewohnheitsrechts zu keinem Zeitpunkt existiert habe. Es sei

---

720 Vgl. zum Streitstand: Schweisfurth/Blöcker, Zur Fortgeltung des Haager Übereinkommens über den Zivilprozess im Verhältnis zur Bundesrepublik Jugoslawien, in: IPRax 1996, S. 9 ff; Jaksić, IPR und Staatensukzession, in: IPRax 1999, S. 118.

721 Vgl. OLG Zweibrücken, Urteil v. 13.10.1994 – 4 U 222/93, in: IPRax 1996, S. 28 f..

vielmehr so, dass im Gegenteil das Völkervertragsrecht bis in die Gegenwart von der Regel bestimmt sei, dass Verträge nur für daran unmittelbar beteiligte Staaten Rechte und Pflichten begründeten. Ein mit einem Vorgängerstaat abgeschlossener Vertrag sei danach für einen Nachfolgerstaat eine res inter alios acta, die einem Übergang der Rechte und Pflichten aus einem völkerrechtlichen Vertrag auf den Nachfolgestaat entgegenstehe.[722]

Als Rechtsgrundlage für das Vertragskontinuitätsprinzip käme die Wiener Konvention über Staatensukzession in Bezug auf Verträge vom 22.08.1978 in Betracht, deren Art. 34 von einer automatischen Fortgeltung der vom Vorgängerstaat abgeschlossenen völkerrechtlichen Verträge für den Nachfolgestaat ausgeht.

Als unmittelbar anwendbare Rechtsquelle kann Art. 34 indessen nicht herangezogen werden, da die Wiener Konvention über die Staatensukzession in Bezug auf Verträge bis heute nicht in Kraft getreten ist.

Die Frage, ob dem strikten Kontinuitätsprinzip zu folgen ist oder nicht, kann aber vorliegend dahinstehen, da sich nämlich in den Sukzessionsfällen der neuesten Zeit (Jugoslawien, Tschechoslowakei, UdSSR) die Praxis entwickelt hat, dass die Nachfolgestaaten Rechtsnachfolgeerklärungen bezüglich völkerrechtlicher Verträge abgeben.[723]

So hat auch Mazedonien hinsichtlich einiger zuvor bestehender völkerrechtlicher Verträge ausdrücklich seine Rechtsnachfolge erklärt.

Ferner wurden aber auch alle übrigen Vertragspositionen des ehemaligen Jugoslawien durch Art. 3 Abs. 2 des Verfassungsgesetzes zur Umsetzung der Verfassung der Republik Mazedonien übernommen, wonach Mazedonien als gleichberechtigter Rechtsnachfolger der Sozialistischen Föderativen Republik Jugoslawien sämtliche Mitgliedschaften Jugoslawiens in Organisationen und Verträgen übernommen hat.[724]

Die einfache Nachfolge in die Vertragsstellung rechtfertigte sich vor dem Hintergrund der Vergleichbarkeit der Anschauungen im Sozialistischen Jugoslawien und dem heutigen Mazedonien.

---

[722] Vgl. Kondring, Haager Übereinkommen und Staatensukzession in Osteuropa, in: IPRax 1996, S. 162.

[723] Vgl. Schweisfurth/Blöcker, Zur Fortgeltung des Haager Übereinkommens über den Zivilprozess im Verhältnis zur Bundesrepublik Jugoslawien, in: IPRax 1996, S. 11.

[724] Vgl. Bendevski, Medjunarodno privatno pravo, S. 68 (Mazedonien).

Neben dem Einrücken in bereits vorhandene Rechtsbeziehung hat der mazedonische Staat Anstrengungen unternommen, eigene Abkommen auf der Grundlage der erworbenen Souveränität abzuschließen.[725]

b.   *Internationale Abkommen der Republik Mazedonien auf dem Gebiet des Staatsangehörigkeits- und Familienrechts*[726]

aa.   Verträge des ehemaligen Jugoslawien, hinsichtlich derer eine ausdrückliche Rechtsnachfolgeerklärung besteht

Mazedonien hat mit Wirkung vom 17.9.1991 (Datum der Unabhängigkeitserklärung) seine Rechtsnachfolge in die folgenden internationalen Verträge des ehemaligen Jugoslawien (SFRJ) ausdrücklich erklärt.

aaa.   Internationale Verträge im Bereich des Staatsangehörigkeitsrechts

Im Bereich des Staatsangehörigkeitsrechts bestehen folgende internationalen Verträge:

- Fakultativ-Protokoll über den Erwerb der Staatsangehörigkeit zum Wiener UN-Übk v. 18.04.1961 (BGBl 1964 II 1006) über diplomatische Beziehungen, Bek in BGBl 1994 II 587;

- New Yorker UN-Übk v. 20.02. 1957 (BGBl 1973 II 1249) über die Staatsangehörigkeit verheirateter Frauen, Bek in BGBl 1994 II 2655;

- New Yorker UN-Übk v. 20.02.1954 (BGBl 1976 II 473) über die Rechtstellung der Staatenlosen, Bek in BGBl 1994 II 2655;

- Internationaler (UN-Welt-)Pakt v. 19.12.1966 (BGBl II 1533) über bürgerliche und politische Rechte (StAB Art. 24 Abs. 3), Bek in BGBl 1994 II 2461, 1995 II 356;

- UN-Übk v. 18.12.1979 (BGBl 1985 II 647) zur Beseitigung jeder Form von Diskriminierung der Frau (StAB Art. 9), Bek in BGBl 1995 II 247;

---

[725]   Bendevski, Medjunarodno privatno pravo, S. 68 (Mazedonien).
[726]   Vgl. hierzu die Aufzählung bei Bergmann/Ferid, Internationales Ehe- und Kindschaftsrecht, Mazedonien, S. 3 ff.

- New Yorker Internationales UN-Übk v. 7.03.1966 (BGBl 1969 II 961) zur Beseitigung jeder Form von Rassendiskriminierung (StAB Art. 1,5), Bek in BGBl 1994 II 2353;

- New Yorker UN-Übk v. 20.11.1989 (BGBl 1992 II 121) über die Rechte des Kindes (StAB Art. 7), Bek in BGBl 1994 II 738;

bbb. Übereinkommen im Bereich des Familienrechts

Im Bereich des Familienrechts bestehen folgende Übereinkommen:

- New Yorker UN-Übk v. 10.12.1962 (BGBl 1969 II 161) über die Erklärung des Ehewillens, das Heiratsmindestalter und die Registrierung von Eheschließungen, Bek in BGBl 1994 II 2535;

- Haager Übk v. 25.10.1980 (BGBl 1990 II 206) über die Erleichterung des internationalen Zugangs zu den Gerichten, Bek in BGBl 1993 II 2169;

- Haager Übk v. 25.10.1980 über die Erleichterung des internationalen Zugangs zu den Gerichten, Deutschland ist nicht Vertragsstaat;

- Haager Übk v. 1.3.1954 (BGBl 1958 II 576) über den Zivilprozess, Bek in BGBl 1996 II 1222;

- Pariser CIEC-Übk Nr. 1 v. 27.09.1956 (BGBl 1961 II 1055) über die Erteilung gewisser für das Ausland bestimmter Auszüge aus Personenstandsbüchern, Bek in BGBl 1994 II 974;

- Wiener CIEC-Übk Nr. 16 v. 8.09.1976 (BGBl 1997 II 774) über die Ausstellung mehrsprachiger Auszüge aus Personenstandsbüchern;

- Haager Übk v. 5.10.1961 (BGBl 1965 II 875) zur Befreiung ausländischer öffentlicher Urkunden von der Legalisation, Bek in BGBl 1994 II 1191;

- Wiener UN-Übk v. 24.04.1963 (BGBl 1969 II 1585, 1674, 1688) über konsularische Beziehungen (gem. Art. 5 Zuweisung standesamtlicher Funktionen), Bek in BGBl 1994 II 1189.

bb.   Verträge des ehemaligen Jugoslawien, hinsichtlich derer keine
        ausdrückliche Rechtsnachfolgeerklärung abgegeben wurde

Die Verträge des ehemaligen Jugoslawien, zu deren Fortgeltung die Republik
Mazedonien bislang keine Erklärung abgegeben hat, gelten gemäß Art. 3 des
Verfassungsgesetzes zur Umsetzung der Verfassung der Republik Maze-
donien fort.[727] Die Übernahme der Vertragspositionen ist dabei in der mazedonischen Rechtspraxis von Anfang an durchgeführt worden. Dies geschah
ohne jeglichen Umstellungsaufwand, da die Rechtsanwendung schon vor der
Unabhängigkeit Mazedoniens durch die gleichen Regelungen, wenn auch
kraft eines anderen Geltungsgrundes, bestimmt war. Auf dem Gebiet des
Scheidungsrechts sind vornehmlich Kollisionsnormen aus multilateralen
Übereinkommen hinsichtlich einzelner Fragen des Unterhaltsrechts zu beachten.[728]

-     Genfer UN-Abk v. 28.07.1951 (BGBl 1953 II 55) über die Rechts-
      stellung der Flüchtlinge, i.K. ehemaliges Jugoslawien 14.03.1960
      (BGBl 1961 II 140);

-     Genfer Protokoll v. 31.01.1967 (BGBl 1969 II 1293) über die Rechts-
      stellung der Flüchtlinge, i.K. ehemaliges Jugoslawien 15.01.1968
      (BGBl 1970 II 194);

-     New Yorker UN-Übk v. 20.06.1956 (BGBl 1959 II 149) über die Gel-
      tendmachung von Unterhaltsansprüchen im Ausland, i.K. ehemaliges
      Jugoslawien 28.06.1959 (BGBl 1959 II 1377).

cc.   Beitritt der Republik Mazedonien zu multilateralen Abkommen

Erstmals erfolgte auf dem Gebiet des Familienrechts (Menschenrechtsschutz)
durch mazedonisches Gesetz vom 27.02.1997 (Sluzben vesnik Nr. 11 v.
11.03.1997, Internationale Verträge, Pos. 13) über die Ratifikation der Europäischen Konvention v. 4.11.1950 über den Schutz der Menschenrechte und
der Protokolle Nr. 1, 4, 6, 7 und 11 (Inkrafttreten am 19.03.1997) der eigen-
staatliche Beitritt Mazedoniens zu einem internationalen Abkommen.

---

[727]   Bendevski, Medjunarodno privatno pravo, S. 71 (Mazedonien).
[728]   Gavroska, Medjunarodno privatno pravo, S. 167 (Mazedonien).

dd. Bilaterale Abkommen der Republik Mazedonien

Im Rahmen der bilateralen Abkommen sind insbesondere Rechtshilfe-abkommen mit anderen ehemaligen Teilrepubliken Jugoslawiens wie Slowenien v. 06.02.1996 oder Kroatien v. 02.09.1994 zu nennen.

2. Nationale Quellen

Die nationalen Quellen des Internationalen Privatrechts der Republik Maze-donien werden in der mazedonischen Rechtslehre wie folgt klassifiziert:

a. Fundamentale Akte der Staatlichkeit und des Staates

b. Parlamentsgesetze sowie untergesetzliche Rechtsnormen

c. Gerichtspraxis und Gewohnheitsrecht

a. *Fundamentale Akte der Staatlichkeit Mazedoniens*

Entsprechend der Geltungsfolge innerhalb der Normenhierarchie kommt auch im internationalen Privatrecht den fundamentalen Akten der Staatlich-keit Mazedoniens die höchste Bedeutung zu.[729] Hiermit sind die Akte gemeint, die zur Unabhängigkeit des Staates Mazedoniens geführt haben, durch welche also die Grundlagen der Staatlichkeit der Republik Mazedo-niens während des Zerfalls Jugoslawiens geschaffen wurden.

Im Laufe der Krise des ehemaligen Jugoslawien erklärte sich die damalige Sozialistische Teilrepublik Mazedonien am 21. Januar 1991 für unabhängig und leitete die Abspaltung von der Sozialistischen Föderativen Republik Jugoslawien ein. Nach Art. 2 Abs. 2 dieser Deklaration vom Januar 1991 „sind die Verfassung, die Bundesgesetze und andere Bundesvorschriften sowie sonstige Rechtshandlungen der Sozialistischen Föderativen Republik Jugoslawien auch zukünftig auf dem Territorium der Republik Mazedonien anzuwenden, solange sie nicht im Widerspruch zu der Verfassung oder zu Gesetzen der Republik Mazedonien treten oder in Widerspruch zu sonstigen Beschlüssen des Parlaments geraten, die die Souveränität der Republik Mazedonien verwirklichen sollen." In Art. 3 der Deklaration vom Januar 1991 bekundete das Parlament die Absicht, eine neue Verfassung zu erlas-sen. Art. 4 der Unabhängigkeitserklärung vom Januar 1991 bestimmte, dass die Aufnahme und Pflege der Beziehungen zu den anderen Nachfolgerstaaten

---

[729] Bendevski, Medjunarodno privatno pravo, S. 57 (Mazedonien).

des ehemaligen Jugoslawien unter Wahrung der eigenstaatlichen Interessen auf friedlichem und demokratischem Wege geschehen solle. Der umfangreiche Art. 7 der Deklaration vom Januar 1991 schließlich regelte, dass die künftigen Beziehungen zu den Nachfolgerstaaten auf der Grundlage der zu schaffenden Verfassung Mazedoniens von der Grundbedingung auszugehen haben, dass Mazedonien ein selbständiger und unabhängiger Staat sei, und dass sie unter Wahrung der Souveränität Mazedoniens nach den Regeln des internationalen öffentlichen Rechts zu gestalten seien.

Am 8. September 1991 stimmte das mazedonische Volk in einem Referendum mit der erforderlichen Mehrheit für die Selbstständigkeit des mazedonischen Staates und bestätigte damit die Grundaussagen der Unabhängigkeitserklärung vom Januar des gleichen Jahres. Auf dieser starken demokratischen Grundlage konnte das mazedonische Parlament am 17. September 1991 erklären, dass „die Republik Mazedonien sich als souveräner Staat für die konsequente Achtung der allgemein anerkannten Prinzipien der internationalen Beziehung einsetzt, wie sie in den rechtsverbindlichen Dokumenten der Vereinten Nationen, in der Schlussakte der KSZE von Helsinki und dem Pariser Abkommen niedergelegt sind."[730] Ihre zukünftigen Handlungen als Rechtssubjekt des internationalen Rechts stützt die Republik Mazedonien auf die Normen des internationalen Rechts; sie sollen geleitet werden von der Achtung der Prinzipien der territorialen Integrität und Souveränität, dem Grundsatz der Nichteinmischung in die inneren Angelegenheiten anderer Staaten und auf die Entwicklung gegenseitiger Zusammenarbeit mit allen Staaten und Völkern abzielen (Art. 2 der Deklaration vom September 1991).

Die neuere Rechtslehre sieht in dieser Erklärung, aus der Sicht eines jungen Staates verständlich, die endgültige Verwirklichung des langen Strebens der Mazedonier nach Einheit von Staat und Nation. Vor diesem Hintergrund stellt der Erlass der mazedonischen Verfassung und ergänzender staatsrechtlicher Vorschriften, wie er in den verschiedenen Erklärungen und Willensäußerungen des Jahres 1991 vorbreitet worden war, den Abschluss und quasi die Materialisierung der genannten Freiheitsentwicklung dar.[731]

Die Neuerung des Rechtssystems der Republik Mazedonien, welches damals Gestalt annahm, machte auch eine Revision des internationalen Privatrechts erforderlich. Die Notwendigkeit und Dringlichkeit des Tätigwerdens gerade

---

[730] Bendevski, Medjunarodno privatno pravo, S. 59 (Mazedonien).
[731] Bendevski, Medjunarodno privatno pravo, S. 57 (Mazedonien).

auf diesem Rechtsgebiet ergab sich aus dem Umstand, dass bis zum Zerfall des Sozialistischen Jugoslawiens die ausschließliche Gesetzgebungskompetenz für das internationale Privatrecht bei Legislativorganen der Föderation lag.[732] Somit gab es zur Zeit der Unabhängigkeitserklärung diesbezüglich weder Parlamentsgesetze noch sonstige Rechtsnormen der Sozialistischen Teilrepublik Mazedonien, die etwa auf Grundlage der sich aufdrängenden Konstruktion staats- und völkerrechtlicher Identität zwischen Mazedonien vor und nach der Unabhängigkeitserklärung hätten weiter Geltung beanspruchen können. [733]

Die am 17. November 1991 in Kraft getretene Verfassung der Republik Mazedonien[734] enthält Vorschriften, die für das internationale Privatrecht von unmittelbarer Relevanz sind. Darüber hinaus enthält sie Normen, die die einfachgesetzliche Ausgestaltung und Konkretisierung des internationalen Privatrechts vorzeichnen.

Art. 4 der Verfassung der Republik Mazedonien sieht vor, dass die mazedonischen Bürger die Staatsangehörigkeit der Republik Mazedonien besitzen. Die Einzelheiten sind durch Gesetz näher auszuführen.

In Art. 8 der Verfassung bekundet der Verfassungsgeber, dass er die im internationalen Recht anerkannten Grundrechte und Grundfreiheiten des Menschen und Bürgers als Grundwerte der Verfassung ansehe und hierzu auch die allgemein anerkannten Normen des internationalen Rechts zähle. Im Hinblick auf die Rechte der Ausländer legt die Verfassung fest, dass diese die verfassungsmäßig garantierten Freiheiten und Rechte unter den Bedingungen genießen, wie sie durch Gesetz und internationale Verträge im Einzelnen näher bestimmt werden.

In formeller Hinsicht weist die Verfassung in ihrem dritten Teil unter der Überschrift „Organisation der Staatsgewalt" die Zuständigkeit zur Ratifizierung von internationalen Verträgen allein und ausschließlich dem Parlament der Republik Mazedonien zu. Von besonderem Interesse für das internationale Privatrecht ist die Regelung des Art. 118, derzufolge „internationale Verträge, welche im Einklang mit den Vorschriften der Verfassung ratifiziert worden sind, Teil der inneren öffentlichen Ordnung sind und nicht

---

[732] Varadi, Medjunarodno privatno pravo, S. 194 (SFRJ, SR Serbien/Wojwodina); Gavroska, Medjunarodno privatno pravo, S. 166 (Mazedonien); Dzunov, Medjunarodno privatno pravo, S. 230 (Mazedonien).
[733] Bendevski, Medjunarodno privatno pravo, S. 59 (Mazedonien).
[734] Sluzben Vesnik na Republika Makedonia Br. 67/92.

durch Gesetz geändert werden können." Aus dem genannten Artikel folgt unzweideutig, dass Verpflichtungen, die sich aus eingegangenen internationalen Abkommen ergeben, nicht mehr der Änderung durch den Gesetzgeber unterliegen und damit von der Staatsgewalt uneingeschränkt beachtet werden müssen. Weiter kann hieraus für das geltende mazedonische Recht geschlossen werden, dass internationalen Verträgen eine Stellung als vorrangige und primäre Quelle des Rechts generell und damit auch des internationalen Privatrechts eingeräumt ist.[735]

Diese Schlussfolgerung für die Rangfolge der Rechtsquellen wird weiterhin durch die Vorschrift des Art. 98 der Verfassung untermauert, wonach „die Gerichte aufgrund der Verfassung, der Gesetze und der internationalen Verträge, die in Einklang mit der Verfassung ratifiziert wurden, zu entscheiden haben." Die dem Art. 98 zu entnehmende Regel fordert und rechtfertigt zugleich, dass die richterliche oder behördliche Entscheidung über zivilrechtliche Sachverhalte mit Auslandsbezug unter direkter Anwendung der für die Republik Mazedonien verbindlichen internationalen Verträge erfolgt. Die hiernach kraft Verfassungsrechts mögliche Anwendung gestattet es, die mit dem Abschluss von internationalen Abkommen auf dem Gebiet des Privatrechts verfolgte generelle Zwecksetzung unmittelbar zu verwirklichen. Streitigkeiten mit Auslandsbezug können so anhand einvernehmlich entwickelter Kriterien unter Außerachtlassung einseitig gesetzter Kollisionsnormen entschieden werden.[736]

Am gleichen Tag wie die Verfassung Mazedoniens, also am 17.11.1991, wurde auch das bereits mehrfach erwähnte „Verfassungsgesetz zur Umsetzung der Verfassung der Republik Mazedonien" verkündet, das auch für das internationale Privatrecht von herausragender Bedeutung ist. Zunächst enthält es in Art. 9 eingehende Bestimmungen zum Staatsbürgerschaftsrecht.[737] Darüber hinaus füllte der bereits angesprochene Art. 5 Verfassungsgesetz zur Umsetzung der Verfassung der Republik Mazedonien, der bestimmt, dass die Gesetze, die noch vom Parlament des ehemaligen Jugoslawien (SFRJ) erlassen wurden, von der Republik Mazedonien übernommen werden, das durch die Unabhängigkeit Mazedoniens drohende Rechtsvakuum. Dieses wäre auf dem Gebiet des internationalen Privatrechts besonderes schmerzhaft gewesen, da nicht einmal ansatzweise eigene, d.h.

---

[735] Bendevski, Medjunarodno privatno pravo, S. 62 (Mazedonien).
[736] Bendevski, Medjunarodno privatno pravo, S. 62 (Mazedonien).
[737] Bendevski, Medjunarodno privatno pravo, S. 63 (Mazedonien).

der Sozialistischen Teilrepublik Mazedonien zuzurechnende Regelungen bestanden.[738]

b.   Gesetzliche und untergesetzliche Rechtsnormen

Die Parlamentsgesetze und untergesetzlichen Rechtsnormen nehmen aufgrund ihres Anwendungsvorrangs in der Praxis eine zentrale Stellung unter den Quellen des internationalen Privatrechts ein. Auf dieser Ebene der Normenhierarchie kann unterschieden werden zwischen solchen Rechtsnormen, die von den zuständigen Stellen der Republik Mazedonien erlassen worden sind, und den gemäß Art. 5 des genannten Verfassungsgesetzes übernommenen Vorschriften des ehemaligen Jugoslawien. Zwischen diesen besteht kein Unterschied. Das Verhältnis zwischen den Gesetzen ist ungeachtet ihrer Herkunft nach den allgemeinen juristischen Auslegungsmethoden zu bestimmen. Dass die übernommenen Bündnisgesetze keine gesonderte Stellung einnehmen, lässt sich in tatsächlicher Hinsicht auch daraus entnehmen, dass der mazedonische Gesetzgeber bereits einige Änderungen an diesen Gesetzen vorgenommen hat, diese also letztlich so behandelt, als habe er selbst sie erlassen.

Für das geltende Recht der Republik Mazedonien sind ungefähr sechzig Gesetze von Belang, deren Inhalt dem internationalen Privatrecht zuzuordnen ist.[739]

Wie in der Einleitung bereits erwähnt, hat die Republik Mazedonien erst kürzlich, am 04.07.2007, ein neues Gesetz über das internationale Privatrecht verabschiedet. Dieses Gesetz baut weitgehend auf dem zunächst vom ehemaligen Jugoslawien übernommenen Gesetz zur Lösung von Gesetzeskollisionen mit den Vorschriften anderer Länder in bestimmten Beziehungen (IPR-Gesetz 1982) auf, enthält aber auch in einigen Bereichen diverse Änderungen. Aufgrund der Tatsache, dass das neue IPR-Gesetz der Republik Mazedonien gerade erst erlassen worden ist, ist derzeit weder aktuelle Rechtsprechung noch Literatur vorhanden, die hinsichtlich der Auslegung des neuen Gesetzes herangezogen werden könnte. Soweit das Gesetz seinen Ursprung im jugoslawischen Bundesgesetz hat, kann aber hinsichtlich der Auslegung noch auf Gerichtsurteile und Literatur des ehemaligen

---

[738]   Varadi, Medjunarodno privatno pravo, S. 194 (SFRJ, SR Serbien/Wojwodina); Gavroska, Medjunarodno privatno pravo, S. 166 (Mazedonien); Dzunov, Medjunarodno privatno pravo, S. 230 (Mazedonien).

[739]   Bendevski, Medjunarodno privatno pravo, S. 65 (Mazedonien).

Jugoslawien zurückgegriffen werden. Soweit das IPR-Gesetz 2007 Abweichungen gegenüber dem IPR-Gesetz 1982 aufweist, werden im Folgenden die für die hier interessierende Materie des Scheidungsrechts relevanten wesentlichen Unterschiede im Einzelnen erörtert.

Die Rechtsmaterien, auf die sich die Vorschriften des IPR-Gesetzes 2007 erstrecken, sind in Art. 1 IPR-Gesetz 2007 definiert.

Gemäß Art. 1 Abs. 1 IPR-Gesetz 2007 enthält dieses Gesetz die Regeln über die Bestimmung des maßgeblichen Rechts für status-, familien-, arbeits-, und vermögensrechtliche bzw. andere materiellrechtliche Verhältnisse mit internationalem Element. Gemäß Art. 1 Abs. 2 IPR-Gesetz 2007 enthält dieses Gesetz ferner Regeln über die internationale Zuständigkeit der Gerichte und anderer Organe der Republik Mazedonien in den in Abs. 1 genannten Angelegenheiten, die Regeln für das Verfahren und die Regeln für die Anerkennung ausländischer Gerichtsentscheidungen.

In einem ersten Teil enthält das IPR-Gesetz 2007 in den Art. 2-14 allgemeine Vorschriften, auf die im zweiten Teil in den Art. 15-51 Kollisionsnormen folgen, anhand derer das maßgebliche Recht für bürgerlich-rechtliche Streitigkeiten mit Auslandsbezug festzustellen ist. Der dritte Teil regelt mit den Art. 52-98 unter der Überschrift „Internationale Zuständigkeit und Verfahren" die Bestimmung der zuständigen Gerichte und anderen Organe im Falle von bürgerlich-rechtlichen Auseinandersetzungen mit Auslandsbezug. Schließlich sind dort die Rechte und Pflichten der Ausländer vor den mazedonischen Gerichten festgelegt. Der vierte Teil enthält Vorschriften über die Anerkennung ausländischer Urteile und Regeln über das bei der Anerkennung zu beachtende Verfahren.

Mit dem neuen IPR-Gesetz 2007 ist Mazedonien wie etwa Österreich, Ungarn, die Türkei oder die Schweiz zu der Gruppe derjenigen Staaten zu zählen, die die grundlegenden Regelungen des internationalen Privatrechts in einem eigenen Gesetzeswerk zusammengefasst haben.[740]

Dem steht als Gegenstück die Gruppe derjenigen Länder gegenüber, die die Kollisionsnormen für Privatrechtsfälle mit Auslandsbezug entweder in den Zivilrechtsgesetzbüchern oder in den zugehörigen Einführungsgesetzen geregelt haben (so etwa Deutschland, Frankreich, Spanien, Italien oder Portugal).[741]

---

[740] Dzunov, Medjunarodno privatno pravo, S. 24 (Mazedonien).
[741] Bendevski, Medjunarodno privatno pravo, S. 39 (Mazedonien).

c.   Rechtspraxis und Gewohnheitsrecht

Im Rahmen der nationalen Quellen des internationalen Privatrechts sind Regeln des Gewohnheitsrechts ebenso beachtlich wie die sich aus der gleichmäßigen Praxis der Gerichte ergebenden Regeln. Beiden Quellen ist gemein, dass sie unter hierarchischen Gesichtspunkten nur von sekundärer Bedeutung sind. Sie sind erst dann heranzuziehen, wenn eine Entscheidung der vorliegenden bürgerlich-rechtlichen Streitigkeit mit Auslandsbezug weder aus internationalen Verträgen noch aus gesetzlichen Kollisionsnormen hergeleitet werden kann.[742]

II.   Die Quellen des internationalen Familienrechts der Republik Mazedonien

Normen des internationalen Familienrechts, also Vorschriften über die Entscheidung von Kollisionsfällen bei Rechtsstreitigkeiten auf dem Gebiet des Familienrechts, gehörten zu den ersten Gesetzgebungsvorhaben, die auf jugoslawischem Territorium nach Ende des 2. Weltkrieges angegangen wurden. Das Grundgesetz über die Ehe von 1946 enthielt zahlreiche Regelungen für die Lösung des genannten Problems.[743] Zwar war man um Vollständigkeit bemüht, doch wurden später auch für wichtigere Teilbereiche ergänzende Regelungen für notwendig erachtet.[744] So wurden etwa noch Kollisionsnormen für diplomatisch-konsularische Ehen erlassen. Neben dem Grundgesetz über die Ehe von 1946 enthielt auch das Grundgesetz über die Vormundschaft von 1947 zwei Kollisionsnormen für seinen Regelungsgegenstand.[745] Die Kollisionsnormen aus den Grundgesetzen blieben bis zur Verfassungsreform von 1971 in Kraft.

Die umfängliche Neuverteilung der Gesetzgebungskompetenzen im Zuge der Verfassungsreform verlagerte die Regelungszuständigkeit für das materielle Familienrecht auf die Teilrepubliken, während die Gesetzgebungskompetenz auf dem Gebiet des internationalen Privatrechts beim Bundesstaat

---

[742]   Dzunov, Medjunarodno privatno pravo, S. 24 (Mazedonien).

[743]   Gavroska, Medjunarodno privatno pravo, S. 166 (Mazedonien); Dzunov, Medjunarodno privatno pravo, S. 238 (Mazedonien).

[744]   Varadi, Medjunarodno privatno pravo, S. 194 (SFRJ, SR Serbien/Wojwodina).

[745]   Varadi, Medjunarodno privatno pravo, S. 194 (SFRJ, SR Serbien/Wojwodina).

Jugoslawien verblieb.[746] Da die relevantesten bereichspezifischen Normen des internationalen Familienrechts gemeinsam mit den sie umgebenden materiellen Vorschriften der Grundgesetze außer Kraft traten, hätte der Bundesgesetzgeber eigentlich eine zügige Neuregelung anstreben müssen oder aber zumindest die einzelnen Vorschriften der Grundgesetze ausdrücklich als weitergeltend bezeichnen müssen. Das Parlament der Sozialistischen Föderativen Republik Jugoslawien ging keinen der aufgezeigten Wege, so dass für einen erheblichen Zeitraum von elf Jahren keine gesetzliche Regelung des internationalen Familienrechts bestand. Die Praxis behalf sich zur Überbrückung damit, dass sie die früheren Vorschriften der Grundgesetze, wenn nicht explizit, so doch der Sache nach weiter anwandte.[747]

Erst im Jahr 1982 erließ der Gesetzgeber des Sozialistischen Jugoslawiens das Gesetz zur Lösung von Gesetzeskollisionen mit den Vorschriften anderer Länder in bestimmten Beziehungen (IPR-Gesetz 1982), das schließlich am 1.1.1983 in Kraft trat.

Das, wie oben bereits dargelegt, auch bis vor kurzem noch in Mazedonien anzuwendende IPR-Gesetz 1982 befasste sich eingehend mit den möglichen Problemkonstellationen des internationalen Familienrechts und widmete diesem Regelungsfeld schon im Hinblick auf seinen hohen praktischen Stellenwert erheblich mehr Raum als etwa dem internationalen Sachenrecht oder Deliktsrecht.[748] Indem Mazedonien das IPR-Gesetz 1982 geschlossen übernahm, verfügte die Gerichtspraxis auch nach der Unabhängigkeitserklärung über eine relativ vollständige Kodifizierung der Kollisionsnormen des Familienrechts.

Aufbauend auf das IPR-Gesetz 1982 hat nunmehr der mazedonische Gesetzgeber im Juli 2007 ein eigenes neues Gesetz über das internationale Privatrecht erlassen (IPR-Gesetz 2007).

Zu den durch die spezifisch familienrechtlichen Vorschriften der Art. 38-51 des IPR-Gesetzes 2007 geregelten Problemkreisen gehören etwa die Eheschließung, die Nichtigkeit und Scheidung der Ehe, die persönlichen und güterrechtlichen Beziehungen zwischen den Ehegatten sowie die Fragen des Güterrechts bei nichtehelichen Lebensgemeinschaften. Darüber hinaus

---

[746] Varadi Medjunarodno privatno pravo, S. 194 (SFRJ, SR Serbien/Wojwodina); Gavroska, Medjunarodno privatno pravo, S. 166 (Mazedonien); Dzunov, Medjunarodno privatno pravo, S. 230 (Mazedonien).

[747] Gavroska, Medjunarodno privatno pravo, S. 166 (Mazedonien).

[748] Gavroska, Medjunarodno privatno pravo, S. 166 (Mazedonien).

werden das Verhältnis von Eltern zu ihren Kindern, die Anerkennung, die Feststellung und die Anfechtung der Vaterschaft bzw. der Mutterschaft genauso umfasst wie die Unterhaltspflicht zwischen Verwandten und die Adoption.

B. Das internationale Scheidungsrecht der Republik Mazedonien im Besonderen

I. Die materiellen Kollisionsnormen des internationalen Privatrechts im Bereich des internationalen Scheidungsrechts

1. Die allgemeinen Bestimmungen des IPR-Gesetzes 2007, die für das internationale Scheidungsrecht Bedeutung haben

a. *Das Prinzip der engsten Verbindung und Ausweichklauseln*

Das neue IPR-Gesetz 2007 beruht inhaltlich auf dem Prinzip der engsten Verbindung.[749] Dieses Prinzip kommt insbesondere in der neu eingeführten Ausweichklausel des Art. 3 Abs. 1 IPR-Gesetz 2007 zum Ausdruck, wonach das Recht, auf das die Bestimmungen des IPR-Gesetzes 2007 verweisen, ausnahmsweise nicht angewendet wird, sofern mit Rücksicht auf alle Umstände offensichtlich ist, dass das Verhältnis mit diesem Recht keine bedeutendere Verbindung aufweist, sondern vielmehr eine wesentlich engere Verbindung zu einem anderen Recht besteht.

b. *Ausfüllen von Gesetzeslücken*

Die Vorschrift des Art. 3 IPR-Gesetz 2007 enthält eine Lösung zur Schließung von Gesetzeslücken. Danach sind bei Vorliegen solcher Gesetzeslücken ersatzweise die allgemeinen Prinzipien des IPR-Gesetzes 2007, der Rechtsordnung der Republik Mazedonien und des internationalen Privatrechts

---

[749] Jessel-Holst, Zum Gesetzbuch über internationales Privatrecht der Republik Mazedonien, IPrax 2008, S. 154 ff.

anzuwenden. Mit allgemeinen Prinzipien des IPR-Gesetzes 2007 ist dabei das oben genannte Prinzip der engsten Verbindung gemeint.[750]

c.   Qualifikation

Nach allgemeiner Ansicht in Theorie und Praxis erfolgt die Qualifikation aus Praktikabilitätsgründen nach der lex fori.[751]

Das IPR-Gesetz 2007 enthält wie auch das IPR-Gesetz 1982 keine spezielle Norm bezüglich der Qualifikation. Aus Art. 9 IPR-Gesetz 2007, der festlegt, dass ausländisches Recht entsprechend seinem Sinn und seinen Begriffen zur Anwendung kommt, geht nur hervor, dass das bereits festgestellte maßgebliche ausländische Recht nach der lex causae behandelt wird.[752]

d.   Verweis auf ausländisches Recht und Rückverweisung

Art. 6 Abs. 1 IPR-Gesetz 2007 legt fest, dass, wenn eine Bestimmung des IPR-Gesetzes 2007 auf ausländisches Recht verweist, dessen Kollisionsnormen berücksichtigt werden. Aus dem Wortlaut des Art. 6 IPR-Gesetz 2007 folgt, dass auch eine Weiterverweisung beachtet wird.[753]

Art. 6 Abs. 2 IPR-Gesetz 2007 erkennt insoweit den Renvoi an. Bei Rückverweisung auf das mazedonische Recht wird das mazedonische Recht ohne Rücksicht auf die mazedonischen Kollisionsnormen angewendet.

---

[750]   Jessel-Holst, Zum Gesetzbuch über internationales Privatrecht der Republik Mazedonien, IPrax 2008, S. 154 ff.

[751]   Varadi, Medjunarodno privatno pravo, S. 68   (SFRJ, SR Serbien/Wojwodina); Gavroska, Medjunarodno privatno pravo, S. 43 (Mazedonien); Dika/Knežević/Stojanović, Komentar zakona o medjunarodnom privatnom i procesnom pravu, S. 40 (SFRJ, SR Serbien).

[752]   Varadi, Medjunarodno privatno pravo, S. 68   (SFRJ, SR Serbien/Wojwodina); Gavroska, Medjunarodno privatno pravo, S. 36 (Mazedonien); Dika/Knežević/Stojanović, Komentar zakona o medjunarodnom privatnom i procesnom pravu, S. 40 (SFRJ, SR Serbien).

[753]   Gavroska, Medjunarodno privatno pravo, S. 43 (Mazedonien).

e.   Das System der Feststellung und Anwendung des ausländischen Rechts

aa.   Die Ermittlung des Inhalts des ausländischen Rechts von Amts wegen

Nach dem in Mazedonien hinsichtlich der Feststellung und der Anwendung des ausländischen Rechts bestehenden System hat das Gericht oder ein anderes Organ, welches das ausländische Recht anzuwenden verpflichtet ist, den Inhalt des berufenen ausländischen Rechts von Amts wegen zu ermitteln (Art. 13 Abs. 1 IPR-Gesetz 2007). Art. 13 Abs. 2 IPR-Gesetz 2007 bestimmt insoweit, dass die in Abs. 1 genannten Organe von dem für Angelegenheiten der Justiz zuständigen Organ der Staatsverwaltung Auskunft über das ausländische Recht verlangen können. Nach Art. 13 Abs. 3 IPR-Gesetz 2007 können die Parteien im Verfahren auch öffentliche Urkunden über den Inhalt des ausländischen Rechts vorlegen. Nach dem in Mazedonien geltenden System haben die Parteien das Recht der Beschwerde wegen fehlerhafter Anwendung des materiellen Rechts.[754]

bb.   Recht eines Mehrrechtsstaates

Falls auf das Recht eines Mehrrechtsstaates verwiesen wird, wird gemäß Art. 10 Abs. 1 IPR-Gesetz 2007 zunächst auf die interlokale Regelung dieses Staates abgestellt. Subsidiär kommt gemäß Art. 10 Abs. 2 IPR-Gesetz 2007 diejenige Teilrechtsordnung zum Zuge, zu der die engste Verbindung besteht.

f.   Nichtanwendung des maßgeblichen ausländischen Rechts

aa.   Durch die Verfassung festgelegte öffentliche Ordnung (Ordre public)

Die Vorschrift des Art. 5 IPR-Gesetz 2007 enthält eine allgemeine ordre public-Klausel. Danach kommt ausländisches Recht nicht zur Anwendung, wenn die Wirkungen der Anwendung mit der durch die Verfassung festgelegten grundlegenden öffentlichen Ordnung der Republik Mazedonien im Widerspruch stehen. Aus der Formulierung des Art. 5 IPR-Gesetz 2007 ergibt sich zum einen, dass der ordre public-Vorbehalt nur bei schweren

---

[754]   Gavroska, Medjunarodno privatno pravo, S. 166 (Mazedonien); Dzunov, Medjunarodno privatno pravo, S. 183 (Mazedonien).

Verstößen gegen durch die Verfassung der Republik Mazedonien geschützte fundamentale Wertentscheidungen angewandt wird.[755]

Zum anderen folgt aus der Formulierung des Art. 5 IPR-Gesetz 2007, dass nicht der Inhalt der ausländischen Normen an sich geprüft wird, sondern nur, ob das Ergebnis ihrer Anwendung im konkreten Fall einen ordre public-Verstoß darstellt.[756]

Der ordre public-Verstoß ist vom Gericht von Amts wegen zu prüfen.[757]

bb.   Umgehung des mazedonischen Rechts

Das alte IPR-Gesetz 1982 enthielt noch eine Vorschrift, die die Folgen einer Gesetzesumgehung regelte. Danach kam ausländisches Recht, das nach den Bestimmungen des IPR-Gesetzes 1982 oder eines anderen Bundesgesetzes maßgebend wäre, nicht zur Anwendung, wenn hiermit eine Umgehung des Rechtes der Republik Mazedonien bezweckt wird. Der mazedonische Gesetzgeber hat nunmehr im neuen IPR-Gesetz 2007 auf eine Vorschrift über Gesetzesumgehung verzichtet.

cc.   Eingriffsnormen

Der mazedonische Gesetzgeber hat aber im neuen IPR-Gesetz 2007 erstmals eine allgemeine Eingriffsnorm aufgenommen. Nach Art. 14 IPR-Gesetz 2007 schließen die Vorschriften des zur Bestimmung des maßgeblichen Rechts für status-, familien-, arbeits-, und vermögensrechtliche bzw. andere materiell-rechtliche Verhältnisse mit internationalem Element nicht die Anwendung derjenigen zwingenden Normen der Republik Mazedonien aus, für die durch das IPR-Gesetz 2007 oder ein anderes Gesetz vorgesehen ist, dass sie unabhängig von den Normen für die Bestimmung des maßgeblichen Rechts Anwendung finden. Die Vorschrift beschränkt sich dabei auf die Durch-

---

[755]   Varadi, Medjunarodno privatno pravo, S. 89 (SFRJ, SR Serbien/Wojwodina); Gavroska, Medjunarodno privatno pravo, S. 70 (Mazedonien); Dika/Knežević/ Stojanović, Komentar zakona o medjunarodnom privatnom i procesnom pravu, S. 15 (SFRJ, SR Serbien).

[756]   Varadi, Medjunarodno privatno pravo, S. 89 (SFRJ, SR Serbien/Wojwodina); Dika/Knežević/Stojanović, Komentar zakona o medjunarodnom privatnom i procesnom pravu, S. 17 (SFRJ, SR Serbien).

[757]   Vgl. Varadi, Medjunarodno privatno pravo, S. 354 (SFRJ, SR Serbien/ Wojwodina).

setzung der eigenen zwingenden Vorschriften. Sie umfasst folglich nicht die zwingenden Normen eines anderen Staates.

2. Die Bestimmung des maßgeblichen Rechts im Bereich des Eherechts

Die Kollisionsnormen im Bereich des Eherechts sind in den Art. 38-44 IPR-Gesetz 2007 geregelt. Das internationale Eherecht wird in Mazedonien vom Prinzip des primären Anknüpfungspunktes der Staatsangehörigkeit beherrscht. Bei gemischt-nationalen Ehen kumulieren entweder beide Personalstatute oder es gilt nach der Stufenleiter das Recht des gemeinsamen Wohnsitzes, hilfsweise zuletzt das mazedonische Recht.

Die Anknüpfungspunkte für die Bestimmung des maßgeblichen Rechts im Bereich des Eherechts sind damit wie grundsätzlich bei allen Statusentscheidungen mit Auslandselement zum einen die Staatsangehörigkeit, zum anderen der Wohnsitz.[758] Der Wohnsitz stellt dabei den subsidiären Anknüpfungspunkt dar.[759]

a. Die Anknüpfungspunkte der Staatsangehörigkeit und des Wohnsitzes

Da die Staatsangehörigkeit und der Wohnsitz die entscheidenden Anknüpfungspunkte im Eherecht darstellen, sind die Bestimmungen über die Staatsangehörigkeit und den Wohnsitz von Bedeutung.

aa. Staatsangehörigkeit

Eine Staatsangehörigkeitsbestimmung ist in Art. 4 der Verfassung der Republik Mazedonien enthalten. Diese Vorschrift legt zum einen ein Ausbürgerungsverbot fest und bestimmt ferner, dass die Staatsangehörigkeit der Republik Mazedonien durch Gesetz geregelt wird.

Die Staatsangehörigkeit bestimmt sich nach dem Gesetz über die Staatsangehörigkeit der Republik Mazedonien[760] (künftig: StaatsangehörigkeitsG), mit welchem die Art und Weise und die Bedingungen des Erwerbs sowie die Beendigung der mazedonischen Staatsangehörigkeit, die

---

[758] Pak, Medjunarodno privatno pravo, S. 263 (SFRJ, SR Serbien); Gavroska, Medjunarodno privatno pravo, S. 78 (Mazedonien).
[759] Pak, Medjunarodno privatno pravo, S. 263 (SFRJ, SR Serbien).
[760] Služben vesnik na Republika Makedonia Nr. 67/92.

Feststellung der Staatsangehörigkeit, die Zuständigkeit der Staatsorgane für die Bearbeitung dieser Fälle, der Nachweis der Staatsangehörigkeit und die Führung der Evidenz der Staatsangehörigen der Republik Mazedonien geregelt werden.

Das Gesetz lässt mehrere Staatsangehörigkeiten der mazedonischen Staatsangehörigen zu, wobei für letztere in Mazedonien die mazedonische Staatsangehörigkeit ausschlaggebend ist. So gilt gemäß Art. 2 StaatsangehörigkeitsG ein Staatsangehöriger der Republik Mazedonien, der zugleich die Staatsangehörigkeit eines anderen Staates besitzt, in der Republik Mazedonien ausschließlich als Staatsangehöriger der Republik Mazedonien, wenn nicht durch ein internationales Abkommen etwas anderes bestimmt wird.

aaa.   Der Erwerb der mazedonischen Staatsangehörigkeit

Art. 3 StaatsangehörigkeitsG sieht als Möglichkeiten für den Erwerb der mazedonischen Staatsangehörigkeit die Abstammung, die Geburt im Hoheitsgebiet der Republik Mazedonien, die Aufnahme bzw. Naturalisierung und internationale Abkommen vor.

Dabei konkretisieren die Art. 4 und 5 StaatsangehörigkeitsG die möglichen Kombinationen, welche die Voraussetzungen für den Erwerb der Staatsangehörigkeit durch Abstammung bilden. Durch Abstammung erwirbt ein Kind die mazedonische Staatsbürgerschaft, wenn entweder beide Eltern Staatsangehörige der Republik Mazedonien sind (Art. 4 Abs. 1, Nr. 1 StaatsangehörigkeitsG) oder ein Elternteil Staatsangehöriger der Republik Mazedonien ist und das Kind in Mazedonien geboren ist (Art. 4 Abs. 1, Nr. 2 StaatsangehörigkeitsG), wenn ein Elternteil Staatsangehöriger der Republik Mazedonien ist, der andere Elternteil unbekannt oder von unbekannter Staatsangehörigkeit bzw. staatenlos ist und das Kind im Ausland geboren ist (Art. 4 Abs. 1, Nr. 3 StaatsangehörigkeitsG). Ein an Kindes Statt angenommenes Kind erwirbt die mazedonische Staatsangehörigkeit, wenn wenigstens ein Annehmender mazedonischer Staatsangehöriger ist (Art. 4 Abs. 2 StaatsangehörigkeitsG).

Ein im Ausland geborenes Kind, dessen ein Elternteil Staatsangehöriger der Republik Mazedonien und der andere ausländischer Staatsangehöriger ist, erwirbt die Staatsangehörigkeit durch Abstammung, wenn es bis zum vollendeten 18. Lebensjahr zur Eintragung als Staatsangehöriger der Republik

Mazedonien angemeldet wird oder wenn es mit dem mazedonischen Elternteil bis zu seinem 18. Lebensjahr seinen ständigen Aufenthalt in der Republik Mazedonien hat (Art. 5 Abs. 1, S. 1 StaatsangehörigkeitsG). Ein in Art. 5 Abs. 1 StaatsangehörigkeitsG bezeichnetes Kind kann die mazedonische Staatsangehörigkeit auch erwerben, wenn es nicht angemeldet wird, wenn es die Anmeldung bis zur Vollendung des 23. Lebensjahres selbst vornimmt (Art. 5 Abs. 2 StaatsangehörigkeitsG).

Die durch Abstammung erworbene Staatsangehörigkeit wirkt bis zum Zeitpunkt der Geburt zurück (Art. 5 Abs. 4 StaatsangehörigkeitsG). Dieser Zeitpunkt ist auch insgesamt für die Voraussetzungen, d.h. für die Bestimmung der Staatsangehörigkeiten der Eltern bzw. der Annehmenden an Kindes Statt entscheidend.

Art. 6 StaatsangehörigkeitsG konkretisiert den Erwerb der Staatsangehörigkeit durch Geburt im mazedonischen Hoheitsgebiet. Danach führt, wenn beide Eltern unbekannt sind, allein die Tatsache der Geburt bzw. des Auffindens eines Kindes zum Erwerb der mazedonischen Staatsangehörigkeit (Art. 6 Abs. 1 StaatsangehörigkeitsG). Die gemäß Art. 6 Abs. 1 StaatsangehörigkeitsG erworbene mazedonische Staatsangehörigkeit endet aber, wenn bis zum vollendeten 15. Lebensjahr die ausländische Staatsangehörigkeit der Eltern festgestellt wird.

Art. 7 StaatsangehörigkeitsG regelt die Bedingungen für die Aufnahme in die Staatsangehörigkeit der Republik Mazedonien. Diese sind:

1. Vollendung des 18. Lebensjahres;

2. mindestens 15-jähriger ununterbrochener Aufenthalt in Mazedonien;

3. Gesundheit;

4. Wohnung und ständige Einkommensquelle;

5. Nichtvorhandensein von Strafverfolgung;

6. Beherrschung der mazedonischen Sprache;

7. Nichtgefährdung des öffentlichen Interesses der Republik Mazedonien;

8. Entlassung bzw. Gewähr der Entlassung aus der fremden Staatsangehörigkeit, wobei dieser Punkt nicht zwingend ist, wenn die antragsstellende Person sonst staatenlos würde.

In den Art. 8, 9, 11 und 15 StaatsangehörigkeitsG sind die Ausnahmen, bzw. die Personen, die nicht alle Voraussetzungen des Art. 7 StaatsangehörigkeitsG erfüllen müssen, um in die mazedonische Staatsangehörigkeit aufgenommen zu werden, genannt.

Art. 15 regelt zudem den Wiedererwerb der mazedonischen Staatsangehörigkeit.

bbb.   Die Beendigung der mazedonischen Staatsangehörigkeit

Als Beendigungsmöglichkeiten sieht Art. 16 StaatsangehörigkeitsG die Entlassung und die internationalen Abkommen vor. Aus Art. 10 StaatsangehörigkeitsG geht zudem hervor, dass als dritte Beendigungsmöglichkeit der Verzicht in Betracht kommt.

Die Voraussetzungen, dass ein mazedonischer Staatsangehöriger aus der Staatsangehörigkeit entlassen wird, sind im Einzelnen in Art. 17 StaatsangehörigkeitsG geregelt. Dies sind:

1.   Volljährigkeit;

2.   Nichtvorhandensein von Hindernissen hinsichtlich der Wehrpflicht;

3.   Nichtvorhandensein von Verpflichtungen aus dem Beruf bzw. einer Tätigkeit gegenüber dem Staat und anderen Gläubigern;

4.   Nichtvorhandensein von familiären Verpflichtungen in der Republik Mazedonien;

5.   Straffreiheit;

6.   Vermeidung einer Staatenlosigkeit.

Außerdem darf die zu entlassende Person keine Gefahr für die Sicherheit des Staates darstellen (Art. 17 Abs. 3 StaatsangehörigkeitsG). Die Staatsangehörigkeit endet mit der Zustellung des Entlassungsbeschlusses (Art. 17 Abs. 5 StaatsangehörigkeitsG). Auch bei der Entlassung gilt das Prinzip, dass das Kind beim Anknüpfungspunkt der Staatsangehörigkeit den Eltern folgt (Art. 19 StaatsangehörigkeitsG). Entscheidend ist immer die Einstimmigkeit der Eltern. Bei Vollendung des 15. Lebensjahres des Kindes ist dessen Zustimmung notwendig. Für den vollkommen an Kindes Statt angenommenen Minderjährigen gilt analog dasselbe (Art. 19 Abs. 3 StaatsangehörigkeitsG). Sind die an Kindes Statt Annehmenden ausländische Staatsangehörige, so können sie die Entlassung des minderjährigen Angenommenen aus der mazedonischen Staatsangehörigkeit beantragen (Art. 20 Abs. 1 StaatsangehörigkeitsG). Für die Entlassung ist, wenn der Angenommene das 15. Lebensjahr vollendet hat, seine Zustimmung erforderlich (Art. 20 Abs. 2 StaatsangehörigkeitsG)

ccc.   Übergangsbestimmungen

Aufgrund des Zerfalls der ehemaligen Sozialistischen Föderativen Republik Jugoslawien sind die Übergansbestimmungen des Staatsangehörigkeitsgesetzes von großer praktischer Bedeutung. Art. 26 Abs. 3 StaatsangehörigkeitsG regelt dabei die Staatsangehörigkeit der Staatsangehörigen der ehemaligen SFR Jugoslawien.

ddd.   Mehrfache Staatsangehörigkeit

Art. 11 Abs. 1 IPR-Gesetz 2007 bestimmt, dass die mazedonische Staatsangehörigkeit, die neben einer anderen Staatsangehörigkeit besteht, in Bezug auf die Anwendung des IPR-Gesetzes 2007 Vorrang hat. Besitzt jemand zwar nicht die mazedonische, jedoch mehrere fremde Staatsangehörigkeiten, so wird gemäß Art. 11 Abs. 2 IPR-Gesetz 2007 für die Anwendung des IPR-Gesetzes 2007 auf die Staatsangehörigkeit des Staates abgestellt, in dem der Wohnsitz liegt.

Hat eine der in Art. 11 Abs. 2 IPR-Gesetz 2007 genannten Personen in keinem der Staaten, dessen Staatsangehörigkeit sie besitzt, ihren Wohnsitz, so wird gemäß Art. 11 Abs. 3 IPR-Gesetz 2007 für die Anwendung des IPR-Gesetzes auf die Staatsangehörigkeit des Staates abgestellt, zu dem die Person in engster Verbindung steht.

eee.   Staatenlosigkeit

Art. 12 IPR-Gesetz 2007 lässt für staatenlose Personen ihr Wohnsitzrecht (Abs. 1), subsidiär das Recht des gewöhnlichen Aufenthaltes (Abs. 2) oder hilfsweise das mazedonische Recht (Abs. 3) zum Zuge kommen.

bb.   Der Wohnsitz

Das IPR-Gesetz 2007 selbst definiert den Begriff des Wohnsitzes nicht. Anhaltspunkte lassen sich lediglich aus dem Gesetz über die Anmeldung des

Wohnsitzes und des Aufenthaltsortes von Bürgern gewinnen.[761] Danach ist der Wohnsitz der Ort, an dem sich ein Bürger mit der Absicht niederlässt, dort ständig zu leben.

Im Rahmen des internationalen Privatrechts Mazedoniens wird der Begriff des Wohnsitzes jedoch nicht einheitlich betrachtet.[762]

Einigkeit besteht insoweit nur hinsichtlich der Voraussetzungen der Begründung des Wohnsitzes. Nach allgemeiner Auffassung umfasst der Wohnsitzbegriff zwei Elemente. Erforderlich ist zum einen das Element der körperlichen Anwesenheit. Hinzukommen muss aber zum anderen auch ein Willenselement, nämlich die Absicht, an einem bestimmten Ort dauernd zu bleiben.[763] Meinungsverschiedenheiten bestehen aber darüber, wann ein Wohnsitz aufgehoben wird. Streitig ist hier, ob zum Fortbestehen eines Wohnsitzes beide Elemente notwendig sind oder ob der Wohnsitz bereits dann verloren geht, wenn eines dieser Elemente nicht mehr gegeben ist.[764] Die überwiegende Ansicht und auch die Rechtsprechung vertreten hier, dass der Wohnsitz nicht bereits endet, wenn nur eines der beiden konstituierenden Elemente wegfällt.[765]

Diese Ansicht hat insbesondere Auswirkungen auf die Behandlung des Wohnsitzes von im Ausland lebenden mazedonischen Gastarbeitern. Wie schon zuvor im ehemaligen Jugoslawien werden in Mazedonien Gastarbeiter im offiziellen Sprachgebrauch als „Arbeiter mit zeitweiligem Aufenthalt" bezeichnet, weil die große Mehrheit der Gastarbeiter ihre Heimat mit der Absicht verlässt, später wieder zurückzukehren, und viele von ihnen diese Absicht auch während ihres Arbeitsaufenthaltes im Ausland aufrechterhalten. Auch bei einem längeren (ständigen) Aufenthalt kann daher das Willenselement für die Begründung eines Wohnsitzes im Ausland und die damit einhergehende Aufgabe des mazedonischen Wohnsitzes fehlen. Gestützt auf das Willenselement des Wohnsitzes hat sich daher die Auffassung entwickelt, nach welcher mazedonische Arbeiter mit zeitweiligem Arbeits-

---

[761] Služben vesnik na Republika Makedonia, Nr. 36/92 u. 19/93.

[762] Gavroska, Medjunarodno privatno pravo, S. 84 (Mazedonien).

[763] Varadi, Medjunarodno privatno pravo, S. 185 (SFRJ, SR Serbien/Wojwodina); Gavroska, Medjunarodno privatno pravo, S. 84 (Mazedonien).

[764] Vgl. Varadi, Medjunarodno privatno pravo, S. 185 (SFRJ, SR Serbien/ Wojwodina).

[765] Vgl. Varadi, Medjunarodno privatno pravo, S. 185 (SFRJ, SR Serbien/ Wojwodina).

aufenthalt im Ausland ihren Wohnsitz in Mazedonien beibehalten.[766] Dieses Ergebnis wird ferner auf rechtspolitische Erwägungen gestützt, weil Mazedonien als Land, das eine wirtschaftliche Emigration aufweist, dahin tendiert, die Kontakte zu seinen Bürgern solange wie möglich aufrecht zu erhalten.

In der Republik Mazedonien behalten also grundsätzlich die ausgesiedelten Gastarbeiter, die mazedonische Staatsangehörige sind, ihren Wohnsitz bei, so dass sie trotz ihres ständigen Aufenthaltes im Ausland nach mazedonischem Recht behandelt werden.

Es ist aber zu beachten, dass das Willenselement auch in konkludenten Haltungen und Handlungen wie etwa dem Kauf eines Hauses, der Eröffnung eines Geschäftes, dem Erwerb einer Daueranstellung, dem Eingehen einer Ehe im Ausland usw. seinen Ausdruck finden kann. Im Einzelfall kann daher bei mazedonischen Gastarbeitern im Ausland doch die Begründung eines neuen Wohnsitzes angenommen werden.[767] In der Rechtsprechung wurde daher teilweise auch schon die Möglichkeit zweier nebeneinander existierender Wohnsitze bejaht.[768] Mazedonische Gastarbeiter, die längere Zeit im Ausland lebten und arbeiteten behielten ihren Wohnsitz zwar bei, begründeten aber im Ausland zumindest einen zweiten Wohnsitz.

Wenn ein mazedonischer Gastarbeiter im Ausland die Ehe eingeht und weiterhin dort lebt und arbeitet, wird man also sagen müssen, dass er im Ausland zumindest auch seinen Wohnsitz begründet.

Die Problematik des Wohnsitzes der mazedonischen Gastarbeiter stellt sich bei einzelnen Kollisionsregeln und besonders im Rahmen der internationalen Zuständigkeit bei der Anerkennung ausländischer Gerichtsurteile. Es wird daher dort noch im Einzelnen auf diese Problematik eingegangen.

---

[766] So auch: Vrhoven sud na Hrvatska, Gž. 3953/1975, vgl. insoweit zur gleichen jugoslawischen Rechtsauffassung: OLG Stuttgart, Urteil 21.04.1982 – 17 UF 54/81 ES, in: IPRspr. 1982, Nr. 157.

[767] Varadi, Medjunarodno privatno pravo, S. 185 u. 353 (SFRJ, SR Serbien/ Wojwodina).

[768] So: Vrhoven sud na Vojvodina, Biltena sudske praxe, Nr. 3/1977; vgl. auch OLG Hamburg, Urteil v. 03.07.1990 – 2 UF 51/88, in: IPRspr. 1990, Nr. 191.

b. *Die Bestimmung des maßgeblichen Rechts bei der Eheschließung*

aa. Die materiellen Voraussetzungen für die Eheschließung

Da sich bei einer Ehescheidung zunächst die Vorfrage stellt, ob überhaupt eine scheidungsfähige Ehe besteht, ist zunächst auf die Bestimmung des maßgeblichen Rechts bei der Eheschließung einzugehen. Das IPR-Gesetz 2007 hat insoweit die Regelung des IPR-Gesetzes 1982 inhaltlich ohne Änderungen übernommen.

Gemäß Art. 38 Abs. 1 IPR-Gesetz 2007 ist hinsichtlich der Voraussetzungen für die Eheschließung für jede Person das Recht des Staates, dessen Staatsbürger sie zur Zeit der Eingehung der Ehe ist, maßgebend. Für die Eheschließungsvoraussetzungen gilt also im mazedonischen internationalen Privatrecht das Heimatrecht jedes Ehegatten.[769] Damit besteht hier grundsätzlich das System der distributiven Kumulation, d.h. jeder Ehegatte muss die materiellen Voraussetzungen für die Eheschließung nur nach seinem Recht erfüllen.[770] Grundregel des mazedonischen Ehekollisionsrecht ist also die Anwendung der „lex nationalis" der Verlobten.[771]

Eine Ausnahme von der Regel besteht, wenn es um die Ehehindernisse der bestehenden Ehe, der Verwandtschaft oder der Urteilsunfähigkeit geht. Art. 38 Abs. 2 IPR-Gesetz 2007 enthält nämlich insoweit eine Vorbehaltsklausel. Danach wird das zuständige Organ der Republik Mazedonien, auch wenn die Bedingungen zu Eheschließung gemäß dem Recht des Staates, dem die Person angehört, erfüllt sind, die Eheschließung nicht gestatten, wenn im Hinblick auf diese Person nach dem Recht der Republik Mazedonien Hindernisse bestehen, die sich auf das Bestehen einer früheren Ehe, Verwandtschaft und Urteilsunfähigkeit beziehen. Diese Ehehindernisse hält das mazedonische Recht folglich für so wichtig, dass sie in Art. 38 Abs. 2 IPR-Gesetz 2007 als positiver ordre public formuliert werden.[772] Hinsichtlich dieser Ehehindernisse ist also die lex fori und damit mazedonisches Recht

---

769 Pak, Medjunarodno privatno pravo, S. 269 (SFRJ, SR Serbien).
770 Varadi, Medjunarodno privatno pravo, S. 198 (SFRJ, SR Serbien/Wojwodina); Gavroska, Medjunarodno privatno pravo, S. 169 (Mazedonien); Dika/Knežević/ Stojanović, Komentar zakona o medjunarodnom privatnom i procesnom pravu, S. 113 f. (SFRJ, SR Serbien).
771 Dzunov, Medjunarodno privatno pravo, S. 238 (Mazedonien).
772 Dzunov, Medjunarodno privatno pravo, S. 39 (Mazedonien); Varadi, Medjunarodno privatno pravo, S. 199 (SFRJ, SR Serbien/Wojwodina); Dika/ Knežević/Stojanović, Komentar zakona o medjunarodnom privatnom i procesnom pravu, S. 114 (SFRJ, SR Serbien).

maßgeblich.[773] Es werden insoweit folglich kumulativ die lex nationalis und die lex fori angewendet.[774]

bb. Die Form der Eheschließung

Auch bezüglich der Form der Eheschließung ergeben sich keine Unterschiede zum IPR-Gesetz 1982. Bezüglich der Form der Eheschließung ist gemäß Art. 39 IPR-Gesetz 2007 das Recht des Ortes der Eheschließung maßgeblich (lex loci celebrationis). Als besondere Form sieht das IPR-Gesetz 2007 in Art. 117 Abs. 1 noch die Eheschließung mazedonischer Staatsangehöriger im Ausland vor einer diplomatischen bzw. konsularischen Vertretung der Republik Mazedonien vor.

c. *Die Bestimmung des maßgeblichen Rechts bei Ungültigkeit der Ehe*

Gemäß Art. 40 IPR-Gesetz 2007 ist für die Ungültigkeit der Ehe das Recht maßgebend, nach dem die Ehe gemäß Art. 38 IPR-Gesetz 2007 geschlossen worden ist (vgl. oben).

d. *Die Bestimmung des maßgeblichen Rechts bei Ehewirkungen*

Die persönlichen Ehewirkungen und die vermögensrechtlichen Beziehungen der Ehegatten werden in den Art. 42 und 43 IPR-Gesetz 2007 geregelt, wobei für die vertraglichen Vermögensverhältnisse eine Sonderregel aufgestellt wird. Unter die vermögensrechtlichen Ehewirkungen fällt dabei sowohl bewegliches als auch unbewegliches Vermögen.[775]

Hinsichtlich der Ehewirkungen gilt in erster Linie das gemeinsame Heimatrecht der Ehegatten (Art. 42 Abs. 1 IPR-Gesetz 2007). Bei gemischt-nationalen Ehen gilt das Wohnsitzrecht bzw. das Recht des letzten gemeinsamen Wohnsitzes (Art. 42 Abs. 2 u. 3 IPR-Gesetz 2007). Hilfsweise gilt zuletzt das mazedonische Recht (Art. 42 Abs. 4 IPR-Gesetz 2007). Die Kollisionsnormen hinsichtlich der Ehewirkungen unterscheiden sich also dadurch von den Kollisionsnormen, die die materiellen Voraussetzungen der Eheschließung regeln, dass hier einheitliches Recht angewendet wird. Nur hierdurch wird eine vernünftige Regelung der Rechte und Pflichten der

---

[773] Pak, Medjunarodno privatno pravo, S. 270 (SFRJ, SR Serbien).
[774] Dzunov, Medjunarodno privatno pravo, S. 238 (Mazedonien).
[775] Pak, Medjunarodno privatno pravo, S. 273 (SFRJ, SR Serbien).

Ehegatten erreicht, die sich sinnvollerweise nur nach einer Rechtsordnung richten kann.[776]

Das IPR-Gesetz 2007 bestimmt dabei ausdrücklich, dass für die vertraglich geregelten vermögensrechtlichen Beziehungen zwischen den Ehegatten der Zeitpunkt des Vertragsschlusses maßgebend ist. So ist gemäß Art. 43 Abs. 1 IPR-Gesetz 2007 für die vertraglichen Vermögensbeziehungen das Recht maßgebend, welches zur Zeit des Vertragschlusses für die persönlichen Ehewirkungen und gesetzlichen Vermögensbeziehungen maßgebend war. Dies bedeutet, dass spätere Veränderungen hinsichtlich der Staatsangehörigkeit oder des Wohnsitzes auf die Bestimmung des maßgeblichen Rechts für Streitigkeiten bezüglich der vertraglichen Vermögensbeziehungen der Ehegatten keinen Einfluss mehr haben.[777]

Hinsichtlich der gesetzlichen Vermögensverhältnisse und der persönlichen Ehewirkungen lässt das Gesetz demgegenüber darauf schließen, dass insoweit nicht auf den Zeitpunkt des Vertragschlusses abzustellen ist, sondern auf den Zeitpunkt, zu welchem sich die Frage hinsichtlich der Vermögensverhältnisse konkret stellt.[778] Das Güterrechtsstatut ist folglich in Bezug auf die gesetzlichen Vermögensverhältnisse und die persönlichen Ehewirkungen wandelbar. Dies ergibt sich zum einen daraus, dass die Regelung des Art. 43 Abs. 1 IPR-Gesetz 2007, die auf den Zeitpunkt des Vertragsschlusses abstellt, ausdrücklich nur die vertraglichen Vermögensverhältnisse nennt und zum anderen daraus, dass im Übrigen in Art. 42 IPR-Gesetz 2007 jeweils von der jetzigen Staatsangehörigkeit bzw. vom jetzigen Wohnsitz die Rede ist.[779]

Die einzige Veränderung gegenüber der Vorgängerregelung des IPR-Gesetzes 1982 (Art. 36 und 37) stellt die Aufnahme der Möglichkeit der Rechtswahl für die vertraglichen Vermögensbeziehungen der Ehegatten dar. Zwar bestand auch schon nach dem IPR-Gesetz 1982 gemäß Art. 37 Abs. 2 die Möglichkeit, dass die Parteien das maßgebliche Recht selbst wählen.

---

[776] Pak, Medjunarodno privatno pravo, S. 272 (SFRJ, SR Serbien).
[777] Gavroska, Medjunarodno privatno pravo, S. 180 (Mazedonien); Varadi, Medjunarodno privatno pravo, S. 208 (SFRJ, SR Serbien/Wojwodina).
[778] Gavroska, Medjunarodno privatno pravo, S. 180 (Mazedonien).
[779] Gavroska, Medjunarodno privatno pravo, S. 180 (Mazedonien); Varadi, Medjunarodno privatno pravo, S. 208 (SFRJ, SR Serbien/Wojwodina); Dika/Knežević/Stojanović, Komentar zakona o medjunarodnom privatnom i procesnom pravu, S. 129 (SFRJ, SR Serbien).

Dieses Wahlrecht war bislang aber insoweit begrenzt, als dass es nur aus-geübt werden konnte, wenn das durch die die vertraglichen Vermögens-beziehungen regelnden Vorschriften (Art. 37 Abs. 1 IPR-Gesetz 1982 i.V.m. Art. 36 IPR-Gesetz 1982) bestimmte Recht den Parteien die Möglichkeit einer Wahl des für den Ehevermögensvertrag maßgebenden Rechts bot.

Nach der neuen Rechtslage können die Ehegatten dagegen gemäß Art. 43 Abs. 2 IPR-Gesetz 2007 ganz unabhängig von dem grundsätzlich maßgeb-lichen Recht schriftlich vereinbaren, welches Recht für die vertraglichen Vermögensbeziehungen gelten soll. Art. 43 Abs. 2 IPR-Gesetz 2007 gibt nunmehr den Ehegatten das uneingeschränkte Recht, für die güterrechtlichen Wirkungen der Ehe das Heimatrecht eines Ehegatten, das Wohnsitzrecht eines Ehegatten oder für Immobilien das Recht des Lageortes zu wählen.

Da Art. 42 IPR-Gesetz 2007 bei gemischt-nationalen Ehen primär an den gemeinsamen Wohnsitz anknüpft, stellt sich im Rahmen der Bestimmung des maßgeblichen Rechts bei Ehewirkungen das oben genannte Problem des Wohnsitzes von mazedonischen ausgesiedelten Gastarbeitern, die grund-sätzlich ihren Wohnsitz beibehalten, so dass sie trotz ihres ständigen Aufent-haltes im Ausland nach mazedonischem Recht behandelt werden (vgl. oben). Wenn allerdings ein mazedonischer Gastarbeiter im Ausland die Ehe eingeht und weiterhin dort lebt und arbeitet, wird man sagen müssen, dass er im Ausland zumindest auch einen Wohnsitz begründet.

e. *Die Bestimmung des maßgeblichen Rechts bei Ehescheidungen*

Bevor auf die einzelnen Kollisionsnormen des internationalen Familienrechts der Republik für den Bereich der Ehescheidung eingegangen wird, ist auf das hinter der Entscheidung des Einzelfalls liegende grundsätzliche Problem hinzuweisen. Wie oben dargestellt, folgt das mazedonische Scheidungsrecht einer deutlich liberalen Grundkonzeption. In Fällen, in denen die Scheidung gemäß dieser Grundkonzeption aber auch nach anderen, gegebenenfalls rigideren Regelungen erfolgen kann, stellt sich die Frage, ob der liberalen Tendenz des mazedonischen Scheidungsrechts quasi zum Durchbruch zu verhelfen ist.[780] Kommen neben oder gar anstatt des mazedonischen Scheidungsrechts die Scheidungsvorschriften der kollidierenden Rechtsordnung zur Anwendung, so zieht dies im Ergebnis eine beträchtliche Erschwerung der Scheidung, wenn nicht sogar deren Ausschluss, nach

---

[780] Vgl Varadi, Medjunarodno privatno pravo, S. 205 (SFRJ, SR Serbien/Wojwodina).

sich.[781] Diese Vorüberlegung kann bei der Darstellung des internationalen Ehescheidungsrechts, wie es in der Republik Mazedonien heutzutage Anwendung findet, einbezogen werden.

Das Grundgesetz über die Ehe des Sozialistischen Jugoslawiens von 1946 enthielt allein eine Regelung für den Fall, dass zwei ausländische Staatsbürger vor einem jugoslawischen Gericht, also auch in der Teilrepublik Mazedonien, die Scheidung beantragten.[782] Die Norm sah vor, dass kumulativ die Gesetze der Staaten, deren Staatsangehörige die Ehegatten waren, und die Gesetze des damaligen Jugoslawien Anwendung finden sollten.[783] Es kamen also kumulativ die lex nationalis und die lex fori zur Geltung.[784] Obgleich die Konstellation, dass ein ausländischer Staatsbürger sich von seinem jugoslawischen Ehegatten scheiden lassen wollte, ungeregelt geblieben war, wurden von den Gerichten auch in solchen Fällen kumulativ beide Rechtordnungen angewandt.[785]

Das IPR-Gesetz 1982 vollzog eine gewisse Abkehr von diesem nach der Vorüberlegung für liberale Scheidungsordnungen ungünstigen Vorgehen.[786]

Mit der für Scheidungsfälle mit Auslandsbezug maßgeblichen Vorschrift des Art. 35 Abs. 1 IPR-Gesetz 1982, die bei einer Ehescheidung an die Staatsangehörigkeit beider scheidungswilliger Ehegatten anknüpfte, blieb es zwar zunächst bei einer den alten Vorschriften des Grundgesetzes über die Ehe von 1946 vergleichbaren Regelung. Dies galt auch für den Abs. 2 der genannten Vorschrift, wonach bei gemischt-nationalen Ehen kumulativ die Ehescheidungsvorschriften beider Staaten anzuwenden waren. Nach dem IPR-Gesetz 1982 kumulierten bei gemischt-nationalen Ehen also die Heimatrechte beider Ehegatten nach dem Grundsatz des stärkeren Rechts (Grundsatz in favorem divortii).[787] Nach dieser Regelung konnte somit eine Ehe nicht aufgrund eines Scheidungsgrundes geschieden werden, der nach

---

[781] Gavroska, Medjunarodno privatno pravo, S. 166 (Mazedonien).

[782] Dzunov, Medjunarodno privatno pravo, S. 241 (Mazedonien).

[783] Eisner, Medjunarodno privatno pravo, S. 313 (FVJ, VR Kroatien); Blagojević, Medjunarodno privatno pravo, S. 300 (FVJ, VR Serbien).

[784] Eisner, Medjunarodno privatno pravo, S. 313 (FVJ, VR Kroatien); Dzunov, Medjunarodno privatno pravo, S. 241 (Mazedonien); Varadi, Medjunarodno privatno pravo, S. 205 (SFRJ, SR Serbien/Wojwodina).

[785] Gavroska, Medjunarodno privatno pravo, S. 176 (Mazedonien); Varadi, Medjunarodno privatno pravo, S. 206 (SFRJ, SR Serbien/Wojwodina).

[786] Varadi, Medjunarodno privatno pravo, S. 206 (SFRJ, SR Serbien/Wojwodina).

[787] Vgl. Dika/Knežević/Stojanović, Komentar zakona o medjunarodnom privatnom i procesnom pravu, S. 124 (SFRJ, SR Serbien).

mazedonischem Recht nicht anerkannt wird, selbst wenn die Möglichkeit der Scheidung aufgrund dieses Scheidungsgrundes nach dem Recht des anderen Ehegatten besteht. Durch diese Regelung wurde folglich sichergestellt, dass eine Scheidung in Mazedonien nicht unter noch erleichterten Bedingungen vollzogen werden konnte, als es nach mazedonischem Recht vorgesehen ist.[788]

Dieser Ausgangspunkt wurde jedoch durch Art. 35 Abs. 3 und 4 IPR-Gesetz 1982 ergänzt, der eine bedeutende Neuerung im Vergleich zur vorherigen Rechtslage darstellte.[789] Danach konnte für die Ehescheidung zumindest subsidiär das Recht der Republik Mazedonien angewandt werden, wenn die Ehe nach Maßgabe des Art. 35 Abs. 2 IPR-Gesetz 1982, also nach dem nationalen Recht der Ehegatten, nicht geschieden werden konnte, sofern einer der Ehegatten zur Zeit der Erhebung der Klage auf Ehescheidung seinen Wohnsitz in Mazedonien hatte (Abs. 3) oder aber die mazedonische Staatsangehörigkeit besaß (Abs. 4). Diese hilfsweise Anwendung mazedonischen Rechts war nicht nur dann zulässig, wenn die Ehe nach dem Scheidungsstatut überhaupt nicht geschieden werden konnte, etwa weil das Scheidungsstatut die Scheidung gänzlich ablehnt, sondern auch dann, wenn die vorgetragenen Tatsachen zu einer Scheidung nach dem grundsätzlich anwendbaren Scheidungsstatut nicht ausreichten. Art. 35 Abs. 3 und 4 IPR-Gesetz bauten damit auf der Vorstellung auf, dass die Unzulässigkeit der Ehescheidung mit den Grundvorstellungen des mazedonischen Rechts von der Ehe unvereinbar ist.

Somit nahmen die Vorschriften des internationalen Scheidungsrechts der Republik Mazedonien im IPR-Gesetz 1982 grundsätzlich Rücksicht auf die Scheidungskonzeption, wie sie im Heimatrecht des jeweiligen ausländischen Staatsangehörigen zum Tragen kommt. Durch die ergänzenden Regelung des Art. 35 Abs. 3 und 4 IPR-Gesetz 1982 wurde daneben aber faktisch der im mazedonischen Recht ausgeführte Grundgedanke befördert, dass die Ehe als personale Verbindung, gegründet auf dem freien Willensentschluss der Ehegatten, auch aufgrund des freien Willensentschlusses der Eheleute wieder beendet werden können muss.[790] Die Regelung in Art. 35 Abs. 3 und 4 IPR–Gesetz 1982 führte also zu einer Erleichterung der Scheidung.

---

788   Pak, Medjunarodno privatno pravo, S. 276 (SFRJ, SR Serbien).
789   Varadi, Medjunarodno privatno pravo, S. 206 (SFRJ, SR Serbien/Wojwodina).
790   Gavroska, Medjunarodno privatno pravo, S. 177 (Mazedonien).

Das IPR-Gesetz 2007 hat sich im Rahmen der Ehescheidung insgesamt für eine Neuregelung entschieden, die von der im IPR-Gesetz 1982 bestehenden Regelung abweicht. Nach neuem Recht ist es für die Ehescheidung im Grundsatz beim Staatsangehörigkeitsprinzip geblieben. Gemäß Art. 41 Abs. 1 IPR-Gesetz 2007 ist für die Ehescheidung das Recht des Staates maßgeblich, dessen Staatsangehörige beide Ehegatten im Zeitpunkt der Klageerhebung sind. Nach neuem Recht wird aber bei gemischt-nationalen Ehen nicht mehr wie bislang kumuliert. Nach dem neuen Art. 41 Abs. 2 IPR-Gesetz 2007 ist bei gemischt-nationalen Ehen für die Ehescheidung das Recht des Staates maßgeblich, in dem die Ehegatten ihren letzten gemeinsamen Wohnsitz hatten. (Zur Problematik der Bestimmung des Wohnsitzes bei mazedonischen Gastarbeitern siehe die Ausführungen bei der Bestimmung des maßgeblichen Rechts bei den Ehewirkungen).

Besteht ein solcher nicht, so ist das Recht des Staates des Gerichts maßgeblich, vor dem die Ehescheidung verhandelt wird. Es wird somit hilfsweise die lex fori berufen.

Bedeutendste Neuerung ist aber Art. 41 Abs. 3 IPR-Gesetz, wonach unabhängig von den Bestimmungen von Abs. 2 des Artikels für die Ehescheidung das Recht der Republik Mazedonien maßgeblich ist, falls einer der Ehegatten Staatsangehöriger der Republik Mazedonien ist. Im Falle einer mazedonisch-ausländischen Mischehe erhält folglich nach neuem Recht stets das mazedonische Recht den Vorzug. Damit verhilft die Neuregelung wie schon die Vorgängerregelung der liberalen Grundkonzeption des mazedonischen Scheidungsrechts im Falle einer mazedonisch-ausländischen Mischehe immer zum Durchbruch. Es ist jedoch darauf hinzuweisen, dass anders als nach der Vorgängerregelung für die Geltung des mazedonischen Scheidungsrechts nicht mehr ausreichend ist, dass einer der Ehegatten seinen Wohnsitz in Mazedonien hat.

f. Die Bestimmung des maßgeblichen Rechts bei den Scheidungsfolgen in Bezug auf die Ehegatten

Im mazedonischen Recht sind die Scheidungsfolgen vom Recht der Scheidungsvoraussetzungen abgekoppelt und werden durch eine eigene Kollisionsnorm geregelt (Art. 44 IPR-Gesetz 2007). Gemäß Art. 44 Abs. 1 IPR-Gesetz 2007 werden die persönlichen Ehewirkungen und die gesetzlichen bzw. vertraglichen Vermögensverhältnisse nach Beendigung der Ehe dem Recht unterstellt, welches für die persönlichen Ehewirkungen und die gesetzlichen bzw. vertraglichen Vermögensverhältnisse gemäß Art. 42 IPR-Gesetzes gilt. Damit gilt für die Bestimmung des maßgeblichen Rechts bei den Scheidungsfolgen des gesetzlichen Unterhalts und der Teilung des gemeinsamen Vermögens der früheren Ehegatten die in Art. 42 IPR-Gesetz 2007 genannte Anknüpfungsleiter (vgl. oben). Art. 44 Abs. 2 IPR-Gesetz 2007 bestimmt insoweit auch, dass bezüglich der vertraglichen Vermögens-verhältnisse der Ehegatten die Grundsätze des Art. 43 IPR-Gesetz 2007 angewandt werden, dass also diesbezüglich bei der Bestimmung des maßgeblichen Rechts auf den Zeitpunkt des Vertragsschlusses abgestellt wird (vgl. oben). Im Rahmen der vertraglichen Vermögensbeziehungen der Ehegatten besteht zudem die in Art. 43 Abs. 2 IPR-Gesetz 2007 neu einge-führte uneingeschränkte Rechtswahlmöglichkeit (vgl. oben).

g.	*Die Bestimmung des maßgeblichen Rechts bei den Scheidungsfolgen in Bezug auf die gemeinsamen Kinder*

Das maßgebliche Recht hinsichtlich der Scheidungsfolgen in Bezug auf die Kinder, also die Obhut, die Erziehung und der Unterhalt der Kinder, wird durch Art. 46 IPR-Gesetz 2007 bestimmt, der sich allgemein auf das Eltern-Kind-Verhältnis bezieht.

Der primäre Anknüpfungspunkt für das Eltern-Kind-Verhältnis ist die gemeinsame Staatsangehörigkeit der Eltern und der Kinder (Art. 46 Abs. 1 IPR-Gesetz 2007). Gehören die Eltern und die Kinder verschiedenen Staaten an, so ist das Recht des Staates maßgeblich, in dem sie alle ihren gemein-samen Wohnsitz haben. Sind die Bedingungen des Art. 46 Abs. 1 und Abs. 2 IPR-Gesetz 2007 nicht erfüllt, so gilt gemäß Art. 46 Abs. 3 IPR-Gesetz 2007 das Recht des Staates, dessen Staatsangehöriger das Kind ist.

Die Regelung des Art. 46 IPR-Gesetz 2007 stellt anders als die Vorschrift nach altem Recht (Art. 40 IPR-Gesetz 1982) das Heimatrecht des Kindes in den Vordergrund. Die Regelung des Art. 40 Abs. 3 IPR-Gesetz 1982, wo-nach mazedonisches Recht galt, wenn das Kind oder eines der Elternteile Staatsangehöriger der Republik Mazedonien ist, ist nicht übernommen worden. Bei gemischt-nationalen Eltern-Kind-Verhältnissen spielt die Staats-angehörigkeit der Eltern damit keine Rolle mehr. Die Bevorzugung des eigenen Rechts ist damit weggefallen.

II. Das internationale Verfahrensrecht im Bereich des Eherechts

1. Die internationale Zuständigkeit der mazedonischen Gerichte

Im Rahmen der internationalen Zuständigkeit der mazedonischen Gerichte hat das IPR-Gesetz 2007 die Vorschriften des IPR-Gesetzes 1982 bezüglich der hier behandelten Gegenstände ohne nennenswerte Änderungen übernommen.

Ob die mazedonischen Gerichte in Zivilrechtsstreitigkeiten mit Auslandsbezug zuständig sind, ist nach den Art. 52–91 IPR–Gesetz 2007 zu bestimmen.

a. Prüfung der internationalen Zuständigkeit

Die internationale Zuständigkeit ist von den mazedonischen Gerichten von Amts wegen zu prüfen. Eine Verletzung der Vorschriften der internationalen Zuständigkeit ist ein absoluter Nichtigkeitsgrund, der vom Gericht von Amts wegen beachtet wird.

b. Die Anknüpfungspunkte für die internationale Zuständigkeit

Die Anknüpfungspunkte für die internationale Zuständigkeit der mazedonischen Gerichte sind die Staatsangehörigkeit, der Wohnsitz und der gewöhnliche Aufenthalt.

aa. Staatsangehörigkeit und Wohnsitz

Hinsichtlich der Staatsangehörigkeit und des Wohnsitzes siehe die obigen Ausführungen.

bb. Aufenthaltsort

Auch der Begriff des Aufenthaltsortes wird im IPR-Gesetz 2007 nicht definiert. Anhaltspunkte lassen sich aber auch insoweit aus dem Gesetz über die Anmeldung des Wohnsitzes und des Aufenthaltsortes von Bürgern gewinnen.[791] Danach ist der Aufenthaltsort der Ort, an dem sich jemand

---

[791] Služben vesnik na Republika Makedonia, Nr. 36/92 u. 19/93.

dauerhaft niederlässt, ohne allerdings die Absicht zu haben, dort ständig zu wohnen. Der Aufenthaltsort unterscheidet sich damit vom Wohnsitz nur nach seinem subjektiven Element, nämlich der Absicht.

c.   Allgemeiner Gerichtsstand

Ausgangspunkt für die Festlegung der internationalen Zuständigkeit ist der in Art. 52 IPR-Gesetz 2007 normierte allgemeine Gerichtsstand. Der allgemeine Gerichtsstand richtet sich gemäß Art. 52 Abs. 1 IPR-Gesetz 2007 nach dem Wohnsitz bzw. dem Sitz des Beklagten in der Republik Mazedonien. Ist ein solcher nicht vorhanden, so reicht gemäß Art. 52 Abs. 2 IPR-Gesetz 2007 der Aufenthalt in der Republik Mazedonien für die internationale Zuständigkeit aus. Falls in dem Verfahren mehrere Beklagte materielle Streitgenossen sind, besteht die Zuständigkeit des Gerichts der Republik Mazedonien auch dann, wenn nur einer der Beklagten seinen Wohnsitz bzw. Sitz in der Republik Mazedonien hat (Art. 52 Abs. 3 IPR-Gesetz 2007).

Staatenlose, die ihren Wohnsitz in der Republik Mazedonien haben, stehen gemäß Art. 58 Abs. 1 IPR-Gesetz 2007 hinsichtlich der Frage der Zuständigkeit der mazedonischen Gerichte den mazedonischen Staatsangehörigen gleich.

Art. 59 IPR-Gesetz 2007 regelt noch die subsidiäre internationale Zuständigkeit für Streitfragen, bei denen mazedonische Staatsangehörige, die zum Dienst oder zur Arbeit durch eine staatliche Behörde ins Ausland entsandt wurden und die ihren letzten Wohnsitz in der Republik Mazedonien gehabt haben, Beklagt sind.

Der Begriff des Wohnsitzes bestimmt sich nach der lex fori. Wie oben bereits erwähnt, gilt für mazedonische Staatsangehörige, die im Ausland leben, nach mazedonischem Recht grundsätzlich ihr mazedonischer Wohnsitz.

d.   Internationale Zuständigkeit im Familienrecht

Im Bereich des Familienrechts enthält das IPR-Gesetz 2007 einige Vorschriften, nach denen ein besonderer Gerichtsstand besteht. Nach diesen Vorschriften ergibt sich die internationale Zuständigkeit der mazedonischen Gerichte unter bestimmten Voraussetzungen auch dann, wenn die Bedingungen des allgemeinen Gerichtsstandes gemäß Art. 52 IPR-Gesetz 2007 nicht erfüllt sind.[792]

Dabei ist zu beachten, dass diese internationalen Zuständigkeiten der mazedonischen Gerichte und anderer Behörden im Bereich des Familienrechts in großem Umfang ausschließlich sind.[793]

Dies gilt nicht nur für Statussachen wie Ehestreitigkeiten (Art. 73 Abs. 2 IPR-Gesetz 2007) und die Abstammung (Art 76 Abs. 2 IPR-Gesetz 2007), sondern auch für die Obhut und das Aufziehen der Kinder (Art. 78 Abs. 2 IPR-Gesetz 2007), die Genehmigung zur Eheschließung bei Minderjährigen (Art. 83 Abs. 2 IPR-Gesetz 2007), die Annahme an Kindes Statt (Art. 87 Abs. 1 IPR-Gesetz 2007), die Vormundschaft (Art. 88 IPR-Gesetz 2007) und die Todeserklärung (Art. 91 Abs. 1 IPR-Gesetz 2007).

aa.   Die besonderen Gerichtsstände im Einzelnen

aaa.   Der Gerichtsstand bei der Genehmigung zur Eheschließung eines Minderjährigen

Für die Erteilung der Genehmigung zur Eingehung der Ehe eines Minderjährigen besteht die internationale Zuständigkeit mazedonischer Gerichte, wenn einer der Antragsteller Staatsangehöriger der Republik Mazedonien ist, unabhängig davon, wo die Personen, die die Ehe eingehen möchten, ihren Wohnsitz haben (Art. 83 Abs. 1 IPR-Gesetz 2007).

Die Zuständigkeit mazedonischer Gerichte ist dabei gemäß Art. 70 Abs. 2 IPR-Gesetz 2007 ausschließlich, wenn ein Minderjähriger, der die Genehmigung zur Eingehung der Ehe beantragt, Staatsangehöriger der Republik Mazedonien ist oder wenn beide Personen, die die Ehe eingehen wollen, Staatsangehörige der Republik Mazedonien sind und die Ehe im Ausland geschlossen wird.

bbb.   Der Gerichtsstand bei Ehestreitigkeiten

Für Ehestreitigkeiten mit Auslandsbezug enthält Art. 73 IPR-Gesetz 2007 einen besonderen Gerichtsstand. Unter Ehestreitigkeiten sind im Rahmen der

---

[792]   Bendevski, Medjunarodno privatno pravo, S. 221 (Mazedonien).
[793]   Bendevski, Medjunarodno privatno pravo, S. 214 (Mazedonien).

zitierten Norm Auseinandersetzungen über das Bestehen bzw. Nichtbestehen der Ehe, über die Auflösung sowie über die Scheidung der Ehe zu verstehen.

Gemäß Art. 73 IPR-Gesetz 2007 besteht die Zuständigkeit mazedonischer Gerichte bei Ehestreitigkeiten, auch wenn der Beklagte keinen Wohnsitz in Mazedonien hat, wenn:

1.   beide Ehegatten die mazedonische Staatsangehörigkeit haben, unabhängig davon, wo sie ihren Wohnsitz haben, oder

2.   wenn der Kläger mazedonischer Staatsangehöriger ist und seinen Wohnsitz in Mazedonien hat oder wenn

3.   beide Ehegatten ihren letzten gemeinsamen Wohnsitz in Mazedonien hatten und der Kläger im Zeitpunkt der Klage seinen Wohnsitz oder Aufenthalt in Mazedonien hat.

Für den Fall, dass der beklagte Ehegatte kumulativ mazedonischer Staatsbürger ist und auch seinen Wohnsitz in Mazedonien hat, besteht nach Art. 73 Abs. 2 IPR-Gesetz 2007 eine ausschließliche Zuständigkeit der mazedonischen Gerichte.[794]

Gemäß Art. 74 IPR-Gesetz 2007 besteht die Zuständigkeit der mazedonischen Gerichte in den in Art. 73 IPR-Gesetz 2007 genannten Streitigkeiten auch dann, wenn beide Ehegatten ausländische Staatsbürger sind. Ein solches Vorgehen ist aber nur dann statthaft, wenn der letzte gemeinsame Wohnsitz in Mazedonien lag und darüber hinaus der Ehegatte, gegen den der Antrag gerichtet ist, damit einverstanden ist, dass ein mazedonisches Gericht entscheidet. Schließlich setzt ein Verfahren vor einem mazedonischen Gericht in solchen Fällen noch voraus, dass nach der Rechtsordnung der Staaten, denen die Ehegatten angehören, diese Zuständigkeit zugelassen ist.

Art. 75 IPR-Gesetz 2007 enthält eine Regelung hinsichtlich der internationalen Zuständigkeit mazedonischer Gerichte speziell für Streitigkeiten in Bezug auf die Scheidung der Ehe. Hiernach besteht die Zuständigkeit auch dann, wenn der Kläger Staatsangehöriger der Republik Mazedonien ist und eine Ehescheidung nach den Vorschriften der im Einzelfall kollidierenden ausländischen Rechtsordnung überhaupt nicht möglich wäre.

---

[794]   Vgl. OLG Stuttgart, Beschluss v. 05.02.1996 – 17 WF 55/96, in: IPRspr. 1996, Nr. 163.

ccc. Der Gerichtsstand bei Streitigkeiten über Unterhaltsfragen zwischen Ehegatten

Bei Streitigkeiten bezüglich gesetzlicher Unterhaltsansprüche zwischen Ehegatten und zwischen früheren Ehegatten besteht grundsätzlich gemäß Art. 79 Abs. 2 IPR-Gesetz 2007 die Zuständigkeit mazedonischer Gerichte, auch wenn der Beklagte keinen Wohnsitz in der Republik Mazedonien hat, wenn die Ehegatten ihren letzten gemeinsamen Wohnsitz in der Republik Mazedonien hatten und der Kläger im Zeitpunkt der Erhebung der Klage weiterhin seinen Wohnsitz in der Republik Mazedonien hat.

Art. 80 IPR-Gesetz 2007 bestimmt ferner, dass die Zuständigkeit der mazedonischen Gerichte bei Streitigkeiten bezüglich gesetzlicher Unterhaltsansprüche besteht, wenn sich Vermögen des Beklagten, aus welchem der Unterhalt bestritten werden könnte, in der Republik Mazedonien befindet.

ddd. Der Gerichtsstand bei Streitigkeiten über die Vermögensbeziehungen der Ehegatten

Art. 62 Abs. 1 IPR-Gesetz 2007 ordnet zunächst grundsätzlich an, dass in Streitigkeiten über vermögensrechtliche Ansprüche die Zuständigkeit mazedonischer Gerichte besteht, wenn sich der Gegenstand, auf den sich die Klage bezieht, auf dem Staatsgebiet der Republik Mazedonien befindet.

Bei Streitigkeiten hinsichtlich der Vermögensbeziehungen der Ehegatten besteht im Hinblick auf das Vermögen, das sich in der Republik Mazedonien befindet, die Zuständigkeit mazedonischer Gerichte auch dann, wenn der Beklagte keinen Wohnsitz in der Republik Mazedonien hat, wenn der Kläger zum Zeitpunkt der Klageerhebung seinen Wohnsitz oder Aufenthalt in der Republik Mazedonien hat (Art. 72 Abs. 1 IPR-Gesetz 2007).

Befindet sich der überwiegende Teil des Vermögens in der Republik Mazedonien und der andere Teil im Ausland, so kann das mazedonische Gericht über das im Ausland befindliche Vermögen nur in einem Verfahren entscheiden, in dem auch über das in Mazedonien befindliche Vermögen entschieden wird, und dies nur unter der Voraussetzung, dass der Beklagte diesbezüglich seine Zustimmung erteilt (Art. 72 Abs. 2 IPR-Gesetz 2007).

Art. 72 Abs. 3 IPR-Gesetz 2007 betont dabei, dass die Zuständigkeit der mazedonischen Gerichte bei Streitigkeiten hinsichtlich der Vermögensbeziehungen der Ehegatten unabhängig davon besteht, ob die Ehe besteht, bereits beendet ist oder festgestellt wurde, dass sie nichtig ist.

eee. Der Gerichtsstand bei Streitigkeiten hinsichtlich der Obhut und der Erziehung der Kinder

Die Zuständigkeit der mazedonischen Gerichte besteht bei Streitigkeiten über die Obhut, das Aufziehen und die Erziehung von Kindern, die unter elterlicher Sorge stehen, auch dann, wenn der Beklagte keinen Wohnsitz in der Republik Mazedonien hat, wenn beide Eltern Staatsangehörige der Republik Mazedonien sind oder das Kind Staatsangehöriger der Republik Mazedonien mit Wohnsitz in der Republik Mazedonien ist (Art. 78 Abs. 1 IPR-Gesetz 2007).

Sind der Beklagte und das Kind Staatsangehörige der Republik Mazedonien und haben beide ihren Wohnsitz in der Republik Mazedonien, so besteht eine ausschließliche Zuständigkeit der mazedonischen Gerichte (Art. 78 Abs. 2 IPR-Gesetz 2007).

fff. Der Gerichtsstand bei Streitigkeiten hinsichtlich des Unterhalts der Kinder

Die Zuständigkeit der mazedonischen Gerichte besteht gemäß Art. 79 Abs. 1 IPR-Gesetz 2007 bei Streitigkeiten bezüglich des gesetzlichen Unterhalts von Kindern auch dann, wenn der Beklagte keinen Wohnsitz in der Republik Mazedonien hat, wenn:

1. das Kind die Klage auf Unterhalt erhebt und seinen Wohnsitz in der Republik Mazedonien hat,

2. der Kläger und der Beklagte Staatsangehörige der Republik Mazedonien sind, unabhängig davon, wo sie ihren Wohnsitz haben, oder

3. wenn der Kläger ein minderjähriges Kind und Staatsangehöriger der Republik Mazedonien ist.

bb. Prorogation

Die Parteien können gemäß Art 56 Abs. 1 IPR-Gesetz 2007 die Zuständigkeit eines ausländischen Gerichts nur dann vereinbaren, wenn mindestens ein Ehegatte ausländischer Staatsangehöriger ist und es nicht um einen Streit geht, für den nach den Bestimmungen des IPR-Gesetzes 2007 oder eines anderen Gesetzes die ausschließliche Zuständigkeit des Gerichts der Republik Mazedonien besteht. Staatenlose haben dabei dieselbe Rechtsstellung wie mazedonische Staatsangehörige (vgl. Art. 58 IPR-Gesetz).

Gemäß Art. 56 Abs. 3 IPR-Gesetz 2007 können die Parteien die Zuständigkeit des Gerichts der Republik Mazedonien vereinbaren, wenn mindestens eine Partei Staatsangehöriger der Republik Mazedonien ist.

Die Prorogationsvereinbarung selbst wird nach der lex fori beurteilt, d.h. nach mazedonischem Recht. Die Prorogationsvereinbarung der örtlichen Zuständigkeit wird hingegen nach einheimischem Prozessrecht beurteilt (ordinatio iurisdictionis).

Eine stillschweigende Prorogation wird angenommen, wenn sich der Beklagte auf das Verfahren rügelos einlässt (Art. 57 IPR-Gesetz 2007).

Zu beachten ist aber, dass gemäß Art. 56 Abs. 3 IPR-Gesetz 2007 die Bestimmungen über die Prorogation gemäß Art. 56 Abs. 1 und 3 IPR-Gesetz 2007 nicht anwendbar sind, wenn es um die Frage der Zuständigkeit bei Streitigkeiten gemäß den Art. 73-83 des IPR-Gesetzes 2007 geht. Folglich ist eine Prorogation bei Fragen hinsichtlich der Eheschließung, bei Ehestreitigkeiten -insbesondere bei der Scheidung-, bei Streitigkeiten über den gesetzlichen Unterhalt und bei Streitigkeiten bezüglich der Obhut, des Aufziehens und der Erziehung der Kinder unzulässig, es sei denn, dass Gesetz sieht ausdrücklich vor, dass mit Zustimmung des Beklagten eine ansonsten nicht gegebene Zuständigkeit der Republik Mazedonien begründet wird. Art. 57 IPR-Gesetz 2007 regelt diesbezüglich, dass in den Fällen, in denen die Zuständigkeit des Gerichts der Republik Mazedonien von der Zustimmung des Beklagten abhängt, die rügelose Einlassung der ausdrücklichen Zustimmung gleichsteht.

Die Zuständigkeit des Gerichts hängt von der Zustimmung des Beklagten beispielsweise bei Ehestreitigkeiten ab, wenn beide Ehegatten ausländische Staatsangehörige sind und entweder den letzten gemeinsamen Wohnsitz in Mazedonien hatten bzw. zumindest der Kläger den Wohnsitz in Mazedonien noch hat (Art. 74 IPR-Gesetz 2007) (vgl. oben).

Gleiches gilt für Streitfragen hinsichtlich der Vermögensverhältnisse der Ehegatten, wenn sich der überwiegende Teil des Vermögens in Mazedonien befindet, der andere Teil aber im Ausland. Für die Entscheidung des im

Ausland befindlichen Teil des Vermögens ist die Zustimmung des Beklagten erforderlich (Art. 72 Abs. 2 IPR-Gesetz 2007) (vgl. oben).

cc.   Ausländische Rechtshängigkeit

Gemäß Art. 93 IPR-Gesetz 2007 unterbricht das Gericht der Republik Mazedonien auf Antrag einer Partei das Verfahren, wenn in derselben Rechtssache und zwischen denselben Parteien ein Rechtsstreit vor einem ausländischen Gericht anhängig ist, und zwar wenn:

1.   in Bezug auf diesen Streit das Verfahren zuerst vor dem ausländischen Gericht eingeleitet worden ist und

2.   es um einen Streit geht, für dessen Aburteilung keine ausschließliche Zuständigkeit eines Gerichts der Republik Mazedonien besteht.

dd.   Ausländische Staatsbürger im Verfahren

Die Prozessfähigkeit der Partei wird generell nach ihrem Heimatrecht beurteilt (Art. 92 Abs. 1 IPR-Gesetz 2007). Eine Ausnahme gilt, wenn die Partei in ihrer Heimat nicht, nach mazedonischem Recht jedoch prozessfähig ist. In diesem Fall kann die Partei selbst Verfahrenshandlungen vornehmen (Art. 92 Abs. 2 IPR-Gesetz 2007).

Das Gericht kann von der ausländischen Partei verlangen, eine Sicherheit für die Prozesskosten zu hinterlegen bzw. sie davon befreien (Art. 95-98 IPR-Gesetz 2007).

III.   Die Anerkennung ausländischer Gerichtsurteile im Bereich des Eherechts

In Mazedonien sind entsprechend der bei den Quellen aufgezeigten Rangfolge zunächst einige internationale Verträge zu beachten, die die Anerkennung ausländischer Urteile bilateral regeln. Solche Abkommen bestehen etwa mit dem Nachbarstaat Albanien, darüber hinaus z.B. mit Kroatien, Slowenien und der Türkei.[795] Die Republik Mazedonien und die Bundesrepublik Deutschland haben insoweit bis jetzt noch keinen bilateralen Vertrag geschlossen. Auch sind sie nicht Mitglieder eines multilateralen Vertrages, der beide Staaten insoweit verpflichtet.

---

[795]   Bendevski, Medjunarodno privatno pravo, S. 259 (Mazedonien).

Soweit keine internationalen Verträge bestehen, richtet sich die Anerkennung und Vollstreckung ausländischer Urteile nach den Vorschriften des IPR-Gesetzes 2007. Maßgeblich sind insoweit die Vorschriften der Art. 99-116 IPR-Gesetz 2007.

Ausgangspunkt für die Gleichstellung ausländischer Urteile mit solchen inländischer Gerichte und damit für die Wirksamkeit in der Republik Mazedonien ist die förmliche Anerkennung durch ein mazedonisches Gericht (Art. 100 IPR-Gesetz 2007). Damit wird die Möglichkeit einer automatischen Anerkennung ausgeschlossen. Erforderlich ist vielmehr immer der in einem förmlichen Verfahren gefällte Beschluss des zuständigen Gerichts.

1. Grundlagen der Anerkennung ausländischer Gerichtsurteile

a. Sachlicher Anwendungsbereich der Anerkennung

Die Rechtsmaterien, auf die sich die gesetzlichen Normen des internationalen Privatrechts und internationalen Zivilprozessrechts und damit auch die Anerkennungsnormen erstrecken, sind in Art. 1 IPR-Gesetz 2007 definiert. Dieses sind status-, familien-, arbeits- und vermögensrechtliche bzw. andere materiellrechtliche Verhältnisse mit internationalem Element.

b. Anerkennungsfähige Entscheidungen

Das IPR-Gesetz 2007 besagt, dass neben Gerichtsentscheidungen (Art. 99 Abs. 1 IPR-Gesetz 2007) auch gerichtliche Vergleiche (Art. 99 Abs. 2 IPR-Gesetz 2007) sowie Entscheidungen anderer Organe, soweit sie in dem Staat, in dem sie ergangen sind, einer Gerichtsentscheidung bzw. einem gerichtlichen Vergleich gleichstehen (Art. 99 Abs. 3 IPR-Gesetz 2007), anerkennungsfähig sind.

c. Der Grundsatz der begrenzten Überprüfung

Das mazedonische Anerkennungssystem wird als System der „begrenzten Überprüfung" definiert.[796] Die Nachprüfung der ausländischen Entscheidung

---

[796] Conkinski, Priznavanje i izvršuvanje na stranskite sudski odluki, Semejnoto zakonodavstvo na Republika Makedonia, S. 284 (Mazedonien); Bendevski, Medjunarodno privatno pravo, S. 254 (Mazedonien); Varadi, Medjunarodno privatno pravo, S. 346 (SFRJ, SR Serbien/Wojwodina); Dika/Knežević/

ist damit auf die prozessuale Seite der Entscheidung begrenzt.[797] Der materiellrechtliche Inhalt darf nur unter dem Gesichtspunkt des ordre public überprüft werden.[798] Eine Ausnahme besteht lediglich bei Statussachen, bei welchen das materiellrechtliche Ergebnis auch über den Rahmen des ordre public hinaus überprüft werden kann (vgl. Art. 108 IPR-Gesetz 2007).

Das Verbot der sog. revision au fond ergibt sich aus Art. 113 Abs. 1 IPR-Gesetz 2007. In dieser, das Verfahren der Anerkennung ausländischer Gerichtsentscheidungen regelnden Vorschrift, wird deutlich hervorgehoben, dass sich das Gericht auf die Prüfung beschränkt, ob die vom Gesetz vorgeschriebenen Voraussetzungen für die Anerkennung ausländischer Gerichtsentscheidungen gemäß den Art. 101-110 des IPR-Gesetzes 2007 vorliegen. Eine Verweigerung der Anerkennung ist damit nur aus den im Gesetz genannten Gründen möglich.[799]

2. Die einzelnen Voraussetzungen für die Anerkennung ausländischer Urteile

a. Internationale Zuständigkeit des Ausgangsstaates

Da die Anerkennung ausländischer Urteile letztlich Ausdruck internationaler Kooperation ist, bedarf es zunächst der Wahrung allgemein anerkannter Prinzipien, die die Bestimmung der internationalen Gerichtszuständigkeit beherrschen.[800] Mithin würdigt das mazedonische Gericht, welches um die Anerkennung des ausländischen Urteil ersucht worden ist, den Sachverhalt zunächst unter diesem Gesichtspunkt und stellt anhand der Kriterien des mazedonischen Rechts fest, ob das ausländische Gericht, das die prüfungsgegenständliche Entscheidung erlassen hat, zuständig war.[801]

Art. 104 Abs. 1 IPR-Gesetz 2007 bestimmt insoweit, dass eine ausländische Gerichtsentscheidung nicht anerkannt wird, wenn in der betreffenden Sache die ausschließliche Zuständigkeit eines Gerichts oder eines anderen Organs

---

Stojanović, Komentar zakona o medjunarodnom privatnom i procesnom pravu, S. 276 (SFRJ, SR Serbien).

[797] Dzunov, Medjunarodno privatno pravo, S. 295 u. 298 (Mazedonien); Bendevski, Medjunarodno privatno pravo, S. 254 (Mazedonien).

[798] Varadi, Medjunarodno privatno pravo, S. 346 (SFRJ, SR Serbien/Wojwodina).

[799] Dzunov, Medjunarodno privatno pravo, S. 295 (Mazedonien).

[800] Bendevski, Medjunarodno privatno pravo, S. 260 (Mazedonien).

[801] Bendevski, Medjunarodno privatno pravo, S. 260 (Mazedonien); Conkinski, Priznavanje i izvršuvanje na stranskite sudski odluki, Semejnoto zakonodavstvo na Republika Makedonia, S. 285 (Mazedonien).

der Republik Mazedonien besteht. Aus der Vorschrift des Art. 104 Abs. 1 IPR-Gesetz 2007 ergibt sich folglich eine Reduzierung der Anerkennungskontrolle hinsichtlich der Voraussetzung der internationalen Zuständigkeit auf die Nachprüfung der Kompatibilität mit den Vorschriften über die ausschließliche mazedonische internationale Zuständigkeit.[802] Nur die ausschließliche Zuständigkeit mazedonischer Gerichte kann also die Anerkennung ausländischer Entscheidungen ausschließen.[803] Ist keine solche ausschließliche Zuständigkeit gegeben, so wird die ausländische Entscheidung ohne Rücksicht darauf anerkannt, ob die Zuständigkeit des ausländischen Gerichts, sei es nach den Vorschriften des Staates, dem das Gericht angehört, sei es nach mazedonischen Zuständigkeitsvorschriften, besteht.[804]

Da in vielen Fällen im Bereich des Familienrechts die ausschließliche Zuständigkeit inländischer Gerichte vorgesehen ist (vgl. oben), ist in diesem Bereich die Anerkennung ausländischer Entscheidungen in Mazedonien restriktiv.

Eine ausschließliche Zuständigkeit mazedonischer Gerichte besteht beispielsweise für Streitigkeiten über die Obhut und Erziehung der Kinder gemäß Art. 78 Abs. 2 IPR-Gesetz 2007, wenn sowohl der Beklagte als auch das Kind Staatsangehörige der Republik Mazedonien sind und beide ihren Wohnsitz in der Republik Mazedonien haben (vgl. oben).

Gleiches gilt bei der Frage der Erteilung der Genehmigung zur Eingehung der Ehe gemäß Art. 83 Abs. 2 IPR-Gesetz 2007, wenn ein Minderjähriger, der die Genehmigung zur Eingehung der Ehe beantragt, Staatsangehöriger der Republik Mazedonien ist oder wenn beide Personen, die die Ehe eingehen wollen, Staatsangehörige der Republik Mazedonien sind und die Ehe im Ausland geschlossen wird (vgl. oben).

Ferner besteht eine ausschließliche Zuständigkeit mazedonischer Gerichte bei Ehestreitigkeiten und damit bei der Scheidung der Ehe gemäß Art. 73 Abs. 2 IPR-Gesetz 2007, wenn der beklagte Ehegatte kumulativ mazedonischer Staatsbürger ist und seinen Wohnsitz in Mazedonien hat.[805]

---

[802] Varadi, Medjunarodno privatno pravo, S. 351 (SFRJ, SR Serbien/Wojwodina).
[803] Vuković, Medjunarodno gradjansko procesno pravo, S. 156 (SFRJ, SR Kroatien).
[804] Dika/Knežević/Stojanović, Komentar zakona o medjunarodnom privatnom i procesnom pravu, S. 292 (SFRJ, SR Serbien).
[805] Vgl. OLG Stuttgart, Beschluss v. 05.02.1996 – 17 WF 55/96, in: IPRspr. 1996, Nr. 163.

Hier stellt sich wieder die Problematik der Bestimmung des Wohnsitzes von mazedonischen Gastarbeitern. Wie bereits oben erwähnt, behalten in der Republik Mazedonien die ausgesiedelten Gastarbeiter, die mazedonische Staatsangehörige sind, ihren Wohnsitz grundsätzlich bei, so dass sie trotz ihres ständigen Aufenthaltes im Ausland nach mazedonischem Recht behandelt werden, es sei denn, dass aufgrund bestimmter Indizien im Einzelfall davon ausgegangen werden kann, dass sie im Ausland zumindest einen zweiten Wohnsitz begründet haben (vgl. oben).

Diese Auffassung führt aber dazu, dass die ausschließliche Zuständigkeit mazedonischer Gerichte und damit das durch sie begründete Anerkennungshindernis ausgedehnt werden. So wird auch der Anwendungsbereich des für Ehestreitigkeiten geltenden Art. 73 Abs. 2 IPR-Gesetz 2007 enorm ausgeweitet, was zu einer entsprechenden Einschränkung ausländischer internationaler Zuständigkeit im Bereich der Ehestreitigkeiten und damit im Bereich der Scheidung führt.[806]

Im Rahmen der Ehestreitigkeiten ist aber die Ausnahmeregelung des Art. 104 Abs. 2 IPR-Gesetz 2007 zu beachten. Danach stellt in Ehesachen die ausschließliche Zuständigkeit eines anderen Gerichts oder eines sonstigen Organs der Republik Mazedonien kein Hindernis für die Anerkennung eines ausländischen Urteils dar, wenn der Beklagte die Anerkennung der ausländischen Gerichtsentscheidung beantragt oder keinen Widerspruch gegen einen Anerkennungsantrag des Klägers erhoben hat.[807] Diese anerkennungsfreundliche Bestimmung bietet folglich im Bereich der Ehestreitigkeiten und damit auch im Bereich der Scheidung eine Möglichkeit zur Vermeidung des oben erläuterten Wohnsitzproblems hinsichtlich mazedonischer Gastarbeiter.[808]

---

[806] Varadi, Medjunarodno privatno pravo, S. 353 (SFRJ, SR Serbien/Wojwodina).

[807] Vgl. BGH, Beschluss v. 24.07.2000 – II ZB 20/99, in IPRspr. 2000, Nr. 138.

[808] Varadi, Medjunarodno privatno pravo, S. 353 (SFRJ, SR Serbien/Wojwodina); vgl. auch: OLG Stuttgart, Beschluss v. 15.07.1983 – 17 WF 138/83, in: IPRspr. 1983, Nr. 147; OLG Stuttgart, Urteil vom 07.02.1984 – 17 UF 440/83, in: IPRspr. 1984, Nr. 152; OLG Karlsruhe, Urteil v. 02.08.1983, 18 UF 148/82, in: IPRax 1984, Nr. 78; OLG Hamburg, Beschluss v. 11.03.1985 – 12 UF 2/85, in: IPRspr. 1985, Nr. 149.

b. Rechtskraft und Vollstreckbarkeit des ausländischen Urteils

Damit der Umstand, dass das Urteil im Ausland wirksam werden soll, nicht zu einer Übereilung unter Umgehung der Vorschriften des Ausgangsstaates führt, muss das mazedonische Gericht weiterhin die Rechtskraft der ausländischen Gerichtsentscheidung feststellen.[809]

Art. 101 IPR-Gesetz 2007 bestimmt insoweit, dass eine ausländische Gerichtsentscheidung nur anerkannt wird, wenn dem Antrag auf Anerkennung die ausländische Gerichtsentscheidung im Original oder in einer beglaubigten Abschrift und ein Zeugnis des zuständigen ausländischen Gerichts bzw. anderen Organs über die Rechtskraft der Entscheidung nach dem Recht des Staates, in dem sie ergangen ist, beigefügt werden. Art. 102 IPR-Gesetz 2007 bestimmt ferner, dass derjenige, der einen Antrag auf Vollstreckung einer ausländischen Gerichtsentscheidung stellt, außer dem Zeugnis gemäß Art. 101 IPR-Gesetz 2007 auch ein Zeugnis über die Vollstreckbarkeit dieser Entscheidung nach dem Recht des Staates, in dem sie ergangen ist, einreichen muss. Die Art. 101 und 102 IPR-Gesetz 2007 machen deutlich, dass die Rechtskraft sowie die Vollstreckbarkeit nach dem Recht des Ausgangsstaates beurteilt werden müssen und dass sie durch ein Zeugnis zu beweisen sind.[810] Dieses Zeugnis ist dabei vom Antragsteller vorzulegen.[811]

c. Kein rechtskräftiges Urteil eines mazedonischen Gerichts

Eine ausländische Gerichtsentscheidung wird gemäß Art. 106 Abs. 1 IPR-Gesetz 2007 nicht anerkannt, wenn in derselben Sache ein Gericht oder ein anderes Organ der Republik Mazedonien eine rechtskräftige Entscheidung erlassen hat. Es gilt also der Vorrang der inländischen Entscheidung.[812] Die Anerkennung wird auch dann abgelehnt, wenn in derselben Sache eine andere ausländische Gerichtsentscheidung bereits anerkannt worden ist.

Aus Art. 106 Abs. 1 IPR-Gesetz 2007 geht hervor, dass die Existenz einer rechtskräftigen mazedonischen Entscheidung immer ein Hindernis für die

---

[809] Bendevski, Medjunarodno privatno pravo, S. 261 (Mazedonien); Vuković, Medjunarodno gradjansko procesno pravo, S. 161 (SFRJ, SR Kroatien).

[810] Vuković, Medjunarodno gradjansko procesno pravo, S. 162 (SFRJ, SR Kroatien).

[811] Varadi, Medjunarodno privatno pravo, S. 354 (SFRJ, SR Serbien/Wojwodina).

[812] Varadi, Medjunarodno privatno pravo, S. 355 (SFRJ, SR Serbien/Wojwodina), vgl. auch OLG Hamburg, Beschluss v. 07.05.1986 – 12 WF 29/86, in IPRspr. 1986, Nr. 154.

Anerkennung darstellt, ohne Rücksicht darauf, ob die mazedonische Entscheidung bzw. die in Mazedonien schon anerkannte Entscheidung früher oder später ergangen ist als die ausländische Entscheidung in derselben Sache, deren Anerkennung zur Entscheidung ansteht.[813]

d. Keine Rechtshängigkeit

In Art. 106 Abs. 2 IPR-Gesetz 2007 ist die Kollision mehrerer anhängiger Verfahren geregelt. Danach setzt das Gericht, wenn vor einem Gericht der Republik Mazedonien ein früher eingeleiteter Rechtsstreit in derselben Rechtssache und zwischen denselben Parteien anhängig ist, die Anerkennung einer ausländischen Gerichtsentscheidung bis zur rechtskräftigen Beendigung dieses Streites aus.

e. Gewährung des rechtlichen Gehörs

Eine weitere Voraussetzung für die Anerkennung ausländischer Gerichtsentscheidungen ist nach dem IPR-Gesetz 2007 die Pflicht zur Gewährung rechtlichen Gehörs im Urteilsstaat.[814] So bestimmt Art. 103 IPR-Gesetz 2007, dass das Gericht der Republik Mazedonien die Anerkennung einer ausländischen Gerichtsentscheidung ablehnt, wenn eine der Parteien nachweist, dass sie wegen Unregelmäßigkeiten des Verfahrens an dem Verfahren nicht teilnehmen konnte. In Art. 103 IPR-Gesetz 2007 sind dabei die häufigsten Fallgestaltungen umschrieben, die zu einer Verletzung dieses Prinzips führen. Danach liegt ein Verstoß gegen die Gewährung rechtlichen Gehörs vor, wenn die Person, gegen die die ausländische Gerichtsentscheidung ergangen ist, im Verfahren ihre Verteidigungsmittel nicht vorbringen konnte oder ihr die Ladung, die Klage oder der Beschluss, mit der/dem das Verfahren begonnen hat, nicht persönlich zugestellt wurde bzw. der Versuch einer Zustellung gar nicht unternommen wurde, es sei denn, dass sie sich zur Hauptsache eingelassen hat.

Die Vorschrift des Art. 103 IPR-Gesetz 2007 kann als Konkretisierung des allgemeinen ordre public-Vorbehaltes gesehen werden. Zu beachten ist jedoch, dass das Gericht nur auf Einrede der Person, gegen welche die Entscheidung ergangen ist, hin die Anerkennung der ausländischen Gerichts-

---

[813] Varadi, Medjunarodno privatno pravo, S. 356 (SFRJ, SR Serbien/Wojwodina).
[814] Vuković, Medjunarodno gradjansko procesno pravo, S. 157 (SFRJ, SR Kroatien); Varadi, Medjunarodno privatno pravo, S. 354 (SFRJ, SR Serbien/Wojwodina).

entscheidung ablehnt. Das Gericht stellt einen Verstoß gegen die Pflicht zur Gewährung des rechtlichen Gehörs also anders als in sonstigen Fällen des ordre public nicht von Amts wegen fest.[815]

f. Der Ordre public-Vorbehalt

Gemäß Art. 107 IPR-Gesetz 2007 wird eine ausländische Gerichtsentscheidung nicht anerkannt, wenn sie im Gegensatz zu den durch die Verfassung der Republik Mazedonien festgelegten Grundlagen der öffentlichen Ordnung steht (vgl. schon oben). Art. 107 IPR-Gesetz 2007 ist sowohl einschlägig, wenn im ausländischen Verfahren grundlegende Verfahrensgrundsätze nicht beachtet wurden (sog. verfahrensrechtlicher ordre public), als auch, wenn das Urteil inhaltlich grundlegenden inländischen Wertvorstellungen widerspricht (sog. materiellrechtlicher ordre public).[816] Dabei werden nicht die ausländischen Normen an sich geprüft, sondern ob das Ergebnis ihrer Anwendung im konkreten Fall einen ordre public-Verstoß darstellt.[817] Es kommt also generell nur auf die Kompatibilität der Wirkungen der Entscheidung mit dem mazedonischen ordre public an. Der ordre public-Verstoß ist von den mazedonischen Gerichten von Amts wegen zu prüfen.[818]

g. Neuer Nichtanerkennungsgrund im IPR-Gesetz 2007

Neu aufgenommen wurde im IPR-Gesetz 2007 die Regelung des Art. 105. Gemäß dieser Vorschrift lehnt das Gericht die Anerkennung der ausländischen Gerichtsentscheidung ab, wenn es auf Einspruch der Person, gegen die diese Entscheidung ergangen ist, feststellt, dass die Zuständigkeit des ausländischen Gerichts ausschließlich auf die Staatsangehörigkeit des Klägers gegründet war (Abs. 1) bzw. das ausländische Gericht, welches die Entscheidung erlassen hat, eine Vereinbarung der Parteien über die Zuständigkeit des Gerichts der Republik Mazedonien außer Acht gelassen hat.

---

[815] Varadi, Medjunarodno privatno pravo, S. 354 (SFRJ, SR Serbien/Wojwodina); Vuković, Medjunarodno gradjansko procesno pravo, S. 157 (SFRJ, SR Kroatien).

[816] Vgl. Varadi, Medjunarodno privatno pravo, S. 361 (SFRJ, SR Serbien/ Wojwodina).

[817] Gavroska, Medjunarodno privatno pravo, S. 66 (Mazedonien); Varadi, Medjunarodno privatno pravo, S. 360 f. (SFRJ, SR Serbien/Wojwodina).

[818] Vgl. Varadi, Medjunarodno privatno pravo, S. 354 (SFRJ, SR Serbien/ Wojwodina); Vuković, Medjunarodno gradjansko procesno pravo, S. 164 (SFRJ, SR Kroatien).

h.   Abschaffung des Gegenseitigkeitserfordernisses

Eine bedeutende Neuerung im Rahmen der Anerkennungsvoraussetzungen ausländischer Gerichtsurteile ist die Abschaffung des Gegenseitigkeitserfordernisses durch das IPR-Gesetz 2007.

Nach dem IPR-Gesetz 1982 stand die Anerkennung ausländischer Gerichtsurteile unter dem Vorbehalt der Verbürgung der Gegenseitigkeit, wie sich aus Art. 92 Abs. 1 IPR-Gesetz 1982 ergab. Mithin wurden ausländische Urteile in Mazedonien prinzipiell nur dann anerkannt, wenn umgekehrt mazedonische Gerichtsurteile in dem ausländischen Staat ebenfalls anerkannt wurden. Bei der in Art. 92 IPR-Gesetz 1982 vorgesehenen Gegenseitigkeit handelte es sich um eine faktische Gegenseitigkeit.[819] Nicht gefordert wurde mithin eine formale (vertragliche oder diplomatische) Gegenseitigkeit. Dabei genügte es, dass die Anerkennungsvoraussetzungen im Wesentlichen gleichwertig sind, d.h. die Anerkennung eines mazedonischen Urteils in dem betroffenen ausländischen Staat nicht wesentlich schwieriger war als die Anerkennung eines entsprechenden ausländischen Urteils in Mazedonien.[820] Die Anerkennungsvoraussetzungen mussten sich nicht im Einzelnen entsprechen.

Schon nach dem IPR-Gesetz 1982 hat jedoch die Voraussetzung der Gegenseitigkeit sowohl aufgrund des Prinzips der widerleglichen Vermutung und der Teilbarkeit der Gegenseitigkeit, als auch aufgrund verschiedener Ausnahmen eine untergeordnete Rolle gespielt.[821] Das IPR-Gesetz 1982 wies schon damals ein sehr anerkennungsfreundliches Konzept auf.

So bestand gemäß Art. 92 Abs. 3 IPR-Gesetz 1982 die Vermutung der Gegenseitigkeit betreffend die Anerkennung ausländischer Gerichtsentscheidungen bis zum Beweis des Gegenteils. Diese widerlegbare Vermutung der Gegenseitigkeit stellte bereits eine erhebliche Erleichterung für das Anerkennungsverfahren dar.

Ferner galt nach der Rechtsprechung zum IPR-Gesetz 1982 das Prinzip der Teilbarkeit der Gegenseitigkeit, d.h. es reichte für die Verbürgung der Gegenseitigkeit nicht die Anerkennung irgendwelcher Entscheidungen im Ausland aus. Insoweit musste vielmehr auf die Gegenseitigkeit für bestimmte

---

[819]   Conkinski, Priznavanje i izvršuvanje na stranskite sudski odluki, Semejnoto zakonodavstvo na Republika Makedonia, S. 284 (Mazedonien); Vuković, Medjunarodno gradjansko procesno pravo, S. 168 (SFRJ, SR Kroatien).

[820]   Varadi, Medjunarodno privatno pravo, S. 356 (SFRJ, SR Serbien/Wojwodina).

[821]   Varadi, Medjunarodno privatno pravo, S. 360 (SFRJ, SR Serbien/Wojwodina).

„Entscheidungsgattungen" abgestellt werden.[822] Da die Gegenseitigkeit in Mazedonien widerleglich vermutet wurde, erwies sich das Konzept der teilbaren Gegenseitigkeit als anerkennungsfreundlich, weil hiernach der Anerkennungsgegner die Beweislast trug. Denn es ist naturgemäß schwerer nachzuweisen, dass im Urteilsstaat bereits die Anerkennung eines Urteils derselben Gattung versagt worden ist, als den Beweis zu führen, dass irgendeiner Entscheidung die Anerkennung versagt wurde.[823]

Schließlich bestanden nach alter Rechtslage auch einige Ausnahmen vom Grundsatz der Gegenseitigkeit. Nach den Art. 92 Abs. 2 und Art. 94 IPR-Gesetz 1982 war das Fehlen der Gegenseitigkeit kein Hindernis für die Anerkennung einer ausländischen Gerichtsentscheidung, die in einem Ehestreit oder in einem Streit wegen Feststellung oder Bestreitung der Vaterschaft bzw. Mutterschaft ergangen ist, sowie auch dann, wenn ein Staatsangehöriger der Republik Mazedonien die Anerkennung einer ausländischen Gerichtsentscheidung beantragte. In Ehesachen hat der mazedonische Gesetzgeber somit schon nach altem Recht völlig auf das Erfordernis der Gegenseitigkeit verzichtet. Auch bei Scheidungsurteilen kam es also nicht auf die Verbürgung der Gegenseitigkeit an.

Die Voraussetzung der Gegenseitigkeit musste zudem nicht vorliegen, wenn die ausländische Entscheidung den Status eines Staatsangehörigen des Ausgangsstaates betraf.

Da bereits das IPR-Gesetz 1982 ein sehr anerkennungsfreundliches Konzept aufwies, wird die Abschaffung des Gegenseitigkeitserfordernisses im neuen IPR-Gesetz 2007 im Rahmen der Anerkennung ausländischer Gerichtsurteile in der Gerichtspraxis keinen erheblichen Unterschied zur alten Rechtslage darstellen.

i. *Besondere Voraussetzungen bei Statusentscheidungen*

In den Art. 108-110 IPR-Gesetz 2007 werden schließlich besondere Voraussetzungen für die Anerkennung von ausländischen Urteilen aufgestellt, die sich mit Statusfragen mazedonischer Staatsbürger befassen.

Diese Vorschriften, die besondere Anerkennungsvoraussetzungen für Personenstandsentscheidungen festlegen, geben staatlichen Interessen den Vor-

---

[822] Vrhoven sud na SFRJ, Gž 14/1985, SP 1986 Nr. 9, S. 47 = Oberster Gerichtshof der Sozialistischen Föderativen Republik Jugoslawien, Nr. 14/1985.
[823] Varadi, Medjunarodno privatno pravo, S. 359 (SFRJ, SR Serbien/Wojwodina).

rang. Dieser Vorrang beschränkt sich aber nicht auf die Beachtung der Interessen Mazedoniens als Anerkennungsstaat, sondern bringt Belange sowohl des Urteilsstaates als auch von Drittstaaten in Personenstandssachen ihrer Staatsangehörigen zur Geltung.

aa. Besondere Voraussetzungen in Personenstandssachen mazedonischer Staatsbürger

Art. 108 IPR-Gesetz 2007 bestimmt, dass, wenn bei einer Entscheidung über den Personenstand (Status) eines Staatsangehörigen der Republik Mazedonien nach dem IPR-Gesetz 2007 das Recht der Republik Mazedonien angewendet werden müsste, die ausländische Gerichtsentscheidung auch dann anerkannt wird, wenn ausländisches Recht angewendet worden ist, sofern diese Entscheidung keine wesentlichen Abweichungen von dem Recht der Republik Mazedonien, das auf ein solches Verhältnis anwendbar ist, aufweist.

Das IPR-Gesetz 2007 sieht also bei Personenstandssachen und damit auch im Bereich der Scheidung eine strengere Kontrolle als diejenige aufgrund des allgemeinen ordre public für Fälle vor, in denen ein mazedonischer Staatsbürger betroffen ist und in denen nach dem IPR-Gesetz 2007 mazedonisches Recht zur Anwendung kommt. Aus Art. 108 IPR-Gesetz 2007 geht jedoch hervor, dass unwesentliche Differenzen toleriert werden.

bb. Staatsangehörige des Urteilsstaates

Die Anerkennung wird in jenen Fällen erheblich erleichtert, in denen die Entscheidung den Personenstand eines Staatsangehörigen des Ausgangsstaates betrifft. In solchen Fällen entfallen gemäß Art. 109 IPR-Gesetz 2007 die Voraussetzungen der Zuständigkeit und des ordre public. Das bedeutet, dass das mazedonische Anerkennungsgericht nur die Voraussetzungen der Rechtskraft, des rechtlichen Gehörs und des Fehlens konkurrierender Entscheidungen oder Verfahren überprüfen darf. Diese besondere Behandlung genießen jedoch gemäß Art. 109 Abs. 2 IPR-Gesetz 2007 jene Entscheidungen nicht, die zugleich den Personenstand eines mazedonischen Staatsbürgers betreffen.

cc.   Staatsangehörige von Drittstaaten

Art. 110 IPR-Gesetz 2007 verlangt für die Anerkennung einer ausländischen Gerichtsentscheidung, die den Personenstand von Staatsangehörigen eines Drittstaates betrifft, dass die Anerkennungsvoraussetzungen desjenigen Staates erfüllt sind, dessen Staatsangehörige betroffen sind.

Die Formulierung des Art. 110 IPR-Gesetz 2007 zeigt, dass auch hiervon Fälle nicht erfasst sind, in denen neben einem Staatsangehörigen eines Drittstaates auch ein mazedonischer Staatsangehöriger betroffen ist.

3.   Verfahrensvorschriften für die Anerkennung ausländischer Urteile

Das bei der Anerkennung ausländischer Urteile zu beachtende Verfahren ist in den Art. 111-116 IPR-Gesetz 2007 geregelt.

Für die Anerkennung einer ausländischen Gerichtsentscheidung ist jedes sachlich zuständige Gericht örtlich zuständig (Art. 112 Abs. 2 IPR-Gesetz 2007). Die Prüfung beschränkt sich auf das Vorliegen der in Art. 101–110 erwähnten Voraussetzungen (vgl. oben) (Art. 113 Abs. 1 IPR-Gesetz 2007).

Die Anerkennung einer ausländischen Gerichtsentscheidung in Statussachen kann jedermann beantragen, der daran ein rechtliches Interesse hat (Art. 111 Abs. 2 IPR-Gesetz 2007).

Wenn über die Anerkennung der ausländischen Gerichtsentscheidung kein besonderer Beschluss ergangen ist, kann jedes Gericht über die Anerkennung dieser Entscheidung im Verfahren wie über eine Vorfrage entscheiden, jedoch nur mit Wirkung für dieses Verfahren (Art. 112 Abs. 3 IPR-Gesetz 2007).

Gegen die Entscheidung über die Anerkennung können die Parteien Einspruch innerhalb von 15 Tagen nach Zustellung der Entscheidung einlegen (Art. 113 Abs. 3 IPR-Gesetz 2007).

4.   Folgen der Urteilsanerkennung

Der Wortlaut des Art. 100 IPR-Gesetz 2007 spricht dafür, dass die Folgen der Urteilsanerkennung dem Modell der Gleichstellung folgen, denn nach Art. 100 IPR-Gesetz 2007 ist das Ergebnis der Anerkennung eine „Gleichstellung der ausländischen Gerichtsentscheidung mit der Entscheidung eines Gerichts der Republik Mazedonien".

Damit ist eigentlich festgelegt, dass sich die Wirkungen nach mazedonischem Recht richten. In der Literatur wird aber darauf hingewiesen, dass, obwohl hierdurch eigentlich eine grundsätzliche Festlegung getroffen ist, nicht alle Auslegungsprobleme gelöst würden. Trotz des Wortlauts fiele es schwer, einer ausländischen Entscheidung weitere bzw. größere Wirkungen (nach mazedonischem Recht) zuzuschreiben als ihr im Ausgangsstaat zukämen. Dies wäre dann nicht mehr eine Anerkennung, sondern vielmehr eine Neuschöpfung von Wirkungen.[824]

---

[824]   Varadi, Medjunarodno privatno pravo, S. 350 (SFRJ, SR Serbien/Wojwodina).

7. TEIL: GESAMTERGEBNIS

Das Ziel der Arbeit ist, die Regelungen des Scheidungsrechts, insbesondere die Scheidungsvoraussetzungen und Scheidungsfolgen, in Mazedonien unter Berücksichtigung der Gerichtspraxis darzustellen.

Untersucht werden zudem das auf die Scheidung einer Ehe mit Auslandsberührung anwendbare Recht sowie das Problem der Anerkennung ausländischer Ehescheidungsurteile in Mazedonien.

Die seit 1991 unabhängige Republik Mazedonien erhielt im Jahre 1993 die volle internationale Anerkennung und wurde unter der Bezeichnung „Ehemalige Jugoslawische Republik Mazedonien" (The Former Yugoslav Republik of Mazedonia (F.Y.R.O.M.)) als 181. Staat in die Vereinten Nationen (UN) aufgenommen.

Nachdem die ehemalige Sozialistische Föderative Republik Jugoslawien, sei es durch Dismembration, sei es durch sukzessive Sezessionen ihrer Teilrepubliken, zerfallen war, wurde Mazedonien als Nachfolgestaat des ehemaligen Jugoslawien deklariert.

Was die Frage der Nachfolge in die noch vom Altstaat Jugoslawien abgeschlossenen völkerrechtlichen Verträge betrifft, so hat Mazedonien insoweit teilweise ausdrückliche Rechtsnachfolgeerklärungen abgegeben.

Im Übrigen wurden aber auch alle sonstigen Vertragspositionen des ehemaligen Jugoslawien durch Art. 3 Abs. 2 des Verfassungsgesetzes zur Umsetzung der Verfassung der Republik Mazedonien übernommen, wonach Mazedonien als gleichberechtigter Rechtsnachfolger der Sozialistischen Föderativen Republik Jugoslawien sämtliche Mitgliedschaften Jugoslawiens in Organisationen und Verträgen übernommen hat.

Hinsichtlich der Herkunft der in Mazedonien anzuwendenden Normen besteht aufgrund der Tatsache, dass es sich bei Mazedonien um einen Nachfolgestaat des ehemaligen Jugoslawien handelt, ein eigentümlicher Dualismus.

Das durch die Unabhängigkeit Mazedoniens drohende Rechtsvakuum wurde nämlich durch Art. 5 Verfassungsgesetz über die Umsetzung der Verfassung der Republik Mazedonien gefüllt, der bestimmt, dass die Gesetze des ehemaligen Jugoslawien grundsätzlich übernommen werden und auch weiterhin Anwendung finden.

© Springer Fachmedien Wiesbaden GmbH, ein Teil von Springer Nature 2009
I. Kohlmann, *Die Ehescheidung in der Republik Mazedonien unter Berücksichtigung international-privatrechtlicher Elemente*, Edition KWV, https://doi.org/10.1007/978-3-658-24140-7_7

Damit sind in der Republik Mazedonien primär die nach der Unabhängig-keitserklärung im Jahre 1991 vom mazedonischen Parlament erlassenen Normen anzuwenden; subsidiär hat der Rechtsanwender aber auch Gesetze des ehemaligen Jugoslawien zu beachten, soweit das mazedonische Parlment noch keine Vorschriften erlassen hat, die den gleichen Gegenstand betreffen.

In Mazedonien existiert keine Kodifikation des Bürgerlichen Rechts, wie sie etwa Deutschland mit dem BGB besitzt. Die bürgerlich-rechtlichen Beziehungen werden in verschiedenen einzelnen Gesetzen geregelt. Das Bürgerliche Recht umfasst in Mazedonien als Rechtsgebiet nur einen Allgemeinen Teil und die drei besonderen Teile „Schuldrecht, Sachenrecht und Erbrecht".

Das Familienrecht wird im mazedonischen Rechtssystem dagegen als eigen-ständiger Rechtszweig losgelöst vom Bürgerlichen Recht behandelt.

Die Grundquellen des Familienrechts in Mazedonien stellen die Verfassung von 1991 und das Familiengesetz von 1992 dar, welches eines der ersten komplexen Gesetze war, das nach der Selbstständigkeit von der Republik Mazedonien erlassen wurde.

Hinsichtlich des in Mazedonien geltenden Scheidungsrechts kommt die Arbeit zu folgenden Ergebnissen.

1. Den Scheidungsvoraussetzungen liegt in Mazedonien ein äußerst liberales Grundkonzept zugrunde.

Das heute geltende Familiengesetz sieht drei unterschiedliche Gründe für die Scheidung vor, nämlich:

a. die Scheidung aufgrund gegenseitigen Einvernehmens (Art. 39 FamG 1992),

b. die Scheidung aufgrund der Zerrüttung der ehelichen Beziehungen, die ein weiteres gemeinsames Eheleben unzumutbar macht (Art. 40 FamG 1992), sowie

c. die Scheidung wegen faktischer Beendigung der ehelichen Gemein-schaft von länger als einem Jahr (Art. 41 FamG 1992).

Die genannten Scheidungsgründe machen eine Scheidung unter stark verein-fachten Voraussetzungen möglich.

Alle drei Scheidungsgründe des Familiengesetzes von 1992 basieren aus-schließlich auf dem Zerrüttungsprinzip in seiner reinen Form. Das Verschuldensprinzip wurde in der heutigen Regelung vollkommen aufgegeben. Nach der heutigen Regelung kann damit auch der Ehegatte eine Scheidung begehren, den eine ausschließliche Schuld an der Ehezerrüttung trifft.

Der Grund für die Aufgabe des Verschuldensprinzips und die Einführung des Zerrüttungsprinzip in seiner reinen Form liegt in der heutigen Auffassung bezüglich der Ehe, wonach das Bestehen einer Ehe nur dann gerechtfertigt ist, wenn diese eine von harmonischen Beziehungen geprägte Gemeinschaft darstellt, in der sich ein Zusammenleben verwirklichen kann, das die Erfüllung der gesellschaftlichen und persönlichen Funktion einer gesunden Familie ermöglicht.

Die Ausformung der drei Scheidungsgründe zeigt, dass in Mazedonien dem Willen des scheidungswilligen Ehegatten in hohem Maße Rechnung getragen wird.

Dies lässt sich zunächst am Scheidungsgrund der Scheidung aufgrund gegenseitigen Einvernehmens festmachen, der im Vergleich zu anderen europäischen Ländern einer sehr liberalen Konzeption folgt, da er neben einer Einschränkung hinsichtlich der Verwirklichung der Interessen der Kinder keinerlei Hindernisse in Gestalt von zu beachtenden Fristen oder zu erfüllenden echten Bedingungen enthält. Im Vergleich zu anderen europäischen Ländern kommt in Mazedonien insoweit der Willensautonomie beider Ehegatten eine erhebliche Bedeutung zu.

Ferner ist eine Scheidung in Mazedonien aber auch gegen den Willen eines Ehegatten unter sehr leichten Voraussetzungen möglich.

Die heutige Gerichtspraxis zeigt nämlich, dass die Gerichte hinsichtlich des Beweises des Vorliegens des Scheidungsgrundes einer Ehezerrüttung, die ein wieteres gemeinschaftliches Eheleben unzumutbar macht, keine allzu hohen Anforderungen stellen. Ferner enthält dieser allgemeine Scheidungsgrund auch keine Einschränkung in dem Sinne, dass die Ehegatten erst eine bestimmte Zeit voneinander getrennt gelebt haben müssen, um den Scheidungsgrund geltend machen zu können. Es bestehen auch keinerlei Härteklauseln, wonach eine Scheidungsklage abgelehnt werden könnte, wenn die Aufrechterhaltung der Ehe im Interesse der aus der Ehe hervorgegangenen minderjährigen Kinder aus besonderen Gründen ausnahmsweise erforderlich sein könnte oder wenn die Scheidung für den Beklagten aufgrund außergewöhnlicher Umstände eine so schwere Härte bedeuten würde, dass die Aufrechterhaltung der Ehe ausnahmsweise geboten erscheinen würde.

Selbst wenn ein Ehegatte aber den Beweis des Vorliegens der Ehezerrüttung nicht zu führen vermag, kann er bereits nach der sehr kurzen Zeitspanne von einem Jahr die Scheidung aufgrund des Scheidungsgrundes der faktischen Beendigung der ehelichen Gemeinschaft verlangen.

Der Ehegatte, der die Scheidung nicht begehrt, hat in Mazedonien folglich nach einer einjährigen Trennung keinerlei Möglichkeit, die Scheidung zu verhindern.

2.   Im Rahmen der Scheidungsfolgen unterscheidet das Gesetz zwischen den Folgen, die sich auf die Eltern beziehen und solchen, die sich auf die gemeinsamen Kinder beziehen.

a.   Die Ehe wird durch Scheidung beendet, wenn das Scheidungsurteil rechtskräftig wird.

b.   Das mazedonische Recht kennt kein Institut des Versorgungs-ausgleichs, also eines Ausgleichs während der Ehe erworbener Anwartschaften und Aussichten auf eine Versorgung wegen Alters oder Berufs- oder Erwerbsunfähigkeit.

c.   Nach der Scheidung hat ein Ehegatte bei kumulativem Vorliegen von Mittellosigkeit und Arbeitsunfähigkeit bzw. schuldloser Arbeitslosig-keit das Recht, von seinem früheren Ehegatten im Rahmen von dessen Möglichkeiten Unterhalt zu empfangen, soweit das Gericht keinen gesetzlich näher bestimmten Ablehnungsgrund annimmt. Die Tat-sache, dass einige der im Gesetz bestimmten Ablehnungstatbestände auf das Verschulden eines Ehegatten abstellen, zeigt, dass der mazedonische Gesetzgeber im Rahmen der Scheidungsfolgen das Verschuldensprinzip noch nicht vollkommen aufgegeben hat.

Der Antrag auf Unterhalt kann bereits während des Scheidungs-verfahrens gestellt werden. Möglich ist aber auch, dass der Unterhalt erst später, innerhalb eines Jahres nach der Scheidung, durch Einlegung einer gesonderten Klage begehrt wird, wenn die Voraus-setzungen für den Unterhalt zum Zeitpunkt des Abschlusses der Verhandlung in dem Ehescheidungsverfahren vorlagen und ununter-brochen bis zum Abschluss der Verhandlung in dem Unterhalts-verfahren andauern.

Die Dauer der Unterhaltsberechtigung des bedürftigen früheren Ehegatten ist grundsätzlich auf einen Zeitraum von fünf Jahren ab dem Zeitpunkt der Beendigung der Ehe durch Scheidung beschränkt. Unter vom Gesetz festgelegten Voraussetzungen kommt jedoch auch eine Verlängerung bzw. Verkürzung dieser Frist in Frage.

Das Gesetz regelt ferner die Beendigungstatbestände hinsichtlich des Rechts auf Unterhalt nach der Scheidung. Danach endet dieses Recht, wenn die oben genannten Voraussetzungen enden. Ferner endet das Recht mit Ablauf des durch Gericht festgesetzten Zeitrahmens, in dem Unterhalt gezahlt werden muss. Weitere Beendigungsgründe stellen zudem das Eingehen einer neuen Ehe und der Tod eines der früheren Ehegatten dar.

Die Höhe des Unterhalts richtet sich zum einen nach den Bedürfnissen des unterhaltsbedürftigen Ehegatten, zum anderen nach den Möglichkeiten des unterhaltspflichtigen Ehegatten. Das Maß des Unterhalts bestimmt sich dabei nach den ehelichen Lebensverhältnissen zur Zeit des Zusammenlebens.

d.   Im Rahmen der Vermögensbeziehungen zwischen den Ehegatten bringt die Scheidung die Teilung des gemeinsamen Vermögens der Ehegatten als Folge mit sich.

In Mazedonien wird der Güterstand der Ehegatten durch Gesetz geregelt. Das mazedonische Familiengesetz legt insoweit genau fest, welches Vermögen gemeinsames Vermögen der Ehegatten und welches Vermögen das besondere Eigenvermögen eines Ehegatten darstellt.

Hinsichtlich der Teilung des gemeinsamen Vermögens durch das Gericht besteht in Mazedonien eine Art gemischtes System. Dieses System enthält den Grundsatz der Teilung des gemeinsamen Vermögens der Ehegatten nach gleichen Teilen.

Das mazedonische Recht kennt folglich keinen Zugewinnausgleich. Nach den mazedonischen Regelungen wird also gerade nicht – wie beim gesetzlichen Güterstand nach deutschem Recht – der Zugewinn der Ehegatten durch die Differenz von Anfangs- und Endvermögen ermittelt. Es kommt vielmehr nur auf das von den Eheleuten während der Ehe erworbene Vermögen an, welches vom Gericht zwischen den Eheleuten aufzuteilen ist.

Eine Ausnahme vom Grundsatz der Teilung in gleiche Teile besteht nur dann, wenn ein Ehegatte nachweisen kann, dass sein Beitrag zum gemeinsamen Vermögen offensichtlich und bedeutend größer ist als der Beitrag des anderen Ehegatten.

Das Verschulden eines Ehegatten hinsichtlich der Scheidung ist bei der Teilung des gemeinsamen Vermögens nach der Scheidung völlig irrelevant. Ein etwaiges Verschulden eines Ehegatten bezüglich der Scheidung ändert folglich nichts an dem Grundsatz der Gleichheit der Anteile der Ehegatten. Im Rahmen der Scheidungsfolge der Teilung des gemeinsamen Vermögens der Ehegatten hat das Verschuldensprinzip somit anders als im Bereich des Unterhaltsrechts überhaupt keine Bedeutung mehr.

e.   Was die Frage der Rückgabe von Geschenken betrifft, so ist festzuhalten, dass nach der mazedonischen Regelung die Geschenke, welche die Ehegatten einander vor oder im Verlauf der Ehe gemacht haben, nach der Scheidung nicht zurück gegeben werden, unabhängig davon, welchen Wert die Geschenke haben.

f.   Können sich die Ehegatten nach der Scheidung nicht darüber einigen, welcher von ihnen Träger des alleinigen Wohnungsrechts wird, so entscheidet auf Antrag eines der Ehegatten das Gericht unter Berücksichtigung der Wohnbedürfnisse beider Ehegatten, der Kinder sowie dritter Personen, die in der Wohnung leben über die Wohnungszuteilung.

g.   Nach der Scheidung verlieren die ehemaligen Ehegatten ihr gesetzliches Erbrecht.

h.   Das Gericht entscheidet mit dem Urteil, mit dem die Ehe geschieden wird, über die Obhut, die Erziehung und den Unterhalt der gemeinsamen minderjährigen Kinder bzw. Kinder, für die das elterliche Recht verlängert worden ist. Die Pflicht zum Unterhalt gegenüber den gemeinsamen Kindern fällt nach der Scheidung beiden Eltern gemeinsam zu.

Hinsichtlich des internationalen Privatrechts, insbesondere Scheidungsrechts, kommt die Arbeit schließlich zu folgenden Ergebnissen.

1.   Was die noch vom ehemaligen Jugoslawien abgeschlossenen völkerrechtlichen Verträge betrifft, so gelten diese heute auch noch im Verhältnis zu Mazedonien (vgl. oben).

2.   Das internationale Privatrecht wird in Mazedonien hauptsächlich durch das am 04.07.2007 neu in Kraft getretene Gesetz über das internationale Privatrecht (IPR-Gesetz 2007) geregelt.

Das internationale Eherecht wird in Mazedonien vom Prinzip des primären Anknüpfungspunktes der Staatsangehörigkeit beherrscht. Bei gemischt-nationalen Ehen kumulieren entweder beide Personalstatute oder es gilt nach der Stufenleiter das Recht des gemeinsamen Wohnsitzes, hilfsweise zuletzt das mazedonische Recht.

3.   Hinsichtlich der Voraussetzungen für die Eheschließung ist für jede Person das Recht des Staates, dessen Staatsbürger sie in der Zeit der Eingehung der Ehe ist, maßgebend. Für die Eheschließungsvoraussetzungen gilt im mazedonischen internationalen Privatrecht grundsätzlich das Heimatrecht jedes Ehegatten. Es besteht das System der distributiven Kumulation, d.h. jeder Ehegatte muss die materiellen Voraussetzungen für die Eheschließung nur nach seinem Recht erfüllen.

4.   Hinsichtlich der persönlichen und vermögensrechtlichen Ehewirkungen gilt in erster Linie das gemeinsame Heimatrecht der Ehegatten. Bei gemischt-nationalen Ehen gilt das Wohnsitzrecht bzw. das Recht des letzten gemeinsamen Wohnsitzes. Hilfsweise gilt zuletzt das mazedonische Recht.

5.   Im Falle der Ehescheidung ist zunächst das Recht des Staates, dessen Staatsangehörige die Ehegatten zur Zeit der Erhebung der Klage auf Scheidung sind, maßgeblich. Liegt eine gemischt-nationale Ehe vor, so ist das Recht des Staates maßgeblich, in dem die Ehegatten ihren letzten gemeinsamen Wohnsitz hatten. Besteht ein solcher nicht, so ist das Recht des Staates des Gerichts maßgeblich, vor dem die Ehescheidung verhandelt wird. Es wird somit hilfsweise die lex fori berufen. Unabhängig von den vorgenannten Regelungen ist aber für die Ehescheidung das Recht der Republik Mazedonien maßgeblich, wenn einer der Ehegatten Staatsangehöriger der Republik Mazedonien ist. Im Falle einer mazedonisch-ausländischen Mischehe erhält folglich stets das mazedonische Recht den Vorzug.

6.   Die Scheidungsfolgen sind im mazedonischen Recht vom Recht der Scheidungsvoraussetzungen abgekoppelt. Die persönlichen und vermögensrechtlichen Ehewirkungen nach Beendigung der Ehe werden

dem Recht unterstellt, welches für die persönlichen und vermögensrechtlichen Ehewirkungen zum Zeitpunkt der Ehe gilt (vgl. oben).

7. Im Rahmen der Scheidungsfolgen in Bezug auf die gemeinsamen Kinder ist primärer Anknüpfungspunkt die gemeinsame Staatsangehörigkeit der Eltern und der Kinder. Gehören die Eltern und die Kinder verschiedenen Staaten an, so ist das Recht des Staates maßgeblich, in dem sie alle ihren gemeinsamen Wohnsitz haben. Ist diese Bedingung nicht erfüllt, so gilt das Recht des Staates, dessen Staatsangehöriger das Kind ist.

8. Im Rahmen der internationalen Zuständigkeit der mazedonischen Gerichte sind die Staatsangehörigkeit, der Wohnsitz und der gewöhnliche Aufenthalt die maßgeblichen Anknüpfungspunkte. Im Bereich des Familienrechts besteht in verschiedenen Fällen ein besonderer Gerichtsstand, der zur ausschließlichen Zuständigkeit der mazedonischen Gerichte führt.

9. Hinsichtlich der Anerkennung ausländischer Gerichtsurteile im Bereich des Eherechts ist folgendes festzuhalten.

a. Ausgangspunkt für die Gleichstellung ausländischer Urteile mit solchen mazedonischer Gerichte ist die förmliche Anerkennung durch ein mazedonisches Gericht.

b. Das mazedonische Anerkennungssystem wird als System der „begrenzten Überprüfung" definiert. Die Nachprüfung der ausländischen Entscheidung ist auf die prozessuale Seite der Entscheidung begrenzt. Der materiellrechtliche Inhalt darf nur unter dem Gesichtspunkt des ordre public geprüft werden.

c. Die einzelnen Voraussetzungen für die Anerkennung und Vollstreckung ausländischer Urteile sind die Folgenden.

aa. Es darf keine ausschließliche Zuständigkeit der mazedonischen Gerichte bestehen. Die Anerkennungskontrolle hinsichtlich der Voraussetzung der internationalen Zuständigkeit reduziert sich insoweit auf die Nachprüfung der Kompatibilität mit den Vorschriften über die ausschließliche mazedonische internationale Zuständigkeit. Nur eine ausschließliche Zuständigkeit mazedonischer Gerichte kann die Anerkennung ausländischer Entscheidungen ausschließen.

bb.   Das ausländische Urteil muss rechtskräftig und vollstreckbar sein.

cc.   Es darf keine rechtskräftige mazedonische Entscheidung in derselben Sache vorliegen.

dd.   Der Streit darf nicht in derselben Sache und zwischen den gleichen Parteien bereits vor einem Gericht der Republik Mazedonien anhängig sein.

ee.   Im Urteilsstaat muss der Grundsatz der Gewährung des rechtlichen Gehörs eingehalten worden sein.

ff.   Es gilt der ordre public-Vorbehalt, wonach eine ausländische Gerichtsentscheidung nicht anerkannt wird, wenn sie im Gegensatz zu den durch die Verfassung der Republik Mazedonien festgelegten Grundlagen der öffentlichen Ordnung steht.

gg.   Das Gericht lehnt die Anerkennung der ausländischen Gerichtsentscheidung ab, wenn es auf Einspruch der Person, gegen die diese Entscheidung ergangen ist, feststellt, dass die Zuständigkeit des ausländischen Gerichts ausschließlich auf die Staatsangehörigkeit des Klägers gegründet war bzw. das ausländische Gericht, welches die Entscheidung erlassen hat, die Vereinbarung der Parteien über die Zuständigkeit eines Gerichts der Republik Mazedonien außer Acht gelassen hat.

hh.   Die Anerkennung ausländischer Gerichtsurteile steht nicht mehr unter dem Vorbehalt der Verbürgung der Gegenseitigkeit.

Literaturverzeichnis

Babić, Ilija: Porodično pravo (Familienrecht), 1. Auflage, Belgrad 1999 (zit.: Babić, Porodično pravo)

Bakić, Vojislav S.: Porodično pravo u SFRJ (Familienrecht in der SFRJ), 1. Auflage, Belgrad 1985 (zit.: Bakić, Porodično pravo u SFRJ)

Bakić, Vojislav S.: Novo bračno pravo SR Makedonije, in: Anali pravnog fakulteta u Beogradu 1974, Br. 4, S. 453 ff. (Neues Eherecht der SR Mazedonien, in: Jahrbücher der Juristischen Fakultät Belgrad 1974, Nr. 4, S. 453 ff.) (zit.: Bakić, Novo bračno pravo SR Makedonije, Anali pravnog fakulteta u Beogradu 1974, Br. 4, S. 453 ff.)

Bakić, Vojislav S.: Evolucija brakorazvodnog prava u Jugoslaviji, in: Godišnjak pravnog fakulteta u Sarajevu 1974, S. 41 ff. (Die Entwicklung des Ehescheidungsrechts in Jugoslawien, in: Jahrbuch der juristischen Fakultät Sarajevo 1974, S. 41 ff.) (zit.: Bakić, Evolucija brakorazvodnog prava u Jugoslaviji, Godišnjak pravnog fakulteta u Sarajevu 1974, S. 41 ff.)

Begović, Mehmed: Porodično pravo (Familienrecht), 5. Auflage, Belgrad 1961 (zit.: Begović, Prodično pravo)

Begović, Mehmed: Koncepcija o razvodu braka u zakoniku o porodiči, in: Reforma porodičnog zakonodavstva, S. 300 ff. (Die Konzeption der Ehescheidung im Familiengesetz, in: Die Reform der Familiengesetzgebung, S. 300 ff.), Belgrad 1971 (zit.: Begović, Koncepcija o razvodu braka, Reforma porodično zakonodavstva, S. 300 ff.)

Bendevski, Trajan: Medjunarodno privatno pravo (Internationales Privatrecht) 1. Auflage, Skopje 2001 (zit.: Bendevski, Medjunarordno privatno pravo)

Bergmann, Alexander/Ferid, Murad: Internationales Ehe- und Kindschaftsrecht, Bd. Litauen-Mazedonien, Länderbericht: Mazedonien, 132. Lieferung, abgeschlossen am 31.07.1998, Verlag für Standesamtwesen,

© Springer Fachmedien Wiesbaden GmbH, ein Teil von Springer Nature 2009
I. Kohlmann, *Die Ehescheidung in der Republik Mazedonien unter Berücksichtigung international-privatrechtlicher Elemente*,
Edition KWV, https://doi.org/10.1007/978-3-658-24140-7

Frankfurt am Main 1998 (zit.: Bergmann/Ferid, Internationales Ehe- und Kindschaftsrecht, Mazedonien)

Blagojević, Borislav T.: Medjunarodno privatno pravo (Internationales Privatrecht), 1. Auflage, Belgrad 1950 (zit.: Blagojević, Medjunarodno privatno pravo)

Čavdar, Kiril: Zakon za semejstvoto – i drugi propisi – so objasnuvanja i sudska praktika i so predmeten registar (Familiengesetz und andere Vorschriften mit Erklärungen, Gerichtspraxis und Sachregister), Skopje 1993 (zit, Čavdar, Zakon za semejstvoto)

Čavdar, Kiril: Komentar na Zakonot za semejstvoto (Kommentar zum Familiengesetz), 1. Auflage, Skopje 1998 (zit.: Čavdar, Komentar na Zakonot sa semejstvoto)

Chloros, A.G.: Yugoslav Civil Law, History of Family Property, Oxford 1970 (zit.: Chloros, Yugoslav Civil Law)

Cigoj, Stojan/Firsching, Karl: Jugoslawisches Familienrecht, Frankfurt am Main 1980, (zit.: Cigoj/Firsching, Jugoslawisches Familienrecht)

Conkinski, Branko: Priznavanje i izvršuvanje na stranskite sudski odluki vo semejnite sporovi, in: Semejnoto zakonodavstvo na Republika Makedonia, S. 276 ff. Vrhoven sud na Republika Makedonia (Die Anerkennung und Vollstreckung ausländischer Urteile bei Familienstreitigkeiten, in: Die Familiengesetzgebung der Republik Mazedonien, S. 276 ff. Oberster Gerichtshof der Republik Mazedonien), Skopje 1994 (zit.: Conkinski, Priznavanje i izvršuvanje na stranski sudski odluki, Semejnoto zakonodavstvo na Republika Makedonia, S. 276 ff.)

Cvetkov, Jordan: Opredeluvanje na izdrška, in: Semejnoto zakonodavstvo na Republika Makedonia, S. 187 ff. Vrhoven sud na Republika Makedonia (Die Festlegung des Unterhaltes, in: Die Familiengesetzgebung der Republik Mazedonien, S. 187 ff. Oberster Gerichtshof der Republik Mazedonien), Skopje 1994 (zit.: Cvetkov, Opredeluvanje na izdrška, Semejnoto zakonodavstvo na Republika Makedonia, S. 187 ff.)

Dika, Mihaelo/ Knežević, Gašo/ Stojanović, Srdjan: Komentar zakona o medjunarodnom privatnom i procesnom pravu (Kommentar zum Gesetz des Internationalen Privat- und Prozeßrechts), 1. Auflage, Belgrad 1991 (zit.: Dika/Knežević/Stojanović, Komentar zakona o medjunarodnom privatnom i procesnom pravu)

Durović Ljiljana M.: Porodično pravo (Familienrecht), 1. Auflage, Belgrad 1988 (zit.: Durović, Porodično pravo)

Dzunov, Todor: Medjunarodno privatno pravo (Internationales Privatrecht), 4. Auflage, Skopje 1995 (zit.: Dzunov, Mediunarodno privatno pravo)

Eisner, Bertold: Medjunarodno privatno pravo (Internationales Privatrecht), 1. Auflage, Zagreb 1953 (zit.: Eisner, Medunarodno privatno pravo)

Eisner, Bertold: Das Eherecht im jugoslawischen Vorentwurf und im tschechoslowakischen Entwurf eines bürgerlichen Gesetzbuches, Zagreb 1935 (zit.: Eisner, Das Eherecht im jugoslawischen Vorentwurf)

Eisner, Bertold: Porodično pravo (Familienrecht), 1. Auflage, Zagreb 1950 (zit.: Eisner, Porodično pravo)

Finzgar, Alojzij: Rodbinsko pravo (Familienrecht), 2. Auflage, Ljubljana 1970 (zit.: Finzgar, Rodbinsko pravo)

Finzgar, Alojzij: Konzepcija razvoda braka u zakoniku o porodiči, in: Reforma porodičnog zakonodavstva, S. 308 ff. (Die Konzeption der Ehescheidung im Familiengesetz, in: Die Reform der Familiengesetzgebung, S. 308 ff.) Belgrad 1971 (zit.: Finzgar, Konzepcija razvoda braka, Reforma porodičnog zakonodavstvo, S. 308 ff.)

Gams, Andrija/Djurović, Ljiljana: Bračno i porodično imovinsko pravo (Ehe- und Familienvermögensrecht), 2. Auflage, Belgrad 1985 (zit.: Gams/ Djurović, Bračno i porodično imovinsko pravo)

Gams, Andrija/Djurović, Ljiljana: Uvod u gradjansko pravo (Einführung in das Bürgerliche Recht), 8. Auflage, Belgrad 1990 (zit.: Gams/Djurović, Uvod u gradjansko pravo)

Gavroska, Poliksena: Medjunarodno privatno pravo – Sudir na zakonit – e (Internationales Privatrecht – Kollision der Gesetze –), 1. Auflage, Skopje 2002 (zit.: Gavroska, Medjunarodno privatno pravo)

Hadži-Lega, Kočo: Zakonot za semejstvoto i negovata praktična primena, in: Sudiska revija, Skopje 1995, Godina I, Br. 1, S. 44 ff. (Das Familiengesetz und seine praktische Anwendung, in: Gerichtliche Betrachtung, Jahr I, Nr. 1, S. 44 ff.) (zit.: Hadži-Lega, Zakonot za semejstvoto i negovata praktićna primena, Sudiska revija, Skopje 1995, Godina I, Br. 1, S. 44 ff.)

Hadživasilev, Mile: Semejno pravo (Familienrecht), 4. Auflage, Skopje 1990 (zit.: Hadživasilev, Semejno pravo)

Hadživasilev-Vardarski, Mile: Bračnoto i semejnoto običajno pravo, in: Prilozi za običajnoto pravo na makedonskiot narod, Tom 1, S. 119 ff. (Ehe- und Familiengewohnheitsrecht, in: Beitrag zum Gewohnheitsrecht des mazedonischen Volkes, Band 1, S. 119 ff.), Skopje 2000 (zit.: Hadživasilev Vardarski, Bračnoto i semejnoto običajno pravo, Prilozi za običajnoto pravo na makedonskiot narod, Tom 1, S. 119 ff.)

Hadživasilev-Vardarski, Mile: Zbirka na propisi od semejnoto pravo so sudska praktika i so predmeten registar (Sammlung der Vorschriften des Familienrechts mit Gerichtspraxis und Sachregister), Skopje 1988 (zit: Hadživasilev-Vardarski, Zbirka na propisi od semejnoto pravo)

Iliev, Bore: Sklučuvanje na brak i bračni prečki/Svršuvacka, in: Semejnoto zakonodavstvo na Republika Makedonia, S. 36 ff. Vrhoven sud na Republika Makedonia (Die Eheschließung und Ehehindernisse/ Verlobung, in: Die Familiengesetzgebung der Republik Mazedonien, S. 36 ff. Oberster Gerichtshof der Republik Mazedonien), Skopje 1994 (zit.: Iliev, Sklučuvanje na brak i bračni prečki, Semejnoto zakonodavstvo na Republika Makedonia, S. 36 ff.)

Jaksić, Aleksandar: IPR und Staatensukzession, in: IPRax 1999, S. 118 ff. (zit.: Jaksić, IPR und Staatensukzession, in: IPRax 1999, S. 118 ff.)

Janevski, Arsen: Primeneta (klinička) programa po gradjansko pravo – gradjansko procesno pravo, Bilten Br. 4 (Angewandtes Programm für das Bürgerliche Recht – Bürgerliche Prozessrecht, Band Nr. 4) (Urteilssammlung), Skopje 2003 (zit.: Janevski, Primeneta (klinička) programa po gradjansko pravo, Bilten Br. 4, (Urteilssammlung))

Janković, Milka: Komentar zakona o braku i porodičnim odnosima (Kommentar zum Gesetz über Ehe- und Familienbeziehungen), 1. Auflage, Belgrad 1981 (zit.: Janković, Komentar zakona o braku)

Jessel-Holst, Christa: Zum Gesetzbuch über internationales Privatrecht der Republik Mazedonien, in: IPrax 2008, S. 154 ff. (zit.: Jessel-Holst, Zum Gesetzbuch über internationales Privatrecht der Republik Mazedonien, IPrax 2008, S. 154 ff.)

Jovčevski, Rade: Primenata na nekoi osnovni načela na procesnata postapka vo zakonot za semejstvoto, in: Semejnoto zakonodavstvo na Republika Makedonia, S. 121 ff. Vrhoven sud na Republika Makedonia (Die Anwendung einiger allgemeiner Prinzipien des Streitverfahrens im Familiengesetz, in: Familiengesetzgebung der Republik Mazedonien, S.121 ff. Oberster Gerichtshof der Republik Mazedonien), Skopje 1994 (zit.: Jovčevski, Primenata na nekoi osnovi nacela na procesnata postapka vo zakon za semejstvoto, Semejnoto zakonodavstvo na Republika Makedonia, S. 121 ff.)

Kočov, Borislav: Imotnite odnosi na bračnite drugari, in: Semejnoto zakonodavstvo na Republika Makedonia, S. 197 ff. Vrhoven sud na Republika Makedonia (Die Vermögensbeziehungen der Ehegatten, in: Familiengesetzgebung der Republik Mazedonien, S. 197 ff. Oberster Gerichtshof der Republik Mazedonien), Skopje 1994 (zit.: Kočov, Imotnite odnosi na bračnite drugari, Semejnoto zakonodavstvo na Republika Makedonia, S. 197 ff.)

Kondring, Jörg: Haager Übereinkommen und Staatensukzession in Osteuropa, in: IPRax 1996, S. 161 ff. (zit.: Kondring, Haager Übereinkommen un Staatensukzession in Osteuropa, in: IPRax 1996, S. 161 ff.)

Konstantinović, Mihailo: Razvod braka zbog teške poremečenosti bračnih odnosa, in: Narodni pravnik, Beograd 1949, Br. 2-3, S. 61 ff. (Die Ehescheidung aufgrund schwer zerrütteter Ehebeziehung, in: Der Volksjurist, Belgrad 1949, Nr. 2-3, S. 61 ff.) (zit.: Konstantinović, Razvod braka, Narodni pravnik, Beograd 1949, Br. 2-3, S. 61 ff.)

Križanić, Zlarko: O uzrocima za razvod braka, in: Naša zakonitost, Zagreb 1951, Br. 1, S. 68 ff. (Über die Gründe der Ehescheidung, in: Unsere Gesetzgebung, Zagreb 1951, Nr. 1, S. 68 ff.) (zit.: Križanic, O uzrocima za razvod braka, Naša zakonitost, Zagreb 1951, Br. 1, S. 68 ff.)

Leske, Franz/Loewenfeld, Erwin H.: Rechtsverfolgung im internationalen Verkehr, Band I, Das Eherecht der europäischen und der außereuropäischen Staaten, Erster Teil, Die europäischen Staaten, 1. Lieferung, Polen – Jugoslawien – Tschechoslowakei, Berlin 1963 (zit.: Leske/Loewenfeld, Rechtsverfolgung im internationalen Verkehr, Bd. I)

Maksimovski, Ranko: Semejstvoto kako životna i imotna zaednica, imotni odnoci, hranitelstvo, in: Semejnoto zakonodavstvo na Republika Makedonia, S. 19 ff. Vrhoven sud na Republika Makedonia (Die Familie als Lebens- und Vermögensgemeinschaft, Vermögens- beziehungen, Unterhalt, in: Familiengesetzgebung der Republik Maze- donien, S. 19 ff. Oberster Gerichtshof der Republik Mazedonien), Skopje 1994 (zit.: Maksimovski, Semejstvoto kako zivotna i imotna zaednica, Semejnoto zakonodavstvo na Republika Makedonia, S. 19 ff.)

Marjanovski, Marjan: Opšt del na gradjansko pravo (Allgemeiner Teil des Bürgerlichen Rechts), 1. Auflage, Skopje 1995 (zit.: Marjanovski, Opšt del na gradjansko pravo)

Markovica, Lazara: Porodično pravo (Familienrecht), 2. Auflage, Belgrad 1920 (zit.: Markovica, Porodično pravo)

Micković, Dejan: Brakorazvodni sistemi vo zejmite na Evropska Unija Spisanie za evropski prašanja, in: Evrodialog 2, S. 123 ff. (Ehescheidungssysteme in den Ländern der Europäischen Union, Zeitschrift für europäische Fragen, in: Europadialog 2, S.123 ff.), Skopje 2002 (zit.: Micković, Brakorazvodni sistemi vo zejmite na EU, Evrodialog 2, S. 123 ff.)

Micković, Dejan: Brakot i neverstvoto, in: Godišnik na pravniot fakultet vo Skopje, 1996/98, S. 279 ff. (Ehe und Untreue, in: Jahrbuch der juristischen Fakultät Skopje 1996/1998, S. 279 ff.) (zit.: Micković, Brakot i neverstvoto, Godišnik na pravniot fakultet vo Skopje 1996/98, S. 279 ff.)

Micković, Dejan: Pričini za razvod na brak vo zejmite na EU Magisterski Trud (Die Gründe für die Ehescheidung in den Ländern der EU, Magisterarbeit), 1. Auflage, Skopje 1998 (zit.: Micković, Pričini za razvod na brak vo zejmite na EU)

Mihanović, Ana: Razvod braka na osnovi sporazuma supruga, in: Anali pravnog fakulteta u Beogradu 1970, Br. 5, S. 491 ff. (Die Ehescheidung aufgrund Einverständnisses der Ehegatten, in: Jahrbücher der Juristischen Fakultät Belgrad 1970, Jahr XVIII, Nr. 5, S. 491 ff.) (zit.: Mihanović, Razvod braka na osnovi sporazuma supruga, Anali pravnog fakulteta u Beogradu 1970, Br. 5, S. 491 ff.)

Mitić, Mihailo: Porodicno pravo u SFRJ (Familienrecht in der SFRJ), 1. Auflage, Belgrad 1980 (zit.: Mitić, Porodično pravo u SFRJ)

Mladenović, Marko: Razvod braka (Ehescheidung), 1. Auflage, Belgrad 1964 (zit.: Mladenović, Razvod braka)

Mladenović, Marko: Razvod braka i uzroci za razvod braka (Ehescheidung und Gründe für die Ehescheidung), 1. Auflage, Belgrad 1974 (zit.: Mladenović, Razvod braka II)

Mladenović, Marko: Porodično pravo u Jugoslaviji (Familienrecht in Jugoslawien), 5. Auflage, Belgrad 1991 (zit.: Mladenović, Porodično pravo u Jugoslaviji)

Müller-Freienfels, Wolfram: Zur Diskussion um die systematische Einordnung des Familienrechts, Teil 1, in: RabelsZ 1973, S. 690 ff. (zit.: Müller-Freienfels, Einordnung des Familienrechts, RabelsZ 1973, S. 609 ff.)

Muratovska-Markovska, Ljubinka: Razvod na brakot, in: Pravnik, Godina VI, Br. 66, Skopje 1997, S. 12 ff. (Die Ehescheidung in: Der Jurist, Jahr VI, Nr. 66, Skopje 1997, S.12 ff.) (zit.: Muratovska-Markovska, Razvod na brakot, Pravnik, Godina VI, Br. 66, Skopje 1997, S. 12 ff.)

Muratovska-Markovska, Ljubinka: Posledici od razvod na brakot, in: Pravnik, Godina VII, Br. 74, Skopje 1998, S. 12 ff. (Die Folgen der Ehescheidung, in: Der Jurist, Jahr VII, Br. 74, Skopje 1998, S. 12 ff.) (zit.: Muratovska-Markovska, Pocledici od razvod na brakot, Pravnik, Godina VII, Br. 74, Skopje 1998, S. 12ff.)

Muratovska-Markovska, Ljubinka: Razvod na brak i posledicite od razvod na brakot, in: Semejno pravo, S. 9 ff. (Die Ehescheidung und die Folgen der Ehescheidung, in: Das Familienrecht, S. 9 ff. Veröffentlichung der Friedrich Ebert Stiftung, Tirana 1998) (zit.: Muratovska-Markovska, Razvod na brak i posledcite od razvod na brakot, Semejno pravo, S. 9 ff.)

Nikolov, Svetolik: Izdržuvanje na bračen drugar vo brakot i vo prestanokot na brakot, in: Semejnoto zakonodavstvo na Republika Makedonia, S. 166 ff. Vrhoven sud na Republika Makedonia (Der Unterhalt des Ehegatten in der Ehe und nach Beendigung der Ehe, in: Familiengesetzgebung der Republik Mazedonien, S. 166 ff. Oberster Gerichtshof der Republik Mazedonien), Skopje 1994 (zit.: Nikolov, Izdržuvanje na bračen drugar, Semejnoto zakonodavstvo na Republika Makedonia, S. 166 ff.)

Nikolovska, Margarita Caca: Prestanok na brak, in: Semejnoto zakonodavstvo na Republika Makedonia, S. 65 ff. Vrhoven Sud na Republika Makedonia (Die Beendigung der Ehe, in: Die Familiengesetzgebung der Republik Mazedonien, S. 65 ff. Oberster Gerichtshof der Republik Mazedonien), Skopje 1994 (zit.: Nikolovska, Prestanok na brak, Semejnoto zakonodavstvo na Republika Makedonia, S. 65 ff.)

Pak, Milan: Medjunarodno privatno pravo – Skraćena verzija – (Internationales Privatrecht) – Gekürzte Version – Belgrad 1995 (zit.: Pak, Medjunarodno privatno pravo)

Ponjavić, Zoran: Sporazumni razvod braka, Doktorska disertacija (Die einverständliche Ehescheidung, Doktorarbeit), Kragujevac 1983 (zit.: Ponjavić, Sporazumni razvod braka)

Ponjavić, Zoran: Brak i razvod Zakonodavstvo, teorija, sudska praksa, nove tendencije (Ehe und Scheidung, Gesetzgebung, Theorie, Gerichts-praxis, neue Tendenzen), 1. Auflage, Kragujevac 1991 (zit.: Ponjavić, Brak i razvod)

Popović, Milan: Porodično pravo (Familienrecht), 1. Auflage, Belgrad 1982 (zit.: Popović, Porodično pravo)

Schweisfurth, Theodor/ Blöcker, Katlen: Zur Fortgeltung des Haager Übereinkommens über den Zivilprozess im Verhältnis zur Bundes-republik Jugoslawien (Serbien/Mazedonien), in: IPRax 1996, S. 9ff. (zit.: Schweisfurth/Böckler, Zur Fortgeltung des Haager Überein-kommens über den Zivilprozess im Verhältnis zur Bundesrepublik Jugoslawien, in: IPRax 1996, S.9 ff)

Silajdžić, Alija: Koncepcija o razvodu braka u zakoniku o porodiči, in: Reforma porodičnog zakonodavstva, S. 328 ff. (Die Konzeption der Ehescheidung im Familiengesetz, in: Die Reform der Familien-gesetzgebung, S. 328 ff.), Belgrad 1971 (zit.: Silajdžić, Koncepcija o razvodu braka, Reforma porodičnog zakonodavstva, S. 328 ff.)

Silajdžić, Alija: Razvojne tendencije naše porodiče - S posebnim osvrtom na sudsku brakorazvodnu praksu – (Entwicklungstendenzen unserer Familie – Mit besonderer Berücksichtigung der gerichtlichen Ehescheidungspraxis –), Sarajevo 1973 (zit.: Silajdzic, Razvojne tendencije naše porodiče)

Spasenovski, Borko: Fiktivni osnovi vo procesite za razvod na brak, in: Semejnoto zakonodavstvo na Republika Makedonia, S. 260 ff. Vrhoven Sud na Republika Makedonia (Fiktive Gründe in Ehescheidungsverfahren, in: Familiengesetzgebung der Republik Maze-donien, S. 260 ff. Oberster Gerichtshof der Republik Mazeonien), Skopje 1994 (zit.: Spasenovski, Fiktivni osnovi vo procesite za razvod na brak, Semejnoto zakonodavstvo na Republika Makedonia, S. 260 ff.)

Spirović-Manevska, Liljana: Konzeptot na spogodbeniot brakorazvod vo jugoslovenskoto pravo, in: Pravna Misla, Skopje 1982, Br. 1-2, S. 15 ff. (Das Konzept der einvernehmlichen Ehescheidung im jugoslawischen Recht, in: Der Rechtsgedanke 1982, Nr. 1-2, S. 15 ff.) (zit.: Spirović-Manevska, Konzeptot na spogodbeniot brakorazvod, Pravna Misla, Skopje 1982, Br. 1-2, S. 15 ff.)

Spirović-Trpenovska, Liljana: Dali noviot zakon sa semejstvoto na Republika Makedonia odgovori na postavenite sadaci i potrebi, in: Godišnik na pravniot fakultet vo Skopje 1992/1993, S. 119 ff. (Entspricht das neue Familiengesetz der Republik Mazedonien den gestellten Aufgaben und Bedürfnissen), in: Jahrbuch der juristischen Fakultät Skopje 1992/93, S.119 ff.) (zit.: Spirović-Trpenovska, Zakon za semejstvoto na RM, Godišnik na pravniot fakultet vo Skopje 1992/1993, S. 119 ff.)

Spirović-Trpenovska, Liljana: Karakteristiki na semejnoto zakonodavstvo vo Republika Makedonija, in: Semejnoto zakonodavstvo na Republika Makedonia, S. 5 ff. Vrhoven sud na Republika Makedonia (Die Charakteristika der Familiengesetzgebung in der Republik Maze-donien, in: Die Familiengesetzgebung der Republik Mazedonien, S. 5 ff, Oberster Gerichtshof der Republik Mazedonien), Skopje 1994 (zit.: Spirović-Trpenovska, Karakteristiki na semejnoto zakonadavstvo vo RM, Semejnoto zakonodavstvo na Republika Makedonia, S. 5 ff.)

Spirović-Trpenovska, Liljana: Istoriski razvitok na semejnoto zakono-davstvo, in: Zbornik vo čest na Aleksandar Hristov, S. 301 ff. (Die geschichtliche Entwicklung der Familiengesetzgebung, in: Festschrift für Aleksandar Hristov, S. 301 ff.), Skopje 1996 (zit.: Spirovik-Trpenovska, Istoriski razvitok na semejnoto zakonodavstvo, Zbornik vo čest na Aleksandar Hristov, S. 301 ff.)

Spirović-Trpenovska, Liljana: Semejno pravo (Familienrecht), 1. Auflage, Skopje 1997 (zit.: Spirović-Trpenovska, Semejno pravo)

Stojčevski, Stevan: Postapka vo bračnite sporovi, in: Semejnoto zakonodavstvo na Republika Makedonia, S. 221 ff. Vrhoven sud na Republika Makedonia (Das Verfahren in Ehestreitigkeiten, in: Die Familiengesetzgebung der Republik Mazedonien, S. 221 ff. Oberster Gerichtshof der Republik Mazedonien), Skopje 1994 (zit.: Stojčevski, Postapka vo bračnite sporovi, Semejnoto zakonodavstvo na Republika Makedonia, S. 221 ff.)

Taseva, Lidija/ Koštanov, Antonio: Zakon za semejstvoto, So sentenci na odluki od sudskata praksa na Vrhovniot sud na Republika Makedonia i obrasci za negovo primenuvanje vo praktikata (Das Familiengesetz mit Auszügen von Urteilen aus der Gerichtspraxis des Obersten Gerichts-hofes der Republik Mazedonien und Erklärungen hinsichtlich seiner Anwendung in der Praxis), Skopje 1993 (zit.: Taseva/Koštanov, Zakon za semejstvoto)

Tomislav, Ilič: Pravne posledice razvoda braka, Doktorska disertacija (Die rechtlichen Folgen der Ehescheidung, Doktorarbeit), Nis 1987 (zit.: Tomislav, Pravne posledice razvda braka)

Traljić, Nerimana: Traditionalno i novo u brakorazvodnom pravu socija-lističkih republika i pokrajina, in: Godišnjak pravnog fakulteta u Sarajevu 1977, S. 177 ff. (Herkömmliches und Neues im Ehe-scheidungsrecht der sozialistischen Republiken und Provinzen, in: Jahrbuch der juristischen Fakultät Sarajevu 1977, S. 177 ff.) (zit.: Traljić, Traditionalno i novo u brakorazvodnom pravu, Godišnjak pravnog fakulteta u Sarajevu 1977, S. 177 ff.)

Varadi, Tibor: Medjunarodno privatno pravo (Internationales Privatrecht), 3. Auflage, Novi Sad 1990 (zit.: Varadi, Medjunarodno privatno pravo)

Vardarski, Mile: Novini od republičkite zakoni od oblasta na semejnoto pravo, in: Socijalna poltika, Godina I, Br. 1, Skopje 1973, S. 57 ff. (Die Neuerungen der Republikgesetze auf dem Gebiet des Familienrechts, in: Die Sozialpolitik, Jahr I, Nr. 1, Skopje 1973, 57 ff.) (zit.: Vardarski,

Novini od republičkite zakoni od oblasta na semejnoto pravo, Socijalna poltika, Godina I, Br. 1, Skopje 1973, S. 57 ff.)

Vuković, Djuro: Medunarodno gradjansko procesno pravo (Internationales Verfahrensrecht), 1. Auflage, Zagreb 1987 (zit.: Vuković, Medjunarodno gradjansko procesno pravo)

Vuković, Djuro: Priznanje i izvršenje stranih sudskih i drugih odluka koje su sa njima izjednačene (Die Anerkennung und Vollstreckung ausländischer gerichtlicher Urteile und anderer Urteile, die denen gleichgestellt sind), 1. Auflage, Banjaluka 1986 (zit.: Vukovic, Priznanje i izvršenje stranih sudskih odluka)

Zador, Andrija: Neka pitanja u vezi sa cl. 56 OZB, in: Glasnik advokatske komore APV, Novi Sad 1956, Br. 9, S. 1 ff. (Einige Fragen hinsichtlich Art. 56 Ehegrundgesetz, in: Veröffentlichungen der Anwaltskammer der autonomen Provinz Vojvodina, Novi Sad 1956, Nr. 9, S. 1 ff.) (zit.: Zador, Neka pitanja u vezi sa cl. 56 OZB, Glasnik advokatske komore APV, Novi Sad 1956, Nr. 9, S. 1 ff.)

Zupancić, Karel: Der Ehegattenunterhalt in der SR Kroatien (Jugoslawien), in: IPRax 1990, S. 103 ff. (zit.: Zupancić, Der Ehegattenunterhalt in der SR Kroatien (Jugoslawien), IPRax 1990, S. 103 ff.)

The manufacturer's authorised representative in the EU is Springer
Nature Customer Service Centre GmbH, Europaplatz 3, 69115 Heidelberg,
Germany. If you have any concerns regarding our products, please
contact ProductSafety@springernature.com

Printed and bound by CPI Group (UK) Ltd, Croydon, CR0 4YY
27/04/2026
02097666-0007